国家哲学社会科学成果文库
NATIONAL ACHIEVEMENTS LIBRARY
OF PHILOSOPHY AND SOCIAL SCIENCES

知识经济与法律制度创新

张文显 刘红臻 李晓辉
邹彩霞 于 宁 饶明辉 著

张文显 1951年出生，河南南阳人，法学硕士、哲学博士。吉林大学哲学社会科学资深教授，教育部人文社会科学重点研究基地·吉林大学理论法学研究中心主任，吉林省高级人民法院院长、国家二级大法官。兼任国务院学位委员会法学学科评议组成员；中国法学会副会长、中国法学会法理学研究会顾问、中国法学会法学教育研究会会长；教育部高等学校法学学科教学指导委员会主任委员，教育部社会科学委员会委员、法学学部召集人；全国博士后管理委员会第五届、第六届专家组法学组召集人；"中央实施马克思主义理论研究和建设工程法理学教材"课题组首席专家（召集人）。主要研究方向为法理学、当代西方法哲学、法律政治学、司法学。主要代表性著作有《法哲学范畴研究》、《二十世纪西方法哲学思潮研究》、《法哲学通论》、《马克思主义法理学——理论、方法和前沿》（主编）、《法理学》（主编）、《张文显法学文选》（十卷本）等，在《中国社会科学》、《法学研究》、《中国法学》、《求是》、《人民日报》等报刊杂志上发表论文二百余篇。

《国家哲学社会科学成果文库》
出版说明

  为充分发挥哲学社会科学研究优秀成果和优秀人才的示范带动作用，促进我国哲学社会科学繁荣发展，全国哲学社会科学规划领导小组决定自 2010 年始，设立《国家哲学社会科学成果文库》，每年评审一次。入选成果经过了同行专家严格评审，代表当前相关领域学术研究的前沿水平，体现我国哲学社会科学界的学术创造力，按照"统一标识、统一封面、统一版式、统一标准"的总体要求组织出版。

全国哲学社会科学规划办公室
2011 年 3 月

序　言

20世纪的最后20年，发达国家陆续进入知识经济时代，知识要素在经济增长和财富增加方面的贡献率达到50%以上。知识经济在世纪之交的中国也已经初见端倪。知识经济是继原始经济、农业经济、工业经济之后出现的经济形态，是以人类知识精华和最新科学技术为基础，以知识和信息的生产、分配与使用为主导内容的经济形态。在知识经济时代，知识资源、知识资本、知识交易、知识产权、知识产业、知识创新是最基本的概念，是经济运动的表征。知识经济时代的法律制度在价值理念、调整机制、体系结构以及执法和司法等方面都将呈现出不同于其他经济形态的新面貌。由此，为了应对知识经济时代的到来对法律发展的挑战，我们需要加强制度研究，实现法制创新，以便顺应知识经济的发展，加快中国经济知识化的进程。基于这样的认识和判断，经过反复论证，我们申请了国家社科基金重点课题"知识经济与法律制度创新"。经过多年的研究，形成了这本以理论建构和实践前沿问题研究为重心、题为《知识经济与法律制度创新》的最终研究成果。

本课题研究的直接目的，也是这本著作当前的意义在于：

第一，建构知识经济与法制创新的基本理论。揭示知识经济的基本要义，阐释知识经济与法制创新之间的互动关系及其同构性，解析知识经济的秩序机制模式，构设知识经济的基本制度框架，指明知识经济时代法制创新的路向，从而为知识经济时代下的法制创新实践提供理论根基。

第二，凝炼和解析知识经济与法制创新的核心范畴。以信息权利为典型，通过阐释信息权利在知识经济发展中的关键意义，论证信息权利的正当性与合法性，确立信息权利的本体论与价值论根基，进一步揭示知识经济对权利理论形成的推进，从而洞悉知识经济时代下法制创新的核心命题。

第三，确立当代中国知识经济与法制创新的发展路径。在总结我国知识产权制度发展历程的基础上，分析相关领域实践中的困境，反思并借鉴西方知识经济的理论基础与实践经验，寻求我国知识产权的发展道路，从而为我国知识经济时代下法制创新的具体实践提供指南。

为适应上述研究目的，在课题研究过程中，我们始终坚持历史唯物主义和辩证唯物主义的方法论，借鉴现代科学哲学的方法论，在此前提下，我们在研究方法上，坚持历史与逻辑相一致、理论与实践相统一、理想与现实相结合的原则，综合运用比较研究方法、历史考察方法、逻辑分析方法、实证调研方法、知识谱系分析方法，对知识经济与法制创新的理论与实践前沿展开分析，以全球视野把握理论发展，以问题意识关注中国实践。此外，本书有机协调地融法学、经济学（特别是制度经济学）、社会学（特别是知识社会学）、政治学、科技哲学为一体，多视角多层次地分析知识经济与法制创新问题，增强了论述、论证和论辩的解释力和说服力。

本书的内容以其内在关联性分为三部分：第一部分"知识经济与法制创新的基本理论"，即本课题研究的理论总揽部分，主要围绕"什么是知识经济？"、"如何认知、评价和应对知识经济进程中所发生的利益纷争和价值选择？"、"法律制度如何应对并适应知识经济发展的新形势？"、"伴随知识的创新，法制创新的基本向度是什么？"等基本问题展开论述，并形成了具有独立见解的核心理论和观点。本部分共三章，第一章"知识经济与法制创新的互动与同构"、第二章"知识经济的秩序模式选择"、第三章"知识经济的制度框架构设"，分别探讨了知识经济的基本要义，知识经济背景下法制创新的基本动因、价值取向和主要内容，作为知识经济进程中的基本秩序模式，自由市场机制、政府规制机制、公共自主机制的基本内容及其具体制度框架等多个问题。

本部分形成的核心理论与观点有：知识经济是以知识和信息的生产、传播和应用为基础的经济形态。与农业经济和工业经济等传统经济形态不同，在知识经济发展进程中，科学技术和知识信息替代土地、资本和劳动而成为了关键的经济资源，并构成了经济增长的核心要素和竞争力的基本源泉。知识经济的根本特征在于，知识和信息的经济化以及经济的知识化和信息化，亦即知识和资本的高度发达与深度结合。知识经济中，知识信息作为基础性生产要素，促动经济社会产生了新的运行机理，同时也引起了新的利益纷争与价值冲突。由于知识生产和经济运行的制度性内涵以及制度结构自身所具有的经济价值，制度创新作为科技创新的激励机制而成为国家创新行为的重要向度，其中法律制度的创新尤显重要。作为反映社会生产实践、权力秩序和价值格局的规范体系，面对知识经济时代的新情况、新问题、新挑战，法律制度的创新一方面作为经济社会流变的"反应装置"，展现了社会经济生活的日益变迁；另一方面，作为经济社会流变的"推动装置"，运用法律独特的调整机制和权威，借助利益分配、权力配置和价值规整，通过对人们行为的鼓励、禁止或放任而牵引并型构着经济社会的发展方向与具体样态。知识经济进程中，法制创新的过程实质上是新型权利、义务、责任形态与机制的创设过程，法制创新的价值规划取决于对知识经济的运行态势及其对人们生存境况所造成影响的认知和评价，法制创新的价值诉求主要归结为科技福祉和知识利益的高效生产与公平分享。知识经济进程中，在国家、企业、大学与科研机构、社会大众之间就知识利益的生产和分配进行权力、权利、义务和责任的安排时，首先要解决的问题是秩序模式的选择问题，即探析何种体制框架才能够促使各方主体的行为导向知识创新、经济发展和社会公正的目标。任何经济社会的秩序架构都是借助个体自主机制、公共自主机制和国家规控机制的筛取与整合，来实现对于经济绩效、社会正义、人格尊严等基本价值的关怀与追求。作为所有秩序模式的核心，其关键是界定某种个体自主、社会自治和公共规控的格局，在自由市场机制、公共自主机制和国家规制机制之间探求适宜的张力状态和制衡模式，其涉及对于人性、知识本性、人的理性能力、知识经济条件下各方主体的行动能力和关联态势等诸多因素的认知和评价。唯有作为基调的自由市场机制、作为辅助的政府规制机制和作为对接的公共参与机制三方面机制相互配合，才能搭建起合理的资源配置模式和社会治理方式，才能够促成知识经济进程中利益福祉的高效生产与公平分享。就知识经济具体的制度架构而言，主要包括以下三个方面：其一，自由市场制度，例如作为激励知识生产和创新的最有力机制的知识产权制度和自由竞争制度，以及风险投资制度和企业产权制度（包括自主产权制度、人力资本产权制度、劳动者产权制度）。其二，政府规制制度，表现为政府动用财政政策、税收政策、产业政策、金融政策等经济杠杆所实施的宏观调控和管理制度,以及为防范有限理性和权力寻租造成更大损害和危险的法治和控权制度。第三,公共自主制度,即由公众对人类知识的继承、分享和发展的权利以及知情权、言论自由和结社自由等所支撑和构建起来的以对抗知识霸权和垄断的制度。

第二部分"知识经济与信息权利",属于知识经济与法制创新之核心范畴研究部分。在相当程度上,知识经济是在信息技术所构造的平台上展开的。信息采集、储存、编码、处理、传输、控制等技术的高度发达,在推助知识和信息的生产与传播的同时,更使知识和信息获得前所未有的经济价值并成为经济发展的基础性生产要素。知识经济进程中,以信息通讯设施的制造、信息处理程序的设计、信息资讯服务的提供等为内容的信息产业蓬勃发展,成为了主导性的经济部门。由此,信息经济成为知识经济的典范和急先锋。作为信息经济的核心范畴,信息不仅能够成为一个独立的法律概念,而且可以作为法律权利的客体,并进而衍生出新的权利类型——信息权利。针对信息权利这一核心范畴,本部分运用权利推理方法论证了信息权利的正当性,并试图为信息社会的权利发展建立理论基础。本部分分为四章,分别以"信息与信息权利"、"信息权利的权利推理"、"信息产权与基因知识产权"、"信息社会与权利理论面临的挑战"为题,从信息和信息权利的概念入手,一方面形而上地讨论信息权利的正当性证成问题,另一方面形而下地讨论知识经济时代中有关信息产权和基因知识产权的特殊制度安排,并最终以一种较为宏观的角度阐述信息时代给权利理论带来的挑战与课题。在知识经济时代,知识信息化必然发展为信息网络化、网络大众化,以致有人把当今经济社会称为信息经济、信息社会、网络经济、网络社会。根据商务部和国家发改委提供的数据,2010年,我国电子商务交易额超过了4万亿元(2005年不到1000亿),电子商务企业数量已达25000家,个人网店的数量达到1350万家,国内网上零售的用户规模达1.58亿人,预计未来几年这一规模仍将迅速上升。我国互联网网民规模已经达到5亿,手机网民规模达到3亿多。人们通过互联网和移动网络接受信息、传播信息、发表意见、评论时政、热议焦点、交流思想、分享资源,网络自由和网络民主成为政治文明最大亮点。同时,与知识和知识权利、信息和信息权利、网络和网民权利相关的法律问题和诉讼案件层出不穷。

本部分的核心理论与观点有：信息是信息社会中极为重要的资源形式和社会的构成性元素；法律意义上的信息作为人类认识的独立对象，必须是具体的、能被描摹的存在，而不仅仅是对物理世界的表征。在这种意义上，能够定位信息的表述主要有：消息、情报、信号、数据、资料、知识和符号。其中，用符号来界定法律上的信息较为恰当。作为法律概念的信息是满足特定条件的符号系，这些条件主要有可编码性（这是法律规制信息的可能途径）、可传播性（这是法律规制信息的时空限度）、社会性（这是法律规制信息的对象范围）、应受规范性（这是法律规制信息的意义限定）。信息权利是以满足一定条件的信息作为权利客体的法律权利类型，它是由多个子权利构成的法律权利束。信息权利作为一个权利类型具有解释性和制度性的双重功能优势，不仅是调整人们行为关系的制度性规范，而且可以成为解释社会现象和理论问题的工具。信息权利既包括积极权利，比如信息产权，也包括消极权利，比如隐私权和信息安全权；既包括私权，比如信息财产权、信息隐私权，也包括公权，比如知情权、传播权。同时，两类信息权利之间可以并行、并存。证明信息权利作为一个权利类型整体的正当性，除了在理论上论证满足特定条件的信息能够成为权利的客体之外，在制度上需要通过对其具体子项权利的推理来达成，只有通过对信息权利的子项权利进行推理论证，才能够理解信息权利整体的内在意蕴，提炼出对信息权利的一般认识。通过运用权利发展意义上的权利推理理论提供的基本模型——演绎式权利推理、归纳式权利推理——能够证明信息权利的正当性。演绎式推理运用于以法定权利为前提的信息权利推理和以应有权利为前提的信息权利推理，归纳式推理运用于基于利益确认的信息权利推理和基于损害禁止的信息权利推理。作为知识经济的典范，信息经济和基因经济中的特殊制度创新主要表现为在信息和基因上设置新型的知识产权以及与其相对应的信息产权和基因知识产权制度安排。信息产权始终表现为一种有限性权利，在其获得条件、涵盖范围、保护期限、许可使用等方面始终设定着特定的边界，并始终受到相关人格权利、政治权利和社会权利的限制。对于基因权利而言，权利理论的技术性创新在政治上受制于相关利益集团的较量和妥协，在价值上取决于经济/伦理、功利/权利、效益/公平等目标的选择与平衡。就信息社会为权利理论带来的挑战而言，网络化是信息社会存在的基本样态，网络化使社会关系去等级而扁平、去中心而分散、去权威而多样、去中介而直接。网络化泛化为一种社会结构存在的新形式。在这种网络化的社会结构中，传统的、植根于社会权力结构的金字塔模式、组织管理的科层制权利理论面临着挑战。传统权利理论的核心在于通过权利实现人的平等和自由，其主要指向是可能影响和限制自由和平等实现的权力控制体系，试图预防和制止权力的介入和干涉，建立起普遍的人类自由和平等。信息社会的网络结构则冲击到传统权利理论的社会基础，既面临重塑权利神圣的价值认同危机，也面临在传统权力金字塔结构重组之际寻找新的目标指向的任务。具体而言，信息社会的网络化结构所带来的对传统权利理论的影响涉及：权利认同危机，正式规范、非正式规范与权利共同体主义，权利证明与权利论证，网络逻辑与关系性权利，信息方式与权利的主体性基础、权利与权力的更多博弈等方面。

第三部分"知识经济与中国知识产权发展"，着力对我国知识经济与知识产权发展的实践剖析和政策建言。从法理学（法哲学）角度对中国知识产权进行理论反思，从中国知识产权所面临的种种困境入手，对造成这些困境的原因进行剖析，并尝试为当下中国知识产权和知识产权战略所面临的困境提供一种解决思路和理论支持，为中国的知识产权发展找到一条适合中国自己的路径。本部分有三章，分别围绕"中国知识产权发展的时代背景、困境及其成因"、"知识经济理论基础的重构"、"中国知识产权的发展路径"三方面展开。本部分阐述了中国知识产权发展的时代背景、所面临的困难以及造成这些困难的原因，并以西方知识产权理论为参照系，在对西方知识产权理论的批判性评述基础上，挖掘知识产权理论的本质，正视知识产权所面临的挑战，明晰知识产权制度的分析基础，对知识产权的价值进行重新定位，并明确知识产权的多元目标，确立我国知识产权发展的终极目标和理论基础，从而重构知识产权理论基础。在此基础上，本书从知识产权发展对我国的战略意义出发，进一步考察知识产权发展的历史脉络与进路，认真借鉴其他国家知识产权发展的经验与教训，试图寻求我国知识产权发展的实践路径。本部分以对当下中国知识产权及其发展的深切关注为出发点和落脚点，高度重视研究借鉴西方知识产权的理论与实践。对当代西方知识产权理论进行反思，这在当下的中国有着重要的理论意义，它可以让我们看到知识产权诸理论自身的优势和不足，使我们意识到西方知识产权理论依然存在着尚需完善之处，并促使我们去深入探索知识产权的基本问题或基本矛盾，为我国知识产权发展提供理论准备。

本部分的核心理论与观点有：全球化和中国建设创新型国家这两大背景为当前中国知识产权的发展提供了足够的动力，中国知识产权发展正进入一个全新而重要的阶段，这一阶段决定了中国经济未来的发展方向和前途。中国知识产权所面临的困境主要是民众普遍众意性侵权严重、全球知识霸权压制、发展的迷茫和理论的空虚等，而造成困境的原因主要是中国知识产权文化土壤的缺失以及知识产权内部的深刻矛盾等。如果不能及时地发现中国知识产权发展所面临的实际困境，不能很好地分析造成这种实际困境的根本原因，不能很快地解决这种困境而扫除其发展的重要阻碍，则中国知识产权发展战略以及中国建设创新型国家的目标将很难实现或者至少要延长实现的时间。为了解决这种困境，首先要借鉴西方知识产权理论。西方学界形成了知识产权理论的四种主导路径，即：功利论、劳动论、人格论和社会规划论。这些理论也是当代西方法哲学和政治哲学的一个缩影，它们与当代西方社会的个人主义、自由、公平、理性主义乃至自由主义、社群主义都有着深刻的联系。在理论梳理与考察中，我们发现，每种理论都具有自身的理论优势和理论缺陷。其中，功利论能够使知识产权关系明晰化、确定化，并具有广泛的适应性和渗透力，但是其为了追求社会福利而可能牺牲掉个人福利，同时单纯以效用最大化来证成知识产权，便会忽略掉知识产品创造者的其他价值追求，而这些价值追求未必要通过赋予创造者以排他性权利的方式才能实现。此外，由于缺乏足够的经验信息，现实中无法计算出社会福利增大量与减小量，更无法对作者的精神权利作出解释。劳动论能够克服功利论带来的对个体利益的倾轧，启发人们去探索与知识产权有关的正义问题，为解决知识产品创造者的知识产权与社会公众的共有权之间的冲突奠定基本原则，但是其可能导致创造者权利的无原则扩张，从而违反自由价值，并且对于劳动产品的身份依赖，可能使知识产权不正当地危及创造者之外的其他劳动者。再者，其前提假设与先决条件和知识产权的现实不尽相符，无法说明知识产权的诸多现象。人格论比较适合于证成知识产权的让渡，有助于弥补劳动论的局限，但它却混淆了两种意义的依赖，即知识产品对创造出它的主体人的依赖和同一产品对维持它继续存在的主体人的依赖，难以解释作者死后其人格依然存在的原因问题,并需要深入研究人性难题。社会规划论则吸收了功利论、劳动论、人格论的合理内核,使知识产权的正当性有了更为合理的基础,使知识产权与民主政治勾连起来,第一次引导人们去探索知识产权的政治功能,但是其带有明显的目的论指向和家长制色彩,且为知识产权做出的论证具有不确定性。综合而言,各种理论各有优劣。因此,在对西方理论的考察中,我们发现,解决中国知识产权问题必须要从分析和重构知识产权基础理论着手,寻找恰当的理论支撑,即知识产权是自然权利和独占特权的结合体,自然权利为知识产权提供正当支持、独占特权为知识产权提供实现可能,必须把握这个本质,才能采取适当的对策排除那些造成困境的原因。

面对中国的实践问题,在理论反思的基础上,我们需要借鉴其他国家知识产权发展的经验,在知识产权立法、执法和司法保护相结合的前提下,发挥知识产权司法保护的主导作用,探寻中国知识产权自主发展之路,即:在知识经济时代和知识产权全球化背景下,知识产权制度如何在中国真正立稳脚跟并合理发展下去,一方面有赖于对当代西方知识产权理论及其实践和发展趋向做出深入的探究和反思;另一方面,在知识经济时代和全球化的背景下,提倡尊重知识产权应当以尊重知识和尊重人为基础,呼吁要建立新型的知识产权文化,即人类共享性知识产权文化、历史传承性知识产权文化、人文性而非经济性知识产权文化、全民性而非精英性知识产权文化;以知识产权文化的重构为契机,大力发展现代知识产权并且保护及利用传统知识,以这种"一头双翼"的雄鹰模式,发展中国的知识产权和知识经济,建立世界知识产权文化共繁荣的格局。

总之,正如评审专家所指出的,本书的内容在一定程度上体现出本领域研究的前沿性和创新性,在研究中引入并整合了现代主义和后现代主义的知识论以及制度经济学和知识社会学的理论主张与分析工具,揭示了知识经济与法律制度创新的同构性与互动性,阐明了法律制度既激励又规制知识经济发展的进路与方向。本书既关注理论内容与体系的建构,也关注实践前沿问题的对策研究,并努力在基本原理、核心范畴、理论反思、对策建议方面进行较为深入和具体的研究。本书提出了一些具有新颖性的理论观点,凝练出了诸多具有解释力和启示性的概念范畴,同时采用了综合性和跨学科研究方法。例如,本书认为:知识经济进程中,面对知识信息与经济资本的结合所带来人们生活境况的改善与异化,法制创新承载着激励和规控知识经济发展的双重功能,其价值取向在于刺激知识利益的高效生产、并维护人的自由尊严和科技福祉的公平分享。法制创新的首要之义是秩序模式的选择,即知识生产者、知识创新者、国家和社会大众被放置于怎样的体制框架中从事活动以迫近其价值目标。由于人性中理性与无知、逐利与向善的同在,以及知识同时兼具"解放"与"桎梏"的力量,因此,所选择的秩序模式应兼括工具理性、价值理性和沟通理性的内涵,并表现为以自由市场为基调、辅之以政府规制和公共自主的混合体制。法制创新在具体层面上可以落实为知识产权、风险资本、自由竞争、宏观调控、控权和法治、公共参与等制度架构的对接与制衡。再如,本书指出作为法律概念的信息是满足特定条件的符号系;信息权利是一个以信息为客体的法律权利束,作为一个权利类型具有解释性和制度性的双重功能优势;并通过运用权利发展意义上的权利推理理论提供的基本模型(归纳式权利推理、演绎式权利推理)证明信息权利的正当性。除了学术创新,本课题组特别重视成果的实际应用,在深入研究和评判其他国家经验的基础上,尝试提出了符合中国知识产权发展规律和发展趋势的战略模型。

　　本书所体现的课题研究的集成成果与课题研究的阶段性成果构成一个整体。阶段性成果非常丰富,既有大量从宏观和微观角度论述知识经济与法制创新的基本问题和前沿问题的论文,也有就某个问题进行专题研究的著作,还有较高水平的博士和硕士论文。这些阶段性研究成果的部分内容和基本观点被学界所广泛接受、认可与采用,并在一定程度上对我国知识经济进程中的立法、执法、司法和法学教育起到了咨询参考作用,相信并期待本集成成果也能够对本领域和相关领域的研究工作具有积极的示范价值,并在知识权利体系形成、知识产权战略发展、知识产权法制建设、国际国内两个层面的法治实践和中国知识产权发展中产生积极意义。

目　　录

第一部分　知识经济与法制创新的基本理论

第一章　知识经济与法制创新的互动与同构 ……………………（3）
　　一、知识经济的展开 …………………………………………（3）
　　二、法制创新的基由 …………………………………………（13）
　　三、法制创新的路向 …………………………………………（18）

第二章　知识经济的秩序模式选择 ………………………………（21）
　　一、作为基调的自由市场机制 ………………………………（22）
　　二、作为辅助的政府规制机制 ………………………………（31）
　　三、作为对接的公共自主机制 ………………………………（34）

第三章　知识经济的制度框架构设 ………………………………（36）
　　一、教育科研制度 ……………………………………………（36）
　　二、自由市场制度 ……………………………………………（38）
　　三、政府规制制度 ……………………………………………（49）
　　四、公共自主制度 ……………………………………………（52）

第二部分　知识经济与信息权利

第四章　信息与信息权利 …………………………………………（57）
　　一、人类对信息的认识过程 …………………………………（57）

二、信息的法律意义 …………………………………………（64）
　　三、信息在权利结构中的位置 …………………………………（72）
　　四、何为信息权利 ………………………………………………（76）

第五章　信息权利的权利推理 …………………………………（85）
　　一、权利推理的基本类型 ………………………………………（85）
　　二、演绎式信息权利推理 ………………………………………（96）
　　三、归纳式信息权利推理 ………………………………………（130）

第六章　信息产权与基因知识产权 ……………………………（171）
　　一、信息产权及其制度安排 ……………………………………（171）
　　二、基因知识产权及其制度安排 ………………………………（183）

第七章　信息社会与权利理论面临的挑战 ……………………（213）
　　一、信息社会的网络化结构 ……………………………………（213）
　　二、权利认同 ……………………………………………………（215）
　　三、权利证明与权利论证 ………………………………………（219）
　　四、信息方式与主体性 …………………………………………（221）
　　五、网络逻辑与关系性权利 ……………………………………（223）

第三部分　知识经济与中国知识产权发展

第八章　中国知识产权发展的时代背景、困境及其成因 ……（227）
　　一、中国知识产权发展的时代背景 ……………………………（227）
　　二、中国知识产权发展的困境 …………………………………（245）
　　三、中国知识产权发展困境的原因分析 ………………………（276）

第九章　知识产权理论基础的重构 ……………………………（298）
　　一、当代西方知识产权理论述评 ………………………………（298）
　　二、当代西方知识产权理论的本质 ……………………………（323）
　　三、知识产权新思潮的冲击 ……………………………………（330）
　　四、知识产权制度的分析基础 …………………………………（333）
　　五、知识产权价值的合理定位 …………………………………（360）

第十章 中国知识产权的发展路径 ……………………………（367）
　一、中国知识产权的发展意义 ………………………………（367）
　二、知识产权的历史发展脉络及规律 ………………………（374）
　三、典型国家的发展模式的经验与借鉴 ……………………（382）
　四、中国知识产权的出路 ……………………………………（393）

后记 ………………………………………………………………（416）

第一部分
知识经济与法制创新的基本理论

  信息技术、基因技术等高新科技的高度发达和大规模产业化，正在把人们抛掷于一种新的生活状况和景观之中。由于探测到科学技术和知识信息正在置换土地、劳动和资本等物质资源而成为基础性生产要素，并正在为经济社会植入新的运行机理和气象性征，此种正在初露端倪的经济形态被称作"知识经济"。

  在此进程中，对于知识信息与经济资本的高度结合及其所造成的经济社会后果，知识界涌动着两种截然相悖的认知与评价进路。一种以现代主义、未来学和新制度经济学为代表，其信奉人的理性或有限理性，尊奉工具理性和功利主义，相信科学技术的进步必将带来经济的增长和人的解放，进而乐观地颂扬和鼓励知识经济的展拓。另一种以后现代主义、批判理论和建构论知识社会学为代表，其致力于解构理性和真理，主张科学技术和知识信息的社会建构性，力图揭露政治和经济力量以理性和科学之名所遮蔽的知识霸权和信息奴役，进而悲观地否定和质疑知识经济的发展。

  那么，怎样理解和阐释知识经济进程中人们在世状态的改变？作为经济社会状况的规范化转译和表达，法律制度在沿着怎样的逻辑顺势而变？其承载着怎样的功能期待？面对着现代主义和后现代主义知识论的激烈冲撞对击，其应以怎样的姿态考量科学技术和知识信息的本性并对高新科技的应用所带来的利益纷争和价值纠葛做出规整？法制创新的基本向度是什么？这些问题是探讨"知识经济与法制创新"这一主题的基本理论问题。

第 一 章

知识经济与法制创新的互动与同构

一、知识经济的展开

（一）知识经济的指称

信息产业、基因产业等高新科技产业的兴盛发展正在不由分说地把人们置于一种新的生活状况和景观之中。作为对于科学技术高度发达及其所带来经济繁荣的探究与回应，"知识经济"用以指称"以知识和信息的生产、分配、传播和应用为基础的经济"。① 在此，"知识"主要包括可编码的"关于事实方面的知识"（Know-What）、"自然原理和规律方面的科学理论"（Know-Why），和以隐含实践性方式存在的"做某些事情的技艺和能力"（Know-How）、"管理的知识"（Know-Who）等。②

由于探测到知识和信息置换土地、资本和劳动等物质资源而成为经济乃至社会赖以运转的基础要素和整合中轴③，知识经济被视作不同于渔猎经济、

---

① 参见世界经济合作与发展组织（OECD）编：《以知识为基础的经济》，杨宏进、薛澜译，机械工业出版社1997年版，第17—26页。
② 同上书，第6—7页。
③ 世界经济合作与发展组织（OECD）宣称："世界经济合作与发展组织成员国的经济发展越来越建筑在经济和信息的基础上。现在，知识已经被认为是提高生产率和实现经济增长的驱动器，因此，信息、技术和学习在经济活动中的作用已经成为人们关注的焦点。"参见世界经济合作与发展组织编：《以知识为基础的经济》，杨宏进、薛澜译，机械工业出版社1997年版，第8—9页。

农业经济和工业经济的一种新型经济和社会形态——知识和信息的特性，及其作为商品而在经济系统，乃至作为力量、话语而在政治和社会系统中的穿梭流转，为整个经济和社会植入了某种不同的运行机理并使其展现出某些别样的气象性征。基于各种理论进路和指向，此种初露端倪的新型经济形态亦被称作"后工业社会"①、"后现代状况"②、"后资本主义社会"③、"信息社会"④、"知识价值社会"⑤、"第三次浪潮经济社会"⑥、"消费社会"⑦ 等。

---

① 丹尼尔·贝尔认为："社会分为前工业社会、工业社会和后工业社会"；"前工业社会以采掘业为主，是人与大自然的争斗。工业社会利用能源将自然环境转化为技术环境，是人与人为自然的争斗。后工业社会出现了以信息为基础的智力技术，理论知识成为社会的中轴，是人与人之间的争斗"；伴随"编码化的信息和知识正在取代资本和能源而成为创造财富的主要资产，就像200年以前资本和能源取代土地和劳动力那样"，"后工业社会正在来临"，参见〔美〕丹尼尔·贝尔：《后工业社会》，彭强编译，科学普及出版社1984年版，第29—32页。

② 戴维·哈维认为，知识的进步使得20世纪晚期资本主义社会的经济从大规模的流水线生产向小规模、灵活的生产方式转变；资本主义生产方式的这种转变导致人们体验时间和空间方式的改变，造成了新一轮的"时空压缩"和一个文化特征上的"拼贴社会"，参见〔美〕戴维·哈维：《后现代的状况》，阎嘉译，商务印书馆2003年版，第422—437页。让—弗朗索瓦·利奥塔认为："随着社会进入被称为后工业的年代以及文化进入被称为后现代的年代"，"信息机器的增多正在影响并将继续影响知识的传播"，"知识成为首要生产力"，变得"外在化"、"唯利化"和"商品化"，导致国家与市民社会关系的变化和民族国家在世界市场上较量格局的改变，参见〔法〕让—弗朗索瓦·利奥塔尔：《后现代状态——关于知识的报告》，车槿山译，生活·读书·新知三联书店1997年版，第1—5页。

③ 彼得·德鲁克认为："发达国家已经进入后资本主义"，"知识成为最重要的资源而不是某种资源，正是这一点使我们的社会变成后资本主义社会。它改变了，而且从根本上改变了社会结构。它创造了新的社会动力、新的经济动力和新的政治"，参见〔美〕彼得·德鲁克：《后资本主义社会》，张星岩译，上海译文出版社1998年版，第48页。

④ 约翰·奈斯比特认为："我们已经进入了一个以创造和分配信息为基础的经济社会"；"由工业社会向信息社会的结构改革，其深刻程度不亚于由农业社会向工业社会的变化"；"技术知识"成为"新的财富"，"我们现在大量生产信息，正如我们过去大量生产汽车一样"，"新的权力来源不是少数人手中的金钱，而是多数人手中的信息"，"我们必须创造一种知识价值理论来代替劳动价值理论"，参见〔美〕约翰·奈斯比特：《大趋势——改变我们生活的十个方向》，梅艳译，中国社会科学出版社1984年版，第14—15页。

⑤ 堺屋太一认为，20世纪80年代在日本和其他发达国家中出现的变革，"是产业革命后经过二百年出现的诞生新社会的大变革——知识价值革命"，而通过"知识价值革命"产生的新社会则是"知识价值社会"，即"充分享用知识和智慧的社会"，参见〔日〕堺屋太一：《知识价值革命——工业社会的终结和知识价值社会的开始》，金泰相译，东方出版社1986年版，第217页。

⑥ 阿尔文·托夫勒认为："文明分为三个时期：第一次浪潮农业阶段，第二次浪潮工业阶段，以及目前正在开始的第三次浪潮"，"第三次浪潮的生产主要取决于知识和信息"，"新的社会是信息社会、智力和知识社会"，参见〔美〕阿尔温·托夫勒：《第三次浪潮》，朱志焱、潘琪、张焱译，生活·读书·新知三联书店1984年版，第195—227页。

⑦ 让·波德里亚将这个科技和信息高度发达、由大众传媒支撑着的物质丰盛的社会发展阶段称作"消费社会"，产品的价值不再主要取决于其生产价值和交换价值而基本上由其符号价值所决定，参见〔法〕让·波德里亚：《消费社会》，刘成富、全志刚译，南京大学出版社2000年版。

（二）知识经济的基本要义

作为对其内在机理和外显特征的探察与勾勒，知识经济的基本要义可解析为：

1. 科学技术和知识信息替代土地、资本和劳动而成为关键的经济资源、经济增长的核心要素和竞争力的基本源泉；知识经济的要旨就是知识和信息的经济化以及经济的知识化和信息化，亦即知识和资本的高度发达与深度结合。

自来，科学技术和知识信息以其对人们认知和改造世界的能力与活动的表征，在本性中就固有经济性的向度，指示生产力的发展状况。[①] 而在人类社会面向自然而组织的经济活动中，也必然内蕴着决定其生产技能和行动能力的科学技术和知识信息要素。[②] 但是，在其发展史的相当时期里，无论是其各自作为社会子系统的实际运行还是智识理路对其所做的理论归纳，知识信息和经济系统都处于相对游离和散漫的关系模式中。科学技术和知识信息更多地指向人的精神世界而被生产和传播，经济系统则更多地将其绩效维系于土地、资本和劳动等物质要素。科学技术、知识信息的价值性、商品性，以及经济生产函数中对于科学技术、知识信息的涵括，由于现实的生产状态而未得充分彰显和明晰。[③] 然而，伴随科学技术和经济发展突破某个临界面，二者之间的关系模式发生了根本的扭转和改变，科学技术、知识信息和经济运行以前所未有的态势紧密地结合勾连在一起。在实际的经济生活中，生产过程益愈知识化和信息化；人力资本对于经济绩效的贡献率益愈超出物质资源；知识产品的市场占有率益愈提升；由教育、研究与发展、传播业、信息设备和信息服务等所构成的知识产业[④]益愈取代劳动密集型和资本密集型的手工业和制造业而成为经济社会的主导产业与支柱产业；即使是传统的农业和工业

[①] 参见〔德〕哈贝马斯：《作为"意识形态"的技术与科学》，李黎、郭官义译，学林出版社1999年版，第131页。

[②] 同上书，第2—34页。

[③] 参见〔美〕彼得·德鲁克：《后资本主义社会》，张星岩译，上海译文出版社1998年版，第21—36页。

[④] 参见 F. Machlup, *The Production and Distribution of Knowledge in the United States*, Princeton University Press, 1962。

部门,亦在经受着知识和信息的外溢效应、发生着知识化和信息化的改造。此时,科学技术不再仅仅表现为一种空灵脱俗的意义性知识,也不再仅仅表现为某种附着和凝结于机器或工具中的生产性知识,转而成为自身即具有价值性和商品性的"直接的生产力"或直接"述行的"(performative)力量[①];科学技术和知识信息的发展与推进亦不再仅仅是知识分子幽闭于象牙塔中的玄思冥想,知识生产者不得不考虑其产品的经济效应、不能不受到经济利益的驱动。相应地,无论在学理还是实践中,经济学和相关经济政策都无以避视科学技术和知识信息作为关键性生产要素的现实。在寻求解释传统的生产要素(资本、劳动、资源)所无法阐明的经济增长的"残差"时[②],具有非竞争性和部分排他性的科学技术和知识信息益愈被发掘为生产函数的内生变量和经济增长的关键驱动器,被认为"正在取代资本和能源而成为创造财富的主要资产,正如资本和能源在200年前取代土地和劳动力一样"[③];而"创造财富的中心活动将既不是把资本用于生产,也不是劳动","价值,由生产力和技术创新来创造"[④],"专业知识和信息的购买将逐渐取代物质商品而成为发达国家的经济基础"[⑤]。在此,科学技术、知识信息具有了"实干性"和"可测度性",其生产、传播和应用向市场敞开并深入地介入整个经济过程;而在经济运行中企业和国家的竞争优势亦根本地取决于其科学技术和知识信息的存量与流量。

---

① 参见〔加〕尼科·斯特尔:《知识社会》,殷晓蓉译,上海译文出版社1998年版,第150—151页。

② 经济增长的"残差",是指在对美国等国的经济增长过程进行分析时,将生产函数局限于土地、资本和劳动的古典经济增长理论模型所无法解释的经济增长部分,参见宋承先、范家骧著:《增长经济学》,人民出版社1982年版,第71—76页。在对此愈益加大的"残差"的追询中,科学技术和知识信息作为主要核心生产要素的功用愈加被揭示出来。例如,索洛将之归因于"技术变化",而这些技术变化包括"减速、加速、劳动力教育状况的改进等",参见〔美〕罗伯特·M.索洛:《经济增长理论:一种解说》,胡汝银译,上海三联书店、上海人民出版社1994年版,第64—83页。舒尔茨用"人力资本"(体现于人身上的教育、健康等质量因素)来解释传统理论所无法揭开的"经济增长之谜",参见〔美〕西奥多·W.舒尔茨:《报酬递增的源泉》,姚志勇、刘群艺译,北京大学出版社2001年版,第15—28页;罗默则将"人力资本"和"新思想"纳入新经济增长模型中,参见 P. M. Romer, *Increasing Returns and Long-run Growth*, Journal of Political Economy, Vol. 94 (1986.). 等。

③ 〔美〕丹尼尔·贝尔:《后工业社会》,彭强编译,科学普及出版社1984年版,第29—32页。

④ 参见〔美〕彼得·德鲁克:《后资本主义社会》,张星岩译,上海译文出版社1998年版,第8页。

⑤ 〔美〕美国信息研究所编:《知识经济——21世纪的信息本质》,王亦楠译,江西教育出版社1999年版,第4页。

2. 知识经济由以信息技术为中心的高新科技革命所驱动,信息经济、基因经济等新经济是知识经济的典范和先导。

在人类文明发展史上,经济社会变迁历来连接着科学技术领域的革命与范式转换。如果说用于丈量土地的算术几何、用于测算时间的天文历法①,以及制造青铜器和铁器的冶金技术,拉动人类由渔猎采集经济社会跃向农业经济社会②;以经典力学、微积分、热力学和电磁学为典范的自然科学革命,以及以蒸汽动力技术、电力技术和电子技术为标志的现代技术革命③,驱动了机械化、电气化和自动化的产业革命,并推助人类向工业经济社会的跃迁④;那么,以相对论和量子力学为基础的科学革命,以及以信息技术为中心并包括生物技术、新能源技术、新材料技术、空间开发技术、海洋开发技术等主导技术群落的技术革命,则引发了知识经济的初露端倪和气象展现。⑤

在相对论和量子力学的科学范式下发展起来的信息技术⑥,因其能够对更多事实的更多细节以更高的频率进行捕获、采样、数字化、编码、存贮、处理、传递和表达,而极大地减少了信息的不确定性、延展了人的记忆、扩展了人的认知能力和推理能力、丰富了人们据以做出决策的依据、降低了交易活动的成本,进而促成了知识和信息的高速生产、传播与流动,并在此过程中赋予其使用价值和交换价值、使其获得商品特性而益愈成为经济发展的核

---

① 参见〔英〕W. C. 丹皮尔:《科学史——及其与哲学和宗教的关系》,李珩译,商务印书馆1997年版,第30—43页。
② 参见陈筠泉、殷登祥主编:《科技革命与当代社会》,人民出版社2001年版,第175页。
③ 参见〔英〕W. C. 丹皮尔:《科学史——及其与哲学和宗教的关系》,李珩译,商务印书馆1997年版,第218—387页。
④ 参见全林:《科技史简论》,科学出版社2002年版,第74—191页;陈筠泉、殷登祥主编:《科技革命与当代社会》,人民出版社2001年版,第106页。
⑤ 参见陈筠泉、殷登祥主编:《科技革命与当代社会》,人民出版社2001年版,第86页。
⑥ 信息技术是随着微电子技术(特别是大规模集成电路芯片的制作)、计算机技术、通信技术、光电子技术等的发展,围绕着信息的产生、收集、传输、接受、处理、存贮、检索等而形成的开发和利用信息资源的高技术群。其中最重要的是信息处理技术(主要是计算机技术)、信息传输技术(即通信技术)及信息存储技术,参见陈筠泉、殷登祥主编:《科技革命与当代社会》,人民出版社2001年版,第45页。

心要素。① 由此，以知识和信息为基础的经济在信息技术的基础框架和平台上得以启动和展开。相应地，知识和信息不同于物质性生产资料的特性，亦决定了知识经济独特的运行规律和性状特征。

由于在人类认知的逻辑链条上，信息是从作为认识对象的"事实"到形成智力确证的"知识"所必经的环节②；因此，信息过程贯穿于一切知识过程，数字化信息技术的高度发达必然引致了与其具有相同科学基础的生物技术、新能源技术、新材料技术、空间开发技术、海洋开发技术等高新技术群落的兴起。在其资本化、商品化和经济化的过程中，信息产业群、生物技术产业群、宇宙开发产业群、海洋开发产业群、绿色产业群和知识产业群，应运崛起为经济发展的主导部门。③ 其中，依其在经济生活中所占的比重和影响力，尤以信息经济和基因经济为先导和典范。④

3. 科技和知识创新成为经济发展的原动力，经济主体的竞争能力取决于创新能力。

相对于物质资源的损耗性和不可再生性，科学技术和知识信息的特性与价值，则表现为其可产生性和可创新性。⑤ 当科学技术和知识信息置换物质资源而成为生产函数的关键要素时，经济发展的动力将直接源自于科技创新和知识创新，经济主体的竞争能力亦将直接维系于其创新能力。

科技和知识创新，"是以科技和知识进步为主导的改进现实世界的活动"，

---

① 参见〔美〕斯蒂芬·H. 赫克尔、理查德·L. 诺兰：《技术在信息时代的地位：将符号转变为行动》，载美国信息研究所编：《知识经济——21世纪的信息本质》，王亦楠译，江西教育出版社1999年版，第20—32页。此外，世界经济合作与发展组织也指出："由于编码化，知识获得了更多的商品属性，这方便了市场交易，加速了知识的扩散……知识的编码化拓宽了人们胜任工作能力的范围，并减少了知识的零散化。这些发展加速了可用知识存量的增长速度，并对经济增长产生了积极的作用……信息技术正在加速知识的编码化并刺激知识经济的增长"，参见世界经济合作与发展组织（OECD）编：《以知识为基础的经济》，杨宏进、薛澜译，机械工业出版社1997年版，第8—9页。

② 参见〔美〕斯蒂芬·H. 赫克尔、理查德·L. 诺兰：《技术在信息时代的地位：将符号转变为行动》，载美国信息研究所编：《知识经济——21世纪的信息本质》，王亦楠译，江西教育出版社1999年版，第26—27页。

③ 参见陈筠泉、殷登祥主编：《科技革命与当代社会》，人民出版社2001年版，第101—102页。

④ 根据美国商务部的调查，至2000年，信息产业对美国经济增长的贡献率已经占到全部产业贡献率的32%。生物技术正在表现出强劲的势头，未来学家预测，21世纪30年代将是生物产业独领风骚的年代。转引自纪玉山、曹志强等：《现代技术创新经济学》，长春出版社2001年版，第4页。

⑤ 参见陈筠泉、殷登祥主编：《科技革命与当代社会》，人民出版社2001年版，第198页。

"是科技发明和知识信息的商业化应用"。① 作为经济增长和主体竞争力的重要指示器,多样化产品的提供、产品质量的提升、产业的升级、生产效率的提高、生产和交易成本的降低,仰赖于和表现为科技发明及知识信息"由构想到形成生产力并成功进入市场的过程"②;亦即,通过科技研发拓展对于世界的认知成果——通过技术转化赋予和创造新的经济价值——通过资本化吸纳为生产要素——通过商品化和产业化而以产品的形式在市场上实现价值并得以传播的逻辑过程。该过程被熊彼特称为"创新",即建立"一种新的生产函数"或"生产要素的重新组合",就是把一种从来没有的关于生产要素和生产条件的"新组合"引进生产体系中去,以获得潜在的利润。③

表现为"重新组合生产要素和生产条件"的创新过程,直接意味着科学研发和技术创新对于新产品、新市场、新原材料和新生产方法的探索与开拓。"技术进步是形成经济转换格局的基本动力。"④ 但是,由于技术创新是处于特定社会结构中的个体和组织在信息不完全、充满风险和不确定性的环境中所从事的搜寻机会、制定策略和付诸实践的活动,因此,技术创新的方向和速率不能不受到处身其中的制度框架所施加的激励性或者阻碍性影响。⑤ 从而,创新过程不仅直接包括科技创新,而且同样包括组织创新、管理创新等制度创新的维度。⑥ 相应地,知识经济的发展动力,源自科技创新和制度创新的互为牵引和拉动。

---

① 参见颜晓峰:《知识创新:实践的诠释》,载《哲学动态》2000年第5期,第16页。
② 参见陈其荣:《技术创新的哲学视野》,载《复旦学报》(社会科学版)2000年第1期,第15页。
③ 参见〔美〕约瑟夫·熊彼特:《经济发展理论》,何畏、易家祥等译,商务印书馆1990年版,第73页。
④ 〔美〕G. 多西、C. 弗里曼等合编:《技术进步与经济理论》,钟学义、沈利生等译,经济科学出版社1992年版,第2页。
⑤ 同上书,第2页。
⑥ 熊彼特认为,决定经济发展的创新主要包括产品创新、技术创新(方法创新)、市场创新、原材料来源创新和组织创新,参见〔美〕约瑟夫·熊彼特:《经济发展理论》,何畏、易家祥等译,商务印书馆1990年版,第73—74页。沿其理论脉络,创新经济学发展出了技术创新经济学和制度创新经济学两个支派,参见纪玉山、曹志强等著:《现代技术创新经济学》,长春出版社2001年版,第25页。彼得·德鲁克认为,"知识正在被用于系统创新",成为新的"经济动力"和"社会动力";而"知识"的含义已转变为"管理的知识",即"知识正在被应用于知识"、"被系统地、有目的地用来界定需要什么新的知识,它是否可行以及为了使知识产生效益必须做些什么";由此,推助知识经济发展的动力包括技术创新和管理创新,参见〔美〕彼得·德鲁克:《后资本主义社会》,张星岩译,上海译文出版社1998年版,第45—48页。

4. 知识经济附含着知识、信息、资本、劳动等生产要素的全球性流动，是一种全球化的经济形态。

知识经济是在信息技术的平台上展开的经济形态。科学技术和知识信息本身就具有充分和迅速的流动性与传播性，而数字化信息技术超凡的编码能力和传输能力更使整个经济运行具有了前所未有的符号化、虚拟化和一体化性征。在数字信息的光速流转中，空间距离和时间距离被自然销蚀，在延展的物理世界中探寻多样化和个性化的市场成为可能，海量信息的及时易得使得交易成本大为降低，货币和知识商品（例如数据、程序等）的电子化使得经济生产和流通能够轻易克服地域的限制和局限。在利润机制的驱动下，借助信息化基础设施和服务，整个经济的运转流程不可遏制地突破民族国家的主权和地理疆界，在全球的范围内分割、重组和拓展[①]，国民经济的运行上由此叠加着全球经济的冲击和振荡。

知识经济的全球性延拓，实质上是市场经济浪潮的全球性激荡，任何国家都无以抗拒地被裹挟其中，不得不面对愈加广袤、复杂、风险和不确定的世界中所蕴涵的机遇与挑战，并谋求做出理性的应对。

（三）知识经济进程中人们生活境况的起伏

知识经济的展开，实质上是某种新的在世方式在新的科技和知识范式下的生长与铺陈。[②] 在知识、信息和资本、经济的互为结合与勾连中，信息技术、生物技术、新材料与新能源技术等高新科技的产业化，在生产着因特网、基因制品、纳米材料、核能源等设施平台和符号镜像的同时，亦在构造着并

---

① 参见〔加〕尼科·斯特尔：《知识社会》，殷晓蓉译，上海译文出版社1998年版，第227—232页。

② 人们以特定的方式被抛入身处其间的世界。科学技术是一种"座架"或"摆置"，表征着人们认识世界和介入世界的特定姿态。特定范式的科学技术决定着人们特定的在世方式和生活格局，例如，在牛顿力学基础上发展起来的蒸汽动力技术等现代技术，促进了机器化社会大生产的发达，经济生产变得标准化、专业化、同步化、集中化和集权化，人际关系随之变得陌生化、契约化和合理化，而经济社会的秩序亦在机械论自然科学观的支配下按照工具理性的逻辑进行安排，参见〔德〕冈特·绍伊博尔德：《海德格尔分析新时代的技术》，宋祖良译，中国社会科学出版社1993年版，第57—72页；〔美〕阿尔温·托夫勒：《第三次浪潮》，朱志焱、潘琪、张焱译，生活·读书·新知三联书店1984年版，第100—116页；〔美〕弗朗西斯·福山：《大分裂——人类本性与社会秩序的重建》，刘榜离等译，中国社会科学出版社2002年版，第9页。

把人们抛入了某种新的力量、利益和价值的纠葛场域与竞技格序。作为知识经济的运行逻辑和统合法则，知识信息与经济资本的高度亲和，一方面因其对人们逐利本性的应和与尊崇而带来了生产力的高度发达和科技福祉的广为散播；另一方面又因其对工具理性和功利主义的过度通贯而使知识、人自身以及人际关系面临着被资本逻辑"异化"和"殖民化"的危险。在知识爆炸、信息膨胀、经济繁荣的景象下，同时涌动着知识霸权、信息鸿沟和人的物化的暗流；人的生活同时沿着"解放"与"桎梏"的背逆性向度延展起伏。①

诚如乐观的现代主义者和未来学家所确信和热情颂扬的：科学技术的进步意味着人们认知和改造自然的能力的提升；人的生存活动首先即是在稀缺性的世界中求得对于自身无限性需求和效用的满足；对于知识实效性的强调和维护，一方面落实和促进了生产力与行动能力的增强，另一方面以利润机制的方式激励了科学技术的发达；在知识经济进程中，伴同信息智能产业对于机器制造产业的更新升级，人们正在享用着空前的物质繁荣和生活方便。②的确，知识经济强劲的发展势头，正是源自知识信息因其互补性和溢出效应而相对于物质资源所具有的收益递增能力。③ 当数字化信息技术能够以光速对知识和信息予以编码和传输时，科学技术的创新、新材料、新能源、新工艺和充分信息的获得、产品质量的改善和数量的增多、多元化和个性化市场的开拓、生产和交易成本的降低、进而经济的增长成为现实的可能。事实上，知识经济发达国家的国民正在享受着更多的、由电子商务、基因修饰商品、基因治疗等高新经济所带来的更为富足、健康和便利的生活。在此意义上，

---

① 马尔库塞曾经发出过著名的悲观主义论调："技术的解放力量——物的工具化——转而成了解放的桎梏，成了人的工具化"，参见〔美〕赫伯特·马尔库塞：《单向度的人》，刘继译，上海译文出版社2006年版，第33页。哈贝马斯以其对沟通理性的倡导和信奉而批驳了马尔库塞的论断，试图扬弃和重建对于科学的解放力量的确信与释放，参见〔德〕哈贝马斯：《作为"意识形态"的技术与科学》，李黎、郭官义译，学林出版社1999年版，第38—80页。尼科·斯特尔则基于对后工业社会理论、未来学理论和技术批判理论的分析，认同了知识经济社会条件下，人们生活沿着"解放"与"桎梏"双重向度的自悖性展开，参见〔加〕尼科·斯特尔：《知识社会》，殷晓蓉译，上海译文出版社1998年版。

② 参见〔英〕D.J.贝尔纳：《科学的社会功能》，陈体芳译，商务印书馆1982年版；〔美〕阿尔温·托夫勒：《第三次浪潮》，朱志焱、潘琪、张焱译，生活·读书·新知三联书店1984年版；〔美〕约翰·奈斯比特：《大趋势——改变我们生活的十个方向》，梅艳译，中国社会科学出版社1984年版等。

③ 参见汪丁丁：《知识、经济、自由》，载汪丁丁：《自由人的自由联合》，鹭江出版社2000年版，第139—145页。

知识经济确实促进了社会利益与福祉的增长,值得人们的追求和拥抱。

但是批判理论和后现代主义冷峻严苛的视角与进路同样捕捉和揭露了知识经济进程中人们的生活所遭遇的挑战和危险。科学技术和知识信息并不仅仅标识人们对于物理世界客观真理的理性认知以及在此基础上所获得的中立性行动能力,更不抽象地意味着利益福祉的普享和自由尊严的必然提升。作为一种社会建制甚或社会建构,科学技术和知识信息的生产与应用,不能不受制于并服务于一定的经济结构、政治结构和社会结构,一种与权力、金钱互为勾结的倾向被天然地烙进了科学技术和知识信息的本性之中。① 当知识信息和经济资本的结合成为经济社会的运行逻辑与统合法则时,知识信息的功利化和权力化似乎也自然地获得合法性基础(此时,知识为了出售而被生产,为了在新的生产中增值而被消费:它在这两种情形中都是为了交换。它不再以自身为目的,它失去了自己的"使用价值"②)。由此,独立、自由、尊严的人格越发地处在被物化和异化的边缘;经济社会的不平等格序被越发地复制到科学技术和知识信息的创新流程中,而科学技术和知识信息的制造和分配中所承继的不平等基因又更加强化了经济社会的不平等格序。知识经济的发展进程中,当信息技术、基因技术等高新科技的产业化催生出商品极大丰盛的消费社会景观时,同时并发的则有个人隐私在其信息和数据的流转中所遭遇的肆意被攫;生物多样性和原住民权益在借助基因专利而推行的生命私

---

① 科学技术是职业共同体在特定的社会结构、利益格局和意义体系中,依从特定的组织和交流规则,基于特定的理论假定和实验设计而对自然之理进行探究、理解、解释、应用和干预的活动与过程。在此,科技职业者同时也是带着动机和偏好的社会与文化共同体成员、科技建制同时也是整个社会体制的组成部分、科技过程同时也是一种社会过程;科学技术职业共同体的构成、体制结构的设置、课题项目的选择、研究资金的注入、动力机制的设计等,无不关联着社会关系的连带与整合模式、政治治理方式、经济运行程式、文化价值导向和利益兴趣指向。相当程度上,科学技术是一种有组织的社会活动,它以社会的支持为先决条件、受到社会的制度框架和认同体系的规定与制约。在此过程中,利益、权力、话语、意义等因子在科学技术与其经济、政治和社会环境之间进行着交织和流转,参见〔美〕R. K. 默顿:《科学社会学》,鲁旭东、林聚任译,商务印书馆2003年版;〔美〕巴伯:《科学与社会秩序》,顾昕等译,生活·读书·新知三联书店1991年版;〔美〕托马斯·库恩:《科学革命的结构》,金吾伦、胡新和译,北京大学出版社2003年版;〔英〕迈克尔·马尔凯:《科学与知识社会学》,林聚任等译,东方出版社2001年版;〔英〕巴里·巴恩斯、大卫·布鲁尔、约翰·亨利:《科学知识:一种社会学的分析》,邢冬梅、蔡仲译,南京大学出版社2004年版;〔奥〕卡林·诺尔—赛蒂纳:《制造知识——建构主义与科学的语境性》,王善博等译,东方出版社2001年版。

② 〔法〕让—弗朗索瓦·利奥塔尔:《后现代状态——关于知识的报告》,车槿山译,生活·读书·新知三联书店1997年版,第3页。

有化中所遭受的盗用和侵害等。人和人际关系被商品逻辑殖民化着,知识和信息鸿沟在巩固甚至扩大着既有的贫富差距与社会等级秩序。在此意义上,知识经济附带着"桎梏"的力量和机制,需要批判和矫治。

正如知识经济的萌发和展开不以人的意志为转移一样,知识经济的运行逻辑和统合法则对人们生活际遇的自悖性影响亦不以人的意志为转移。但是,人们并非束手无策。知识经济的进程,实质是相关主体为主张利益和表达诉求而进行博弈和磨合,并从中形成一种新的秩序格局的过程。在此,超越现代主义激越的乐观情绪和后现代主义激愤的悲观论调,正视人们生存状况的两歧性向度,是采取理性行动改善自身状况的前提。

二、法制创新的基由

(一) 反应与推动

法律表现为国家制定或认可的规则体系,以一套权利、权力、义务、责任的调整机制对人们的行为进行规范、对社会关系做出规整。[①] 由于人的社会活动归根结底是在其相互作用中从事物质和精神产品的生产、分配和消费,人际关系的实质亦可归结为利益、权力和价值的纠葛与厮磨;因此,在法律制度借助权利、权力、义务、责任机制对人们行为和主体际关系施行调整和规控时,其所转译和合法化的,无非是社会的生产实践、权力秩序和价值诉求,而从中得到反映和建构的则是相应的劳动组织模式、分工合作体系、利益分配格局、价值整合态势和共同体的治理方式。在法律制度作为规范媒介与社会系统的交互转译中,其一方面输入经济社会的机理逻辑、进而受动地折射和映像经济社会的基本样态;另一方面输出行动指令和导向,进而能动地构造人们的活动空间和生活框架。由此,法律制度成为经济社会变迁的"反应装置"和"推动装置"。[②] 由科技革命、文化演进等动因所驱动的经济社会变迁,不能不导致和反映于法律制度的相应革新;同时,法律制度以其

---

① 参见张文显主编:《法理学》,高等教育出版社 2003 年,第 62—65 页。
② 参见季卫东:《社会变革与法的作用》,http://www.lawtime.cn/info/lunwen/qitalw/20061026605999.html,2010-3-26。

(二) 利益格局的变动

知识经济的发展进程，实质上是信息技术、基因技术等高新科技所驱动的知识信息产业崛起为主导性经济力量的过程。在此过程中，一方面，诸如电子数据、计算机软件、域名、转基因物种、胚胎干细胞等新的利益介质被开发和创造出来；另一方面，以技术专家、知识工作者、风险投资专家、职业经理人等为代表的知识资本阶层应运而生。[①] 以知识和信息利益的生产与分享为核心，社会的利益格局发生振荡和重组。在法律作为基本社会规范和法益的基本界分机制不得不对此做出应对和规整时，由于数据、软件、基因等知识信息作为新型利益介质所具有的独特性征；更由于围绕诸如信息技术、基因技术等高新科技的利益纷争，在更深的层次上连接着诸如知识信息的功利性与人的尊严自由[②]、知识利益的激励性有限垄断与公共知识的利益普享[③]、知识价值开发者利益回报与信息载体提供者利益保障[④]、知识信息利益的高效生产与知识信息利益的公平享用等价值取向上的冲突与纠葛；法律制度在此遭遇了调整能力上的限度。因此，生长于农业经济和工业经济语境中的法律在知识经济浪潮的席卷下不得不致力于理论上和制度上的创新。

[①] 按照马克思的逻辑，"随着生产力的获得，人们改变自己的生产关系"。如果说"手工磨产生的是封建主为首的社会，蒸汽磨产生的是工业资本家为首的社会。"（《马克思恩格斯全集》第4卷，人民出版社1958年版，第144页），那么信息高速公路产生的则是知识资本阶层为首的社会，参见〔美〕阿尔温·托夫勒：《第三次浪潮》，朱志焱、潘琪、张焱译，生活·读书·新知三联书店1984年版，第117—125页；〔美〕丹尼尔·贝尔：《后工业社会》，彭强编译，科学普及出版社1984年版，第51—75页；〔美〕彼得·德鲁克：《后资本主义社会》，张星岩译，上海译文出版社1998年版，第65—70页；〔加〕尼科·斯特尔：《知识社会》，殷晓蓉译，上海译文出版社1998年版，第237—299页。

[②] 例如个人信息因其经济性而被界定财产权、又因其人格性而被界定隐私权，在二者之间所产生的冲突；再如胚胎干细胞因其在制药医疗上的价值而被利益相关者要求视作财产性法益，又因其直接关联着对于人道尊严的尊崇而被要求以人格法益相待。

[③] 例如网络空间中要求加强著作权保护的诉求与公众的合理使用诉求之间的冲突。

[④] 例如基因制药公司的知识产权保护与基因资源提供者基于物权、生物多样性保护等所提出的利益主张之间的冲突。

（三）激励与牵引

知识经济进程的启动，自有其深刻的科技和经济基础，是经济社会发展的必然趋势。但这并不意味着知识经济的展拓是一个内生的自然演进的过程。当知识、信息和资本冲破民族国家的地理疆界在全球散逸时，没有国家能够免受世界市场浪潮的冲袭；当认识到竞争的优势维系于科技和知识创新能力时，没有国家不采取积极的行动推助知识经济的发展。① 由于意识到知识生产和经济运行的制度性内涵，以及制度结构自身所具有的经济价值，制度创新作为科技创新的激励机制而被寄托为国家创新行为的重要向度。

1. 作为知识经济内在机制（知识生产—知识资本化—知识产业化—知识商品化）的逻辑起点，科学技术的发展受到社会制度结构的影响和制约。

知识经济的延展以科学技术和知识信息的高度发达为必要条件。由于科学技术不仅是独立自为的知识和技能体系，更是在特定的利益、权力和价值格局中组织起来的社会行为、社会建制和社会过程；因此，科学技术的发展不仅依靠知识技能在子系统内部的自我积累和演进，更取决于子系统在与其社会环境的互动中所获得的支持和适宜条件。② 作为一种相对自主的社会体制，科学技术表现为职业共同体在其独特的规范结构和精神气质③下以有组织的分工协作的方式对自然世界进行认知和改造的活动，一方面，其运行有着特殊的规定性要求，例如理性、求真、务实、向善、自由、开放、宽容、批判的游戏规则和学术氛围等；另一方面，其发展又受制于社会制度结构与其特殊要求之间的匹配和兼容程度。因为，科学技术的从业人员同时也是有着特定利益和价值诉求的社会成员、科学技术共同体的组织和互动过程同时也是社会的组织和互动过程的组成部分、科学技术的资源配置同时也是社会系

---

① 例如，美国提出了"面向 21 世纪的科技发展战略"；日本提出了从"经济大国"走向"高科技大国"的长期计划"科技政策大纲"；欧洲各国制定了"尤里卡计划"；中国制定了"863 计划"和"火炬计划"等，参见张守一主编：《知识经济讲座》，人民出版社 1998 年版，第 25 页。

② 参见〔美〕巴伯：《科学与社会秩序》，顾昕等译，生活·读书·新知三联书店 1991 年版，第 27—70 页。

③ 默顿认为，作为一种"社会制度"，科学有其独特的"规范框架"或者"精神特质"，即"普遍主义、公有性、无私利性和有组织的怀疑"等，参见〔美〕R.K. 默顿：《科学社会学》，鲁旭东、林聚任译，商务印书馆 2003 年版，第 viii 页。

统资源配置的组成环节;从而,科学技术和知识生产所根本仰赖的物质支持、自由空间和动力刺激无不受到社会经济、政治和文化制度所蕴涵的激励与规控机制的影响与决定;相当程度上,科学技术发展的方向和速度受到社会制度结构的制约和规定,在适宜的制度环境中,科学技术会取得长足的进步,反之亦反。①

2. 作为知识经济的运行动力,技术创新的活力源自制度创新所释放的激励机制。

知识经济的运行机理在于技术创新的高频度和高效能发生,亦即科技研发成果被高效率和高质量地纳入生产过程、进入商业化应用、被赋予经济价值和转化为现实的生产力。由于技术创新活动生发于这样的基本事实,即社会是在分工协作中组织起来的、人的理性是有限的、信息是不完全的、世界是不确定的、资产是专用性的并且是不可逆的等;因此,经济主体在搜寻创新机会、制定创新决策和采取创新行动时不得不承担相应的风险、信息费用和交易成本;而对于利润的追逐则必然要求创生出相应的机制用以减少不确定性并为创新提供利益激励。又由于社会的分工协作势必积淀为一定的制度结构并将之用做协调进一步分工合作的规则秩序(制度是物化的分工协调的知识②,提供了人类相互影响的框架,它们建立了构成一个社会,或更确切地说一种经济秩序的合作与竞争关系③)。在此,一方面,制度因其对相对稳定的行为模式的确认和构设而有利于减少行动领域的复杂性和不确定性、帮助人们形成相对可靠的预期、从而具有了降低信息费用和交易成本的经济意义;

---

① 按照巴伯的研究,高度发达的社会分工、自由流动的社会阶层体系和多元化的政治体制有利于科学技术的发展(参见〔美〕巴伯:《科学与社会秩序》,顾昕等译,生活·读书·新知三联书店 1991 年版,第 78—79 页)。默顿认为,十七世纪的英格兰社会中,自由而发达的社会互动与交流,市场扩张和经济需求所导致的研究基金的大量流入,以及清教主义作为主流伦理价值对于科学技术的赞许等因素为近代科学技术革命的发生、勃兴、建制化及其对工业化资本主义的拉动提供了适宜的史境和契机,参见〔美〕罗伯特·金·默顿:《十七世纪英格兰的科学、技术与社会》,范岱年等译,商务印书馆 2000 年版,第 89—295 页。李约瑟则认为,根深蒂固的文官体制和官僚封建主义,高度集中的中央集权、家长式的专制和对民众牢固的人身控制,严苛的重农抑商的国家政策等因素阻挠了近代科学技术在中国的产生和发展,参见〔英〕李约瑟:《东西方的科学与社会》,载〔英〕M. 戈德史密斯、A. L. 马凯主编:《科学的科学——技术时代的社会》,赵红州、蒋国华译,科学出版社 1985 年版,第 153、163 页。

② 汪丁丁:《制度创新的一般理论》,载汪丁丁:《经济发展与制度创新》,上海人民出版社 1995 年版,第 13 页。

③ 〔美〕道格拉斯·C. 诺思:《经济史中的结构与变迁》,陈郁、罗华平等译,上海三联书店、上海人民出版社 1994 年版,第 225 页。

另一方面，制度结构中所安排和配置的自由、权利、利益格序直接影响着人们在充满风险和不确定的世界中从事创新和经济行为的意愿和动力。① 因此，当技术创新活动的动机维系于制度结构所能提供的降低交易成本和许以利润奖励的激励机制时，按照技术创新的运行机理对规则制度进行相应的创新，也就是题中应有之义了。正是在此意义上，可以认为"制度重于技术"②，因为"知识和技术存量规定了人们活动的上限，但它们本身并不能决定在这些限度内人类如何取得成功。政治和经济组织的结构决定着一个经济的实绩及知识和技术存量的增长速率"③。

（四）保全与引导

如前所析，知识与资本的高度结合不仅具有经济意义，其在引发经济运行方式变化、构造出知识经济形态的同时，亦按照知识资本化的统合法则引致了人和人际关系的变动，并衍生出涵括经济、政治、文化等综合维度的知识社会。作为人们生活结构的基座，在天性上亲和工具理性与功利主义的知识经济，一方面带来物质的丰盛和人的"解放"，另一方面导致知识、人和人际关系的物化并倾向于施加"桎梏"人的力量。叠加于知识经济之上的知识社会，因其共享着此种自悖性的逻辑而展现出"繁荣"与"异化"的双重面相。并且，由知识和人的本性所决定，只要知识还具有经济物品的性质、还能带来生产力的发展，只要人还是知识的生产者和物质载体，就"永远存在着将知识转变为商品的动机，从而永远存在着以知识为手段把人和人之间的关系资本化的过程"。④ 由此，人们不得不面对知识经济条件下"资本"与"尊严"、"物质利益的普遍增进"与"知识福祉的不公平分配"、"解放"与"桎梏"之间恒久的张力，并在此种注定不完满的生活状况中尽可能地寻求

---

① 参见汪丁丁：《制度创新的一般理论》，载汪丁丁：《经济发展与制度创新》，上海人民出版社1995年版，第18—19页；鲁鹏：《制度与发展关系论纲》，载《中国社会科学》2002年第3期，第14—23页。
② 参见吴敬琏：《发展中国高新技术产业：制度重于技术》，中国发展出版社2002年版，第3—20页。
③ 〔美〕道格拉斯·C.诺思：《经济史中的结构与变迁》，陈郁、罗华平等译，上海三联书店、上海人民出版社1994年版，第17页。
④ 汪丁丁：《知识、经济、自由》，载汪丁丁：《自由人的自由联合》，鹭江出版社2000年版，第138页。

改善。

作为能动地参与构设经济社会生活的规范媒介,法律承载着引导人们过富足、尊严、自由、公平的生活的功能。① 除容纳工具理性和功利主义并努力激励经济效率的提高之外,法律同样关怀价值理性和道德诉求并致力于促进生活的正义与完好。在对知识经济进程中社会利益格局的变动做出制度规整时,为对治资本逻辑所必然导致的人和人际关系的物化,在创设新的知识产权、自由竞争制度等激励机制的同时,法律亦在探索着隐私权、知情同意权、自由表达权等旨在保障人的尊严、自由、平等的制度设计。通过为强势经济权利设定边界、并且安排与之冲突和抗衡的人格性权利,法律试图构设一种人人得有机会主张利益、抒发意志、反对异化和不公平对待的生活秩序,进而谋求健全、和谐的生活状态。

三、法制创新的路向

(一) 法制创新的价值取向

面对纠葛缠绕的主张和诉求,价值取向的确定是理性构设制度安排的前提和依据。② 知识经济进程中,法制创新的价值规划取决于对知识经济的运行态势及其对人们生存境况所造成影响的认知和评价。如前所析,由于知识经济的展拓是一个不以人的好恶为转移的客观事实,由于知识经济的发展确实带来了生产的增长和经济的繁荣,更由于人的物质性生存仍是第一要务而在全球市场化的压力下竞争优势和生存空间的获得越来越维系于经济主体的创新能力,因此,法制创新的基本姿态应该是致力于激励和促进知识的生产、

---

① 作为一种实践理性,法律必然负载着考问正当性、追问向善性的价值维度。法律价值主要包括秩序、正义、自由、效率等,是一个由多种元素构成、以多元形态存在的体系,参见张文显:《法哲学范畴研究》(修订版),中国政法大学出版社 2001 年版,第 187—223 页。

② 制度安排的实质是对相互冲突或重叠的利益要求进行选择和衡平,该选择和衡平的过程必定自觉或不自觉地受到一定价值倾向性的指引和影响。明确、理性的价值取向为具体的制度构设提供参照系和坐标系。邓正来曾从反面强调明了目标取向的重要性,他指出:"不知道目的地,选择走哪条路或确定如何走某条路都是无甚意义的;然而,不知道目的地的性质,无论选择走哪条路还是确定如何走某条路,却都有可能把我们引向深渊。"参见邓正来:《社会学法理学中的"社会"神——庞德〈法律史解释〉导读》,载《中外法学》2003 年第 2 期。

创新和资本化、产业化,从而推助知识经济的发展。同时,由于知识经济所固含的工具理性和功利主义逻辑对人们生活所带来的诸如人的物化、知识霸权、信息殖民等负面效应,因此,法制创新对于知识的资本化过程不得不采取必要的规控措施,不得不在经济效率之外同样确保人的尊严、自由和平等。由此,知识经济进程中,法制创新的价值诉求主要归结为科技福祉和知识利益的高效生产与公平分享。

(二) 法制创新的主题

知识经济的精要在于科技和知识创新,其逻辑过程表现为科技研发与知识生产——科技成果转化与扩散(知识信息的资本化和产业化)——科技和知识产品的市场化。① 知识经济进程中所有的利益纷争和价值纠葛都发生在并贯穿于该逻辑过程之中。相应地,为整饬法益格序、刺激效率和保障公平而进行的法制创新亦以该逻辑过程为其施为对象和着力主线。由于该逻辑过程所涉主体主要包括作为知识生产者的大学和科研机构、作为知识创新(即将科技和知识成果纳入生产体系、转化为生产力)者的企业、作为知识产品消费者和公共选择监控者的社会大众,以及作为知识经济进程的积极推助者并且作为正式制度的安排者从来不曾真正隔离于经济社会生活之外的国家,因此,法制创新的所有命题都归结为对于国家、企业、大学和科研机构、社会大众之间权力、权利、义务和责任的构设与配置。② 正是在其相互之间关系的调制中,法益纠纷得以规整、法制创新的价值取向得以落实、知识经济的发展亦得以激励和规控。

---

① 参见朱国宏、刘子馨主编:《知识经济时代的来临》,复旦大学出版社1998年版,第97页。
② 这同时也是国家创新体系的内容。所谓国家创新体系,是在知识经济全球化发展的压力下,国家作为能动的应对者和推动者而介入和参与到知识创新的过程中,从而在其与作为知识生产和传播主体的大学和科研机构,以及作为技术创新主体的企业之间发生互动并形成以创新行为为中心的网络系统。OECD将之定义为"公共和私人部门中的组织结构网络,这些部门的活动和相互作用决定着一个国家扩散知识和技术的能力,并影响着国家的创新业绩";英国工贸部在《英国创新体系》中将之定义为"种种不同特色机构的集合,这些机构联合地和分别地推进新技术的发展和扩散,提供了政府形成和实施关于创新过程的政策的框架。这是创造、储存和转移知识、技能及新技术产品的相互联系的机构所构成的系统"(转引自曾国屏、李正风:《国家创新体系初探》,中国社会科学院研究生院、中国科学院研究生院编:《知识经济与国家创新体系》,经济管理出版社1998年版,第166页)。按照主体,国家创新体系主要包括国家、企业、大学和科研机构等;按照内容,国家创新体系主要包括知识创新、技术创新和制度创新等。

（三）法制创新的向度

1. 秩序模式的选择

作为社会生活的基本事实，人的一切活动和关系都嵌置于一定的秩序结构中，社会成员微观、个殊的行为和互动都在该秩序结构之内按照其所型塑的方式展开，所有调整具体社会关系的制度规则都通贯该秩序结构的基本逻辑并构成其组成部分。因此，知识经济进程中，在国家、企业、大学与科研机构、社会大众之间就知识利益的生产和分配进行权力、权利、义务和责任的安排时，首先遭遇的就是秩序模式的选择，即探析各方主体应被放置于怎样的体制框架中以使其行为导向知识创新、经济发展和社会公正的目标。作为所有秩序模式的核心，其关键是界定某种个体自主、社会自治和公共规控的对治格局，而又连接着对于人性、知识本性、人的理性能力、知识经济条件下各方主体的行动能力和关联态势等诸多因素的认知和评价，实质上是在自古有之的自由市场机制、公共自主机制和国家规制机制之间探求适宜的张力状态和制衡模式。

2. 制度体系的构设

秩序结构和体制框架是由具体的制度安排构筑而成的。无论对于知识经济条件下的秩序模式有着怎样的构设，无论在自由市场体制、国家规制体制和公共自主体制之间构想怎样的制衡格局，知识利益的生产与配置都按照相应的逻辑被转译和表达为相应的经济性、人格性、政治性、社会性权利、权力、义务、责任等制度设计。法制创新的过程，实质上是新型权利、义务、责任形态与机制的创设过程。

3. 信息经济和基因经济中特殊的制度安排

知识经济是对信息经济、基因经济等新经济领域的概称。作为知识经济的典范，信息技术和基因技术的产业化应用，带来了人们生产方式、生活方式、交往方式、自我理解方式等在世方式的结构性变革，也引发了社会生活中深刻激烈的利益纷争和价值冲突。因此，在以信息技术和基因技术等高新科技所型构的生活格局为背景对知识经济条件下的秩序模式和制度体系进行探析和构设时，不能不对信息经济和基因经济中具体的制度创新给予特殊的关注。

第 二 章

知识经济的秩序模式选择

人既作为个体又作为社会成员生活在组织起来的共同体中。自在自为的私人空间、主体间交往中自发生成的自治性公共领域,以及承担公共职能并合法垄断权威与暴力的国家,合围组构了人们私己和公共生活的结构框架,共同体成员在其间分工合作进行着经济、政治、文化和社会活动,经营着个体的物质和精神幸福,也谋求着公共利益和共同善的整全性发展。因应于个性与群性在人性中的复杂张力,寻求群己权界的适宜态势构成社会生活的首要命题,而构设个体自主机制、公共自主机制和国家规控机制之间的整合与对治机制亦成为社会秩序模式选择的要旨和内核。正是基于对此机制架构关联对接与疏密松紧之态的智性设计,兼具功利需要与道德诉求、理性与无知、自主与不自足、利己与利他、协作与竞争、友爱与敌对等自悖性行为倾向的社会成员被引导、规束和保障着去过自由、繁荣、和谐、向善和健全的生活。

知识经济进程,是科学技术和知识信息高度发达并与资本和经济高度结合的过程,是科技福祉和知识利益的投资生产与分配消费的过程,也是资产、机会、权能、收益等在知识生产者、知识创新者、知识产品(服务)消费者和其他利害相关者之间的配置过程。在此,一如任何社会结构中政治经济过程的构造,其枢要在于社会成员对个体利益和价值的自我追逐与公共权力以共同利益和道德之名而采取的集体行动之间做出选择或者谋求二者的耦合;因为,一如任何经济社会的秩序架构借助个体自主机制、公共自主机制和国家规控机制的筛取与整合来实现对于经济绩效、社会正义、人格尊严等基本价值的关怀与追求，知识经济进程中利益福祉的高效生产与公平分配、以及人的异化的防止亦维系于在自由市场机制、公共参与机制和政府规制机制的对治中所构设的资源配置模式和社会治理方式；其根由则在于，正如现代政治经济史所印证的，世界的复杂、人的有限理性和激情任性、人性中的自私和投机倾向等使得任何单独的个体自治机制、公共自主机制和国家规制机制都各有功效与限度而不足以独自胜任对于个体自由与幸福、公共福利与道德、活力与繁荣、公正与人道等基本善的同时满足和促进，从而只能在特定的语境下通过对个体、公众和国家各自行动能力的考评而探求诸基本机制之间某种对接和制衡的架构。

一、作为基调的自由市场机制

（一）知识生产过程的自由取向

1. 知识生产吁求自由体制

科学技术的生产和制造是对自然之理的解蔽和运用。由于物理秩序的客观性、人的有限理性、知识生产过程的个体主观性和分工协作性，科学技术的发展仰赖于探索者所能保有的自由心智和互动——正是科学技术共同体成员面向自然进行沉思和施为时不为专家权威、政治权力和意识形态所束缚而持有的自由精神和独立意志，及其相互之间多元、开放、宽容的交流、论辩、批判和质疑，以及歧异、误构、异见的准予并存，使得奥妙的自然之蔽在自由社会中远比在集权社会中更易于被揭示、传播和应用。①

2. 知识生产与市场的亲和

首先，科学技术的生产和制造，需要投资，需要研究经费、实验设备等基金资财的投入；因而，科技研发活动的展开离不开政府、企业等资源把持

---

① 参见〔美〕巴伯：《科学与社会秩序》，顾昕等译，生活·读书·新知三联书店1991年版，第71—99页；〔美〕罗伯特·金·默顿：《十七世纪英格兰的科学、技术与社会》，范岱年等译，商务印书馆2000年版，第270—282页；〔法〕让-弗朗索瓦·利奥塔尔：《后现代状态——关于知识的报告》，车槿山译，生活·读书·新知三联书店1997年版，第116—140页。

者的支持和扶助。① 由于科学技术作为特定利益格局中的社会成员为摆脱自然束缚及实现自我发展而认知和改造自然的成果②，其之所以受到政治、经济力量的重视和扶持，首先是因为其堪任"第一生产力"，能够带来财富的增长、行动能力的增强和效用的满足；因此，科学技术活动所能获得的资源投入及至其发展的速度和方向，相当程度上取决于社会的需要及其被期求实现的"功效"和"有用性"③。又由于除去与军事、国防、卫生等公共物品的需求相关的知识生产和基础研究主要由政府主持或资助外，社会世界中更多的"效能"期待以自发、散逸、多元的形式蛰伏在人们的日常生活中，驱使或等待反应灵敏、追逐利润的厂商去开掘和激活；由此，以生活需求和经济资助为杠杆，科学技术的生产与制造被自然地导向市场过程，表现出对市场的亲和与依赖。

其次，科学技术的从业者有着对于自我利益的关怀和追求，倾向于在市场中搜寻研究课题并力图将其知识成果转变为经济利润。科学技术是社会分工体系中的一种职业，除去追寻真理、造福社会的职业伦理之外，科技人员也有着追求私己利益的天性，有着从其工作中获取收益和回报的正当期许；而以个人最大化利润的竞相追逐为基要的自由市场，则为其职业抱负的施展提供了适宜的激励和场域。不能奢求（或苛求）科技人员在道德或行政命令下恪守"公有性"和"无私利性"的规范结构。④ 由科技和经济发展史判断，正是涵化知识生产者正当利益诉求、准许智力成果通过市场机制自由定价与流转的知识产权和其他优先权制度，极大地推动了科技的进步和经济的繁荣。

---

① 现代科学的发展，越来越具有"制造"的意味，越来越倚赖技术、设施、装备等实验条件，从而越来越仰仗强大的资本投入和经济后盾，参见〔德〕哈贝马斯：《作为"意识形态"的技术与科学》，李黎、郭官义译，学林出版社1999年版，第62页；〔美〕约瑟夫·劳斯：《知识与权力》，盛晓明等译，北京大学出版社2004年版，第18—23页。

② 参见〔德〕哈贝马斯：《作为"意识形态"的技术与科学》，李黎、郭官义译，学林出版社1999年版，第122、131页。

③ 参见〔法〕让—弗朗索瓦·利奥塔尔：《后现代状态——关于知识的报告》，车槿山译，生活·读书·新知三联书店1997年版，第94—98页。

④ 默顿主张"普遍主义、公有性、无私利性以及有组织的怀疑，构成了现代科学的精神气质"。其中，"公有性"是指"科学上的重大发现都是社会协作的产物，因此它们属于社会所有。它们构成了共同的遗产，发现者个人对这类遗产的权利是极其有限的"，"科学伦理的基本原则把科学中的产权消减到了最小限度"。"无私利性"意指职业者的"正直诚实"和"对人类利益的无私关怀"，参见〔美〕R.K.默顿：《科学社会学》，鲁旭东、林聚任译，商务印书馆2003年版，第viii页、第363—376页。

再次，知识产品的经济价值需借助市场来实现。科学技术经济价值的落实，即由学理形态向生产力形态的转化，实质上是科技成果从研发单位投放到企业的生产过程之中、经过产业化而推广为能够满足人们特定效用的知识产品或知识服务。在此，关键的环节在于知识生产过程与经济生产过程以及消费者需求之间的顺畅对接。由于益愈分化、复杂、流变和不确定的生活世界中有关供求状况的信息变得益愈纷杂和不充分，正如官僚制的政府行动无力对经济运行做出无微不至的安排，科技成果的转化和商业化应用亦不能主要地交由公共权力的集体行为来完成①；相反，其只能诉诸自发却对效用和利润有着非凡的发现能力和调节能力的市场机制。② 工业实验室在从事经济生产的企业中的建立，以及高新科技园区作为知识经济的孵化器在大学周围的建设，为知识价值的市场化实现模式提供了雄辩的例证。③

（二）知识创新过程的市场激励

1. 知识创新的动力源自厂商对于利润的追逐，要求体制架构承认企业作为独立经济主体的地位，并确认其报酬与努力之间的直接联系。

在人的理性不及和信息不完全的世界中，从研究开发到成果转化再到实现产品价值，科技和知识创新的过程充斥着风险和不确定性。通过降低风险和不确定性而获取利润是厂商投身知识创新的原动力。④ 但是，由风险和不确定性而导致的交易成本也是阻却厂商创新意愿的根本症结。因而，厂商的知

---

① 我国科技成果转化率低下、知识产品经济价值流于闲置，其原因在相当程度上归咎于知识生产中机械、僵硬、低效的行政规划体制。当知识主要面向政治指令而非市场需求进行生产时，必然不能避免知识成果被社会大众打入冷宫，而经济运行亦会缺失某些活力和绩效，参见曾国屏、李正风：《国家创新体系初探》，中国社会科学院研究生院、中国科学院研究生院编：《知识经济与国家创新体系》，经济管理出版社1998年版，第172页。

② 参见〔英〕冯·哈耶克：《作为一种发现过程的竞争》，载冯·哈耶克：《哈耶克论文集》，邓正来选编译，首都经济贸易大学出版社2001年版，第441—458页。

③ 参见〔美〕内森·罗森堡、L. E. 小伯泽尔：《西方致富之路——工业化国家的经济演变》，刘赛力等译，生活·读书·新知三联书店1989年版，第297—298页；吴敬琏：《发展中国高新技术产业——制度重于技术》，中国发展出版社2002年版，第63—76页。

④ 参见汪丁丁：《制度创新的一般理论》，载汪丁丁：《经济发展与制度创新》，上海人民出版社1995年版，第17页。

识创新行为需要降低交易成本和许以利润的制度鼓励与刺激。① 在此，通过界定产权、维护缔约自由和型构自发竞争秩序而肯认人的逐利本性、倚重人的自主决断和自由行动的市场机制，在总体上被证明更有益于激励人们从事生产性活动、发现和利用散存的商机与信息，并减少相应的信息费用和协调成本。②

2. 知识在创新参与者头脑中的"观念性"存在形态，仰赖市场机制的自愿原则来激发和调动。

犹如劳动存在分工一样，知识也存在分工③；无论是编码的科学技术知识，还是隐含的体验性和感觉性知识，都散逸在个体的头脑和意识之中。④ 知识创新的过程，既表现为理性的科学技术知识投入经济生产的过程，也表现为潜存在企业家、员工等人力资源身上的经验、实践技能等默会知识的调用过程⑤，其实质是协调知识分工和整合利用分散的知识信息的过程。"因为知识储存在每个人的脑子里，以观念的方式运行着，任何违反了知识主体的主观意志的制度都很难避免巨大的知识浪费"，所以协调知识分工的最有效率的制度应该是尊崇"要素投入主体的主观意愿与主观努力"、恪守"自愿原则"的制度，而市场机制恰恰是这样一种制度结构。⑥

---

① 刘易斯认为："除非保证人们努力的成果由他们本人或他们承认其占有权的人获得，否则他们将不会做出努力。"〔美〕W. 阿瑟·刘易斯：《经济增长理论》，梁小民译，上海三联书店、上海人民出版社1994年版，第66页。

② 刘易斯认为，制度促进或者限制经济增长取决于制度对努力的保护（即保障获得报酬的权利），为专业化所提供的机会（即保护贸易和专业化），以及所允许的活动的自由（即维护经济自由）。刘易斯认为："除非保证人们努力的成果由他们本人或他们承认其占有权的人获得，否则他们将不会做出努力"，参见〔美〕W. 阿瑟·刘易斯：《经济增长理论》，梁小民译，上海三联书店、上海人民出版社1994年版，第65页。

③ 参见〔英〕F. A. 冯·哈耶克：《经济学与知识》，载 F. A. 冯·哈耶克：《个人主义与经济秩序》，邓正来译，生活·读书·新知三联书店2003年版，第74页。

④ 波兰尼认为，相对于传统认识论所依托的可明确表述的逻辑理性而言，人的认知运转中还活跃着另一种与认知个体的活动无法分离、不可言传只能意会的隐性认知功能，而这种意会认知是一切知识的基础和内在本质；并且意会认知是依存于人的，是人类个体心身的隐性体制理性，因此只能是个体的知识，参见张一兵：《科学、个人知识与意会认知》，载〔英〕迈克尔·波兰尼：《科学、信仰与社会》（代译序），王靖华译，南京大学出版社2004年版，第6—8页。

⑤ 参见经济合作与发展组织（OECD）编：《以知识为基础的经济》，杨宏进、薛澜译，机械工业出版社1997年版，第9页。

⑥ 参见汪丁丁：《知识、经济、自由》，载汪丁丁：《自由人的自由联合》，鹭江出版社2000年版，第146—147页。

3. 人的有限理性和知识的散逸性，注定自主决策和自由竞争的市场机制是激励创新以及发现、传播、协调和运用知识信息的最优制度设置。

人的有限理性、信息的不完全和知识的分工，是人性、自然和社会的基本事实。当以资源配置为内核的经济运行首先表现为对纷繁变动的需求与供给状况进行搜求和探测时，合理经济秩序的问题便根本归结为如何运用知识和信息的问题。① 尤其在知识经济条件下，当知识创新主要表现为对于益愈分散流变的知识和信息的经济价值进行开发与利用时，情况就更是如此。

在专家关于"一般性事实"的常规知识（科技知识）周围，弥漫散逸着社会个体关于"特定时空之情势的那种知识"。② 由于偏好、效用、需求、供给和生活情状的复杂纷乱和变动不居，此种直觉性和意会性的情境知识与实践知识比之经过理性抽象的科技知识对于经济运行和资源配置具有更为重要的意义。于是，合理经济秩序的问题引申为如何发掘、激活、传播、协调和应用该类分散性、隐含性和缄默性知识信息的问题，即"人们如何才能够确使那些为每个社会成员所知道的资源得到最佳使用的问题，也就是如何才能够以最优的方式把那些资源用以实现各种唯有个人才知道其相对重要性的目的的问题"。③ 由于该类知识信息是如此多元、庞杂、易变、个人化和地方性，没有任何人类智慧能够对其予以全知全能的洞悉和掌控，瞬息变更的生活情势也不会停下来等待组织化的权力机关，遵照多级科层结构的流程按部就班地由基层和现场搜集、整理、传递并不完全的知识信息并由最高决策层集中做出决断后再逐级将行动指令回馈到基层和现场；因此，经济的运行和资源的有效配置不能主要指靠中央集权制度，而只能选择由分别具有独特知识信息的个人之间的自发互动集约而成的市场机制。"每个人实际上要比所有的其他人都更具有某种优势，因为每个人都掌握着有可能极具助益的独一无二的信息，但是只有当立基于这种信息的决策是由每个个人做出的或者是经

---

① 参见〔英〕F. A. 冯·哈耶克：《知识在社会中的运用》，载 F. A. 冯·哈耶克：《个人主义与经济秩序》，邓正来译，生活·读书·新知三联书店 2003 年版，第 118 页。
② 同上书，第 121—122 页。
③ 〔英〕F. A. 冯·哈耶克：《知识在社会中的运用》，载 F. A. 冯·哈耶克：《个人主义与经济秩序》，邓正来译，生活·读书·新知三联书店 2003 年版，第 117 页。

由他的积极合作而做出的时候，这种信息才能够得到运用"①；这样，当无数行动者的知识进入经济过程时，其作为"一种探明特定情势的能力"（即搜索需求和供给状况的能力）② 在主体对利润和报酬的追逐中融入竞争；而竞争又是"一种发现的过程"，即伴随努力工作、革新技术、节约成本而发现未知的"有支付能力的需求"、"物品的稀缺程度"、"能以最低廉的费用提供物品的供应者"等知识信息的过程③；相应地，在个人知识的互动和竞争中，"造成了一种经过编码处理的、价格信号形式的知识"④；而价格又是"一种交流信息或沟通信息的机制"（即告知个人："其他人对他们正在做的事情或能够做的事情的需求出于某种不应当由他们负责的原因而减少了或增加了"）⑤，进一步被有着不同知识和信息的行动者所利用；人们根据价格变动调整个人计划以便通过其行动适应正好有效的稀缺关系⑥；由此，借助价格和竞争机制，散逸的个人知识、彼此分立甚至相互矛盾的个人规划得以协调并互为兼容，个别计划所赖以立足的期望也得以和客观事实达到一致；而市场机制则成为"能够使个人选择自己的事业并因此而可以使用自己的知识和技艺"⑦ 的相对最优的经济秩序模式。

知识经济进程中，计算机技术和信息技术的高度发达并未导致人们搜罗、掌控和运用整全性知识信息的能力必然增强。相反，交往界面的延拓、信息之流的加速散逸和过度喧嚣等，反倒使得经济社会的运行更加复杂和碎片化、辨识有效信息的难度和成本随之加大、人的有限理性亦自悖性地沿着其行动

---

① 〔英〕F. A. 冯·哈耶克：《知识在社会中的运用》，载 F. A. 冯·哈耶克：《个人主义与经济秩序》，邓正来译，生活·读书·新知三联书店 2003 年版，第 121 页。
② 参见〔英〕冯·哈耶克：《作为一种发现过程的竞争》，载 F. A. 冯·哈耶克：《哈耶克论文集》，邓正来选编译，首都经济贸易大学出版社 2001 年版，第 446 页。
③ 同上书，第 168 页。
④ 参见〔德〕斯特凡·弗格特：《作为发现程序的市场经济竞争》，载〔德〕格尔哈德·帕普克主编：《知识、自由与秩序》，黄冰源等译，中国社会科学出版社 2001 年版，第 168 页。
⑤ 参见〔英〕冯·哈耶克：《作为一种发现过程的竞争》，载冯·哈耶克：《哈耶克论文集》，邓正来选编译，首都经济贸易大学出版社 2001 年版，第 454 页。
⑥ 〔德〕斯特凡·弗格特：《作为发现程序的市场经济竞争》，载〔德〕格尔哈德·帕普克主编：《知识、自由与秩序》，黄冰源等译，中国社会科学出版社 2001 年版，第 168 页。
⑦ 〔英〕F. A. 冯·哈耶克：《知识在社会中的运用》，载 F. A. 冯·哈耶克：《个人主义与经济秩序》，邓正来译，生活·读书·新知三联书店 2003 年版，第 133 页。

能力有所增加的相反方向伸展着。[①] 知识创新依然在一个信息不完全、充满风险和不确定性的世界中为着利润的目标而进行着。在此，愈加不能像期望技术工程师运用其工具理性操控项目过程那样，期待政治经济的权力中心在技术统治论的导引下对知识创新和经济运行进行统一的计算、安排和控制。[②] 面对着知识的分工和弥散、理性的局限和世界的不确定，强大的利维坦亦不得不正视其行动能力的限度；而相对合理又能焕发活力的经济秩序，仍然是"鼓励每一个社会成员在每一个可能的方向上进行创新"的市场机制。

4. 知识创新的高度风险性，使得分散决策的市场机制成为相对安全和适宜的选择。

技术进步和知识创新是以对不确定性的克服而谋求利润的。从探索、发现、实验、开发、模仿到采用新产品、新工艺和新的组织结构，行为者主要是凭着对于尚未利用的技术机会和经济机会的直觉在从事着创新努力，其对于所可能得到的技术结果和商业后果并没有确证的知识和详尽的信息。[③] 又由于高新科技的研发和成果转化需要巨大的资本投入，而资产又具有专一性和不可逆性。因此，风险如影相随般贯穿技术和知识创新的全过程，创新者和投资者如同下着一场或者收益丰厚或者血本无归的赌注。在此，对于潜在风险和利润的制度分配，市场机制要优于集权机制。因为，在知识高度散逸的情境中，在信息的捕捉、传递和运用上并不具超凡能力的权力中枢在充满不确定性的创新过程中更易于发生决策失误，而重大的或者累积性的决策失误集结于一身时则很容易导致经济运行遭受重创甚至崩盘；如若承认创新主体的自我利益和独立决策权，则其会受到激励尽可能有效地利用个人知识并努力协调与周遭环境的关系以求得对于风险的规避，并且即使创新过程中遭遇失败，也会因风险的分散而不致大面积影响全局[④]，事实上，市场的一个明显

[①] 参见〔加〕尼科·斯特尔：《知识社会》，殷晓蓉译，上海译文出版社1998年版，第235—236页。

[②] 技术治国论者（例如圣西门等）主张应像管理事物那样有条理、有系统地将技术和知识用于社会事务的管理，技术专家代替政治家或与其联合按照工程学的方法对经济社会生活施以计划、组织和掌控，参见〔美〕丹尼尔·贝尔：《后工业社会》，彭强编译，科学普及出版社1984年版，第20—21页。

[③] 参见〔美〕乔瓦尼·多西：《创新过程的性质》，载〔美〕G. 多西、C. 弗里德曼等合编：《技术进步与经济理论》，钟学义、沈利生等译，经济科学出版社1992年版，第274页。

[④] 参见吴敬琏：《发展中国高新技术产业：制度重于技术》，中国发展出版社2002年版，第46页。

的优点就是在面临与新技术能力的用途有关的巨大的不确定性时，它鼓励进行多种途径的探索。这在不确定性很高并且需要鼓励不同的个人按照自己的预感和直觉行事时是非常有利的（在面临大量不确定性时，技术进步的成就需要这种意见的差异）。[①] 再者，市场机制本身内涵允许挫败的制度设计，人力资源的流动性和资本重组的制度通道为失败的挽救和弥补提供了可能。

（三）市场机制的限度

无论是受到右翼理论的力挺和推崇还是饱经左翼作家的批判和责难，市场机制似乎已被世界政治经济史印证为相对最有利于激励创新、鼓励努力、实现个人抱负和经济繁荣的制度形式。同时，正如左翼作家所竭力非难和右翼理论所勉强承认的，由私己利益、自主决断、自发互动和自由竞争所驱动和组构的市场机制，在经济绩效和社会正义的维度上，悖论性地存在着某些天然的缺憾[②]；而在其缺憾处，即使不是大规模地也应在最低限度上接纳政府规制机制和公共自主机制的介入与对接。放置于知识经济的语境下，情况亦是如此，只不过表现形式有所演变而已。

首先，市场机制在提供教育和基础研究等公共物品上的限度。由于公共物品在消费和使用上具有非竞争性和非排他性，而人性中又固有搭便车的投机倾向，因此以谋利为导向的厂商缺乏动力和意愿对其予以投资和生产，从而导致公共物品的市场供应不足。[③] 教育和基础研究具有典型的公共物品的性质，其对于人力资源的培养和高新技术的创新是如此重要，但由于其不能带来直接的经济效益，更由于厂商无力在其之上设置某种护界以便排除搭便车者从其投资中免费获益，因此不能奢求教育和基础研究的市场化生产，而只能由公共财政予以投资和扶持。

其次，知识与市场的结合内蕴着垄断和知识霸权的隐疾。知识经济的逻辑就是知识和信息的资本化、产业化与商品化。由于知识和信息具有公共物

---

① 参见戴尔·尼夫主编：《知识对经济的影响》，邸东辉、范建军译，新华出版社1999年版，第45页。
② 参见乔治·斯蒂格勒：《知识分子与市场》，载〔英〕F. A. 哈耶克、〔美〕罗伯特·诺齐克等：《知识分子为什么反对市场》，秋风编译，吉林人民出版社2003年版，第74—86页。
③ 参见〔美〕保罗·A. 萨缪尔森、威廉·D. 诺德豪斯：《经济学》（第12版），高鸿业等译，中国发展出版社1992年版，第1193—1196页。

品的性质,对于知识生产和创新的激励是通过确立知识产权——即人为地设置一种使用、收益和支配上的排他性权利——而实现的。① 相当程度上,知识经济就是建基于此种知识和信息的垄断权之上。该垄断权极易被追求独占利润的厂商所滥用以致造成知识和信息霸权;尤其在信息经济的平台上,垄断厂商的知识产权往往被设定为整个行业的技术标准和产业标准,成为其把持市场进入、进行不公平竞争的筹码和工具。在此,自由的市场机理面临着被否抑的危险,政府规制机制和公共自主机制不得不介入其中予以必要的矫正和对治。

再次,市场经济所尊奉的工具理性和功利主义法则易于导致人和人际关系的物化与异化。市场机制策源于人们对于效用的追求,只要有需求和利润就会有交易,而不问其是否人道和公正。自由放任的市场域天然地缺失道德考量和伦理评判的维度,人格尊严和社会正义常常向资本逻辑屈从和退让。知识经济进程中,信息技术、基因技术等高新科技的应用将法益介质拓展到了人的私密性存在和生命体自身。在厂商对于信息产权、基因专利权等经济性权利的主张中,有可能被物化、出卖和贬损的是人的隐私、尊严、生命价值和主体际的平等。对于人性道义的维护,要求在经济社会的秩序构建中扬弃工具理性而引入价值理性和沟通理性的成分。落实为制度设计,则是作为公共道德代言人的国家和负载多元价值的社会大众所采取集体行动和公共行为对于自由市场活动的导控与约束。

最后,信息不对称的市场缺陷使得高新科技所固有的高风险在其中难以有效防范和公平分担。信息技术、基因技术、纳米技术等高新科技的应用具有高度的复杂性和风险性,其对于人的生命、健康、环境等的影响后果非经较长时限和较大范围不能得到评估和确证。② 对于此种风险和不确定性,知识产品的生产者和供应者较之消费者和社会大众具有更多的信息和知晓能力,但在利润机制的驱动下其倾向于维持信息的偏在状态或者采取秘而不宣、否

---

① 参见〔美〕罗伯特·考特、托马斯·尤伦:《法和经济学》,张军等译,上海三联书店、上海人民出版社1994年版,第185页。

② 例如,由于转基因农作物的种植所可能导致的基因污染和生态破坏;在皮肤过敏症和转基因食品之间所可能存在的关联关系等,参见R. A. B. 皮埃尔、法兰克·苏瑞特:《美丽的新种子——转基因作物对农民的威胁》,许云锴译,商务印书馆2005年版,第35—39页;毛新志:《转基因食品的伦理问题研究综述》,载《哲学动态》2004年第8期,第24—26页。

认、欺瞒和放任的姿态。在此，引入政府规制和公众参与对于厂商市场行为的监控和对治，将会有助于风险的防范和利害相关者的权益保护。

二、作为辅助的政府规制机制

（一）政府规制的合理性基础

1. 知识经济进程的国家推助

当知识经济的延展开拓出一个全球性的自由市场，并且竞争力主要取决于知识创新能力时，无论发达国家还是发展中国家，无不竞相采取积极行动构建国家创新体系以培育和推助知识经济的发展。知识经济初露端倪于既有的农业经济和工业经济的基围中；知识经济的发育过程，亦是资本、劳动等资源要素由传统农业和工业部门流入高新科技产业部门的过程。[①] 由于相关利益集团的争夺和阻挠，该资源重整过程若完全交由市场的自发机制来完成，则意味着漫长的演进时期以及在其间所付出的高昂的机会成本。在竞争压力益愈紧迫、市场行情益愈复杂流变的全球化经济体系中，没有国家能够悠然地等待知识经济的自发演进，而是力图通过界定产权、动用财政、金融、税收等经济杠杆或采取其他集体行动来培植知识经济的发展。

2. 市场缺陷的存在

如前所析，尽管因其运行逻辑与知识经济内在机理的契合而被选择为经济秩序的基调，但由于其自身所固有的公共物品提供不足、垄断、信息不对称、资本法则对于人道尊严和社会公正的否抑倾向等缺陷，自由放任的市场机制被证明无力独自担当对于知识利益的高效生产和公平分配。由于国家被设定为社会利益和公共道德的代理人与代言人，其在权力支配、资源调用和信息搜集等方面所具有的优势，使其有可能获得某种全局性的辨识能力和导控能力，进而通过集体行动或公共选择来对治市场的缺陷和不足，补救在市场机制的自发秩序中失落的整体经济绩效和最底线的社会道德诉求。

---

① 参见〔美〕阿尔温·托夫勒：《第三次浪潮》，朱志焱、潘琪、张焱译，生活·读书·新知三联书店1984年版，第61—62页。

(二) 政府规制的限度

1. 知识经济条件下政府知识和行动能力的某种消减

相较于工业经济的标准化、专业化、同步化、集中化、规模化和集权化性征①，在信息技术的平台上发展起来的知识经济表现出更强的异质性、多样性、分散性、灵活性、流变性、地方性和一体性②。知识和信息经由网络通道的自由散逸在拓展经济活动空间、增加经济关系复杂性的同时，减弱了中央集权计划和控制宏观经济的能力——当政府显然无力搜罗足够充分的全局性信息从而能够做出理性的集体行动时，贸然的管制和干预措施可能会对经济运行造成比市场失灵更为严重的否定性后果。同时，伴随经济交往的全球性展拓，跨国公司和国际非政府组织愈加明显地分替着原本由民族国家所垄断的经济权力。③ 而电子公共空间和市民社会的相应发达，不同社会群体对于本位利益的过分强调和对抗，则会造成国家提供公共物品能力的下降和公共归属感的消失。

2. 权力与知识、资本相勾结的潜在危险

作为知识经济的运行法则，知识与资本的高度结合潜含着知识权利异化为知识霸权的可能，而权力因素在知识和资本逻辑上的叠加则更倾向于导致个人自由受到集权的压制以及自发调节的市场过程遭到人为的扭曲。就权力与知识的亲和而言，权力可能表现为知识的制造者，而知识亦可能被雇作为权力提供合法性辩护或者使权力得到强化的工具。④ 事实上，许多重大的科技研发由政府资助并被用做政府的统治工具。作为一个典型的例证，在信息经济的勃兴中，国家是信息高速公路等基础设施的提供者，但同时也可能是电子"圆形监狱"的建造者——个人数据和信息的自由散逸也许就是政府对其

---

① 参见〔美〕阿尔温·托夫勒：《第三次浪潮》，朱志焱、潘琪、张焱译，生活·读书·新知三联书店 1984 年版，第 45—60 页。
② 参见〔美〕戴维·哈维：《后现代的状况》，阎嘉译，商务印书馆 2003 年版，第 421—424 页。
③ 参见杰西卡·T. 马修斯：《权力转移：非政府主体的时代》，载戴尔·尼夫等主编：《知识对经济的影响力》，邸东辉、范建军译，新华出版社 1999 年版，第 112—128 页。
④ 参见〔法〕米歇尔·福柯：《知识考古学》，谢强、马月译，生活·读书·新知三联书店 2003 年第 2 版，第 197—219 页。

施以监控和管制的依据甚至"罪证"。① 就权力与资本的勾连而言，无论在集权国家还是民主国家，只要存在权力的垄断或者委托代理关系，权力把持者或者行使者以权谋私和设租寻租的行为倾向就不会根本遏抑。为了保持权力地位、为了满足个人私欲，掌权者会不顾公共利益和价值而选择与既得利益集团勾结合谋，政府可能沦为少数人谋取特权的工具。② 知识经济进程中，在创新主体为了追求垄断而激烈竞争、科技的不确定性导致知识产品和经济运行具有高度风险性的条件下，一旦权力与资本的结合越过某个正当的临界点，则自由竞争秩序和公共利益可能遭受重大挫伤和损害。当市场主体将更多的资本和精力投入政治投机而非生产过程，以及当经济运行因权力因素的侵扰而变得更加不可预期时，受到挫败的可能是进行创新和投资的意愿与努力，进而知识经济的发展会遭受釜底抽薪的伤害。③

3. 权力的工具理性和技术统治论运行逻辑易于导致反民主的后果

基于对自由市场的信奉和对权力滥用的忧惕，政府规制被严格局限于市场的失灵之处。但是当社会被阐释为个体利益的机械聚合体、并以工具理性的逻辑设置市场机制时，政府规制亦被技术理性地构建为排除障碍的工具、其功能在于科学主义地修复自由市场的利益协调机制。由是，指涉利益与价值纠葛的实践问题演变成了指向规律和必然性的技术问题，政治经济问题演变成了政治家、科技专家和经济学家等社会精英之间的知识合作问题。④ 伴随此种演变的，则是知识精英对于权力过程的垄断和社会大众作为民主主体地位的被损抑。作为其结果，可能导致权力专断和腐败、功能主义的官僚机制对于经济和社会活力的抑制，以及民主体制生命力的衰退等。

---

① 参见〔美〕马克·波斯特：《信息方式》，范静哗译，商务印书馆2000年版，第118—133页。
② 参见〔美〕丹尼斯·C. 缪勒：《公共选择理论》，杨春学等译，中国社会科学出版社1999年版，第221—338页。
③ 参见汪丁丁：《新经济的三类风险》，载汪丁丁：《自由人的自由联合》，鹭江出版社2000年版，第79—81页。
④ 参见〔德〕哈贝马斯：《作为"意识形态"的技术与科学》，李黎、郭官义译，学林出版社1999年版，第97—116页。

三、作为对接的公共自主机制

如果说通贯工具理性和技术理性的自由市场机制和政府规制机制在发挥其激励与规控功效的同时悖论性地积累了物化和集权的否定性后果,那么导入沟通理性的公共自主机制则可能形成某种对治之势并在某种程度上中和、消解自由市场机制和政府规制机制的缺陷与限度。

首先,科学技术的生产受到社会整体利益格局的导控,而社会整体利益格局是自由、平等的社会成员与群体之间的利益冲突、谈判、妥协和制衡之势。① 科学技术是第一生产力,是组织起来的人群面向自然进行探索和创造物质财富的活动。科学技术的生产并不纯粹地表现为工具理性;相反,其受到社会共同体意义理解和认知旨趣的影响与支配,同时表现为价值理性和实践理性。在多元、异质、民主的社会语境下,价值理性和实践理性又表现为社会成员之间真实、自由、平等、不被权力和金钱所扭曲的沟通、对话和共识。知识经济进程中,高新科技的生产和运用常常意味着巨额公共资金的投入以及风险、污染等外部性的产出。在此,民主政治的本义要求社会公众和所有的价值、利益相关者均可就高新科技的立项、投资和应用发表意见、进行批判、展开讨论,从而对相关的利益集团和公共政策施加压力和影响,迫使高新科技在代议制政治精英、企业家等经济精英和工程师等知识精英的操控框架中尽可能地符合或者不致背离公共利益。②

其次,知识经济进程中,在信息技术的平台上崛起的电子公共空间提高了社会的公共自主能力,有利于形成公众、国家和市场之间的对治之势。不同于印刷技术和电磁技术及其所型构的独白式播放型传播模式,数字技术开创了去中心化的交互型沟通模式。数字化通信技术使得知识信息的复制和传播成本趋近于零。在知识信息的网络状和根茎状撒播中,人际交往的时空参数几乎被消蚀为零,社会交往行动从而变得虚拟化、匿名化、陌生化、非中

---

① 参见〔德〕哈贝马斯:《作为"意识形态"的技术与科学》,李黎、郭官义译,学林出版社1999年版,第118—136页。
② 参见〔德〕哈贝马斯:《在事实与规范之间》,童世骏译,生活·读书·新知三联书店2003年版,第206—234页。

心化、分散化、即时化和双向化。① 在此种技术特性的施展中，得到释放和汇集的是益愈开放、异质、多元、积极和批判性的见解、主张和意见，一个体现公众参与和公共自主的电子公共空间随之崛起。以网上论坛、电子社群等为表征的虚拟公共空间的崛起，在某种程度上意味着公民直接民主能力的增强。② 在各方利益和价值诉求的自由抒发与振荡回响中，因市场逻辑的过度通贯而异化为知识霸权的私人事件（例如高新科技中的消费者权利保护）会演化为广受关注的公共事件，从而对施行知识霸权的市场主体施加矫治性的压力；同时，公共事件的处理和公共政策的制定，也会因公众参与的扩大而避免或者减少代议制精英官僚体制的相关弊端和缺陷。

当然，如同平民主义和直接民主制所受到的一切诟病，以（电子）公共空间为依托的公共自主机制亦有其深刻的弊端而必须在与自由市场机制和政府规制机制的对治中扬长避短。群情激昂、冲动任性、话语暴政、匿名和自由出入状态下的违规或不负责任的行为等，使得公共空间并不总是表现为理想的沟通情景，充斥其间的并不总是理性、自由、宽容的对话和商谈，公众的公共自主能力由此内在地自我削减和损耗。③ 当对话变异为噪音、当自由参与变异为任意而为、或者当共识变异为多数权力对少数权利的压制时，在知识经济进程中为最大限度地确保知识利益和科技福祉的高效生产与公平分享，此种自身固有缺憾的公共自主机制只能与自由市场机制和政府规制机制联袂发挥作用并受到后者的有力制衡与对治。

---

① 参见〔美〕马克·波斯特：《第二媒介时代》，范静哗译，南京大学出版社2000年版，第22—34页。

② 参见〔美〕尼古拉·尼葛洛庞帝：《数字化生存》，胡泳、范海燕译，海南出版社1997年版，第267—272页；〔美〕阿尔温·托夫勒：《第三次浪潮》，朱志焱、潘琪、张焱译，生活·读书·新知三联书店1984年版，第530—533页；周桂田：《网际网络上的公共空间》，http://www.law-thinker.com/show.asp?id=353，2010-3-12；许英：《信息时代公共领域的结构与功能》，http://lw.china-b.com/fxzx/20090311/743645_1.html，2010-3-11。

③ 参见陈彩虹：《网络激情的批判》，载《读书》1999年第6期，第17—20页。

第 三 章

知识经济的制度框架构设

一、教育科研制度

(一) 教育制度

教育,是对心智的开化和知识的传播。公民的个性成长、民族的心性成熟和国家的经济社会发展,千钧之重皆系于教育。对于知识经济的培育而言,教育的制度化建设,尤为重要。教育制度的核心,是对公民受教育权这一宪法性基本权利的贯彻和保障;而公民的受教育权,其内涵又主要包括教育自由和教育公平。

1. 教育自由

唯有秉持教育自由,才可能出产个性舒展健全、富于批判精神和创新精神的知识人,才可能产出去蔽性的真理和增加知识的存量。就其制度建设,教育自由意味着对学校自治、思想自由、表达自由,以及教师的学术自由和学生的学习自由的确认、落实和保护。

2. 教育公平

教育公平事关平等对待和人格尊严的社会心理体验,同样重要地,公平的教育还是社会结构据以实现阶层流动的基本机制。相关研究表明,教育资源、知识、信息的不公平分配,正在制造新的社会鸿沟,严重阻碍着知识利益的普享、在根本上制约着知识的生产创新和知识经济的发展。就其制度建设，教育公平一方面意味着形式平等，即受教育机会的享有和公共教育资源的分配一律平等，不因地域、出身和财富多寡的不同而区别对待，为确保公平，政府应建立和承担公立的义务教育等；另一方面意味着实质平等，即招生制度、补助制度等应对贫弱的受教育者做出偏向性的安排等。

（二）高校科研制度

高校与企业、其他科研院所一样，是知识的生产者和创新者、科技成果转化流程的一个环节、国家知识创新体系中的重要组成部分。高校科研制度的合理构设，是高校胜任其知识创新功能的根本保障。

1. 高校知识产权的确认和保护

高校的知识生产和科学研究应当面向市场，应当具备转化为生产力、支撑国家经济社会发展的能力。高校知识产权的确认和保护是激励科研人员从事知识生产和科技成果转化、寻求与企业和市场挂钩的重要机制。在高校内部，应加强知识产权管理、加大对知识产权申请的支持和对获得知识产权职工的奖励、处理好科技成果转化过程中与企业之间的权利和利益冲突（例如，企业的保密要求和科研人员的发表权之间的冲突）等。

2. 科研自由

在科研项目的设定、实施和成果转化的过程中，没有高校的自治、科研人员的思想自由、表达自由和选择自由，就会在根本上扼杀知识生产和创新的可能性。科研自由的制度建设，一方面意味着科研管理体制的去行政化，即去官本位化；另一方面意味着其去功利化，即科学研究的组织既需面向市场，又不能唯市场马首是瞻——科学在本性上要求对真知的诚挚追求和超越功利的热爱；能够在市场上实现市值的技术来源于科学和基础性研究，而科学和基础性研究不可能在追逐即时利润的市场上获得足够的支持，国家和高校依然是科学和基础性研究的支持者和担当者。

3. 科学合理的科研考核机制

考核指标体系的设置直接决定科研的方向、状态和质量。科学合理的科研考核机制不应唯数量化和过于功利化，而能够引导科研人员去从事耗时、费力、有风险的成果推广或转化工作和真正对国家、社会有用的研究。

二、自由市场制度

(一) 知识产权制度

1. 知识产权制度的功能

知识产权制度,是科技、经济和法律交相互动的结合点。[①] 相当程度上,知识经济的运转建基于知识产权的制度设计之上,正是知识产权的界定与保护支撑和撬动着知识经济的运行。

首先,知识产权制度意味着知识利益的权属划分,构成知识产品市场化流转的逻辑起点。知识经济是以知识和信息的生产、分配、传播和应用为基础的经济形态,整个经济运行表现为知识和信息作为主导性资源要素在市场流转过程中被开发、赋予和实现经济价值。在生产资料与产品上界定产权归属,是界分利益诉求、促进资源流转和实现商品价值的首要之义。在此意义上,知识产权制度,通过在智力成果和知识信息上设置有限排他性的占有权、使用权、收益权和支配权,而在知识经济进程中承担着资源配置、确立稳定预期、公开风险点、进而降低交易成本和促进知识产品高效流转的功能。犹如物权制度构成农业经济和工业经济等以有形资源为基础的经济形态的立基点,知识产权制度构成知识经济的起始点和运转中轴。

其次,知识产权制度通过对知识生产者和知识创新者许以垄断性收益权,为知识经济的发展提供着激励机制。知识和信息表现出公共物品的特性,即其消费和使用具有非独占性和非排他性。[②] 由于知识信息的生产、搜捕、创新和处理总是需要巨额投资,其复制、传播和应用所耗资本却几近于零,而其核心内容一旦散播则知识生产者和创新者的收益就会大大受损;因此,在自然状态下,人们缺乏动力去冒险从事徒劳无获的研发和创新活动。针对于此,知识产权表现为一项"为天才之火添加利益之薪"[③]的制度设计。因为被许

[①] 参见吴汉东:《科技、经济、法律协调机制中的知识产权法》,载《法学研究》2001年第6期,第128—148页。

[②] 参见〔美〕罗伯特·考特、托马斯·尤伦:《法和经济学》,张军等译,上海三联书店、上海人民出版社1994年版,第147页。

[③] 林肯之语,镌刻于美国专利局的大门。

以特定时间和空间范围内的垄断性收益权,天性追名逐利的人们被激励着去从事或者投资于充斥风险和不确定性的知识生产和创新活动。

再次,知识产权制度以垄断性收益换取知识技术的公开与散播,公共领域知识存量的增加为知识经济的发展提供着源头活水。知识生产具有互补性,知识存量的积累表现为"在巨人的肩膀上瞭望和收获"的过程。公共领域的知识积淀是知识创新的蓄水库和滋养源泉,公开、自由、开放的交流是谋求知识进步和普散知识利益的根本通道。知识产权被设计为这样一种制度安排,即通过许以经济收益的独享和精神利益的维护而敦促和要求智力成果与知识产品的公布与公开,以此避免知识生产者和创新者为确保垄断性经济利益而长期将知识信息藏匿为技术或商业秘密。在此意义上,知识产权制度看似限制、实则有利于知识信息的传播和散布。

2. 知识产权制度的新发展

知识经济进程中,信息技术、基因技术等高新科技的应用创造了新的法益介质,并改变了人们获取和占有知识利益的能力与方式。面对新的利益纷争和价值纠葛,作为知识经济的资源配置机制、动力激励机制和知识散播机制,知识产权制度经历着创新和变革。

首先,知识产权的全球化。数字通讯技术推助了经济的全球化,包括软件、数据、信息等在内的知识产品和服务在世界市场上流转和交易。与之相伴同的,则是知识产权制度地域性的益愈突破和一体化的益愈增强。[1] 包括授予条件、涵括范围、保护方式等有关知识产权取得和施行的一切事宜越来越不再仅仅是主权国家的内部事务。《知识产权协定》(TRIPS)、《保护工业产权巴黎公约》、《商标注册马德里协定》、《保护文学艺术作品伯尔尼公约》、《专利合作条约》、《关于集成电路知识产权保护公约》、《录音制品公约》、《植物新品种保护国际公约》等构成了目前知识产权国际保护的基本制度框架。[2] 作为经济贸易全球化伴生物的知识产权制度的一体化,不可避免地在某种程度上表现为有利于经济强国的高标准体系,会被经济强国用做推行知识

---

[1] 参见张文显:《WTO 与中国法律发展》,载《法制与社会发展》2002 年第 1 期,第 6 页。吴汉东:《国际化、现代化与法典化:中国知识产权制度的发展道路》,载《法商研究》2004 年第 3 期,第 73—75 页。

[2] 参见印荣:《知识经济与知识产权制度的新发展》,载《江淮论坛》2000 年第 4 期,第 57 页。

霸权、构建不平等经济秩序的工具和手段。在此，国际知识产权体系的构设需要引入新的视角和进路。工具理性和功利主义的路径需要受到批判和质疑，而价值理性和沟通理性的成分需要引入相关的程序和制度安排中。知识产权在作为私人财产权的同时还具有人权的属性、知识信息在作为生产者和创新者智力成果的同时还是人类集体智慧的结晶、知识利益在作为智力劳动者经济回报和激励的同时亦应被其他社会成员所公平接近和享受等，诸如此类的意念和考虑须能够注入国际知识产权制度的机体之中。[①] 在知识产权的矗立之处，须始终对峙着知情同意权、自由表达权、生命权、健康权、隐私权等基本的政治性、人格性和社会性权利。

其次，新型知识产权的确认。伴随信息技术、基因技术等高新科技的高度发达和产业化应用，计算机软件、电子数据库、数字化作品、传统知识、基因片段、基因技术方法、动植物新品种等知识产品益愈成为重要的财富形式，围绕这些知识财富所展开的利益争夺益愈激烈，对其进行产权界定的要求亦益愈迫切。但这些新生法益介质所表现出的特性却在某些重要方面突破了传统知识产权制度的基本原理和调整机制。例如，就计算机软件而言，由于它兼具作品性和功能性，单纯采用传统的版权法或者专利法都不足以对其提供周严、适宜的保护[②]；就电子数据库而言，基于投资和劳动回报的保护诉求已超出了传统版权法对作品原创性的要求；就数字化作品而言，传统版权法中并不包括诸如数字化权或者网络传输权之类的权能；就传统知识而言，部族共同体对其内部公共知识的权属主张超越了传统知识产权的个人主义私密控制原理；就基因片段、基因技术和动植物新品种而言，其可专利性考量也在挑战着传统专利法发明/发现的界分基准。若要规整这些领域的利益冲突，就要合理界定这些法益介质的产权归属，就要对传统的知识产权理论和制度进行必要的创新和发展、将新型的知识产权类别纳入现行知识产权法的体系之中。

再者，知识产权制度责任归结的变化。作为一种私权利，知识产权的保

[①] 参见吴汉东：《知识产权的私权与人权属性》，载《法学研究》2003年第3期，第66—78页。
[②] 传统的版权法注重保护表达而不是思想，无力有效阻却不正当的计算机软件反向工程；而传统的专利法又因其对新颖性、创造性和实用性的要求高、审查周期长、且专利申请文件必须公开等特点，而不尽适用于新颖性和创造性较弱、更新换代较快的一般计算机软件的保护。

护一般地采用过错责任原则。但是，鉴于信息化和全球化进程中，知识产权的保护变得益愈脆弱和难以救济，侵权责任的归结倾向于采用以过错责任为主、补充适用过错推定责任的二元归责原则。数字化信息技术的发达使得数据、信息、资料等知识产品的取样、复制、编辑和传播变得如此之易。在虚拟浩瀚的网络空间，对于知识产品的非法刺探、下载、篡改、散布和使用正在变得愈加普遍化、国际化和多样化，而发现和控制相关侵权行为的能力和手段却变得愈加匮乏和无力。知识产权人越来越陷于不知何人在何时和何地广泛地侵犯自身权益的无助境地。在此情况下，若依然坚持过错责任的归责原则，显然不利于知识产权人的权利保护。又由于人际交往和社会关系正在变得益愈匿名化、虚拟化和复杂化，许多侵权行为（例如网络链接、转载侵犯著作权的文章等）表现为不知情的间接侵权行为，若采用严苛的严格责任原则则对无辜的间接侵权人有失公允。因此，作为其折衷，过错推定责任原则被认为是较为合理的选择。将证明责任归之于侵权行为人，并仅在其不能证明自身无过错时追究其责任，被认为既有利于保护知识产权人的权利又不致苛责侵权行为人。①

3. 知识产权制度的内在张力与知识产权的边界

1）知识产权制度的内在张力

知识产权是为激励知识信息经济价值的创造和实现而在具有公共产品性质的无形物上设置的法定私有财产权。在知识生产的静态效率和动态刺激、公共利益和私人利益、人道尊严和功利效益的复杂张力中，知识产权制度腾挪摇摆试图调试出某种微妙的制衡状态。诸类张力如此紧张以致知识产权制度总是在其导控之下徘徊游走于正当权利和知识霸权的路向之间。

首先，知识生产的静态效率与动态激励之间的张力。理想状态下，知识信息在公共领域中的自由散播最有利于科技进步和知识创新；正是人人皆可不受障碍地由知识存库中免费取用人类的智识成果，成就着知识生产的静态效率。但实际上，由于其公共物品性质，鼓励知识信息的此种公用和自由散逸状态将阻碍人们投身知识生产和创新的意愿与努力②；正是基于此，知识产

---

① 参见吴汉东：《知识产权保护论》，载《法学研究》2000年第1期，第68—79页。
② 参见〔美〕约瑟夫·E.斯蒂格利茨：《作为全球公共物品的知识》，载胡鞍钢主编：《知识与发展：21世纪新追赶战略》，北京大学出版社2001年版，第17—34页。

权制度获得了存在依托和合理性基础。在知识信息的公共使用与私人垄断、知识生产的静态效率与动态激励之间，知识产权的制度设计不得不总是在扩张与缩敛、强保护与弱保护的两难困境中进行探索和选择。

其次，公共利益与私人利益之间的张力。科学技术的进步，既是科学家和技术专家为个人兴趣或功名利禄而从事的社会劳动分工，也是为增进人类共同知识和利益福祉而进行的公共事业。[①] 知识创新及其经济利益的创造，既是个人智识努力的成果，也是公共知识和集体智慧的结晶。由此，在知识利益的配置中，永远存在着知识生产者和创新者的个人收益与社会公众的公共利益之间的界分和紧张。在对此种张力的涵括中，作为更多直接关注知识生产与创新的个人经济激励的制度设计，知识产权制度被要求在对自身边界的设置与克制中，对知识利益的普享示以尊重并留有余地。

再次，人道尊严与功利效益之间的张力。科学技术和知识信息的发展与应用并不必然带来人的福祉、自由、平等和解放。作为一种社会建制甚至社会建构，在其与资本、权力和意识形态的勾连中，科学技术和知识信息常常以人的生命、身体、人格尊严和人际关系的公正友爱为宰制对象，不可避免地被用做制造霸权、压制甚至奴役的工具。在资源稀缺和充斥竞争的社会世界中，只要能够增进经济、政治或者文化上的优势和力量，相关的科学技术和知识信息就会被生产和应用，而不顾甚至意在损害人和人类社会的物质性与精神性完好与文明追求。核技术、信息技术、克隆技术、转基因技术等高新科技在促进生产力增长的同时亦成为战争、资源破坏和环境污染、人的物化、经济剥削、阶级压迫等的帮凶，即是典型的例证。功利逻辑的放任通贯总在撕裂着人们对科学技术和知识信息所描绘的乐观主义意象。因此，在对知识利益的追逐中，应当总是伴同着以人道尊严为核心的伦理考量和价值评判。就其基调，知识产权制度表现为知识利益的配置机制和激励机制；对于利润驱动的信奉和对于经济效益的关怀，注定功利主义在相关制度设计中的贯穿。但同时，其亦不得不有所收敛和妥协地体现出对于人伦价值的基本尊重和维护，受到人权原则和制度的相应对治与制衡。

[①] 参见〔美〕R.K. 默顿：《科学社会学》，鲁旭东、林聚任译，商务印书馆2003年版，第 viii 页。

利己性的效益追求与利他性的伦理考评之间的冲突与对撞历来贯穿于知识利益生产和分配的过程之中。处于此种紧张关系的风口浪尖上,知识产权制度常常因其对于私人利益与功利效益的过度扩张而受到指责和批判。作为一种妥协和调试,知识产权的制度构造中所内置的权利穷竭、合理使用、优先使用权、强制许可、法定许可、取得条件、保护范围、有效期限、适用地域等机制,实质上是其借以自我克制并容许基于公共利益和公平正义的限制要求和权利主张与其相对治的机关和通道。①

2)知识产权的边界

考虑到公众对知识利益的公平分享、知识信息(或其载体)提供者的利益、自由竞争秩序的维护、知识创新过程的促进等因素,知识产权的界定和实施不得不尊重某些必要的界限。

首先,对自由和公平的竞争秩序的遵守。知识产权是一种合法的垄断权,但知识产权人倾向于滥用此种垄断地位而排挤、打压其竞争对手,甚至损害用户和消费者利益。针对实践中常见的通过技术保护措施、技术专利化——专利标准化——标准垄断化、专利池封锁性圈占等手段破坏市场秩序的行为,应在知识产权法中构设反向工程、专利信息披露等制度,并完善相应的信息安全立法和反垄断法。

其次,对知识创新和信息共享的容许。技术秘密、版权、专利权等知识产权形式所确立的知识私己(密)控制机制,可能会阻却非知识产权人对相关知识信息的了解、获得、研究和进一步革新,因此,在知识产权的制度设计中,应当允许以知识创新为目的的反向工程、合理使用等行为;对人类基因图谱等基础性"发现",应否认其可专利性等。

再次,对公众知识利益分享权的肯认。知识产权人取得垄断权的知识、技术和信息,在根本上来源于公共知识领域,公众既是集体智慧的贡献者又是共同知识遗产的继承者,理应合理分享知识和科技进步所带来的利益。因此,当涉及重大或基本的公共利益时,知识产权必须做出必要的妥协和让步。例如,疫情和传染病爆发时,药品专利的强制许可;没有其他途径获得相关

---

① 参见吴汉东:《关于知识产权基本制度的经济学思考》,载《法学》2000 年第 4 期,第 33—46 页。刘茂林:《知识产权法的经济分析》,法律出版社 1996 年版,第 101—116 页。

知识时，图书馆等公共知识机构可以破解和绕避其上覆盖版权的技术保护措施等。

最后，对知识信息（或其载体）提供者利益的尊重。数据库的知识产权人所采集、编排的可能是相关主体的个人信息，取得知识产权保护的基因药物、动植物新品种等可能来源于对人体基因、生物多样性资源和传统知识的操控，在这些知识产权的客体之上可能还附着着知识信息（或其载体）提供者的个人或族群的隐私、人格尊严、文化认同，以及生态和经济利益。因此，相关知识利益的研发需征得资源（或材料）提供者的知情同意，知识产权的申请和实施需尊重知识信息提供者的隐私权，并贯彻利益分享原则等。

（二）企业产权制度

1. 自主产权制度

如前所析，企业而非政府构成知识创新的主体。在复杂、不确定、充斥风险又充满机遇的市场中，唯有作为经济主体的企业被承认了私己利益，并具有了自主决策、自由行动和自我负责的能力，才可能获得创新的动力和实现经济的活力。企业主体地位的型构，首要之义就是产权制度的构设，即构造独立于政府行政管理体制和公共财政体系的，企业对其在投资、借贷和生产积累中所形成的资本和财产予以自主经营、自负盈亏、照章纳税的财产权制度。

2. 人力资本产权制度

某种意义上，知识经济是"观念与资本的结合"。其中，"资源配置的核心是人力资本，是知识人头脑里的观念。企业家的功能是把各种资源沟通到这个核心的观念周围，实现资源组合"。[①] 因此，作为激励机制，高新科技企业的产权结构中，除去物质资本投资人的股权外，还应包括知识产权投资人、企业管理层和职员的产权。

首先，知识产权股权化制度。核心的技术知识是企业的根本生产要素，是企业创新收益的根本来源。因此，知识产权的股权化应当得到制度的许可

---

① 汪丁丁：《观念与资本的结合》，载汪丁丁：《自由人的自由联合》，鹭江出版社2000年版，第18页。

和支持。当然,鉴于技术知识市场价值的不确定性,对于知识产权的出资比例应有最高限的规定。

其次,企业家产权制度。相当程度上,"知识经济"中的"知识"意指"管理知识"①,体现为企业家的创新能力、"灵活性、决断性、洞察力、资源动员能力及其其他各种只可以靠嗅觉去发现的品质"②。由于"股票市场是企业家能力与企业控制权依照效率原则不断重新结合的过程。在这一过程中,企业的控制权(也就是资源的控制权)是过程的被动方面,而那些具有特定企业家能力的人则是过程的主导方面"。③因此,应当承认和保护企业管理层所享有的产权。企业家产权的内容包括经营权、管理创新所有权、信息所有权、企业家以自己的经营形成的无形产权等。"年薪制"、"股票期权制"、"管理层控股收购"等制度设计,实际上就是对企业家产权取得剩余索取权的承认,有利于形成企业家与所有者和企业利益的长期相关和一致性,是企业家剩余控权与剩余索取权相匹配,借助尊重企业家的劳动成果、发挥其创新开拓精神而塑造企业的活力。④

再次,劳动者产权制度。知识经济是创意型的经济,而此创意不仅是技术专家和知识精英的创见,而且包括普通劳动者的智识成果。相当程度上,企业的创新能力和经济绩效仰赖于其员工致力于学习和实践的能力与意愿。尤其是伴随着信息技术的发达,原本纵向垂直控制的组织结构发生了"横向革命",即信息传递中间环节的减少和科层组织的扁平化;在此,企业在水平层面上高速扩展,水平面上的每一个员工都必须同时是产品设计员和市场营销员,面向客户的产品倾向于从单一类型的大规模生产转变为"一对一"服务或"量身定做"的整个"价值链";从而,每个员工被要求具有相当"整体性"的眼光和在局部市场上独立运作的能力;相应地,企业的活力亦前所

---

① 参见〔美〕彼得·德鲁克:《后资本主义社会》,张星岩译,上海译文出版社1998年版,第50页。
② 汪丁丁:《观念与资本的结合》,载汪丁丁:《自由人的自由联合》,鹭江出版社2000年版,第18页。
③ 汪丁丁:《股票市场,监督机制,产权安排》,载汪丁丁:《自由人的自由联合》,鹭江出版社2000年版,第18页。
④ 《我国国有企业如何建立现代企业制度》,http://zhidao.baidu.com/question/9985192.html,2010-3-12。

未有地依赖于每一个基层人员的独创能力和主动精神。① 某种意义上，职工持股制度和劳动者产权制度是劳动者提升自己产权价值的催化剂，将极大地促进劳动者学习知识、掌握技术和关心企业利益。②

总之，知识经济的企业"产权结构必须以知识人为主体。它的具体形式可以是知识人群体持有大部分公司股票，可以是知识人持有大量认购期权，可以是知识人现期工资收入大大超过企业家阶层的现期收入，也可以是这些形式的不同比例的组合"。③ 在法律上，承担有限责任的人力资本的产权化尚需相应的制度创新。工业经济条件下的两和公司、有限合伙等组织形式，在知识经济进程中正在显得过时。毕竟，"人力资本股东要承担无限责任，巨大的风险面前他还不如作为雇员领取固定薪酬，这样人力资本出资制度根本达不到开发和利用人力资源之目的，是一种没有实效的法律"。④

（三）风险投资制度

知识经济是创意和资本的结合。创意不分阶层和等级地散布于活跃而勤奋的头脑中；但将创意付诸实践并转化为利润所需的资本，却把持在有钱人或投资公司手中。风险投资制度恰恰为有创意但苦于没有资本的人和有资本但在找寻创意的人提供了互通有无的桥梁，从而成为知识经济发展所不可或缺的融资通道。

所谓风险投资制度，是指由专家管理、并为有增长潜力的创业公司提供股权或融资的资本。其特征表现为：由理财专家管理；拥有权益式融资工具；投资于尚未盈利、尚未销售甚至还没有生产出产品的，但是具有很大赢利潜

---

① 参见汪丁丁：《新经济的制度特征是什么？》，载汪丁丁：《自由人的自由联合》，鹭江出版社2000年版，第93—94页。

② 我国实行职工持股的方式大体有四种：一是在定向募集的股份有限公司设立内部职工股；二是组建有限责任公司和发起设立的股份有限公司时，职工以自然人身份入股；三是股份合作制企业设立职工个人股；四是组建职工持股会向公司投资。严格地说，职工持股并没有真正体现劳动者产权制度的法律化，还是以投资方式取得股权，参见《我国国有企业如何建立现代企业制度》，http://zhidao.baidu.com/question/9985192.html，2010-3-12。

③ 汪丁丁：《新经济的制度特征是什么？》，载汪丁丁：《自由人的自由联合》，鹭江出版社2000年版，第95页。

④ 参见谈萧：《构人力资本股权 建创新型国家》，http://article.chinalawinfo.com/article/user/article_display.asp?ArticleID=32160，2010-3-18。

力的创业企业;通过转让已育成企业的股权获得高额盈利。①

由于风险投资具有高风险和高回报的特性,相关的制度安排应该保证具体运作者的个人责任和收益。相应地,风险投资的组织形式一般采取有限合伙制或者两和公司制。其中,经理人员是负无限责任的合伙人;其他投资者,例如银行、大公司、投资基金等只是负有限责任的股东。

由于风险投资的核心竞争力是把处于种子期的创业企业培养成长,因此在创业企业被培养成熟以后,风险投资需要退出去做下一轮的孵化工作。从而,在主板市场之外,应有健全的二板市场以供风险投资通过上市等退出机制获利退出。

在对风险投资的激励和扶助中,政府行动应限于创造有利的制度环境,而非通过直接干预来拔苗助长。由于风险投资的高风险性以及决策过程所需的灵活性和实效性,政府不应当直接扮演投资者的角色。但是,政府通过建立证券、税收、会计、公司治理、研发等规范,却可为风险资本行业的成长构造必需的条件。②

(四) 自由竞争制度

竞争是知识创新和经济发展的驱动机制。知识经济进程中,自由竞争秩序所可能遭受的最大威胁来自于滥用知识产权所导致的垄断。

作为知识利益的分配机制、激励机制和传播机制,知识产权构成知识经济赖以运转的原点和基础,表现为权利人对其智力成果所享有的排他性使用权、收益权和支配权。正常状态下,知识产权所肯认和保护的垄断权并不与市场的自由竞争精神相违背。因为一方面,正是对于此种垄断利润的追逐刺激了社会成员和经济主体从事知识创新的竞争;另一方面,借助权利穷竭、合理使用、法定许可、强制许可、取得条件、保护范围、期限限制、适用地域等内部克制机制,知识产权从其受确认之时起就为知识及其利益流入公共领域并被用做进一步创新的基础提供了基本的通道、条件和余地。但同样真实的是,知识产权亦常常被权利人滥用做排挤竞争对手、牟取不正当垄断利

---

① 参见吴敬琏:《发展中国高新技术产业:制度重于技术》,中国发展出版社2002年版,第45页。

② 同上书,第13—16页。

益的工具和手段。在权利人居于技术和市场上的优势时,情况尤为如此。

根据已经发生的案例,知识产权人滥用权利、实施垄断的行为主要包括:不使用行为,即权利人为排除竞争而申请相关的知识产权但并不将其付诸使用的"圈占"行为;不当获得行为,即权利人通过获得潜在的竞争技术的派他权利以建立或拥有垄断的行为①;不当许可行为,例如搭售、不允许被许可人经营竞争产品、一揽子许可、固定价格等行为;人为控制产品性版本公开时间,以拖延竞争对手发展或销售竞争性产品的行为②;滥用标准设定程序的行为③等。当技术实力和市场影响力有很大分殊时,诸类基于知识产权所实施的垄断行为会直接导致经济主体之间的以强凌弱和欺压剥削,甚或演变为政治上的摩擦和冲突。在发达国家和后发国家被一并席卷其中却难免彼此分野对峙的世界贸易体系中,此种情形更为突出。④

有鉴于此,与知识产权法相并行的反垄断立法成为必要。当然,正如经济学理论中对于规模化的企业集团还是分散化的中小企业更有利于知识创新、快速更新换代的科技进步和市场更迭会自然打破知识产权所确立的有限垄断权还是依据锁定效应和赢者通吃的逻辑知识产权的放任使用必然异化为不正

---

① 例如,SUN 微系统公司开发出 JAVA 程序后,微软公司发现用其编写的应用程序可以在一系列不同的硬件和操作系统上运行,而这一特征对微软开发的 Windows 操作系统在应用软件方面的优势构成了潜在的威胁,微软公司便从 SUN 微系统公司购买了 JAVA 的使用权,经过修改后发行了自己的 JAVA 版本,这一版本对使用者做了限制,使其不能再编写可以在多种操作系统上运行的应用程序,从而巩固和加强了微软在操作系统市场上的垄断地位。由此,微软被指控实施了垄断行为。转引自徐士英:《论知识产权保护与竞争法实施的协调》,载《时代法学》2006 年第 4 卷第 1 期,第 6 页。

② 例如,微软对其将在两年后才进行研制开发的产品提前召开新产品研制发布会,谎称已在进行研究开发工作,从而排挤竞争对手从事相同产品的研制,使其转向其他产品的生产。转引自徐士英:《论知识产权保护与竞争法实施的协调》,载《时代法学》2006 年第 4 卷第 1 期,第 7 页。

③ 例如,戴尔公司在为当地的公共汽车设计计算机芯片的标准时,未在程序设定初期公布该程序的基础是依赖于其所拥有的专利,从而无形中形成了对其专利的强制性使用,为其垄断地位的形成奠定了基础。转引自徐士英:《论知识产权保护与竞争法实施的协调》,载《时代法学》2006 年第 1 期,第 7 页。

④ 例如,自 2001 年下半年开始,中国制造的 DVD 播放机在欧洲市场的活跃表现,吸引了海外巨头的注意力。巨头们在 2002 年组队先后来华,索要高额的专利和技术转让费用。经过多个回合的拉锯战和商讨,中国电子音像工业协会代表整个本土 DVD 制造业,与索尼、飞利浦等公司达成协议,中国本土厂商之后的出口配额中,每台 DVD 又将多出 5 美元的专利费。再如,2003 年 1 月 24 日,思科系统有限公司宣布对华为技术有限公司及其子公司向美国得克萨斯州东区联邦法院提起诉讼,指控华为非法抄袭、盗用包括源代码在内的思科 IOS 软件,抄袭思科拥有知识产权的文件和资料并侵犯思科其他多项专利。其实,跨国公司没有选择更早地主张其知识产权,在很大程度上体现了一种策略的安排,即让中国的企业替他们开发和培育中国市场。转引自陈炜:《知识产权滥用的反垄断规制》,载《东南学术》2005 年第 6 期,第 5—6 页。

当的垄断等问题永远存在着无休止的争论；在政策制定、制度安排和实际运作中，对于更多地奉行经济自由主义而放任知识产权垄断还是推行经济规制主义而致力于反知识产权垄断，亦永远存在无休止的论辩。但是，可以完全肯定的是，无论放任或是规制知识产权垄断的界限或多或少地偏向何方，知识产权的正当垄断性都固有其合法性基础；同时，该种正当垄断的制度安排应该放置于自由竞争的体制框架之中，应该确保此种正当垄断随时能够被新的革新所自由取代。

三、政府规制制度

（一）调控和管理制度

如前所析，知识经济的发展是一个国家推进的过程，资源配置从传统经济部门向高新科技产业的转移、基础设施的供给、竞争秩序的维护、在全球市场中对本国企业的保护和扶助等，均有赖于政府的积极行动。同时，鉴于公共选择和集体行动的缺陷可能大于自发市场的缺陷，政府规制应受到严格规控、并主要基于矫治市场障碍的功能定位以宏观调控和间接管理的方式做出。

1. 高新技术产业激励制度

政府对知识经济进程的宏观调控，最主要地表现为通过运用财政、税收、金融、价格等经济杠杆和区域经济政策、知识产权政策、市场竞争政策、技术标准政策等政策措施对高新技术产业的孵化和激励。

首先，政府对教育、科研和高新技术产业基础设施的投资和扶持。教育、基础性研究和基本设施建设的资本投入巨大又具有经济学上的公共产品的性质，一般企业缺乏足够的能力和动力投资于此，因而仰赖公共财政和国家政策的支持。

其次，政府对科技成果转化的指导、协调和管理。科研项目的选择和实施、科技成果的产业化应用和市场化流转，是一个高度不确定和充满风险的过程。产学研的深度结合和良性互动，仅依靠市场的自发调节机制远不能实现。知识生产和科技成果转化的整个流程，离不开国家的引导和推助。

再次，高新技术企业和人力资源激励机制的构建。企业及其人力资源是科技创新和推动高新技术产业发展的主力，政府应尽可能地避免亲躬其间，而致力于对其激励机制的构设。企业财产权、知识产权的股权化和证券化、企业家产权、劳动者产权等制度的建立，是其中的应有之义。①

2. 反不正当竞争和反垄断制度

网络空间的虚假广告、假冒商标、域名抢注、对计算机软件的反向工程、滥用知识产权排挤竞争对手和实施行业垄断等行为，成为知识经济语境下扰乱市场秩序的新型行为表现，有待反不正当竞争法和反垄断法进行相应的制度创新对其予以回击。②

3. 消费者权益保护制度

电子商务空间的虚拟渺茫、高新科技产品安全性能的不确定及其所含知识信息的偏在性分配等，把消费者抛到了某种更加不可控、更具风险的境地。加强对消费者知情权、自主选择权、安全权、公平交易权、人格尊严权、监督权和求偿权的保护，具有了更加切实的意义。当前，转基因食品的标示问题和网上购物的产品质量问题是亟须解决的实践问题。

4. 行政合同、行政指导和行政奖励制度

知识经济的发展动力在于对人的主动性和创新积极性的激励，因此，政府的经济调控和管理行为不宜采取强制和命令的方式，而应更注重其说服性、协商性和参与性。除去上述宏观调控政策和经济杠杆外，行政合同、行政指导和行政奖励等制度，也应被委以重任。

（二）法治和控权原则

如前所析，知识经济的制度要旨在于激励所有社会成员在一切可能的方向上从事创新。对于创新意愿和努力的保护，一方面体现为对于知识和经济主体权利与自由的确认和保障，另一方面体现为对于政府权力的控制和拘束。二者既相克相生又唇齿相依，构成知识经济的制度结构中不可或缺的两个基本向度。事实上，当正式的制度安排直接由政府做出、作为暴力的合法垄断

---

① 详细论述参见第三章中关于企业产权制度的讨论。
② 详细论述参见第三章中关于自由竞争制度的讨论。

者政府从来都虎视眈眈地逡巡于个体私域的周遭并倾向于肆意侵犯其中、尤其是社会成员的公共利益仰赖政府采取集体行动时,对于知识和经济主体权利与自由的保障在根本上取决于对于政府权力的拘控与规训。没有什么比权力的专断、滥用和腐败更能增加交易成本、挫伤努力的意愿、扭曲优胜劣汰的市场逻辑、进而釜底抽薪地阻碍知识经济的发展进程了。因此,在不得不赋予其强功能的同时,将公共权力置于法治、控权、民主原则的规控之下,成为知识经济进程中法制创新的要害所在。

首先,法治原则。法治的精要在于通过确立法律的至上权威和将国家权力的设置与行使纳入法制轨道而实现对权力的控制和对权利的保护。据此,政府的调控和管理权力应主要采取立法的形式来施行,即"政府所采取的一切强制性行动都必须由一个稳定且持续的法律框架加以明确的规定,而正是这种框架能够使个人在制订计划时保有一定程度的信心,而且还能够尽可能地减少人为的不确定性"。[①]

其次,控权原则。控权原理居于法治的核心。依据法治逻辑,控权的机制设计主要表现为权利对于权力的抗衡和权力之间的分立与制衡。由此,一方面,政府调控和管理权力的行使应以个体的权利和自由为限,其对个体权益的不正当侵犯应当承担责任;另一方面,行政权受到立法权和司法权的对治与监督——政府规制的权限、程序、条件、范围、方式应当受到法律的严格规定和控制,而政府违法行为的做出则不能免于司法的审查和评判。需要强调的是,伴随行政职能的扩张,政府基于委任或者授权而具有了某些立法权,从而政府调控和管理所依据的法律常常就是其自身作为规制手段所制定的法律;在此,对于此类行政法规的合法性审查构成权力控制的重要内容。

再次,民主原则。现代政府是代议民主制的结果。只要是基于代理关系,就不可避免权力的异化和腐败。按照民主的本义,也是为了尽可能地减少权力的腐化,公共选择的做出和集体行动的采取应扩大直接民主和公众参与的成分,政府的决策程序中应为相关主体的利益表达和价值抒发留有制度通道。

---

① 〔英〕弗里德里希·冯·哈耶克:《自由秩序原理》,邓正来译,生活·读书·新知三联书店1997年版,第282页。

四、公共自主制度

如前所析,科学技术的投资生产和商业应用受到社会共同体全局利益的支配和导控。当相关项目由公共财政资助时,社会公众作为纳税人与主权者参与决策和监督的权利自是不言而喻的。当科技研发主要是知识创新和经济活动主体的私人事务时,由于知识具有外溢效果、其应用可能对公共利益和伦理价值造成某种负面影响,社会公众作为利害相关者进行督导和批判的权利也是民主制度的应有之义。更何况,知识、资本、权力之间互为勾结和异化的倾向在知识经济的语境下变得愈加明显,社会公众对于自身利益和价值的维护,以及公共选择和集体行动公正性与有效性的确保,益愈仰赖于社会成员的自助能力和自主行为。

除去选举与被选举、听证等国家权力的参与程序之外,社会公众对于自助和自主权利的行使同样重要地存在于国家建制外围的公共空间。所谓公共空间,是介于私人领域和公共权威之间的一个场域,在其中社会公众就政府决策、国家行为等公共议题发表意见并进行公开、自由、平等的对话、论辩与沟通。在各种信息、见解和主张的表达、回应、交锋、汇聚中形成一种强大的舆论力量。该种汹涌澎湃的舆论力量挟裹着锐不可当的民意,在其对公共议题的制造和放大中对于任何奉消费者为上帝的市场主体和唯选民马首是瞻的政治主体形成一种不可抗拒的压力。尽管潜含着言论暴力、多数暴政等危险,但此种压力机制的存在对于知识、资本、权力及其互为勾结构成了强有力的压迫和对峙。有了这块公共参与和监督的阵地,任何经济权力和政治强力的行使和运用都会多一些忌惮、谨慎和克制。知识经济进程中,信息技术的应用所导致的主要后果之一,就是网络公共空间的兴起。① 由于网际交往的匿名性、交互性、去中心性、去地域性、根状散逸性等特征,各种博客、论坛、社区、聊天室等成为社会公众表达利益、抒发价值、督导公共权威、就相关公共论题展开讨论和争辩的重要场所。事实上,越来越多的消费者保

---

① 参见何盈:《互联网,作为公共领域勃兴的契机》,http://tech.bokee.com/48/2003-08-12/23384.html,2010-3-19。

护、环境保护、弱势群体保护等社会性问题，以及贪污、腐败、寻租、公共决策的失误等权力监督问题，是借助网络公共空间而被揭批、放大和寻求解决的。①

当然，公共领域并不实质性地表现为有形的物理区域，其毋宁是一种制度空间，是由社会公众的知情权、言论自由和结社自由等基本权利和自由所支撑和构筑的场域。

首先，知情权。对相关事实和信息的知悉与了解，是社会公众认知事态状况，维护自身权益，督导知识、经济和政治权力把持者行为，并就相关公共议题展开理性和有效讨论的前提。在指向公共权威的关系中，知情权要求政府公务的合理公开，意味着相关政策、行动、资料和信息的可得性。在知识和信息非对称分布的私法关系中（例如医患关系、产品经销者和消费者之间的关系等），知情权要求优势一方告知并取得同意的义务。②

其次，言论自由。相当程度上，公共自主机制是由言论自由所构造的。正是对思想、信念、意见、事实、信息的自由表达和传播，使得公开、开放、自由、平等、宽容、理性的论辩和对话成为可能，进而使得个性的尊重和发展、知识和真理的获知、利益和价值的主张与抒发、社会成员之间的相互理解和共存、公共选择和集体行动的公正做出、对于公共权力的监督与批判、对于社会不公和黑暗的暴露与揭批等成为可能。蕴含思想自由、学术自由、新闻自由等内容的言论自由，是自由和民主社会赖以形成和运转的基本制度设施，亦是知识经济进程中利益格局重组的相关各方表达权益和价值的主要机制。当然，言论自由并不是绝对的、不受任何限制的权利形式。对于言论自由的行使要受到社会公共利益、他人隐私等法益诉求的对治和约束。但是，为防公权力的武断侵扰，对于言论自由应当受到限制。一般而言，仅在其对他方权益造成危险、并且是明显且即刻的危险时，言论自由才应受到拘束。③

---

① 参见王君平：《虚拟的网络社区现实的公共领域》，载《中国社会科学院研究生院学报》2004年第6期，第68—74页。
② 参见汪习根、陈炎光：《论知情权》，载《法制与社会发展》2003年第2期，第62—74页。
③ 参见侯健：《言论自由及其限度》，载《北大法律评论》（第3卷第2辑），法律出版社2001年版，第62—127页。

再次，结社自由。利益和价值的分野与裂变，是自由民主社会的基本事实。在公共选择和集体行动按照利益和价值相关者之间进行博弈和妥协的多数决来做出的体制架构中，通过联合同盟而增强谈判力量和砝码的结社自由构成人人得享的基本权利和重要的制度手段。知识经济进程中，在利益格局重组的动荡情势下，尤其是在知识益愈倾向于变异为霸权的语境下，社会成员基于各种利益或价值的共同基础而结社的权利，尤其是力量对决中相对较弱者之间的结社自由，理应受到法律的尊重、肯认和保护。

第二部分
知识经济与信息权利

20世纪60年代以降，以计算机技术为代表的信息技术浪潮引发了新一轮席卷全球的技术革命。几十年来，人类的社会生活经历了空前的信息化过程，几乎一切事物都具有了信息外观，特别是电子化、数字化的信息外观。信息化并非仅仅为社会生活披上一件信息符号做成的外衣，它深刻影响着人们的行为模式以致社会结构，引发了社会史意义上的跨越式变迁。随着信息社会进程的深入展开，信息几乎成为人类共同的图腾崇拜。在人们的心目中，丰富的信息资源和便捷的信息流通意味着高效、富足、民主和自由的美好生活。可以说，相当程度上，知识经济是在信息技术所构造的平台上展开的。信息采集、储存、编码、处理、传输、控制等技术的高度发达，在推助知识和信息的生产与传播的同时，更使知识和信息获得前所未有的经济价值并成为经济发展的基础性生产要素。相应地，以信息通讯设施的制造、信息处理程序的设计、信息资讯服务的提供等为内容的信息产业勃发为主导性经济部门，信息经济成为知识经济的典范和急先锋。

第 四 章
信息与信息权利

信息权利研究的基点是信息，对信息进行概念分析是整个研究的基础。法律如何认识信息这一客观存在，即信息在何种意义上能够成为一个法律概念？法律上的信息在权利结构中处于怎样的位置？对这些问题的回答是研究信息权利推理的前提性任务。

一、人类对信息的认识过程

据统计，目前信息的定义大约有二百多种。导致如此众多信息概念出现的原因有三：首先，信息本身的复杂性。信息是一个多元化、多层次、多功能的综合体。其次，信息科学尚不发达。人们对信息的内涵、外延还不够确定，一些重要概念正处在多定义并存的阶段，还未进入到统一的本质概念阶段。再次，实际需要的不同。由于信息社会的发展尚不成熟，人们出于不同的研究目的，从不同的角度出发，针对信息作用的不同理解和解释对信息下了不同的定义。这样，难免就会有差异性和多样化。[①] 如果仅从语义的角度分析信息概念，多半会陷入"剪不断理还乱"的窘境。只有将这些概念放在一个人类生活实践和理论发展的历史线索中，才有可能参透概念演进中体现出来的深意。在人类对信息认识的初级阶段，信息只是生活实践中的"日常用语"，在理论上仅是用以描述物理世界的依附性概念。随着信息在生活实践中

---

① 乌家培：《信息与经济》，清华大学出版社1993年版，第4页。

价值的日益彰显和信息社会进程的不断推进，信息成为重要的资源形态和社会的结构性因素。

(一) 初步体认

人类对信息概念的认识有一个渐进的过程。当信息概念最初被人类以语言的形式表达出来的时候，在理性选择与情感交流两种语境中被理解和运用。首先，在人们的理性行为中，信息用于沟通和交流各自在不同时空中发生的现象事实和认识，以便人们做出有利于自身的行为选择，比如烽火狼烟传递军事警报、商人相互之间传达价格情报等；其次，出于人的社会性需要，通过传递信息、交流感情建立与他人的联系。中国唐代诗人李中有诗云："梦断美人沉信息，目穿长路倚楼台"。古汉语中的信息主要是指信件和消息。英文信息一词"Information"，源于拉丁语"informatio"，表达传播的过程和内容。[①] 信息的词源已经显现了它作为一个词汇被创造出来的目的。

人类将信息作为一个理论概念来认识的时候，就意味着它不仅具有生活实践的意义，而且成为了人们思维世界的一个范畴。但是哲学所理解的信息概念最初并不具有独立的意义。作为一种表征事物存在形式的概念，它依附于有形的物质存在，其目的是为了解说物质存在。"信息就是物质的差异性"；"信息是事物相互作用的表现形式、是事物联系的普遍形式；信息是被反映的物质属性"。[②] 此时，信息概念只是作为一个描述事物和认识客观存在的理论思维工具，而不是对主体具有独立意义的认识对象。

在工业时代到来之前漫长的农业社会中，生产形式是一家一户、自给自足的，缺乏有组织的规模生产，生产的目的也不是为了交换和获取资本。因此，在这个阶段，信息在世俗生活中仅仅作为一个"日常用语"被不经意地使用着。人们只关心信息的具相，信息对人们来说就是信件和消息。人们虽然需要信息，但仍十分有限，即使在缺少信息，甚至信息阻断的情况下，生

---

① 《牛津大词典》中"Information"一词在14世纪时被解释为"传播的行为"，在19—20世纪则被解释为"传播的内容"。

② 钟义信：《信息科学原理》，北京邮电大学出版社1996年版，第36页。

产和生活也不会受到实质的影响，人们照样可以在"桃花源"中男耕女织、老死不相往来。技术和经济的基础结构决定了，人们在理论上不可能将信息从它们的载体中分离出来，作为一个独立的对象加以认识。

(二) 认识升华

然而，人类社会的发展开始从生活基础并进而从理论认识上改变了信息的附属地位。信息开始与人们的生产、生活建立了不可分割的关系，并成为重要的资源形式，在理论上成为独立的认识对象。

1. 信息价值的日益彰显

第二次技术革命开启了工业时代，大机器生产和全球资本扩张打破了沉静的农耕图景。生产不再是零散的、各家各户的。工厂作为一种组织，成为社会生产的基本形式。在工厂中人们各司其职，分工合作、按部就班。工厂得以有秩序运转的一个基本条件就是建立有效的信息控制系统。随着全球资本扩张的深入，面对日渐庞杂的组织，原有的信息系统不能满足需要，客观上产生了控制危机。"贝尼格（James R. Beniger）在《控制革命》一书中指出，资讯社会肇始于19世纪日益复杂和加速变迁的物质、能量过程和经济社会系统中广泛存在的控制危机。正是这些危机所提出的跨地域控制、实时控制、科学管理等要求，导致了整个社会对通讯技术的需求与日俱增。"[①] 为了解决这一控制危机，人们迫切地需要借助技术手段占有更多的信息。信息具有了解决控制危机的功能。

人们渴望信息的第二个原因在于，随着社会生产当中，人的智力劳动逐渐超越了体力劳动，成为创造财富的主要动力，智力劳动的结晶——知识就成为一个核心的生产要素。当社会发展不再仅仅依赖有形资源的时候，知识就成为"第一生产力"，此时社会对知识的需求量剧增，出于扩大传播和方便学习的需要，知识的形式也必然日益客观化。波普尔认为存在两种不同意义上的知识或思想：主观意义的知识或思想与客观意义的知识或思想，其中前

[①] 段伟文：《网络空间的伦理反思》，江苏人民出版社2002年版，第106页。

者与认识主体相关,后者是"没有认识者的知识,也即没有认识主体的知识"。① 主观化知识往往是隐含的、不可言传的。客观化知识主要是用语言文字等信息符号表达出来的知识形式,具有更加明确的表述,从而更容易通过学习而被掌握。同时,客观化知识通过特定媒介可以实现更广泛的传播,产生更大的知识增益。在信息社会,信息不仅是促进知识生产的原料和催化剂,而且在广义上,信息本身就是典型的客观化知识。通过文字、图像、数字信息等方式,信息不仅能够将知识的内容更加准确、完整地表述出来,同时能最大范围地被人们接受。相反,主观化知识相对个人化和情境化,缺乏必要的表述载体和意义符号体系,难以再现和被理解,无法实现大面积的传播,从而削弱了知识的社会影响力。信息化过程就是一个不断将主观化知识客观化的过程。能够以编码的信息方式存储和传播几乎成为信息社会知识合法化的前提条件。

信息对人们具有的第三个功用是消减不确定性。20世纪40—50年代,美国贝尔实验室的科学家申农(Shannon)首先提出了信息就是不确定性地减少和消除、信息就是事物从无序到有序中的"负熵"。当下备受瞩目的、曾获诺贝尔经济学奖的信息经济学研究也证明:人们的生产和交易行为从来都不是在信息充分的情况下进行的,人们之间存在着事实上的信息不对称。这种不均衡的信息条件使人们难以确定行为的效用,从而造成不确定性。信息是提高效用的符号与意义的集合,其意义就在于消除不确定性。当然,获得信息也需要付出成本,因此,信息就有了可度量的价值。

不论是解决控制危机、促进知识增长还是消除人际行为的不确定性,都证明信息是能够产生价值的有用物。而信息相对于人们的需求和欲望来说总

---

① 波普尔的客观化知识的概念来源于他的"三个世界"理论。1967年,波普尔为了论述科学知识的客观性,发表了题为《没有认识主体的认识论》的演说,提出了"三个世界"理论。他指出:要不是过于认真地对待"世界"和"宇宙"这些词,就可以区分出下列三个世界和宇宙:第一,物理客体和物理状态的世界;第二,意识状态或精神状态的世界;第三,思想的客观内容的世界,尤其是科学思想、诗的思想和艺术作品的世界。波普尔的主观知识指个体的精神或意识的状态、行为与反应的倾向,所以主观知识是仅由个人所体验的不可言传的私人知识,即隐含知识;而客观知识则是指那些可以表述并能接受某种普遍性标准的评价的公共知识,即明晰知识。波普尔认为,虽然世界三中的客观知识是可证伪的人类精神活动的非计划性产物,但它具有客观性,即能够以理论、命题、陈述等方式独立存在,是一种可理解的对象,参见〔美〕波普尔:《没有认识主体的认识论》,载纪树立编译:《科学知识进化论:波普尔哲学选集》,生活·读书·新知三联书店1987年版,第312页。

是有限的、稀缺的。人们需要借助各种技术手段获取更多的信息。因此，信息成为人们所希求的、有效用的东西，也就是说，成为了一种资源。对信息技术的渴望促成了 20 世纪以电子技术为龙头的第三次技术革命。信息技术就是人类开发利用信息资源各种手段的总成。信息技术将"信息"作为主要的技术原料，并在客观上使信息生产、交换和分配发展成为一个举足轻重的产业——信息产业。信息产业将信息当作商品纳入市场环节，在客观上"创造"了更大的信息需求。随之，社会生活的方方面面都开始了信息化过程，信息社会的大幕徐徐拉开。从此，信息在人类的词典中不再可有可无，转而炙手可热。

2. 信息社会的到来使信息成为重要的资源形式和社会结构性因素

托夫勒认为，人类社会在经历了农业文明（第一次浪潮）、工业文明（第二次浪潮）之后，当今世界正在进入依靠全新技术和开发全新材料冲击旧的生产方式和社会传统的信息革命浪潮。[①] 在后来的《力量转移》一书中，托夫勒进一步讨论了第三次浪潮进程中，作为有目的支配他人的权力正将中心从暴力、财富转移到知识和信息上来。而信息问题将成为国内和国际政治与经济冲突的中心问题，即谁掌握信息，如何获取信息和使用信息。[②] 奈斯比特认为信息社会的主要特点是：信息和知识成为生产力、竞争力和经济发展的关键；在时间观念上人们更加关心未来；人们之间的关系发生变化。[③] 尽管对于信息社会的理解不同，但人们就一个中心问题已经达成共识，即信息对社会的影响已经从一种技术、一个产业、一种经济形态发展为一种社会形态。"在信息以及各种信息传输工具的支撑下，不仅人们之间的社会互动、社会群体的形成和消解、社会组织的分化及重组、人们的社会分层与社会流动乃至社区的成长和变迁等，均要在很大程度上依赖于信息符号和由相关的信息知识系统所建构出来的抽象王国，而且社会制度和规范的创新与演化、社会结

[①] 参见〔美〕阿尔温·托夫勒：《第三次浪潮》，朱志焱等译，生活·读书·新知三联书店1983年版，第16—40页。

[②] 参见〔美〕阿尔温·托夫勒：《力量转移——临近21世纪时的知识、财富和暴力》，刘炳章等译，新华出版社1996年版，第三部"信息战"与第五部"力量转移政治"中的第二十二章"信息手法"。

[③] 参见〔美〕约翰·奈斯比特：《大趋势——改变我们生活的十个新方向》，梅艳译，中国社会科学出版社1984年版，第257—260页。

构和社会系统的分化与整合、社会价值观念的变革与重塑等,也同样要在很大程度上受到这种以信息为中心内容的抽象符号和专家系统的引导和控制。换言之,现代社会在本质上是一种在信息的支撑下时空高度伸延的社会系统,是一种技术现代性的功能后果不断加深和加速展开的过程。"①

信息社会是信息技术②高度发达的社会。计算机和通讯技术的扩散是信息社会的物质基础。信息社会是具有特定经济结构的社会。当信息成为生产力的重要要素之时,信息的供应者、使用者与信息的关系,越来越类似于商品的生产者、消费者与商品的关系,而网络等新媒介的存在为信息的生产和消费提供了现实空间。信息产业是信息社会的支柱产业,是知识密集、具有高附加值的产业、是GDP增长的主要贡献者。③ 信息社会的社会结构已经被高度信息化。"信息化"一词表明了社会组织之特殊形式的属性,在这种组织中,信息的生产、处理与传递成为生产力与权力的基本来源。这意味着信息资源是主要的资源形式和社会力量。④

在最终的意义上,信息社会就是信息成为一种结构性因素的社会形态。"信息是社会的结构性(构成性)因素,其渗透于现代以来的政治、经济、文化各个方面,是社会结构中不可缺少的构成性要素。"⑤ 这种理论反映了结构功能主义的方法论。任何事物都具有特定的结构模式,不同的结构之间存在功能上的区分和联系。任何事物的外在显现都是其结构中不同部分分工协

---

① 冯鹏志:《伸延的世界:网络化及其限制》,北京出版社1999年版,第19页。

② "信息技术研究的是信息的获取、传输、处理和存储、显示等内容,是一门综合性很强的技术,它集微电子技术、光电子技术、计算机技术、通信技术、自动控制技术、人工智能技术等之大成,是高技术群的前导领域和当代新技术革命的核心推动力。"参见朱庆华、杨坚争主编:《信息法教程》,高等教育出版社2001年版,第195页。

③ 一般认为信息产业是指:专门从事信息产品的生产、处理、流通和信息服务的产业。在全球信息高技术的推动下,全球GDP已有2/3以上的产值与信息产业相关。美国商务部于1998年4月15日宣布了一份名为《正在兴起的数字经济》的报告,指出在过去的5年中,信息技术产业为美国创造了1500万个新就业机会,美国经济增长的1/4以上归功于信息技术。2002年我国电子信息产业全行业完成工业总产值17800亿元,同比增长20.9%,成为我国经济重要的生长点。

④ 参照2001年我国信息产业部公布的20项国家信息化指标,可将信息资源分为四种类型:(1)基础资源,如电话机、电视机、计算机、光缆等硬件设备拥有量;(2)服务资源,如电视频道数、网络资源数据库容量、人均书刊占有率等信息内容服务提供量;(3)产业资源,如信息产业增加值占GDP比重、信息产业对GDP增长的直接贡献率等;(4)人力资源,如大学以上学历所占比重、信息产业从业人数等,参见孙成江等:《信息社会与创新》,载《情报科学》2003年第7期,第691页。

⑤ John Cahir, Understanding Information Laws: A Sociological Approach, *The Journal of Information, Law and Technology*, Vol. 3 (2002), http://elj.warwick.ac.uk/jilt/02-3/cahir.html, 2010-3-19.

作、发挥功能的结果。结构是理解事物本质的有效路径，结构也决定了事物发展变化的方向。人类社会是由不同的要素组成的统一体，这些结构性要素直接决定了社会存在的样态和发展趋势。人类社会的结构因素包括物质世界（物质、能量）和人。在现代以来，特别是20世纪以来，信息从其他要素中独立出来，成为一种独立的结构性要素。人们认识到不仅在客观存在的意义上，信息同物质和能量一样是自然界的构成要素，而且在以人际交往形成的社会生活的各个方面，信息也是独立存在着的，并联结着其他因素的部分。

信息表达并传播着意义，促进了交流和沟通，不仅使人类文明的脚步大大加快，而且创造了新的发展动力。信息不仅是当代经济发展的重要因素，而且是文化上的"善"（Good），能够增强人们在文化上的凝聚力。但是，信息在相反的方面则表现为隐存的社会危机："信息鸿沟"导致的不平等、信息泛滥引起人类的无根化与漂泊心理、民众的信息依赖和精英倚赖。[①] 这些问题与经济绩效、政治民主和法治进程有直接联系。信息与社会的反向关联也表明，信息已经内在于人类社会之中，并在潜移默化地改变着人类本身。作为社会的结构性因素，信息对于法律发展和权利发展的影响全面而深远。具有社会构成意义的信息，特别是表征利益关系的社会信息成为法律关注的热点。这种持续的关注推动了对相关权利的认识，为新的权利类型的产生提供了直接的经验材料。

信息社会令人惊讶的推进速度唤醒了人们对信息问题沉寂已久的理论思维。人们认识到，在最本质的意义上，信息决定了人的存在形式。在人的生存视野中，人们越来越被信息那消解时间和空间的魔力所吸引。随着信息科技的发达，全球同步信息传递打破了地域空间对人的存在的分隔，使人类能够共享同一个空间整体。人还能够通过占有产生于不同时间的信息，成为一个历史的人、一个传统和文化的承载者。是信息将处于不同时空中的人凝聚为一个"类"的存在。从哲学开始，信息在各个领域的研究中都成为一个具有独立意义的对象。哲学家达米特（Dummett）在《分析哲学起源》中评论道："……有一个比知识更天然和更基础的概念……这个概念便是信息。信息

---

① 参见 Ulrich Sieber, *The Emergence of Information Law: Object and Characteristic of a New Legal Area*, in Law, Information and Information Technology, Edited by Eli Lederman and Ron Shapira, Kluwer Law International, 2001, pp. 3-9。

由知觉传递，由记忆储存，尽管也通过语言传递。在恰当地达到知识之前有必要集中在这个概念上。例如，获得信息无必要理解使其具体化的论点；信息流的运作层面要比知识的获取和传播更为基本"。① 一个新的哲学领域——信息哲学将信息真正从表征物理世界的描摹工具发展成为一个与物理世界同样具有独立意义的认识对象。同时，很多人文社会科学都对信息展开了卓有成效的研究，产生了诸如信息社会学、传播学、信息经济学等有影响力的新兴学科和交叉领域，为深化人类对信息的认识贡献了知识增量。

二、信息的法律意义

法学理论对信息的研究是在信息社会的大背景中展开的。作为一种非常重要的资源形式和社会的结构性因素，信息应该被当做一个具有独立意义的法律概念加以认识。当然，无论是资源形式还是社会性结构因素仅仅是在社会发展意义上对信息的宏观认识。法律作为一种制度事实，不能停留在这种宽泛的层面，而必须在信息是什么的问题上给出自己的答案。由于信息概念的复杂性，大部分的信息法研究都采取了要么简单搬用其他学科信息概念的方式，要么干脆回避什么是信息的问题，满足于对其进行分类列举。② 缺乏法律上对信息的基本界定，将会削弱信息法律研究的基础，进而影响对信息的有效规制。因此，本书试图在整合其他学科信息概念的基础上对信息进行法律上的界定。

"信息"这个词在信息研究的各个领域已经由各位作者赋予不同的意义。至少，这些意义很可能在某些应用领域充分证明是有用的，但我们几乎不能指望一个单一的关于信息的概念能够令人满意地对应各种可能的应用。像信息这样的多义概念只有在特别规定的背景下才能得到富有成效的研究。"我们对自己智力工作中想当做工具的那些术语，可以随意界定。唯一的问题是它

---

① Dummett, *The Origin of Analytic Philosophy*, London: Duckworth, 1993. 转引自刘钢：《从信息的哲学问题到信息哲学》，载《自然辩证法》2003年第1期，第48页。

② 参见朱庆华、杨坚增主编：《信息法教程》，高等教育出版社2001年版，第25页。

们是否符合我们打算达到的理论目的。"①

　　法律意义上的信息作为人类认识的独立对象，必须是具体的、能被描摹的存在，而不仅仅是对物理世界的表征。在这种意义上，能够定位信息的表述主要有：消息、情报、信号、数据、资料、知识和符号。符号是经人工编码的信息、是意义的表达者，是一种物质性的存在。"每个信息都是由符号构成的。"② 本书认为，消息、情报、信号、资料都可以用符号来表征，它们的区别在于这些符号对于信息接收一方具有什么样的功能。而数据无非是以数据形式表现出来的符号，除了数据形式，信息还可以是图形或者其他符号。知识概念是一个认识论的范畴，用知识界定信息至少在法律上是不可行的，不仅不能使信息成为更加确切、明晰的制度调整对象，反而会使其更加抽象模糊。因此，用符号来界定法律上的信息是恰当的。

　　在一般的意义上，以符号为表征的信息存在着与具有物理外观的实体物不同的特征：

　　1. 独立性。信息能够独立存在，即能够与负载信息的媒介物在观念上和制度上进行区分，并具有独立的利益指向。比如电影的影像信息与电影胶片是不同的利益载体。人们完全可以通过摄录机偷拍获取影片信息，而不一定要通过获取拷贝来实现。信息所具有的独立性还体现在它能够与其反映的客观实在相独立，如一张关于花朵的图片中所传达的关于花朵的视觉信息与自然界中的那朵花是不同的。图片中的花朵可以被处理成各种各样的颜色甚至形状，但自然界中的花朵的颜色和外观则是既定的。因此，信息与客观真实不一定是完全吻合的，事实上大量的信息都带有人为加工的成分。是否与客观真实相符并不影响信息具有法律上的意义。

　　2. 无形化。相对于具有物理外观的实体物，信息是无形的，即不具有物理外观意义上的外形、质量和重量。同时信息的无形化也意味着信息权利的变动无法通过观察信息载体的变动来实现。信息（如作品）可以出现在多个场合多个版本中，但信息权利本身（著作权）的权属是权利人专有的。但信

---

① 〔奥〕凯尔森：《法与国家的一般理论》，沈宗灵译，中国大百科全书出版社1996年版，第5页。
② R. Jacobson, *Selected Writings*, Vol. 2, Mouton, 1971, p. 689. 转引自李桂林、徐爱国：《分析实证主义法学》，武汉大学出版社2000年版，第58页。

息的无形化并不是说信息是看不见、摸不着和无从掌控的存在,而是已经获得客观形式的、能够经过编码和媒介再现而被人类所认识的符号系统,如关于花朵的信息需要通过照片或影像来展现。完全不为人知的纯粹客观实在,由于没有被传达和感知,只能作为人类社会和认识之外的自然存在。

3. 共享性。信息是一种经济学意义上的"共用品"。它具有共用品的两个特征:一是一个人消费不影响他人消费,即所谓"非竞争性的消费";二是杜绝消费这类产品而不付钱的揩油者的费用很高。信息的共享性,"简单讲,同一信息可以同时附载于多个不同的物质之上,同时存在于多个空间,或者说,同一信息可以有多个载体物,载体物的变换不影响信息本身,这就是信息的共享性,又称无损耗性、可复制性,也是信息与物质最主要的区别之一"。① 信息作为公用品的特征与其具有的可复制性、可传播性和无形化有关。基于这些原因,信息与经济学上研究的传统"共用品"如路灯、市政公共设施等存在差异,也恰恰是因为信息所具有的这些特质,使信息在可共享的程度上高于传统经济学中有形的"共用品"。也正是由于共享性破坏了传统权利理论中权利专有性(排他性)的基础,因而对信息为客体的权利加以确认和保障具有相当的难度。对传统有形财产的权利确认和保障往往是通过将权利制度与权利客体直接联系来完成的。如对动产权利的保障是通过占有和转让物来完成的;不动产则是占有加上登记和保险制度来完成的。在传统财产法理论中,尤其是大陆法传统中"一物一权"集中地体现了通过物之专有来达成权利专有性。而无形财产如知识产权的出现打破了物之专有与权利专有性的关联。当权利载体可以同时为多人占有、使用和获益成为可能,权利的专有性基础受到了强烈的冲击。而知识产权本身就是信息权利的核心部分。建立在信息基础上的权利形态在专有性问题上,需要突破权利专有与物之专有的必然联系。同一信息之上成立多项、多个(同种类)法律权利成为可能,从而弱化物之专有与权利专有的联系,或者说建立一种比较新的物之专有制

---

① 朱谢群:《信息与知识产权》,载杜敬明、唐建国主编:《互联网时代的法律探索》,法律出版社 2004 年版,第 58 页。

度。① 当然信息权利的保护也将更加关注权利之间的关系，更加依赖信息技术的保障。

4. 时效性。信息一经生成，其反映的内容越新，它的价值就越大；时间延长，其价值随之减小。当然，时效性并非衡量信息价值的唯一标准，那些具有重大社会价值和科学价值的信息可能在相当长的时间内具有价值。同时，真实性、科学性、艺术性等因素也是影响信息价值的条件。相对于有形物而言，信息的价值衡量更为复杂，在当今浩如烟海的信息海洋中人们往往花费巨大精力用于辨识信息的价值和有效性。但出于对信息创造、传播的鼓励的需要，法律权利对信息的保护不可能是永久性的，这就意味着信息的保护也具有一定的时效性。脱离法律保护的信息就会进入公知领域，成为人类共同的信息财富。

并非所有具有上述特点的符号信息都具有法律意义。本书认为，法律上的信息是满足特定条件的符号系统。法律上的信息需要在自身具有的特点基础上，借助某些法定条件进行限定，只有符合这些条件的信息才可能成为法律调整的对象，成为权利的构成要素。这些条件将法律上的信息局限于部分符合条件的信息范围内。这些条件的提出主要是考虑到法律制度调整范围的限制和法律的可操作性。这些条件的提出意味着，任何以信息为调整对象和权利客体的法律制度都需要考虑这些进入原则，因而从宏观上为所有以信息为规制对象的法律制度提供了标准。这些标准的建立还关系到法律上对信息的界定，起到了定义法律上之信息概念的作用。在综合考虑了法律介入信息规制整个环节的可能性和可行性问题之后，作者认为：具体而言，具有法律意义的信息需要满足的条件应该包括：可编码性、可传播性、社会性和应受规范性。当然，这些条件本身仍然是十分含糊的，只能作为建立信息法律制度需要初步考虑的原则，当进入某些具体的立法和司法过程，这些条件仍需要进一步地细化，这些条件本身是开放的。

---

① 如朱谢群博士提出的"客体共享、利益排他"作为知识产权保护的原则，体现了信息权利保障的理念。即法律制度应允许客体（某种特定信息）的共享，同时运用法律强制力将该特定信息所生利益确定地配置给法律认可的特定主体，参见朱谢群：《信息与知识产权》，载杜敬明、唐建主编：《互联网时代的法律探索》，法律出版社 2004 年版，第 61 页。

1. 可编码性：法律规制信息的可能途径

"我们广泛地运用信息这个词。从本质上说，任何可以被数字化——编码成一段字节的事物都是信息。"① 信息经过编码才能够实现传播，在法律调整范围内的信息，其编码解码过程应是人类能够掌握，并能够解释和再现的。经过编码的信息附着于一定的媒介，通过媒介可以认识信息的内容和意义。媒介具有多样的形式：报纸、电话、光盘、磁碟、互联网等等，媒介使看不见摸不着的信息具体化、客观化，有了可以被掌握和描述的形态。传播媒介的不同决定了信息存在形态的差别：声音信息、文字信息、图像信息、数据信息和多媒体信息等。

关注信息的媒介以及编解码过程，能够在一定程度上克服信息的无形化带来的困难，从而使信息范围、内容、形式的确定成为可能。糅合技术和规范于一身的信息法律，可以通过掌控信息媒介和编解码技术实现对信息传播过程的规制。也就是说，信息权利的设定要通过规制信息媒介和编解码过程来实现。而信息权利的具体制度也因为媒介形式和编解码技术上的差异而各具特色。针对纸质媒介的信息传播与针对电子数据信息传播的权利规范显然存在相当大的差异。随着信息技术的发展，信息多媒体化的趋势愈加明显。目前世界各国规制信息传播的法律既有以传播媒介为基础的，比如我国的《音像制品管理条例》、《广播电视管理条例》、《有线电视管理暂行办法》、《出版管理条例》，也有直接针对信息传播存在样态的，比如德国的《多媒体法》。关于互联网络信息传播研究的经验证明，简单将应用于传统信息传播途径的法律表达照搬到互联网信息传播的法规中来并不合适。因为互联网与其他传播途径比较，在传播媒介和信息存在样态上均存在根本的差异，体现了信息传播的多样形式，因此，法律权利设定也必须有针对性地做出反应。

2. 可传播性：法律规制信息的时空限度

信息是可传播的，它才对人类具有意义。虽然信息的传播依赖于承载其的物质媒介，但信息却不同于它的物质媒介，因此具有一定的独立性。比如

---

① 〔美〕卡尔·夏皮罗、哈尔·瓦里安：《信息规则：网络经济的策略指导》，张帆译，中国人民大学出版社2000年版，第2页。

书籍中记载的文字信息与纸质书籍本身的物质形态是两种存在。

关于信息的传播过程，申农（Shannon）在 20 世纪 40 年代末发表了两篇著名论文：《通信的数学理论》和《在噪声中的通信》，重点研究了这一问题，提出了信息的数学模型。他认为："传播是人们运用符号并借助传播媒介来交流信息的行为与过程"①，信息从信息源（信源）开始，要经过编码经由信道才能够被有效传播，被编码的信息在传播过程中受到来自环境的噪音干扰，在信息到达接收者（信宿）时必须要经过解码的过程才能还原为意义。②

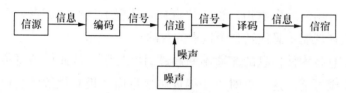

图 1-1　申农通信系统模型图

申农的理论关注信息传播的过程，这为法律介入信息问题找到了恰当的着眼点。毋庸质疑，信息依赖于传播，各种信息之所以对社会有意义就在于它显在的或潜在的可传播性。信息的可传播性也使信息与静态的信号、符号相区别。信息的编码与解码过程，使信息与未经编码和未序列化的数据区分开来。基于这一点，法律权利所关注的信息也应该是能够借助现有媒介传播的信息，不是所有信息；法律权利关注的是围绕信息传播的过程产生的利益关系和矛盾，而不是所有与信息有关的问题。在整个信息传播过程中，待传播的信息、传播中的信息、传播后的信息都可以成为法律关系的客体。法律所调整的信息社会关系就是围绕信息传播形成的社会关系，这些关系可能发生在传播前阶段（信息的生成、收集等）、传播中阶段（信息的发送、传递与接受）、信息传播后阶段（信息的占有、利用等）。信息传播的时空限度就是法律调整信息的范围限定，法律的全部规定只有紧紧围绕这个信息传播展

---

① 董炎：《信息文化及其影响下的人类信息行为研究》，北京大学博士学位论文，2001 年，第 15 页。

② 例如，一个人讲话，讲话的人是信源，他所讲的话被编码成语言，语言通过空气中的声波震动（其中夹杂各种环境中的噪音），被传送给听其讲话的另一个人（信宿），声波在经过听话者耳朵的解码过程中还原为有意义的语言。

开的各个环节才能够实现信息规制的效果。将信息法律的关键制度与信息传播的关键环节对应起来,并注重在不同环节中需要把握的关键问题,是信息法律制度建立的重要原则。这些关键点可以概括为:主体、条件、内容和目的限制、方式、责任五个关键点。如在信息传播前阶段,应关注:谁有权在何种时间、条件下以何种方式搜集、整理和保存何种信息,应承担何种法律责任。在信息的传播阶段,法律应关注:谁有权在何种时间地点及其他条件下以何种方式传播何种信息,应承担何种法律责任。在信息传播后阶段应关注:谁可以在何种时间、地点为何目的以何种方式占有、保存和利用何种渠道获得的何种信息,应承担何种法律责任。把握了这些关键点,信息法律制度就能够实现规制信息流转整个过程的目的。

现代信息技术使信息的流通不断超越时空界限,从而使信息传播的时空范围存在无限可能,这一点对于法律规制信息而言极具挑战性。但界定法律权利调整信息传播的范围并非不可能,随着信息法律技术的完善,对信息传播实现控制是可能的。因此信息传播的时空难题在法律上不是可能性问题,而是技术性问题。比如互联网信息规制,由于网络计算机介入网络的 IP 地址等界点的存在,网络服务供应商的管理存在以及发现和保存电子证据的技术手段的发展,寻找在网络上散布非法信息的责任人是可能的,只是难度加大了而已。

3. 社会性:法律规制信息的对象范围

按照内容属性的不同,可以将信息分为自然信息和社会信息。前者如没有被认识和正在被认识的生物信息等,主要是自然科学研究的对象;后者如经济信息、政治信息、文化信息等。经济信息包括商业秘密、证券市场信息、上市公司经营信息、电子商务信息、金融数据信息等等;政治信息包括政府管理和决策信息、选举活动中的被选举人信息、国家秘密和国家安全信息、国情统计信息等;文化信息如科技活动的智力成果信息即知识产权信息、技术标准化信息、个人信息、新闻出版等传播活动涉及的信息、邮政通讯信息等。法律视野中的信息往往是对人们的社会生活产生实质而直接影响的社会信息,而不是自然科学认识的信息,更不是所有信息。当然,不仅仅是信息的内容与社会性相关,信息的传播环节、传播方式等也与此相关。信息传播过程越过公共领域与私人领域之间的界限的环节往往是法律制度最密集的,不论传播顺序是从公域到私域还是从私域到公域。而法律对不同信息的传播方式的限定也体现了对社会规制与私人生存之间的关系。

　　法律中信息的社会性要求旨在强调通过信息规制所体现的法律制度的社会性，以致在深层意蕴上体现人的社会性。对信息进行规制的需要归根结底是与人的社会生活有关，与社会福祉有关，而不是或者主要不是与人类认识自然的科学追求有关。因此，法律保护何种信息、如何保护这些信息都与特定社会价值和伦理机制有关，而不是或者主要不是只与信息的真实性和科学价值有关。这也就决定了不同意识形态和不同伦理道德背景中的信息保护制度总会存在差别，而那些与社会价值紧密相关的信息的制度总是制度内外争论的焦点。

　　4. 应受规范性：法律规制信息的意义限定

　　信息是一种具有意义的符号，这种符号的传播意味着意义的传播。这一点对于法律理解信息问题十分重要。美国传播学研究者 Ogden 与 Richards 曾提出了关注信息意义的传播模式。他们认为，认识信息问题离不开"能指"（reference）、"所指"（referent）和"符号"（symbol）。"能指"是信息中蕴涵的意义和思想；"所指"是信息表征的客观事物；符号是用于将"能指"与"所指"联系起来的信息的表现形式。① Ogden 与 Richards 的信息传播模式与申农的模式比较，突出了信息与意义的关联。作为法律关系客体进而作为权利关系客体，信息是指"一切有价值意义的情报或资讯"。② 与电子信息技术等自然科学不同，与其说法律关注信息的形式问题，不如说法律更加关心信息的内容和意义。比如电子邮件这一信息传播行为，电子信息技术关注的是如何实现信息传播的快捷便利，而法律所关心的则是邮件的内容是否存在非法信息，是否被窃取、谁应该承担相应的责任、承担什么责任以及如何承担责任，这些都与信息的内容和意义直接相关。法律权利上的意义与传播学上的意义也有所区别，法律关注信息内容中与法律调整范围相关的部分，即具有法律效力的意义，而不是语言、符号的表面意义。

　　意义与内容有关，也与对内容的解释有关。由于不同历史和社会语境中

---

① 比如"桌子"这一语言信息，它的"能指"是抽象的桌子，它的"所指"是一种有腿支撑的、上面是平面、可以放置物品的一种家具；它的符号就是"桌子"这两个汉字。

② 张文显：《法哲学范畴研究》（修订版），中国政法大学出版社2001年版，第109页。

人们为信息的法律规制设定了不同的目的，而法律规范所关注的意义焦点也会随之转移。专制的社会关注如何封闭信息、使信息秘密化，民主的社会向往开放的信息和透明的政府；东方文化更倾向于非正式渠道传播信息、私人信息吸引的注意力高于公共信息；西方文化则热衷于将信息传播渠道制度化，私人信息是神秘的后花园不容随意窥探、公共信息要放在阳光下经受拷问……习惯、传统、文化甚至地域都影响法律关注信息意义内容的视角和重心。可能某些信息内容在一个法域中是法律调整的对象而在另一个法域中却不是。因此，考虑信息所蕴涵的意义是否需要法律调整的介入时，就不得不度量具体的社会文化语境。

三、信息在权利结构中的位置

对法律意义上的信息进行界定的目的不仅在于提供另一种描述，而在于对信息进行法律上的定位，以达到将信息社会关系制度化的目的。要达到这个目的，就需要将前文界定的法律上的信息"放置"到法律制度的结构中去，使其获取具体的"法律身份"。法律在本质上体现为一种权利义务关系，而权利在这个关系中又担当着"基石范畴"的角色，信息是权利作用的对象客体。基于这种认识，进入法律视野的信息概念应该首先在权利结构中找到自己扮演的角色。因此，权利结构的分析就成为这个过程的开始。

（一）权利结构与权利发展

一般认为，一项权利在结构上可以分为权利主体、权利内容和权利客体三个部分。权利主体是享有权利的人，这里的人是法律意义上的人，包括自然人和法人。权利内容是特定行为，是权利人在法律授权范围内，以自己或他人的作为和不作为的方式实现权利的过程，权利的要旨体现在权利的内容中。权利的内容具体包括权益、权能和权责。权益是指权利的价值指向，由行为的动机决定，即权利人通过行使权利所要达到的目的和所要获得的利益。权能是权利行使所要借助的手段和实现权利的方法。权责指称权利的有限性，遵循普遍的无害原则，权利人滥用权利要承担相应的责任。而权利客体是权利内容指向的对象。①

"权利与社会经济、科技、文化的联系决定了它的发展性特征。随着社会条件的变化和发展，会不断出现新生的权利，它们受到社会力量的支持而成为一种权益要求的事实。"② 从权利发展的经验看，一种新型权利的诞生可能由权利主体的拓展起步，亦可以从权利客体的扩充开始。权利主体是权利的所有者，权利主体是发展变化的，如民事权利主体从一开始的部分人扩展到所有公民再到法人，近年来未成年人、胎儿、死者甚至动物和植物也开始成为某些权利的主体。由于主体的不同属性，在新的权利主体基础上形成的权利在内容和制度指向上就会有所区别，从而形成以主体为表征的新的权利类型。而权利的客体作为权利主体可以支配的、对象性利益的载体，是权利发展的重要生长点。权利客体从有体物到无体物、从生命健康到人格尊严的扩展过程也就是有体物财产权到无体物财产权再到人身权的发展过程。信息权利就是在新的权利客体的基础上展开的权利发展的结果。信息作为重要的社会资源和社会的结构性因素，其地位举足轻重。大量与信息直接相关的社会行为使权利结构发生变化，这些变化直接表现为将信息纳入权利客体体系的趋势。

（二）作为权利客体的信息

判断特定信息是否具有法律权利客体地位，需要运用权利客体的内在标准进行衡量。

1. 权利客体

权利客体是权利主体之间发生权利和义务关系的中介，也是法律权利关系主体的权利、义务所指向、影响和作用的对象。③ 权利客体在整个权利结构构建和制度发展中担当了重要的角色。

权利客体是形成权利结构的阿基米德支点。"权利就是权利主体与权利客

---

① 举财产所有权为例，这一权利的权利主体是任何合法取得财产所有权的自然人和法人。其权利内容包括权益——通过对财产的产权划分实现人的生存、发展，实现社会秩序、交易安全，激励财富创造；权能——对其所有的财产占有、使用、收益和处分；权责——对财产所有权的行使不得妨碍他人和社会的利益。财产所有权的权利客体一般是有形的物质财富。
② 〔美〕梅利曼：《大陆法系》，顾培东译，知识出版社1984年版，第119页。
③ 参见张文显：《法哲学范畴研究》（修订版），中国政法大学出版社2001年版，第106页。

体之间的关系。"① 权利客体是作为权利上利益的承载者，在整个权利结构中起到一种中介和联结作用。没有特定的中介就没有特定的法律关系发生；没有影响、作用的对象，行为就失去了意义；没有权利利益的承载者，就不会有权利主体的权利诉求和权利内容的制度化安排。因此，在某些时候，权利客体承担了组织整个权利结构的任务，是权利结构的基础和衍生点。

在权利关系的发生史中，客体具有始发性。权利发生时沿着权利客体——权利关系——权利制度的逻辑展开。发现或确认新的客体作为中介和载体，新的社会关系和新的权利关系才能够发生：有了计算机才有软件版权，有了因特网才有网络权利关系，有了克隆技术才有制约它的法律需要……权利客体的范围在社会发展中有不断扩大的趋势，这一趋势意味着权利视野的开阔。形成这种趋势的根本原因在于人类在发展中越来越认识到权利的作用，通过权利诉求表达利益主张，希望运用权利制度调整日益复杂的社会关系。另外，社会的格式化，界定产权，激励创造，实现平等、正义、秩序和效率的需要也内在地趋向这个结果。围绕独立的法律关系客体，形成了不断发展的、丰富多样的法律关系，才有了诸多法律制度和规范：围绕有体物形成了物权法律关系、围绕智慧财产形成了知识产权法律关系、围绕人身、人格形成了人身人格权法律关系……

权利是为不同的权利客体量身定做的制度外衣。"客体是权利这一概念工具的生活事实基础。这不仅因为客体是利益的源泉从而产生创设权利的必要，更因为客体是利益的载体从而决定了权利的内容。"② 由于权利客体的存在形态和结构特征各不相同。为了保护存在于客体之上的利益而设计的权利制度就必然呈现不同的面貌。客体在属性上的差异决定了权利配置和权利内容建构的不同。有形财产权利与无形财产权利在权利内容和行使方式上的差异能够证明这一点。正是在这种意义上，法律关系客体的差异将不同的法律制度区分开来，形成了规则、规范和原则相对集中的不同的权利束和特定的权利

---

① 〔英〕约瑟夫·拉兹：《法律体系的概念》，吴玉章译，中国法制出版社 2003 年版，第 210 页。
② 朱谢群、郑成思：《也论知识产权》，载《科技与法律》2003 年第 2 期，第 24 页。

方式。①

2. 信息能够成为权利客体

确定新的法律权利关系客体，往往是发展新的权利关系和制定新的权利规范的前奏。法律史的发展展示了权利关系客体不断扩充的过程，但这种扩展并非随意，作为法律权利关系客体的一切东西都需要满足三个最低限度的条件：第一，它对主体必须是"有用之物"，围绕它可能发生利益纷争，因此需要对之做出权利义务界定；第二，它必须是能够被主体控制的"为我之物"；第三，它必须是在认识上可以与主体分离的"自在之物"。②满足了特定条件的信息能够成为权利客体的关键在于，它完全可以经得住这三个标准的检验。

首先，信息作为一种有意义、可传播的符号系，是信息社会的重要资源形式，是对社会关系主体具有价值的"有用之物"。在经济活动中，信息及时反映市场变化，充分的信息能够保证生产和交易活动的安全和高效；在社会文化生活中，信息共享和交流意味着增强凝聚力、增进了解和宽容；对于政治生活而言，信息自由、信息开放促进政治民主和法治化。因此，信息在人类生活中体现了全方位的价值意义。随着信息产业的发展和信息经济的繁荣，掌控信息意味着享有财富、机会和满足感。然而，相对于人们的需求，信息总是有限的。作为一种稀缺资源，信息必然导致利益竞争。为了更大量地占有信息，更快捷地传送信息，更准确地分析信息，不同社会主体之间的利益纷争不断，解决这些纷争成为法律的新课题。

---

① 现有的法律理论并没有对权利客体的制度发展功能给予充分的认识。目前的研究大多是在既定的法律权利中论证权利客体，即首先明确一种权利的定义和概念，再就这种权利关系的客体进行限定。大部分的法理教科书以法律调整对象——法律关系——法律关系客体的思路展开。这种思路首先划定行为关系是法律调整的对象，行为是法律与社会关系建立联系的中介。特定的行为关系具有法律意义（经过法律调整的关系）是法律关系，法律关系的构成包括法律关系主体、法律关系客体和法律行为三个方面。法律关系客体是法律关系主体的权利义务所指向的共同对象，又称权利客体和义务客体。由于法律关系在本质上就是权利义务关系，因此法律关系的客体就是权利义务关系的客体，也当然是权利关系的客体。这种从抽象到具体、从宏观到微观的思路与权利发展的逻辑过程不相符合。另外，认为法律的调整对象就是法律所调整的社会行为关系，也并没有说明究竟什么才是法律所应该调整的对象，并在逻辑上存在循环论证问题。而以权利客体为基点确认法律权利，采取由内到外、由微观到宏观的思路就使法律权利制度的建立具有了微观的、具体的衡量对象。

② 参见张文显：《法哲学范畴研究》（修订版），中国政法大学出版社2001年版，第107页。基于这三项标准，张文显教授认为：法律关系的客体可以包括国家权力、人身人格、行为、法人、物、精神产品和道德产品及信息（一切有价值意义的情报或资讯）。

其次，信息是能够被主体控制的"为我之物"。高度发展的信息技术为人类控制信息提供了空前的可能。借助各种先进的科学技术，人类将越来越多的未知信息从天然状态中挖掘和再现出来，运用各种可能的有形载体将它们表述出来。对信息的编码过程使信息具有了客观化形式，借助媒介对符号的展现和复制，人们已经能够对信息进行必要的控制。而且随着技术的飞速发展，人类发现和把握信息的能力还会不断增强。当然，目前还存在相当多人类无法掌握、控制和传播的信息，这些信息只能是事实上的存在，而不具有法律意义，不是法律权利关系的客体。与此同时，通过掌控信息的传播过程，法律也能够在制度上实现对信息进行时间和空间上的规制，尽管这种规制相对比较复杂和困难。

再次，信息可以以"自为之物"存在，与主体在认识上相分离。信息是独立于人的意志之外的客观物，是人的认识、观念和知识的客观化表现。信息的编码过程将人的主观认识转化为具有公共意义的符号系统，借助这些符号，信息具有了自主形式。具有客观存在形态的信息可以作为独立物被占有和转让。编解码过程使信息可以为不同主体同时占有，只要重复相同的编解码过程，就可以重复实现信息的再现，当然这种分离需要借助媒介和技术手段。信息的编码过程还使信息与产生它的信息源本身相区别开来。一匹骏马是一个动物，而一张骏马的图片却是关于这匹马的、被编码成图像的信息，它们是不同的法律权利关系客体。

基于以上的分析，信息完全符合权利关系客体所要求的基本标准，可以在一般意义上被看做法律权利客体。

四、何为信息权利

信息能够成为法律关系的客体，也就意味着存在以信息为客体的权利，即信息权利。这个初步论证的过程，其实还远远没有达到证成信息权利的目的。目前我们只是对信息进行了法律上的描述和界定，并说明信息能够成为法律权利的客体。事实上，能够满足权利客体最低标准的东西有很多，比如毒品。但是我们能说毒品之上可以成立财产权利吗？不能。因为这种权利主张不正当。因此，以信息为客体的权利能否成立尚待正当性考量。这个过程还需要在文章后面的部分，借助权利推理理论加以验证。

基于前面对信息的理论考察和对现有关于信息权利不同理解[①]的审视和检讨，本书将所要证成的信息权利界定为：以满足一定条件的信息作为权利客体的法律权利类型，它是由多个子权利构成的法律权利束。这些子权利包括：信息财产权、知情权、信息隐私权、信息传播自由权、信息环境权和信息安全权等。具体而言，本书所使用的信息权利概念具有以下几层含义：

（一）作为法律权利的信息权利

法律权利即法定权利，简言之就是由法律所确定的权利，即在特定的法域中具有合法性效力的，其行权行为对相关义务方具有约束力的权利形态。法律权利与国家意志直接相关，是国家意志与权利主体意志的统一，因此法律权利是在制度上获得系统保障的权利形式。本书所要证成的信息权利不是道德权利而是法律权利。依据集体主义的道德观，道德权利的正当性来自道德主体对他人所负道德义务的先在性，是道德主体在履行了一定的道德义务之后，客观上理应得到的相应权利回报。一般而言，道德权利是由道德正当支持的要求或主张，道德权利只有在道德认同的社会语境中才具有普遍的非正式规范意义。由于道德权利的实现主要依靠他人的内心自律和舆论监督，缺乏有效的救济手段，因此往往以应有权利的形态存在。本书中的信息权利

[①] 目前，信息权利的概念在以下意义上被使用：(1) 信息权利是信息社会的权利现象，包括信息社会中的权利结构、权利意识与权利规范等方面发生的深刻变化。(2) 信息权利是权利的信息化。权利主体、客体和内容的全面信息化。(3) 信息权利是沟通虚实两界的伦理中介。在这里，信息权利是一种伦理权利。(4) 信息权利是与信息有关的个人权利：与信息有关的个人的权利与义务可归纳为四大类，即所有权、保密、隐私和自由。(5) 信息权利是以信息为客体的权利。(6) 信息权利就是以信息为内容的权利。(7) 信息权利主要指互联网络中的权利。(8) 信息权利指知识产权、获得信息的权利和信息安全权。(9) 信息权利就是信息法上的权利。目前国内关于信息法的概念问题，主要集中在两个大的方向上，一个是信息产业规制的法律制度，另一个是规制信息活动和信息行为方面的法律制度。信息活动主要是指与信息的获取、加工、处理、传播、存储、转让等有关的活动。比如"信息法是用以调整信息活动，或者是信息技术和信息产业领域中的社会关系的法。""信息活动包括人们之间围绕信息而展开的各种信息交互行为，在信息中有着特殊的活动规律，由此而产生的一系列社会关系也有别于其他活动中产生的社会关系。"参见朱庆华、杨坚争主编：《信息法教程》，高等教育出版社2001年版，第17—20页。而国外研究（主要指英美法系国家）中的 Information Law 并非一个严格意义上的法律部门（Law Branch），而是一种理论理解和制度建构的法律方式（Law Approach）。国内外信息法的研究范围不一，有的十分宽泛，包括各种与信息有关的法律制度，例如邮政法、知识产权法、商业秘密和计算机犯罪等；而有的比较有限，仅包括网络知识产权、网络隐私、新闻自由和知情权等。

也不是描述社会学意义上的事实权利。法律权利可以是描述的,但又不能仅仅是描述的,而必须是规范性的,其主要在于建构正义之下的行为模式体系,调整和规制社会关系。对信息社会的权利现象进行宏观描述的信息权利不是法律上的概念,不能成为权利推理的目标。

(二) 信息权利是以特定信息为客体的权利束

法律上的权利,可以从多个角度加以界定和描述。从语词的一般意义上考察,"XX权利"作为一个偏正短语,在权利结构上可以添加不同意义指向的前缀,这些不同的前缀强调了权利结构的不同方面。权利语词的前缀可以是权利的主体,比如"人权"、"消费者权利",指称特定主体具有的权利,重在突出某类主体权利的地位和特殊性。一个主体可能享有多种权利,因此,大部分以主体定义的权利都是多种具体权利的集合;权利的前缀可以是权利的内容,比如说"生存权"、"上诉权"、"受教育权"。这类权利是从事特定行为、享有特定利益的权利,重在强调权利的不同内容。以内容定义的权利多为具体的权利概念,因而此类权利往往制度化程度比较高;权利的前缀还可以是权利的载体即权利客体,比如"物权"、"人身权"、"知识产权",这类权利指的是特定载体之上由法律设定的权利总称,重在突出特定权利支配对象的意义,以及建诸其上的权利的特有旨趣。权利的客体不同,直接导致权利的内容和行使方式上的差异。信息权利不是"信息的权利",即信息不能作为具有独立意志的主体;同时,信息权利也不是"去信息"的权利,作为一个名词,信息不能表示具体行为和利益的内容。在语词上,信息权利只能是用权利客体作为前缀的偏正短语,表征以信息为客体的权利。信息作为特定客体,承载了一定的权利内容。由于信息这一权利客体所具有的权利发展和制度统摄功能,使以信息为基础建立的权利框架具有了特殊的结构和形态。同时由于信息之上存在多种利益形态,因此信息权利包括了多种具体的子项权利,不仅包括网络中的信息权利、知情权和信息安全权,还包括更加广泛多样的具体形式。因此信息权利不仅指称一个权利概念,而是代表了一个由多种具体的信息权利组成的集合。

(三) 信息权利是一种权利类型

与指称一种具体制度的权利概念不同，信息权利作为一个权利的集合，代表一种权利类型。概念（concept）与类型（type）的区别在于概念是对特定事实内在的典型因素进行准确的、全面的概括。在适用时，被适用对象必须与概念的外延和内涵完全对应。而类型则是一种比较松散的认识模型，在使用时只要求所指对象满足其基本的要素或部分要素，而不一定是全称对应。德国法学家拉伦茨曾经在法学方法论的意义上谈及司法案件事实认定中概念和类型在指称上的差异："借助定义，概念可被确定到如下程度：'当且仅当'该定义的全部要素在具体事件或案件事实全部重现时，概念始可适用于彼。这不适用于类型。为描述类型而提出的各种因素不需要全部出现，它们也可以多少不同的程度出现。""类型不能定义只能描述。"[1] 因此类型与概念相比较具有较大的开放性和弹性空间。

权利类型就是一个关于权利种类的模型，在功能上与权利概念存在差别。权利概念的界定是为了适用法律规则和原则的需要，是制度指向的。因此，法律权利概念必须清晰、准确、规范、统一。而权利类型一般不能直接作为适用法律的参照系，它的功能主要表现为，对其权利类型统摄下的具体子项权利提供理论上的解释和制度上的指引。因此，较比具体的权利概念，权利类型往往是松散的权利束、开放的结构或者宏观的框架。比如知识产权作为一种权利类型，不能像著作权、商标权和专利权这类权利概念直接适用，它的功能主要表现为将各个知识产权的具体权利概念在理论上统摄起来，建立一个统一的理解系统，进而提供一种一致的制度方向。知识产权作为一种权利类型，将其麾下的诸项子权利在智慧成果权的意义上统摄起来，这些子权利都具有时间性、地域性等特征。权利类型的存在不仅为这些原本散乱的具体权利概念提供了恰当、统一的解释，也为这些具体权利概念的制度安排提供了一种理念导向。

权利类型借助于具体权利概念的制度化，才能完成从理论向实践的转换。当然，权利类型的构建不是随意的，它不仅来自于对具有某些共同要素的具

---

[1] 〔德〕卡尔·拉伦茨：《法学方法论》，陈爱娥译，商务印书馆2003年版，第100页。

体权利的归纳和升华,也来自特定价值观念下法律秩序目标的限定。权利类型思考方法的关键在于:从一些具体的权利概念中发现某些共同的典型因素、这些典型因素之间的关联以及这些因素背后所隐含的价值理念线索。在法律发展的意义上,权利类型的发展是新的权利制度和新的法律制度发展的重要阶段。权利类型作为一个开放式结构为权利发展提供了可能空间。相反,缺乏权利类型的法律制度往往是散乱的、盲目的。

从不同目的出发,权利类型存在不同的界定,在理论上并不必然与特定的部门法相联系。这意味着,同样一个权利概念可以在不同的权利类型框架内予以解释。比如所有权可以在民事权利框架内解释,也可以在私权的框架中解释,还可以在宏观的人权框架内解释。这些并存的解释框架基于不同的目的而存在,彼此并不产生冲突。当然,在特定的法律传统和特定的法律体系中,权利类型之间存在一定的关联关系。它们可能是从宏观到微观构成一个体系,也可能并列而不互相隶属。权利类型的目的在于统摄具有共同要素的权利概念,使权利制度更加清晰、明确、合理。

对于客体与权利类型的关系,拉兹认为"人们对某物或者他人的行为享有某种类型的权利。……在某些方面,人们对于不动产的所有权不同于他们对于动产的所有权。……人们必须区分的不仅是不同种类的权利(所有权,占有权等),还需要区分不同类型的权利主体和权利客体"。[①] 信息权利首先是一种理论上的权利类型。它能够对知识产权、知情权、信息隐私权等权利提供一种基于新的权利客体——信息的解释,这种解释的背后既有信息社会将信息作为独立权利客体的历史要求,也体现了合理、明确界定信息作为载体的权利关系对于激励信息创造和生产、促进信息便捷流通的目标指向。所有的信息权利在价值理念上都试图解决信息本身的结构性矛盾和信息社会的结构冲突所带来的紧张,并通过权利安排实现信息量足够丰富而不过滥、信息沟通足够便捷而又不失真实、信息生产足够活跃而又不失激励、信息空间足够广阔而又保有公域与私域的恰当界分。信息权利的核心要素是特定的权利客体,即满足特定条件的信息;在行使方式上是借助信息行为(包括信息生产、搜集、整理、传播、利用等行为)实现信息利益的过程。信息行为的

---

① 〔英〕约瑟夫·拉兹:《法律体系的概念》,吴玉章译,中国法制出版社2003年版,第210页。

特征不仅在于行为的载体不同于以往，而且在于信息行为本身所具有的特质。关于信息权利作为一种权利类型所体现出来的解释力优势和制度优势，仅举信息产权等几个例证加以说明。

信息产权是在知识产权的基础上发展而来的权利形态，具有知识产权原有的特征，但信息产权的客体不是知识，也不是智力劳动成果而是信息。信息虽然无形但能够通过载体再现，并借助不同载体的再现实现传播。在同一个信息内容之上能够同时存在多个彼此独立的产权关系、信息产权具有跨越时空的实现形式等等。这些权利的特征只有通过考量作为特定权利载体——信息的特定含义才能够理解，只有在信息权利这一新的权利类型中才能得到充分的解释。也只有在信息权利这一新的权利类型的统摄下，相关的信息产权制度才能够实现制度上的一致和价值指向上更高层次的统一。以知情权和言论自由权为例，在信息权利的框架内，这种抽象的、以限制公共权力，特别是政治权力为目的的权利概念可以得到更加具体的解释：知情权就是获取信息的权利；言论自由权则体现为发布和传播信息的权利。在信息社会，不论是知情权还是信息自由传播的权利，都隐含着这样一个规律性的提示：即有效的、充分的信息流通是保障政治文明和社会进步的有效手段。另外，信息权利将知情权和表达自由权从抽象发展到具体，对于构建权利制度具有直接的优势。信息权利类型的存在能够涵摄诸如信息环境权与信息安全权之类新的权利概念，为这些新的权利概念提供了正当性基础。因此，信息权利作为一种权利类型，不仅能为既有的权利形式提供更加有力的解释和制度上的统摄，还能够在权利发展的意义上为新权利制度的创设提供合理性论证。

（四）信息权利既是制度性的也是解释性的

传统的法律观念将法律理解为一种制度形态，它的主要目的就是实现法律下的秩序。因此，法律总是制度性的，法律权利也只能是制度性和规范性的。所有法学研究，包括法律权利研究的核心目的就是规范社会生活和保障特定法律目标的实现。对实践性的强调，使法学一直以来都被当做解决问题的技术，回答的是怎么办的问题，而不是为什么的问题。也许正是因为这一原因，法律始终被排斥在以解释世界为主要目的的科学范畴之外而被等同于治理术。本书认为，在一般意义上，法学不仅仅是规定性和制度性的，它与其他社会科学一样，还可以是解释性的。① 法学是解释的意味着法学的基本概念、原则和方法不仅是调整人们行为关系的制度性规范，而且可以成为解释社会现象和理论问题的工具。如此，法律权利就不仅仅是制度规范形式还具有解释功能。法律权利的解释性不仅是指法律权利关系的理论和制度能够解释人们的行为和社会关系发生的原因，而且基于不同目的抽象出来的权利类型，可以作为对具体权利制度进行解释的工具，进而成为制度建构的框架。比如，知识产权这一权利类型就是对商标权、著作权和专利权的理论解释。知识产权能够在总体上说明著作权等具体权利存在的目的——激励智慧创造，并为其制度设计提供一般原则。再比如财产权这一权利类型，可以用来解释对各种有体物和无体物所成立的各种与人身无关的经济权利，不论是所有权还是他物权都是通过对财产的控制和支配实现经济利益的手段。

在理论上，新的权利类型的出现是为了满足解释力上最优的需要，"对任何解释理论来说，解释的合适性是最终的标准"。"衡量一种解释优于另一种解释的标准有二：首先，一个更好的解释，它能包容和解释所要研究现象的更多的特征；其次，它能解释对方的理论，包括它的观点和缺点。"② 虽然法律从来都是保守的，但它仍然需要发展。发现和抽象新的权利类型，是法律自身发展的重要途径。在理论上寻求最优解释的愿望始终是法律发展的不竭动力。当然，任何法律权利都不能仅仅是理论上的解释，而必须与制度建立

---

① 社会科学的解释并非以控制为目的，而是以沟通为目的；社会科学的解释不是一个唯一确定的模式，而是开放的系统。在解释性上，经济学和心理学堪为社会科学典范，不论密尔还是弗洛伊德的理论都能够提供解释社会行为的有效方法。由于法学在实践性上的突出要求，使法学缺乏统一的规律性学理预设，即缺乏对研究行为关系约束条件的统一认识，从而减损了其解释力。但是，这种缺陷在现代以来的法律发展中得到了缓解，法律的现代化潮流使法学就一些基本问题达成了一定共识：法学所使用的基本范畴是权利和义务（尤其是权利，因为义务也是伦理学所使用的概念）；法治的基本预设是权利自主、权力行使程序民主和法律至上等。现代以来的法学研究都是在这几个基本预设中展开的。有了基本范畴和基本预设的一致，在变化万千的社会生活中，法学就能够解释行为和关系，为人们提供一种认识上的框架。比如，为什么会有官员腐败，法学的解释就是：公共权力缺乏必要的程序控制会导致权力的恣意行使，即程序的控制能力越大，权力的恣意就会越小。再比如，为什么人们之间会签订契约，法学可以做出这样的解释：权利的自主需要一个共赢的框架，也就是说自由意志只有在尊重彼此界限的情况下通过他人的行为才能实现。当这种理解的框架限定在特定的法律体系即特定的法域中时，法学就能够预测人的行为。在一个特定的保护私有产权的法律秩序中，我将别人的东西未经允许而拿走，一定会因为侵权而承担责任。如果我违背了契约，在法律上一定会成立一个违约的责任。

② 参见周立：《解释性的人文科学——泰勒的社会科学观》，载《山西高等学校社会科学学报》2003年第5期，第35页。

联系，必须能够制度化和规范化，虽然这种规范化的实现需要借助权利类型项下的具体权利制度达成。另外需要说明的是所有理论上权利类型的意义在制度上往往带有明确的目的性，在功能上能够实现制度规范指向一种新的统一。比如私权是在民事权利之上抽象出来的更高层次的权利类型，它与公权相对，是为了理解人在公共生活中的权利与私人生活中的权利在理念和制度上的区别。私权具有自主、自愿和相互性，是市民社会的权利基础。任何私权统摄下的权利制度都需要体现这种精神。因此在思考一种权利类型的时候，需要将它们背后的目的考虑进去。

信息权利作为一种具有较强解释力的权利类型，不仅能够包涵既有的基于信息的权利概念的要素，而且将这些要素放置在信息社会的崭新环境中加以反思，从而丰富和发展了这些要素。信息权利的解释力优势在一定程度上发展了原有的权利类型和权利概念的合理成分，将这些具体权利制度统摄在拓展信息自由、维护信息秩序的新目标之下。作为一种新的权利类型，信息权利既是解释的也是制度的。它形式上体现为以特定信息为载体的、由具体权利概念结成的权利束；实质上体现了信息社会中保障信息自由和建立信息秩序的紧张关系。

信息权利类型的存在，不仅在理论上为一些具体权利提供了新的解释路径，并在制度上体现了权利发展具体化、明确化的趋向。接纳这种新的权利类型不仅意味着信息社会中许多棘手的权利关系能够得到恰当的解决，而且意味着为信息社会的权利发展寻找到了一个可能的路径。作为一种新的权利类型，信息权利具有创造功能和补充功能：在认同信息能够成为权利客体的前提下，进一步发展出新的权利概念，比如信息环境权和信息安全权等；同时，利用信息权利具有的弹性空间和包容性，能够在原有权利系统的基础上接纳更多新的权利现象，比如信息产权。

由于信息权利与其他的权利类型存在解释力上的交叉关系，很难将其简单并入某个具体的部门法中进行界定，也很难将它作为一个整体准确地放置在一个封闭的权利体系金字塔中。信息权利既包括积极权利，比如信息产权，也包括消极权利比如隐私权和信息安全权；既包括私权，比如信息财产权、信息隐私权，也包括公权比如知情权，这两种信息权利之间可以并行、并存。法律上之个人可以同时享有公权利意义上和私权利意义上的两种信息权利，并可以寻求公法和私法的双重权利救济途径。[①]仅将信息权利理解为公权利或者私权利都不能建立对信息权利的完整解释。

需要说明的是，由于信息权利是一种权利类型，其制度实现的功能需要借助它的具体子项权利来完成。因此，证明信息权利作为一个权利类型整体的正当性，除了在理论上论证满足特定条件的信息能够成为权利的客体之外，在制度上需要通过对其具体子项权利的推理来达成。也只有通过对信息权利的子项权利进行推理论证，才能够理解信息权利整体的内在意蕴，提炼出对信息权利的一般认识。

---

① 据中央电视台 2003 年 9 月 12 日的《今日说法》报道，陕西省某县一个经营煤矿用钢丝绳的经理发现自己花费几万元委托广告公司做的墙体广告，被邻县的同业竞争者篡改了地址和联系电话，导致自己营业额急剧下降，造成严重损失，但是工商行政管理部门只能依据《广告法》、《反不正当竞争法》和《行政处罚法》对篡改广告内容的业主进行行政处罚，而基于非法篡改广告给当事人造成的损失却无法支持。即使提起民事诉讼，当事人又能主张什么权利呢？当事人之间不存在合同关系，在民事权利体系中难以找到法律依据。但是这种通过篡改信息，侵害信息完整准确，使信息造成了事实上的虚假引导，既侵害了广告受众获得准确信息的知情权也侵害了广告公司和广告业主的保障信息真实、准确的信息权利。这种篡改信息的行为造成了不公正的利益分配，违背了等价有偿、诚实信用原则，抹煞了真正的市场优势，对消费者造成误导，损害在事实上已经成立。这个案例虽然能够说明信息权利可以是由公法，比如行政法调整的公权利，但同时也表明：只有公权利意义上的（广告法、反不正当竞争法）救济，而缺少私权利的认定，信息权利受到的侵害，特别是经济补偿，不能得到及时的救济，无法达到公正的目的。

第 五 章

信息权利的权利推理

权利的正当性如何衡量？首先需要考虑的是，在什么情境中需要权利的正当性衡量？人们只有在一些特定的情境中才需要回答权利的正当性问题，这些情境包括前权利的审视和权利中的评价。对于一个迈向法治的社会而言，前权利审视过程中，对权利主张和利益关系的正当性衡量至关重要。新权利诞生史背后隐藏的认识过程可能提供回答权利正当性问题最直接的帮助。在法律权利发生史中，人们总是要运用一定的思维方法进行必要的考量。而这些思维过程本身往往有意无意地遵循一定的路径模式。权利发现和确认的推理过程，事实上就是一种正当性的思维论证过程，可以用权利推理来表征。因此，正当性问题可以借助考量新权利推理过程中所运用的逻辑思维方法实现。权利推理在本质上是一种关于权利的认识论，是进行权利研究的前提性工作，缺少这种认识论，任何新型权利的本体论和价值论问题都将缺乏必要的根基。权利推理是一个与权利发展有关的概念，指的是在发现和确认新的权利类型和权利概念时展开的逻辑思维过程。可以说，只有通过权利推理的论证，权利才能够获得正当之名。

一、权利推理的基本类型

（一）权利推理解析

目前国内法学界对于权利发展的研究，特别是新权利类型的证成有"权利推理"、"权利推定"、"权利发现"、"权利拾取"等多种表达方式。其中"权利发现"、"权利拾取"和"权利确认"将权利发展本身作为一种自在自为的系统来理解,而人们只能通过经验观察去发现已经存在、并具有特定形式的权利现象并将其制度化。这一思维的问题在于:虽然权利发展有其独立性,但这种独立性只能是相对的。没有人的主观推动,权利不可能自然而然展现它的历史逻辑。因此权利发展从来就渗透着人的目的性,是一种主客观兼具的过程。尊重权利作为独立社会现象的客观发展规律固然重要,但这种规律始终需要在人的思维中展现。从语词意义上讲,"权利发现"、"权利拾取"和"权利确认"忽略了权利发展的主观目的性,因此概念的含义比较单一,难以展现权利发展过程的复杂性。而"权利推定"[①]与"权利推理"在语词上和使用习惯上亦存在差别。在语义辨析的基础上,本书认为用权利推

[①] "法律权利的推定是指立法机关或者司法机关从已知的法律规定和事实中推断法律权利形式而得出的结论。",参见林志敏:《论法律权利的形式与推定》,载《吉林大学社会科学学报》1991年第5期,第45页。"从既有权利出发,对应有权利所进行的确认或认可,就是权利推定。",参见郭道晖:《论权利推定》,载《中国社会科学》1991年第4期,第24页。不论权利推定的出发点是什么,权利推定的概念中都隐含着这样一种认识:权利在法律文件尚未草拟、制定以前,就已经以一种潜在的原始权利的形式存在于社会生活中。这种认识将权利发展视为一种自生自发的天然过程,但事实上,权利的发展从来都少不了人们对权利的主观构建。"权利推定,指根据某种经验的或超验的判断、确然的或或然的事实,推断出某人或一切人享有或应该享有某种权利。它既是一种理论思维方法,也是一种社会实践方法。"权利推定概念也用来表征"在法制变革中,人们究竟是以什么为根据,采何种方式来表达自己的权利主张。",参见夏勇:《人权概念的起源》,中国政法大学出版社1992年版,第147页。这两种表达几乎与权利推理的意思完全一致,但基于推定一词在语词意义上存在的假定的意味,从而大大影响了对权利正当性进行确认的功能,因此,在表意的程度上没有权利推理恰当。推定(presume 或 construct),有推测、假定和可能性的意思,往往是指在没有确切依据的情况下的一种假定、推测和拟制。从推定一词的运用中可以看到:推定是指在一个既定前提下,尤其是在逻辑并不充分的情况下,以特定价值目标为依据得出的结论。推定作为法律语言使用时,有法律推定、无罪推定、义务推定、权利推定、推定失踪、推定事实、推定占有等用法。借助这些概念可以加深对"推定"一词的理解。无罪推定,是指在刑事诉讼中,任何被怀疑或者受到刑事控告的人,在未经司法程序最终确认为有罪之前,在法律上应假定其无罪。无罪推定并不是有关事实推理的规则,而是有关被告人和犯罪嫌疑人法律地位的规则,是一种假定和拟制。一般讲的法律推定主要是对事实的推定,如《牛津法律便览》中将推定定义为"从其他已经确定的事实必然或可以推断出的事实的推论或结论"。这种推断亦带有假定的意思,推定的事实只是在理论上成立,至于客观真实中是否存在则无确切证明,所以推定的事实如果没有其他形式证据辅助作证,其证明力比较低。推定往往体现一种类比逻辑和归纳逻辑的中和,有拉丁法谚:"推定应从普遍发生的情况中产生(Praesumptio, ex eoqud plerumque fit. Presumption arises from what generally happens.)"。基于用语本身所具有的使用习惯,"推定"带有假定、拟制的成分。推定结果往往在逻辑上并不充分,但可以在特定原则下对不确定的情况得出权宜的结论。推定具有推理的逻辑思维特征。但是,并不要求逻辑上十分充分,尤其是在形式逻辑上往往并不完满,可以说,推定是部分的推理。因此,推定可以看做推理的下位概念。与权利推定相比,权利推理这一用语所体现的逻辑过程能够较好地表达权利发展中新权利的发展过程。

理一词表征新权利的证明过程比较恰当。

1. 形式推理与辩证推理

推理（inference or reasoning）在逻辑学上是指由一个或几个（命题）判断推出另一个（命题）判断的思维形式。它是从作为推理前提的一个或几个（命题）判断出发而推出另一个作为推理结论的新的（命题）判断。[①] 推理作为人们从已知到未知的思维活动和思维形式，是人们实践活动的一个必要环节、它指导并深化着人们的实践活动，是使人类活动具有创造性的必要因素。在逻辑科学的发展史上，经历了从形式逻辑到辩证逻辑的过程。在形式逻辑中，推理被定义为由一个或几个命题推出另一个命题的思维形式。形式逻辑撇开推理的具体内容，仅仅研究构成推理的各个命题之间的联系，研究推理形式的有效结构。由于形式推理撇开各种推理形式的内在矛盾，因而也就撇开了各种推理形式的发展、变化，而仅仅研究具有现成形式结构的各种推理。而辩证逻辑推理"是一种比较复杂的推理方法。辩证推理应遵循辩证逻辑，而辩证逻辑实际上是关于具体概念的逻辑，……他以哲学反思的方法对待概念的形成和发展、概念与现实、概念与概念之间的联系，转化概念自身的矛盾（也是对象自身的矛盾），并透过概念的这种思维形式反思思维内容的矛盾"[②]。辩证逻辑作为关于真理的科学，它必须在正确性与真实性的统一中来研究各种推理形式，从而必须关注那些作为前提和结论的判断的具体内容。辩证逻辑要求结合人类的认识史和思维史，研究各种推理形式基于其内在矛盾而引起的产生、发展及其演变过程。在这种意义上，辩证推理不再仅仅充当论证命题之间纯粹形式上必然联系的工具，而成为一种可以应用于各种研究领域的思维、研究和分析的方法。辩证推理要求体现形式逻辑推理的规律，但同时又不拘泥于这些框架，并能够运用宏观的模糊逻辑展现事物的发展规律。

2. 权利推理是辩证推理

权利推理是指从一个或几个判断出发，通过演绎或者归纳的逻辑展开，得出一个关于权利的正当性判断的逻辑思维过程。这个思维过程主要作为判

[①] 参见彭漪涟：《辩证逻辑基本原理》，华东师范大学出版社2000年版，第215页。
[②] 张文显：《法哲学范畴研究》（修订版），中国政法大学出版社2001年版，第392页。

断一种新兴权利的正当性的工具模型,也是权利发展的标尺。法律权利推理就是一种辩证推理过程。"法律逻辑不仅指形式逻辑,而主要是指价值判断。这就是说,逻辑已不仅是研究思维规律的科学,不仅是从形式方面去研究概念、判断和推理,而主要是研究他们的实质内容。"① 将权利推理作为辩证推理来理解,不仅因为权利推理不是形式逻辑在推理新兴权利过程中的简单应用,更为重要的是它需要研究那些作为推理前提的,关于权利的判断以及作为推理结论的权利本身的内容。这些作为权利推理前提和结论的判断往往来自道德、习惯、实在法,充斥了大量的价值衡量,并且这些充当前提和结论的判断本身还在随着时代的发展不断演化,因此权利推理过程不可能仅仅局限于形式逻辑。"法律总是吸引并奖励那些善于运用非形式逻辑的人们而不是形式逻辑——数理逻辑和谓词演算之类的;那些是吸引另一类人的逻辑。"②

3. 权利本位语境中的权利推理

作为一种辩证推理的权利推理,在不同的社会语境中,其功能和目的有所区别,这不仅体现在作为权利推理前提和结论的判断内容变化,而且这种推理本身的价值蕴涵亦大不相同。在义务本位的社会语境中,权利推理的主要目的是将更多的权利资源赋予特权阶层,对权利的赋予是强化权力和协调内部矛盾。而在权利本位的社会语境中,权利推理的目的和价值基础发生了转换。在法治社会中,权利推理内在地反映权利本位范式的价值取向。正是在这种意义上,张文显教授提出:"权利本位范式提供了一种价值基础,即法律推理应以保护公民权利为目的,以这种价值为基础的推理可称为权利推理"。③ 进而,权利推理具有两种含义,首先表现为权利发现和权利体系扩充,其次表现为自由推定——法不禁止即自由。④ 虽然本书主要在前者的意义上认识权利推理,但这种作为权利发现工具的权利推理的归宿在于,将更多的自由以明确的形式表达出来,从最大程度上拓展人类的自由空间。

权利推理旨在通过推理方式展现权利发展的线索,为新出现的权利类型提供正当性论证基础。它以获得权利正当性和合理性为目的,内在地包含着

---

① 转引自沈宗灵:《现代西方法理学》,北京大学出版社2000年版,第84页。
② 〔美〕波斯纳:《法理学问题》,苏力译,中国政法大学出版社1994年版,第572页。
③ 参见张文显:《法哲学范畴研究》(修订版),中国政法大学出版社2001年版,第392页。
④ 同上书,第392—293页。

权利本位的价值指向，是一种权利的实践逻辑。如果说"所有权利都绝对地倾向于在它们自身的逻辑中发展到极至"①，那么权利推理的目的就是要将每一个现有权利的逻辑充分展开，充分开掘和丰富权利的内容。当现有权利无法满足权利要求时，还要通过梳理权利发展的脉络和理念，论证新权利主张的正当性和合理性。权利推理并非简单地将权利作为后缀随意添加在各种情境和语词之后。而是在丰富权利体系的同时，对权利体系进行清理，以求厘清和理顺各种权利关系、区别和比较不同权利的内涵和外延，划定权利的界限，从而使权利实践更加和谐。

（二）权利推理的两个基本型——演绎与归纳

1. 演绎与归纳是逻辑推理的两个基本型

由于推理解决的是人们到达结论的路径问题，因此推理是逻辑研究的中心。基于推理前提和方向的不同，权利推理可以分为演绎式和归纳式两个基本型。推理是从一个或几个判断（命题）得出另一个判断（命题）的过程，因此作为推理出发点的判断（命题）的性质决定了推理方法的不同走向。在辩证逻辑学的一般意义上，存在两种判断（命题）：反映事物一般情况的一般判断（命题）和反映事物特殊情况的特殊判断（命题）。以不同的判断（命题）作为认识发生的起点可以将推理分为演绎与归纳两个基本型。②

在逻辑学的历史上最早研究归纳与演绎推理的是亚里士多德，他主要研究演绎推理的形式，特别是三段论。"我们的一切信念要么是通过三段论，要么是从归纳中形成的。"③ 从亚氏的话中我们能够体会到他将归纳和演绎作为推理基本型的认识。在逻辑史上，培根系统研究了归纳推理，从而奠定了现代科学的认识论基础。培根之后，哲学家们分别深化了对归纳推理与演绎推理的认识，比如笛卡尔对演绎推理的推崇和洛克对归纳推理的偏爱。自休谟否定了归纳推理的前提——事物之间的因果关系和必然联系之后，归纳推理

---

① Oliver Wendell Holmes: *All Rights Tend to Declare Themselves Absolute to Their Logical Extreme*, Hudson County Water Co. v. McCarter, 209 U. S., 349 (1908).
② 参见宋文坚主编：《逻辑学》，人民出版社 1998 年版，第 14 页。
③ 〔古希腊〕亚里士多德：《亚里士多德全集》（第 1 卷），苗力田主编，中国人民大学出版社 1990 年版，第 234 页。

受到了理论上的重创。但随着科学技术的蓬勃发展，归纳推理仍然发挥着巨大的理论与实践功能。黑格尔打破了归纳与演绎在形式逻辑中被割裂的局面，将归纳推理与演绎推理看成对立统一的辩证关系。

演绎推理，通常指从一般的、普遍性的前提推出个别的、特殊性的结论的推理。演绎推理前提与结论之间的联系是必然的，只要前提真，推理形式正确，就一定能得到真的结论。归纳推理，通常指从一系列个别的、特殊的前提推出一般的、普遍性的结论的推理。从前提和结论的联系上，一般来说演绎推理都是必然性推理，归纳推理都是或然性推理。从认识的内容看，归纳推理中结论所断定的内容要多于前提，做的是加法；演绎推理相反，结论所断定的内容少于前提，做的是减法。由于归纳是从可观察到的实在中得出"新"结论的过程，因此被认为是人类知识增加的主要途径。当然，在辩证逻辑的意义上，无论归纳推理还是演绎推理都不是仅仅关注论证的一般结构，同时也研究作为推理前提和结论的判断中体现的内容和价值理念。

2. 演绎与归纳也是权利推理的两个基本型

（1）权利推理历史演进的视角

纵观历史，权利推理展现了不同的形态。中世纪之前演绎式权利推理占据主流，尽管被当作演绎前提的判断各不相同，要么是神的意志，要么是君主的意志。直至中世纪，神学世界观中，演绎推理的大前提完全归聚到神的意志中，权利是上帝赋予的，而享有权利的前提是要服从上帝为人类设定的所有义务。文艺复兴直至现代以来，理性从神回到人。为了建构具有理性的认识主体，人本身被赋予了不可剥夺的基本权利，以人权为中心的权利话语就成为必不可少的现代性表达方式。这种意义上的权利话语，建立在一个预设之上，即生而自由的、独立的人是一切认识的起点，当然也是权利理论的起点，所有的权利推理必须以此为前提展开，所有权利都是人类理性对"自由"的演绎。当自由资本主义在19世纪末20世纪初遭遇挫折时，人们才深知，其实所谓人的理性并不完善，更称不上全知全能，理性是有限的，社会发展存在诸多理性不及的领域。而所有的人类活动必须建立在对有限理性的认识之上，充分尊重自生自发秩序，因此实证主义风行一时，人们将科学方法奉为圭臬。科学方法，尤其是试验方法主要是一种归纳逻辑，结论的确立往往需要建立在对能够复现的多个实验结果的总结、分析之后。科学方法的盛行，为以个人自由为道德基石的权利理论吹进了新鲜的空气，经济分析法学和社会学法学的流行直接体现了人们对归纳逻辑的青睐。波斯纳曾经在谈到已列举的宪法权利与未列举的宪法权利时指出，对于未列举的宪法权利存在两种可能的推理进路：自上而下和自下而上，并区分了"从条款到条款"的方法与"整体性"方法。自上而下的推理是一种演绎逻辑，从既有的基本宪法权利或者法律原则、道德法则中演绎出相对新的、未被法律明文列举的权利形态；而自下而上的权利推理则是一种归纳逻辑，从现实的利益需要和利益关系中归纳出正当权利主张并予以宣告。一向以实证主义者自居的波斯纳更加信赖自下而上的归纳式推理过程，反对以宪法权利、天赋权利和道德教义这些含义模糊，不具实际意义的"大词"作为推理权利的依据。这种态度在他后来的著作《道德和法律理论的疑问》中得到了进一步的阐述：他宁愿相信科学而不是信仰。按照波斯纳的理解，论证一种权利的正当性问题，必须要进行经济学和社会学的科学分析，比如，是否要给予电视运营商以无线频道占用权，就应该考察运营商的数量、频道占用率，以及频道占用与经济绩效之间的联系等。只有进行了必要的科学分析之后，才能对一种新的权利要求是否具有正当性做出判断。归纳逻辑的复兴并未从根本上动摇传统的演绎逻辑在法律理论中、特别是权利理论中的位置，像人权这样的道德词汇依然在权利理论中占据重要地位。对于一种新的权利，其合理性论证往往需要诉诸神圣的人权法则。特别是第二次世界大战以来，以道德为基础的权利理论仍拥有广泛的号召力。在反驳波斯纳关于宪法权利推理的观点时，德沃金指出：事实上并不存在什么自下而上的推理，因为只有将法院的判决视为一个总体事件的一部分，作为一种固有的传统延续的载体，否则就不可能理解任何单个的判决。因此，法官在进行权利推理的过程中总是在遵循一定的连续性，必须使推理的结果与社会价值观相协调，并符合一定的道德要求。这样，所谓自下而上的推理也就成为了自上而下的推理。纵观法律发展史，虽然对权利本身的理解各不相同，但推理新型权利的逻辑始终是要么演绎，要么归纳，或者是在二者之间摇摆不定。

（2）权利推理认识基础的视角

依据权利推理的认识论基础，可以将权利推理实践区分为经验式的权利推理模式与先验式的权利推理模式。经验与先验认识模式也体现了演绎与归纳两种不同的逻辑思维过程。经验式权利推理以英国为代表，英国1215年《自由大宪章》、1628年的《权利请愿书》和相关历史证明，英国权利制度的演变是一种经验式的、事实性的总结和归纳，而不是先验式的、假设式的推理，法律文件往往是确认那些既存的事实权利、习惯权利或重申"往昔的权利"、"向来所承认的权利"、"本来的权利"。另一种是以法国和美国为代表的先验式的权利推理模式。1789年法国《人权与公民权利宣言》、1776年美国《弗吉尼亚权利法案》和《独立宣言》等法律文件说明，他们的法律权利是从先验的自然权利中推理出来的。采用何种权利推理模式与特定国家的法律传统、民族特征和历史环境等因素相关。事实上先验式权利推理模式体现的就是演绎逻辑，而经验式权利推理模式则体现了归纳逻辑。先验、经验与演绎、归纳这样的术语的不同之处在于，前者表达了不同的权利推理模式在认识论基础上的差异，而后者则突出了权利推理作为一种思维活动的不同进路。

(3) 法学方法的视角

权利推理在总体上是法学方法的运用，而对法学方法的整理也能导出权利推理的两个基本型。学科的研究对象与学术使命决定了其研究方法。对于法学研究而言，存在三个基本问题，即应然法、实然法和社会事实。因此，在法学的研究方法上就必然包括应然层面的价值评判、实然规则方面的逻辑分析以及社会事实方面的社会实证分析。由于后两个问题都是从客观存在去研究法律，只是实然法研究侧重制度实在，而社会事实的研究则侧重生活本身的实在，所以后两者所要求的方法都可以用实证方法来指称。因此，在一般的意义上，法学方法分为价值分析方法与实证分析方法。价值分析方法认为法律是应然与实然的结合，法律中应该包涵人类对于法应该是怎样的价值理想模式以及依照这种模式对现行法的评价标准。价值分析方法总是预先设定了一定的价值律条，这些律条不仅提供了一个对现有制度的评价标准而且规定了法律的发展方向。对于法律发展而言，这些预先规定的价值律条就是法律的逻辑前提，所有的制度，包括权利制度都必须来源于它，服从于它并与它相适应。这样一来，所有的权利推理就成为这些价值律条的逻辑展开和制度泛化。因此，可以说在价值分析方法上进行的权利推理是一种以价值预设为前提的演绎逻辑。而实证主义法学方法论则试图将法学建立成一种经验实证的科学，其研究对象是可以借助于心理观察和社会考察得到确证的经验事实。实证法学的经验材料一方面是法律所身处的社会实在，包括特定社会的权利结构和利益关系等；另一方面是实在法本身。为了达到研究经验事实的目的，必须使法学成为一门逻辑性很强的科学，它要把握其研究对象的普遍特征，以一种符合逻辑的方式加以表达，因此推动了以语义分析为代表的逻辑实证法学的发展。从孔德到哈特的实证主义理论演进体现了这一脉络。由于实证方法的本质在于排斥形而上学而只相信经验实在，对于经验实在，人们只能通过观察、描述进而归纳抽象出一般规律和基本范畴，因此在总体上体现了一种归纳逻辑。具体到权利推理而言，在经验实证（社会实证）中，权利来自于对社会中实在利益关系的分析和抽象；而在逻辑实证的层面，权利的推理则来自于对各种实在法规则关系的总括认识。

3. 演绎与归纳的条件与过程

以上的分析初步证明，演绎与归纳是权利推理的两个基本型。当然，这里的演绎和归纳是为新的权利类型提供合理性证明的逻辑思维过程，而不是单纯的抽象逻辑形式。因此，在这一过程中所有的推理前提和理论资源必须与新权利的产生有直接关系。比如，演绎推理要求推理的大前提选择必须是"正当"，只有在大前提正当的情况下才能推出正当的结论，否则无论推理过程如何正确都无法确认结论的正当。因此，演绎推理首先要从正当性的认识出发。"正当"作为一种价值选择，存在先验与经验的两种认识。先验的"正当"体现为对人类基本"善"的主张即对应有权利，主要是道德权利和自然权利的主张。而经验的"正当"则来源于特定形式的立法程序中被认定为实在法法律渊源的法定权利。据此，可以根据权利推理前提的不同将演绎式权利推理区分为两种情况：一种是以既有法律权利为前提，权利推理是对原有法律权利的充分展开，将法律权利所有可能的空白填满，并实现法律权利自身的升华与超越；另一种是以应有权利为前提，通常是在一种价值假设的基础上，将这种道德规范和价值理念所蕴涵的权利主张表达出来。美国的宪法权利理论是以现有权利出发进行演绎推理的代表。美国人的权利推理多从宪法性权利出发，遵循一种演绎逻辑。他们支持一种权利和反对一种权利都要到宪法和宪法基本权利中寻找依据。支持妇女堕胎权的可以从隐私权、正当程序和自由权中找到依据；而反对堕胎权的则可以主张胎儿的基本生命权以及担负有维护基本人类价值的使命。然而几乎所有的宪法条文,尤其是关于宪法基本权利的条文都是用极其抽象的道德语言写成的,以这种模糊的、宽泛的判断作为前提甚至可以推理出完全不同的结论。这种以宪法权利为基本前提的演绎式推理似乎将权利推理问题演化成为法律解释问题。但这只是一种表面现象,法律解释并不存在,真正存在的是一种有目的的论证。论证的出发点已经预示了结论。所有的论证中沿用的推理逻辑和价值判断都是为了证明所要论证的命题的真实合理。当现有权利的演绎过程不能达成一致的时候,一种共同的道德判断和价值指向就显得尤为重要,它能够为权利推理提供更多确定性和一致性。这种权利推理的进路维护了既有的法律权威,能够较好的协调法律发展不稳定性与法律确定性的矛盾。

相对于演绎模式,归纳模式不是从特定的前提出发、从一般到特殊,而是从众多的经验材料出发,从特殊中抽象出一般。与演绎推理不同,归纳推理的重点不是保证推理前提的正当,而是对所要进行归纳分析的材料进行合理选择和判断。虽说归纳是从特殊到一般的过程,但是对纳入分析范围的"特殊"材料的选择能够在一定程度上影响推理目的的实现。在运用归纳逻辑的过程中,要尽量保证将与待论证的命题和论证目的联系最紧密的材料纳入到分析中来,同时保证这些经验材料具有相当的代表性,并包涵各种能够考虑的情况。否则一个小的例外就足以推翻整个归纳推理的结论。当然,不同意义上的归纳推理,试图达到的结论一般性程度是不同的。为了保证推理结论的正确,归纳推理往往是一个对结论的一般性要求不断加强的过程,并通过不断试错矫正偏差。推理的目的不是推理本身,而是推进认识的客观和深入。所以,即使归纳推理在逻辑上并不能保证结论的真实,但任何严肃的归纳逻辑都是认识过程,特别是科学认识过程所不可缺少的。

归纳式权利推理模式可以在现有法律权利空间无法容纳的情况下,通过对客观存在的社会关系进行收集、分析和利益衡平,直接从经验现实中证成新的权利。由于归纳推理没有特定的前提性预设,直接面对事实关系,因此其首要要求就是所选择的经验材料必须真实客观。这种客观存在与法定权利相比,没有经过制度化、系统化的人工建构和雕琢,在认识上还只是用以雕塑权利的黏土、型构权利的素材、权利发生史中的初级形态和权利推理的经验源泉。我们可以借助一种反推的思路去寻找权利推理的经验材料,即回放法律权利上升为权利之前的事实状态。这时，我们会发现，这些前权利形态都表现为各种各样的利益关系。利益是人类活动的基本动机，也是社会存在的基本因素。与法律有直接关联的现实关系都能够用利益与不利益（损害）加以描述。由于法律权利与利益关系直接相关，因此利益关系是分析现实权利发展的最有力的经验材料。如果说权利就意味着一种受保障的利益，那么权利本身也是其主体防范不利益（损害）的手段。当一定的、新出现的利益形态符合法律制度对其正当性的要求时，也就是这种利益获得法律权利地位之时。相反，当一种行为所造成的不利益（损害）足够严重，危及法律保护的正义要求时，对这种损害的禁止就相应的赋予对方以正当权利。当然，与演绎式推理一样，归纳的、经验式逻辑并不完美。因为，在只有事实本身而别无其他的情况下，思维无法做出带有价值选择的判断，只能进行客观描述。要对这样一种现实关系做出是否成立权利的判断还需要借助其他标准作为可供运用的前提。由于经验式的归纳思维留下了前提的空白，就可以为人们随意填充，问题由此出现，造成推理结论的多元，从而对区分权利类别、平衡权利要求和统一权利体系造成困难。

对于权利推理两个基本型的分析，明确了权利推理的可能进路。但权利推理的基本型还仅仅是一种宏观方向的指引，并没有形成可以具体运用的理论工具模型，所以对于归纳与演绎这两种基本型尚需进一步的展开和深入细致的梳理。这一工作将为论文的主题——信息权利推理研究——提供一个具体的工具理论。但雕琢权利推理模型不是最终的目的，理论工具要为问题研究服务，并需要在运用过程中检验自身的有用性。因此，本书试图将作为工具的权利推理理论研究与信息权利推理问题研究糅合在一起，即在建构权利推理理论的同时，展开相应的信息权利推理，以此证成信息权利的正当性。在论文接下来的部分，将从权利推理的基本型入手，在演绎式推理中讨论以法定权利为前提的信息权利推理和以应有权利为前提的信息权利推理；在归纳式推理中讨论基于利益确认的信息权利推理和基于损害禁止的信息权利推理。

二、演绎式信息权利推理

演绎式权利推理都是一个从"正当"到"正当"的过程,前一个"正当"是前提,后一个"正当"是结论。如果缺乏前提的正当,即使推理过程如何天衣无缝也仍然推理不出正当权利来。"'正当'意指'对的'、'正确的'、'可以'。用正当来表述的一个句式是评价判断。"① 这种评价和判断显然是价值上的,对于价值,一般认为是一个主观选择。在这种意义上,权利推理的前提正当就是推理者的一种选择和假定,当然这种选择和假定不是完全随意选取的,它们可以在两种意义上获得一般的认同,一种是人类一般的"善",一种是特定法域中具有合法性效力的"善"。在权利推理中,前者表现为应有权利,主要是道德权利和自然权利;后者则表现为已经被实在法肯定的法定权利。由于法律发展总是带有一定的保守性,从而总是倾向于在实在法的权利中寻找可能的前提,因此,对演绎式信息权利推理的分析也从以法定权利为前提的权利推理开始。

(一)以法定权利为前提的权利推理

法定权利指已经为法律所确认和认可的权利形态,它们或者是由法律规范明文规定或者是由有权的法律机关予以承认。总之,法定权利是具有法律效力的客观权利和实在法权利,而不是应有权利之类的主观要求。以法定权利为前提的演绎推理的模式是:设定实在法中的现有权利是正当的,而新的权利形态是原有权利的逻辑展开,因此新的权利也从原有权利中继承了正当性。由于历史条件和语言表述的有限性,法定权利内在的权利结构往往不能得到充分展开,其内涵和外延随着时代的发展仍有继续拓展的空间。这些空间会在不断的扩大解释和权利漏洞的填补中被充实。扩大解释和漏洞填补作为一种推理的技术方法,同时也指示了权利推理的可能途径。扩大解释是从具体的权利概念或权利类型出发,从一个具体权利到另一个具体权利的过程。而权利漏洞填补则是在法律体系的整个框架中,出于弥补法律的不完满而实

---

① 张恒山、黄金华:《法律权利与义务的异同》,载《法学》1995年第7期,第9页。

现的权利推理。在权利漏洞填补中需要考虑的是整个权利体系和框架的整体性要求，因此经常需要通过对抽象和宏观的宪法权利或权利类型的演绎来实现。在这种意义上，权利漏洞的填补就是德沃金所说的整体性阐释。德沃金认为，"作为整体的法律也是一种对法律权利无可置疑的理论：它认为，人们可以把能为整个法律实践提供最佳理由所支持的任何权利作为自己的法律权利"。① 以法定权利为前提的权利推理就是一个对法定权利进行整体性阐释、将这些法定权利在逻辑上发展到其本质所能包容的极致的过程。这个充实权利空间的过程，表现为权利结构增添新的因素，或者在一个权利类型之下发展出若干新的子项权利和具体权利的过程。此一权利发展过程需要借助以法定权利作为前提的演绎式权利推理提供正当性证明。

1. 扩大解释

法律权利的存在需要借助语言表达进而形成具有确切意义的权利概念，这些权利概念与具体制度规范相连，是适用法律规范的参照系。然而，事实上任何一种语词所表达的意义都是有界限的，其稳定性都只是相对的，而意义界限的扩张却是绝对的，因此法律需要将这些不断扩张的意义通过对语词的扩张解释表现出来。可以成为权利语词的不仅是表达权利名称的语词，还包括指称权利主体、客体和内容的语词。权利语词在意义上的不断扩展，意味着权利领域的不断扩大。在对语词进行扩大解释的同时也完成了一个形式逻辑上的推理过程，使新的权利概念与原有的权利概念产生了一般与特殊的涵摄关系，构造了演绎逻辑三段论的大项和中项。这一演绎推理结构的构造过程，能够证明新的权利具有合法性和正当性。比如财产权的发展就集中地体现为对财产这一权利客体从一开始的有体物到无体物的语义扩大解释上。随着信息社会的到来，信息已经成为一种资源和财产形式。证明信息财产的正当性，可以通过对财产进行语义上的扩大解释来实现。这个过程还可以用一个三段论推理来说明：财产的私有权是正当的，信息是财产，所以信息的私有权是正当的。正是在这个意义上，语词的解释就具有了正当性证明的功能。

扩大解释不仅指对法律文献进行语义解释时将权利规范进行纯粹语义上

---

① 〔美〕德沃金：《法律帝国》，李常青译，中国大百科全书出版社1996年版，第137页。

的扩展。广义的解释方法,还包括通过借助法律精神和法律原则对法定权利进行的扩张性解释。有权机关所进行的法律解释在大部分情况下都具有与被解释法律同样的效力,事实上是一种法律渊源。通过这些扩大解释,新的权利类型被演绎出来。《法国民法典》的人格权制度,便为一例。《法国民法典》起初并未有确认和保护人格权的一般规定,仅在1382年规定"任何行为使他人受损害时,因自己的过失而致损害发生的人,对他人负赔偿的责任"。这显然不能适应日益高涨的人格权保护的需要,故而只能在法院的判例中被扩充解释为适用于对姓名、名誉、通信秘密等人格权益的侵害。① 这种解释通过禁止对姓名、名誉和通信秘密的侵害,在事实上承认了人格利益和人格权。在其他国家的法制史中,通过扩张解释发展权利,进行新权利的合理性推理亦十分常见,成为权利发展最常规和最稳妥的形式。通过法官对案件的审理以及立法者的立法活动对法定权利进行扩大解释直接推动了权利的发展。

  在进行扩大解释时涉及的权利技术问题相当丰富,每一个环节都隐含诸多理论问题。比如将权利主张与法定权利相比照时,这种主张与哪种权利类型的核心和本质更加接近,这种距离的判定直接关系到权利主张的性质界定。当一种极为具体的权利仅与既有的高度概括抽象的宪法权利之间存在相关性时,往往需要一种中间性的过渡权利类型将二者联系起来。"法学者发现,在由宪法条文列举的更为抽象的权利里推导出特定的具体权利的过程中,要对这一过程中的某一阶段加以描述,这样,制造一个中等抽象程度的名词(如隐私权)是十分有用的。"②

  隐含在诸多法律中的法律原则和法律精神,能够为权利推理的类比关系建立基础。但任何现代法治原则下的权利推理都必须坚持一个原则:权利推理都不能通过认可某种法律(特别是宪法)并未确认的权利来否定或从根本上限制宪法和法律已经确认的其他权利。权利推理旨在通过发展权利拓展人类自由的疆界,丰富利益的质和量。而通过否认既有权利来确认新权利在本质上不符合这种要求,因此这种权利推理在目的上不能够成立。

  基于现有权利进行的权利推理过程,特别是从一定法域内的最高效力法

---

  ① 李双元、温世扬主编:《比较民法学》,武汉大学出版社1998年版,第143页。
  ② 〔美〕德沃金:《自由的法——对美国宪法的道德解读》,刘丽君译,上海人民出版社2001年版,第112页。

——宪法出发的权利推理过程,是解决法律发展与法律确定性矛盾的重要手段。要使法律体系既能与时俱进又能保有完整统一的法律传统,可行之路是不断开掘既有法律权利的可能空间,通过对法定权利的发展和扩大解释,将新的权利类型纳入既有体系中。充分发展基于现有权利的权利推理技术对于当代中国法治尤为重要。目前,凡涉及新的权利关系,人们就会高喊立法空白、疾呼立法,试图将权利事无巨细一条条清楚地规定出来,似乎只有这样才能体现权利的神圣。然而,这种倾向忽视了通过展开现有权利发展新权利的可能路径,不仅造成了权利体系的混乱,而且干扰了法制稳定、影响了真正权利精神的形成。

2. 权利漏洞填补

按照拉伦茨的理解,法律漏洞意指"当而且只有当法律对其规整范围中的特定案件类型缺乏适当的规则,换言之,对此保持'沉默'时,法律才有漏洞可言"[1]。法律漏洞意指一种不圆满性。不论是导致规范无法适用的"规范漏洞"还是整个规整体系的不圆满导致的"规整漏洞"都需要法官通过"法的续造"加以填补。这些法律漏洞经常表现为权利漏洞。权利漏洞的存在不仅在于立法的有限,还在于是制度变迁和社会变迁的双重作用。这些权利漏洞的存在不仅包括导致法律权利不配套的"规范权利漏洞",比如赋予公民选举权却没有赋予其对选举人的充分知情和质询权,导致选举权的虚置;而且包括影响整个规范体系目标实现的"规整权利漏洞",比如我国1979年《刑事诉讼法》中被害人权利的空白。权利漏洞的填补,一般发生在司法对法律规则漏洞的填补过程中,通过法官事实上的"造法"行为发展新的权利形态。为了实现法律制度的圆满,法官需要运用权利类推、法律目的的整体考量以及利益衡量来填补这些影响法律合理性的权利漏洞。从另一个角度,那些用以填补漏洞的"新的权利"被构造出来,权利制度和权利理论也因此得以发展。在进行权利漏洞的填补时,形式逻辑意义上的推理技术已经不能满足正当性证成的需要,为了在权利体系中寻找那个能够担当大前提的原则,需要综合运用历史分析、价值衡量和经验考察,权利推理的过程因此变得复杂起来。

---

[1] 〔德〕卡尔·拉伦茨:《法学方法论》,陈爱娥译,商务印书馆2003年版,第249页。

当然，任何以法定权利作为正当前提的权利推理都始于既有法定权利在理论上和制度实践中对时代发展和社会环境变化的不适应的认知。同时，这种权利推理过程直接地表现为原有法定权利理论基础的拓展和制度空间的充盈。由于法律保守性使然，信息权利的推理首先是在既有的法律权利框架下展开的，以法定权利为正当性前提的推理就成为重要的思维进路。

（二）以法定权利为前提的信息权利推理

1. 法定权利的拓展与超越

信息权利作为一种新的权利类型，并非凭空而来，它脱胎于现有的某些权利概念和权利制度，其本身带有原有的法定权利的痕迹。同时，信息权利又是对既有法定权利在信息社会这一新的社会历史语境中的拓展。它开始于某些法定权利解释力和规制力的不及之地，将零散分布的以信息为载体的权利集中起来，进行更加有效的结构分析和制度设置。由于信息权利在观念和理论上的认识都才刚刚起步，制度上还没有明确的表达，因此人们在思考信息权利的时候往往需要借助原有的权利概念和理解系统。又由于这些理解系统所提供的坐标系和类型化目的与信息权利的理解系统和目的并不一致，往往为理解信息权利与既有法定权利体系的关系造成困难。但是，"法律不断发展变化从来没有达到一致，这是个不可否认的事实。它总是从生活中汲取新的原则，并同时保留未被删除的过去积淀下来的东西。只有在法律停滞不前时，它才会达到完全一致"。[①] 霍姆斯的话给了我们一些安慰。如果信息权利作为一种权利类型的存在，能够更好地发挥理论上的解释力和制度上的统摄力，能够带来更大的权利发展空间，我们就应该宽容地看待这个权利类型给既有权利体系带来的不稳定。

任何权利推理都首先要考虑现有法定权利的可能空间，以及权利基础与建诸之上的权利形式的匹配度。因此，针对不断出现的各式各样的权利要求，人们总是倾向于通过权利的类推和法定权利的涵摄将他们纳入既有的权利体系中加以保护。法律的整体性阐释原则，为权利推理过程提供方向性指引，从而避免权利推理的随意和武断，使权利发展充分体现连续性。当一方面现

---

① Oliver Wendell Holmes, *The Common Law*, Belknap Press, 1963, p. 32.

有的法定权利在本质上涵摄新的权利现象十分牵强，或者需要动用多种制度资源，从而导致耗费制度成本很高；而另一方面，有可能通过新的权利概念和权利类型的确认，建立一种更加直观、确切和有效的权利保护机制时，整体性阐释并不排斥新权利的创造。早期的知识产权问题在大陆法传统中是从民事权利中的财产权利里发展出来的，当传统民事权利体系无法充分阐释知识产权的特旨之时，知识产权概念和体系必然突破传统的财产权局限，发展成为独立的观念和制度形态。权利阐释和展开的过程就成为对原有权利在内在结构上的充实甚至根本性改造，从而导致权利理念和制度的变迁。

基于权利推理的整体性要求，在推理信息权利过程中，始终需要遵循整体上的法治原则。所有权利推理的目的都是为了实现信息社会中的信息自由和信息秩序这两个理想，在终极的意义上体现权利体系中内在的公平正义目标。信息产权的推理过程就是对既有知识产权理念和制度的拓展，体现了在对既有法定权利进行充分展开过程中实现的权利理念更新和制度超越。

2. 信息产权推理

（1）信息产权是知识产权理论深入与制度拓展的结果

美国社会学家 A. 托夫勒曾断言："在第三次浪潮中，我们仍然需要土地、机器这些有形财产，但主要财产已经变成了信息。如果说股票是象征的符号，那么信息财产则是象征的象征，这样一来，财产的概念面目全非了……"[①]在人类历史中，财产的形态不断丰富和发展，从最初的土地、房屋等有形财产逐渐发展到无形财产。知识产权的概念成为当下标识无形财产权利的热门词汇。知识经济与信息社会的历史潮流使人们对知识产权制度更加青睐，使其无论在理论基础上，还是在制度容量上都有扩张的趋势。这种趋势一方面充分挖掘了知识产权作为一种法律权利的理论和制度空间，一方面也暴露出了知识产权理论与制度的局限性。正是基于对这种局限性的认识，在知识产权的发展中催生了新的权利类型：信息权利。这一发展也体现了以法定权利为出发点的演绎式权利推理过程。

---

① 转引自陈英：《信息产权与知识产权内涵和外延的冲突》，载《中国知识产权报》2003 年 10 月 17 日。

A. 对知识产权理论基础的反思

客体理论是知识产权制度的基础。目前知识产权界关于知识产权客体的讨论存在"无形（无体）财产说"、"智力成果权说"、"知识权利说"、"信息权利说"等多种意见，各自遵循不同的逻辑论证。"无形财产说"基本上延续了有形财产特别是民法物权理论的思维路径，虽然在逻辑上显得相对完善，但其解释力存在明显的欠缺。"无形财产说"最根本的问题是，它只能说明知识产权以及知识产权的客体不是什么，而无法说明它是什么。"智力成果权"和"知识权利说"的优势在于跳出了传统财产法理论的框框，提出了知识产权的客体是区别于有体物的智力成果或者知识，试图开辟一条知识产权法自己的道路。但问题在于，智力成果和知识的概念都比较抽象和泛泛，以智力成果和知识为基础发展出一套行之有效的制度体系存在逻辑上和制度上的双重困难。智力成果、知识与信息三个概念相比较而言，信息在解释力、包容性和可操作性上要优于其他两种概念，此一结论是建立在对这三个概念的比较辨析基础上。

智力成果是指人的智力创造活动所产生的结果。如果说人与其他自然界的生物一样是由物质、能量和信息——现代物理学公认的基本要素——构成的话，智力成果就可以看成是人脑这种特殊物质自身运动及其与客观世界相互作用的"痕迹"，可以看做是一种信息形式。[①] 智力成果的关键因素在于创造性。没有经过创造性劳动，只是将既存的信息进行再现和重述不能看做是智力成果。这样一来，商标、原产地标志等这类用于区别不同商品和服务、降低商品选择成本的信息标识，就很难符合创造性的要求。

主张知识产权的客体是知识的观点认为：对客观存在的信息的认识就是知识，这一部分被认识的信息能够传播并呈现多样性。[②] 但是，仔细分析这一表述，其中不但没有说明信息是知识的一部分，反而论证了知识是信息的一部分：信息是一种客观存在，有的能被人类所认识，有的不能，能被认识的形成知识，这不正说明了信息在外延上比知识更广泛吗？可见彼得·德鲁克将知识定义为一种信息是有充分根据的，这种信息或是通过成为行为的基础，

---

① 参见朱谢群、郑成思：《也论知识产权》，载《科技与法律》2003 年第 10 期，第 27 页。
② 参见刘春田：《知识产权解析》，载《中国社会科学》2003 年第 4 期，第 115 页—117 页。

或是使某个个体（或某个机构）能够从事不同的和更有效的行为来改变某物或某人。区分知识与信息对于合理认识知识产权制度的权利客体十分必要。作为一种客观存在的信息概念比知识的概念具有更广的外延，不仅因为知识是信息的一部分、以信息为权利客体能为知识产权制度提供更具有解释力的权利载体范畴，同时还有利于认识二者在理论工具意义上的不同目标指向，即它们的存在是为了澄清不同性质的问题。从本质上说，知识属于认识论的范畴和思维领域的概念，旨在强调人类在认识和实践能力上的创新和积累。人们使用这一概念是为了理解人类在认识过程中发生的思维过程和改造世界的理性基础。而信息是一种客观存在，是知识活动的原料、体现和载体。信息的价值在于通过确切的描述来认识事物，并通过媒介传播实现交流和沟通，为知识创造提供资源和养料。客观知识是信息的组成部分，而主观知识由于不能被有形载体所表述只能是主观认识的对象，无法对其进行清晰的描述和准确的掌控。作为权利客体而言，知识概念的确过于抽象，而且具有较强的主观认识意味，很难用客观、有形的载体将其确定地展现出来。信息作为一种客观存在，能够被有形载体所再现，并能够借助媒介实现意义的传播。因此，与认识论意义上的知识相比，信息更加符合作为权利客体的条件。

随着知识经济和信息社会的到来，知识产权存在的价值目标——激励人类的智慧创造已经不能适应社会进步对制度变迁的要求。信息社会发展已经不再满足于为智力劳动和创造提供足够动力，进而要求为智力创造提供丰富、有序的信息环境，即不仅要求法律制度通过权利创设保障智力劳动能获得充分的回报，而且要求保障智力创造活动始终具有丰饶的信息资源基础和便捷活跃的信息流通条件。因此，仅仅以智力成果和知识来标识知识产权制度显然不能满足社会发展的要求。将知识产权的客体扩展为信息，能够完成对既有权利载体的包容，从而扩大了权利载体的基础。更为关键的是，以信息权利取代知识产权能够满足社会发展对作为智力创造和知识增长重要条件的信息资源的需求。

B. 知识产权制度空间的拓展

知识产权制度的膨胀，使其在有限的基础上包涵了越来越多的内容。在制度实践中，有限的知识产权制度不能满足现实权利需要，造成了许多新的"权利缺位"和"权利漏洞"。信息产权不仅增强了知识产权理论的解释力，为现有制度提供正当性证明,而且也为知识产权制度的发展提供了更加广阔的空间,并能够包容知识产权无法包容的制度内容。

原产地问题就是一例。比如莱阳梨,就是在莱阳当地果园产的梨,当地的气候和土壤环境决定了这里的梨就是比别的地方美味,即使在果农付出相同劳动的情况下也一样。原产地决定了莱阳梨的售价要高于其他地方出产的梨,这种原产地标识不容假冒。出现假冒原产地的行为,可以借助知识产权中的原产地规则加以追究。但是这种原产地标志本身并未或很少代表特定的劳动,更非知识、发明或者创造,充其量只是一种产品产地的信息。因此,与其说权利人对莱阳梨标识具有智力成果意义上的知识产权,还不如说这是一种信息财产权。

另外,近来知识产权界讨论很多的数据库权利问题也暴露了知识产权的局限性。数据库的建立者对数据库有什么样的权利,是编辑作品版权吗?如果被数据库收录的并非作品,而只是诸如电话号码、个人信息、名录地址、数据资料等并非智力创造成果的信息,甚至是没有达到"额头出汗"或"勤奋收集"此类最低原创性要求而又具有价值的数据库资源,知识产权制度就无法涵摄。对这类信息的权利保护,与其说是对知识的产权,不如说是对信息拥有的产权。

在生物技术专利问题上信息产权也具有解释力上的优势。如果说授予凝结生物学家劳动改良的植物新品种以及其生产方法以智力成果权保护,在理论上是能够成立的。但是随着生物技术的发展,出现了对生物转基因排序甚至对特定生物基因的天然排序申请专利的情况。发达国家出于自身利益的考虑,在立法上倾向于将基因囊括在专利制度中加以保护。基因专利与传统专利不同:传统专利的原始资料往往是可以方便得到的,而特定基因只在特定的生物体中存在;传统专利不论发明、实用新型和外观设计都体现为原来没有的创新形态,而基因专利可以直接在客观存在的生物信息之上设定权利。最为关键的是,基因专利一旦被赋予他人,基因所有者就失去了在先的基因权利。西方一个跨国种子公司 Rice Tec 注册了印度香米的基因专利,导致任何未经允许生产这种香米的行为都成为侵权。知识产权的保护注重了基因发现者的利益,而忽视了基因原始拥有者的利益,造成了事实上的利益分配不均衡。在基因问题中,以智力创造成果为对象的知识产权制度再一次遭遇解释力的尴尬。较之知识产权制度，信息产权在解释力和制度利益分配上都具有优势。由于基因在本质上是一种生物信息，对基因排序所拥有的权利是一种基因载体权利人对基因信息所具有的财产权利或人身权利。基因的所有者有权允许他人对基因进行有利于人类的科学研究和开发，但是这种信息权利不能排除原始的基因信息所有者的权利。

在知识产权制度的展开和检讨中孕育了新的权利表述——信息产权。"'信息产权'指的是知识产权的扩展。这一概念突出了知识产权客体的'信息'本质。"[1] 信息产权在理论解释力上为知识产权制度奠定了更加坚实的基础，同时也拓展了制度空间，能够将知识产权制度无法解决的现实问题纳入权利体系。信息产权脱胎于知识产权制度，其合理性与合法性来自于与知识产权制度在理念上保持一致性的同时挖掘该制度在信息社会中更深层的价值基础。信息产权的制度目标不仅在于通过产权激励促进人类知识增长和智慧创造，而且致力于为知识创造提供便捷、高效、安全的信息环境和源源不竭的信息资源。

（2）信息产权的正当性论证

"信息产权是信息化社会中各种信息产品的法律化表现，是信息所有者对于自己独创性的脑力劳动成果所享有的权利。它包括知识产权、相关的信息权利以及其他非知识性的信息权利。因此，传统知识产权的内容、本质都无法包括信息产权的内涵，知识产权只是信息产权的一个分支或组成部分。这种内涵认识上的差别，使得我们不得不重新思考，我们是否应在传统的知识产权的基础上重构出一种新的、适应信息化社会的信息产权？"[2]

"信息产权"理论于1984年由澳大利亚学者彭德尔顿教授（Michael Pendleton）提出。在其专著《香港的知识产权与工业产权》（The Law of Industrial and Intellectual Property in Hong Kong）一书中，他明确地阐述了传统

---

[1] 郑成思：《信息、信息产权及其与知识产权的关系》，http：//www.gzipo.gov.cn/article/printpage.asp？ArticleID=327，2010-4-8。

[2] 转引自陈英：《信息产权与知识产权内涵和外延的冲突》，载《中国知识产权报》2003年10月17日。信息产权的解释可以有两种，广义的解释包括权利主体对于信息可能成立的全部权利，即包括人身权也包括财产权，这种意义上的信息产权是对知识产权的扩大解释；狭义的信息产权就是指权利人对于信息可以成立的财产权。由于本书在信息权利框架下讨论权利问题，信息权利一词概括了权利人对信息可能成立的所有权利，而这里对于信息产权概念只分析其狭义的方面，即关于信息的财产权。

知识产权与信息产权的内在联系和统一性,书中把专利解释为"反映发明创造深度的技术信息",把商标解释为"贸易活动中使人认明产品标志的信息",把版权解释为"信息的固定的、长久存在的形式"。1987年郑成思教授在《计算机、软件与数据库的法律保护》一书中对信息产权做了全面的论述,又在随后的多篇文章中提及,并在国际学术界引起一定反响。另据郑成思教授考证,西方学者于20世纪90年代上半叶开始广泛讨论"信息产权"问题,其代表性成果包括:美国加州大学伯克利分校萨缪尔森教授(Pamela Samuelson)1991年发表的《信息是财产吗?》(Is information property?)一文,荷兰海牙的Kluwer Law International 出版社1998年出版的《知识产权和信息产权》(Intellectual Property and Information Property)一书和美国缅因州大学李特曼教授(Jessica Litman)1999年在《耶鲁法学评论》发表的《信息隐私和信息产权》(Information Privacy and Information Property)一文等。此外,美国1999年7月推出的《统一计算机信息交易法》主要覆盖的是知识产权的网上贸易,已经在实际上把"信息产权"与"知识产权"交替使用了。[①] 我国《反不正当竞争法》也将商业秘密解释为:"不为公众所知悉的,具有实用性,能为权利人带来经济利益的技术信息和经营信息。"

信息产权概念产生在技术发展和经济模式发生变化的过程中,产生在信息技术足够发达,使信息的采集、整理和传播不再依赖于特定形式,信息相对于其载体具有较强独立性之时。讨论信息之上是否可以成立财产权利并非一个新鲜的问题,可以说当印刷业成为一种大众产业之时,印刷品的复制变得轻易而廉价的时候,信息的财产权问题就已经出现了。正如萨缪尔森在《信息是财产吗?》(Is information property?)一文中所提到的,之所以在20世纪中叶之前,法院判决中并不单独将信息作为财产权的客体加以保护是认为:信息与承载它的载体是密不可分的,法律只要以财产权利保障信息的有形载体不受非法的盗窃就能够保障信息的安全性,而不必将财产权利延伸至信息这一新的客体。而当社会发展到信息的传播不再单纯依赖有形载体之时,

---

[①] 参见郑成思:《信息、信息产权及其与知识产权的关系》,http://www.gzipo.gov.cn/article/printpage.asp?ArticleID=327,2010-4-12。

这种对信息的间接产权保护就显得捉襟见肘了。① 比如当人们可以通过在电影首映式上偷拍而不是盗窃电影拷贝或者正版光盘的方式侵害权利人对电影影像信息的财产权利的时候，仅仅通过保护电影拷贝和正版光盘的有形财产权已经不足以保护电影的影像信息了，只有承认对于特定信息直接具有财产权利才能达到这一目的。20世纪70年代以后，随着电子计算机的广泛使用，信息的传播更加快速便捷，以电子数据形态存在的信息成为信息存在的典型状态。为保障电子信息的真实、合法和安全，许多发达国家陆续出台了新的、以信息财产权为保护对象的法律，比如保护非编辑数据库的法律。其中有些法律已不是原来意义上的知识产权法。"受法律保护的客体（数据）诚然可能是受版权保护的对象，但受保护的主体则不是数据所有人，而是数据的来源——信息的被收集人。这样，一部分原属于公有的或属于靠保密来保持价值的信息，处于新的专门法保护之下了。而这种保护的目的，却不在于维护信息所有人的专有权，而是在于限制该所有人扩散某些信息。这种限制，是取得可靠信息的保证。"② 1996年3月欧洲委员会以"指令"的形式就保护无创作性的数据库达成地区性公约。欧盟2001年12月通过的《信息社会的版权与有关权指令》、法国2001年3月公布的《信息社会法》草案征求公众意见稿、我国《计算机信息系统安全条例》和《保护网络信息安全的决定》都已经将信息作为一种财产权利加以保护。

  信息产权脱胎于知识产权，是知识产权的完善、发展和升华，因此，其承继了知识产权的特质（比如权利的无形化和共享性），并包含了原有知识产权制度的内容。与此同时，信息产权在客体范围上拓宽了视野，将知识产权理念和制度上无法容纳的一些待调整对象纳入其中，承认了信息本身就可以成其为财产权利的独立客体。信息产权在特质上突破了知识产权的羁绊，直指财产权本身的存在形态。比如，信息产权的专有性问题。知识产权理论认为，是其权利的客体（智力成果）与权利标的（智力成果利益）的分离，使权利的专有性仰赖于法律的规定和制度限制。但这种专有性仍然没有突破权

---

① Pamela Samuelson，*Is information property*？，http//www.kingsley.k12.mi.us/vietnam/history/Top，2010-3-18.
② 郑成思：《信息、信息产权及其与知识产权的关系》，http：//www.gzipo.gov.cn/article/printpage.asp？ArticleID=327，2010-2-25。

利专有的框架。一个知识产权客体上只能存在一个主权利，其他都是附属权利，比如，一个专利只产生一个专利权，他人的权利只能是法律或合同授权的产物。而信息产权则不同，一个信息之上能够成立多个完全独立的、完整的财产权利，比如网络游戏中对同一套武器装备程序信息，可以同时成立多个独立的信息财产权利。这种情况对权利专有性的理解提出了挑战。另外，由于信息传播的无国界化，信息产权保护的地域性将被全球性要求所取代。信息产出和传播的提速使信息的更迭愈加频繁，信息产权的时间性要求也会有所加强，对信息保护的时间跨度会缩短，甚至有的信息产权只能给予即时性保护。

从知识产权到信息产权的发展表明：在新的权利需要产生时，人们总是试图在已有的权利体系中寻找依据，并尝试用演绎的方法不断扩大已有权利的范围，使其涵盖新的权利需求。但这种拓展毕竟是有限的，当越来越多的内容被塞入某个权利制度中去的时候，可能会出现制度规则与制度基础相脱离的局面。这就像能负载10层楼的地基上盖了20层，最终可能动摇整个权利制度的基础。因此，当权利制度发展到自身逻辑的极限时，就需要发展新的理论基础，构建新的权利类型。当一种权利理论和权利现象能够用一种新的范畴得到更加具体、准确的描述时，无论从节约理论成本的角度，还是从发展创新的角度，接纳一种新的权利表达都不失为明智之举。新的权利类型来源于对原有权利理论与实践的批判和超越，可以吸纳原有权利制度无法吸纳的内容，使权利制度与相应的理论基础之间实现新的平衡。

（三）以应有权利为前提的权利推理

应有权利是一种没有进入法律规则体系但在观念上被认同的权利，因其具有的价值上的先验正当性，能够成为权利推理的前提条件。与法定权利不同，以应有权利为前提的权利推理不受实在法法律权利体系的严格拘束，具有较大的伸展空间。应有权利包括道德权利、习惯权利、宗教权利等。这些权利可能已经表现为一套潜规则，只是在法律上没有得到认同。应有权利向法律权利的转化是法律权利发展的重要通道。如果这些权利所代表的价值和利益形成相当强的保障和救济需要时，应有权利的主张就可能进入法律，成为具有法律意义的权利类型。但由于习惯只是在不断重复的行为过程中约定俗成的社会规范，这些社会规范可能并不经济，或者不与现代法治文明相符，其正当性问题尚需论证。而且现代社会的法治化需求也使习惯作为非正式规范的停留时间越来越缩短，那些直接影响人们切身利益的习惯都倾向于尽可能早的法制化。与此同时，习惯存在的领域也不断退缩至社会生活的边缘位置。由于政教分离在大多数国家的实现，宗教关系对法律的影响也在不断减弱。因此，本书主要讨论以道德权利和自然权利作为预设前提展开的权利推理。

1. 以道德权利为前提的权利推理

道德与权利之间存在错综复杂的关系。作为一种以义务为主要调节机制的社会规范，道德中是否存在权利是有争议的。而且就权利本身是不是一种道德以及是否存在以权利为基础的道德也并未达成共识。一般而言，依据道德伦理要求的对象不同，可将道德伦理观念和理论分为内律型和外诉型。内律型道德观认为，人应该努力帮助内心中的道德天使战胜被不良欲望占据的道德魔鬼，强调自我约束；外诉型道德则注重外在约束，其道德律主要是义务与责任。但由于人不是他人的手段，而各自具有独立的目的性。"没有权利就不可能存在任何人类社会。无论采取任何形式，享有权利乃是成为一个社会成员的必备要素。"① "现代性的出现，将权利等概念引入伦理，打破了传统伦理中内律型伦理的统治局面。" 而外诉型伦理也开始注重权利的意义，"它尤其强调个人权利对国家等权力结构的先在性，认为权力结构不得侵犯个人权利"。②

"从伦理哲学的角度来看，权利是人类行为在道德上有效力的要求，是个人拥有的、可以拥有的和可以自由处置的所有物。"③ 但不是人的所有要求都能成为权利，合理（伦理）的要求是指这种要求有令人信服的伦理学根据或理由，在伦理学上能够得到辩护，即可援引伦理学理论或原则来论证。符合这些条件的要求就是道德权利。④ 作为道德权利的要求，与恳求、请求、祈求

---

① 〔英〕米尔恩：《普遍道德与普遍权利》，夏勇译，载夏勇主编：《公法》第1卷，法律出版社1999年版，第249页。
② 段伟文：《网络空间的伦理反思》，江苏人民出版社2002年版，第100页。
③ 〔美〕汤姆·L. 彼切姆：《哲学的伦理学》，雷克勤等译，中国社会科学出版社1990年版，第259页。
④ 邱仁宗：《动物权利何以可能？》，http://shc.jdjd.cn/article5/dongwu.htm, 2010-2-22。

不同，享有权利也与接受别人的礼物、帮助、怜悯、恩赐、慈善行为不同。一旦某个要求能够在伦理学上得到辩护，对人们的判断就产生一种观念上的强制性作用，以致使人们不得不承认他的权利并尊重他的权利。

  在伦理道德上，权利首先是一种关系。权利是一个人从另一个人那里得到某种东西的一种道义力量。说一个人享有某种权利，那是说其他人不应该妨碍他去做他要做的事，或不应该拒绝提供他所要的物质资料或他需要的服务。因此，一个人的权利就是别人对他应尽的义务。因此，权利与义务是相关的。其次，道德权利是有强烈的理由拥有或得到对人类生命相当重要的东西。因此，一个人要实现自己生命的价值，就必须享有一定的权利，而别人也必须尊重他的权利。尊重他人的权利，实际上也就是尊重自己的权利。[①] 在人类历史上，从绝对道德命令、道德义务到道德权利的道义观转折，也是法治理论在现代占据主流的过程。人权就是一种普遍的道德权利。依据最低限度和最普遍意义上的道德要求，人可以提出不容否认的权利主张。对人权的否定也就成为对人类最基本的存在条件的否定，人也就不成其为人。人权概念的广泛研究承认了道德是法律权利的基础和合理性来源。在一定意义上，权利也可以是一种道德符号，代表着一种个人主义方法论和自由主义倾向。当权利——特别是经过正当论证的基本权利与道德上的"善"联系起来之时，法治才真正地建立起来，此时的法治才是所谓"有信仰的法治"。

  承认道德权利的存在，为权利推理提供了一条重要的途径，为从这些道德权利中演绎出新的权利形态提供了前提基础。当然，从应有状态向法律权利转化，只是一部分基本、普遍的道德权利的命运，而不是所有的道德权利都有必要上升为法律。选择这些道德权利是区别法律与道德的复杂问题，本书只关注道德权利如何经由权利推理过程上升为法律权利的思维过程。

  2. 以自然权利为前提的权利推理

  在应有权利意义上，还存在着一种源自道德权利、宗教权利和习惯权利，但又超越了这些权利范畴并融入人对人本身形而上反思的权利形态——自然权利。自然权利反映的是一种二元法律观：法律不仅出自世俗的政治权威，而且在人定法之外还存在所有人类普遍适用的永恒不变的自然法，自然法赋

[①] 邱仁宗：《动物权利何以可能？》，http://shc.jdjd.cn/article5/dongwu.htm，2010-2-22。

予人类的权利即自然权利,这种权利是人类普遍共有和不可剥夺的。"自然法来自于人类和世界的本性,正如物理规律来自于空间、时间和物质的性质一样。"① 自然法与自然权利是世俗法律和现有法律权利的矫正标尺,与自然法和自然权利相违背的法律和权利是无效的。

自然(Natural),原指一种自然的秩序,最初反映的是科学技术欠发达的情况下,人们对不可预测的大自然的敬畏。"古典形式的自然权利论是与一种目的论宇宙观联系在一起的。一切自然的存在物都有其自然目的,都有其自然的命运,这就决定了什么样的运作方式对于他们是适宜的。就人而论,要以理性来分辨这些运作的方式,理性会判定,最终按照人的自然目的,什么东西本然(by nature)就是对的。"(而随着自然科学的发展)"另外一种解决办法盛行起来了。而这意味着,人们被迫接受一种根本的、典型的现代二元论,亦即在自然科学上的非目的论和在人的科学上的目的论。"②

对于自然权利的现代理解存在不同的进路。"著作家们一般称之为自然权利的,就是每一个人按照自己所愿意的方式运用自己的力量保全自己的天性——也就是保全自己生命——的自由。"③ 霍布斯认为人与人之间不存在能够达到使一个人完全剥夺另一个人生存的力量,而自保是人的本能,人同时又是自私自利的,因此自然状态下人与人之间就像狼一样,是一切人对一切人的战争。由于和平状态才能更好地实现人的自然生存,因此自然状态下的人们就需要向公共权威让渡一部分权利,以换取中立普遍的法律的保护。因此,为了服从公共权威,人们必须遵守法律设定的义务,对义务的服从成了享有权利的前提。霍布斯所理解的自然权利是人的一种天性,是天赋的、人之为人的一种作为消极存在的本能,自然法就是写在人心上的律条,而人就是要服从这些律条。

与霍布斯不同,洛克的自然权利论是积极的。"洛克的财产学说以及他整个的政治哲学,不仅就《圣经》传统而言,而且就哲学传统而言都是革命性

---

① James A. Donald:《自然法与自然权利》(中译文),http://www.jim.com/jamesd/rights.html,2010-3-16。
② 〔美〕列奥·施特劳斯:《自然权利与历史》,彭刚译,生活·读书·新知三联书店2003年版,第8页。
③ 〔英〕霍布斯:《利维坦》,黎思复、黎廷弼译,商务印书馆1985年版,第97页。

的。通过将重心由自然义务或责任转移到自然权利，个人、自我成为了道德世界的中心和源泉，因为人——不同于人的目的——成为了那一中心和源泉。洛克的财产学说比之霍布斯的政治哲学，是这一根本转变的更加'先进'的表达。按照洛克的看法，是人而非自然，是人的劳作而非自然的赐予，才是几乎一切有价值的东西的源泉：人们要把几乎一切有价值的东西都归功于他自己的劳动。"① 而理性所能认识的自然权利也是为了满足人类不断增长的各种欲望而存在的基本保证。在洛克那里人的主观能动性得到了强调。洛克重申：人人享有天赋的权利是一切真理中最伟大的真理，人定法只有遵循自然法，充分认定人与生俱来的自然权利，才能够获得合法性。洛克完成了自然法从消极到积极、从义务本位到权利本位的转换，自然权利成为自然法的核心。

自16世纪的欧洲起，自然权利理论将人类的精神生活从对神的沉溺中拯救出来，使哲学的视角回到人世间。自然权利是资本主义自由观的核心因素，它极大地促进了资本理性化、市场化的进程。为人类进步高扬起人文主义的大旗，使人具有了自在、自明的优越本质。在英国，自然法理论促成了大宪章、光荣革命、权利宣言和英国的启蒙运动；在美国，自然法理论是美国革命和宪法的重要依据。"然而，今日人们对于自然权利的需要，一如数百年甚至上千年来一样的显明昭著。拒斥自然权利，就无异于说，所有权利都是实在的权利，而这就意味着，何为权利是完全取决于立法者和各国法院的。而人们在谈到'不公正'的法律或者是不公正的决断时，显然是有着某种意涵，有时甚至是非如此不可的。在下这样的判断时，我们指的是存在着某种独立于实在权利而又高于实在权利的判断是非的标准，据此我们可以对实在权利进行判断。"②

自然权利理论统治权利发展思维长达几个世纪之久，"19世纪各种自然权利乃是从基本的自由观念中推论出来的权利，因而法理学问题也就变成了如何推论每一项权利的确切范围的问题，以确使每一项权利都可以按照逻辑的方式贯彻下去而不会在彼此之间产生冲突，因为从自由中做出的各种推理

---

① 〔美〕列奥·施特劳斯：《自然权利与历史》，彭刚译，生活·读书·新知三联书店2003年版，第253页。

② 同上书，第2页。

并不会发生冲突。因此，在这个方面的问题也就被化约成了一个定义问题。由此演化出来的一个间接结果就是要制定出一种切实可行的'法律权利'（legal rights）体系——根据这种'法律权利'体系，个人的人格利益和个人的物质利益则可以得到有效的保障"①。

自然权利理论为权利推理提供了一种可行的路径。原因在于自然权利论在理论上具有优势。第一，自然权利天然存在，其不可否定性为权利设定了一种价值意义上永恒存在的正当，为演绎逻辑提供了必要的、恒定的大前提。第二，人所处的不同时代、不同经验环境直接决定了人的多样性，不变的权利要应对变化的实践需求，同时又要保持权利理念的一致性和确定性。自然权利为权利发展提供了一种永恒存在的坐标，不论权利制度如何演进都不会失却对正当性的追求。"自然法是一种方法而不是法典。人不是就文字而是就事实进行推理。最接近于成文自然法典的文字是大量的自然法先例。但是先例仅仅适用于一类案件，由此受到具体案件的具体时间和环境的限制，而自然法则是普遍的，适用于所有时代和地域的自由人。"② 列奥·施特劳斯在历史研究中批判了19世纪历史主义和韦伯式社会学所导致的宿命、相对和虚无。试图在历史中，特别是古典以来的思想史中发现更多的一致性、确定性和连贯性，从而为自然权利确立更加坚实的基础。"简而言之，我们可以说自然之发现就等于是对人类的某种可能性的确定，至少按照此种可能性的自我解释，它仍是超历史、超社会、超道德和超宗教的。"③ 第三，自然权利的杰出作用是批判性。从起源之时起，自然权利就具有了批判的旨趣。"……自然权利这一课题的发现是以对祖先法典或神的法典的质疑为前提的。"④ 自然权利从人的自然正当为前提，对一切违背人自然发展的制度和观念进行批判。这种批判的理论和批判的态度对于任何时代都是需要的。没有批判和对既存现实的否定之否定，就没有发展。就权利发展本身而言，缺乏批判的权利理论和权利实践无疑是令人担忧的。当权利可以被随意冠之的时候，正当的标

---

① 〔美〕庞德：《法律史解释》，邓正来译，中国法制出版社2002年版，第235—236页。
② James A. Donald：《自然法与自然权利》（中译文），http://www.jim.com/jamesd/rights.html，2010-3-16。
③ 〔美〕列奥·施特劳斯：《自然权利与历史》，彭刚译，生活·读书·新知三联书店2003年版，第90页。
④ 同上书，第86页。

准就不复存在，权利也就被消解了。当下，自然权利越来越被人权的概念所替代，事实上人权不仅是一种道德权利，而且在西方思想史中，人权发展的根源还包括自然权利理论。"权利概念之所以能最终演化为人权概念，首要的原因是，在社会正义概念的背后，还有自然正义概念的支撑。"① 近代人权概念的形成主要是格劳秀斯、斯宾诺莎、洛克、霍布斯、卢梭等自然法思想家所完成的。自然权利作为具有深厚历史传统的观念和制度体系始终是人权发展的沃土，人权观念不过是自然权利观念历史发展的结果。因此，人权是自然权利的当代理解，但并不能完全取代自然权利。当人的发展在不同的时代中遇到不同的问题，需要发展出新的权利，并需要为这种新权利提供正当性证明时，自然权利不仅可以充当权利推理的正当性前提，而且能够为权利戴上神圣的光环。

以应有权利为前提的权利推理的核心问题在于建立新的权利主张与设定为正当的道德权利或自然权利的必然联系。这一联系的建立需要具有对新兴权利所处的当下语境的深刻理解，同时也需要对道德权利和自然权利本意的准确把握。当然，应有权利的正当并不必然导致其上升为法律权利，法律权利规范的特殊属性还要求任何法律权利的设定满足必要性和可行性原则。必要性要求对权利的保护已经达到了关系社会秩序和特定价值目标的实现，成为社会发展的必需。必要性事实上反映了社会历史发展变迁对法律发展的内在要求，反映了权利发展的时代性。现代意义上的权利话语始自17、18世纪的西欧，是工业化和自由资本主义意识形态兴起的时代产儿。自由权、财产权、生命权等自然权利上升为法律权利顺应了当时的历史发展。而时世变迁，新的权利类型不断上升为法律权利，比如受教育权、劳动权、妇女儿童老人以及少数民族族裔的权利、环境权、隐私权、域名权等。时代发展使人类追求文明的脚步不断加快，人的生存条件和活动空间不断拓展，这些权利关系已经成为社会发展中不得不面对的重要课题，成为组成社会关系的重要部分，因此这些权利的法律化就应运而生。而应有权利法律化的过程还必须考虑权利制度的成熟程度和权利实现、救济等配套制度的可行性。可行性使权利的经验分析，包括新的权利类型与既有权利的衔接和协调、权利制度的成本等问

---

① 夏勇：《人权概念起源》，中国政法大学出版社1992年版，第89页。

题。无救济就无权利。在这一意义上，权利的法律化必须进行可行性论证。

（四）以应有权利为前提的信息权利推理

只要人们保有对"善"的追求，永不停歇地追问自身的限度，人类就永远不会满足被既有的权利设定限度。信息权利的出现就是人们对"善"的生活不断追求的结果，是身处于信息时代的人们对普遍的、一般的"善"进行时代阐释的结果、是人们寻求新的自我突破的结果。因此那些蕴涵在信息社会道德原则中的应然主张就成为信息权利的深厚的正当性渊源。

伦理道德是对人际生活反思的结果，也是人际生活的前提。伦理道德的存在始终内生于生活结构之中，相对于显性的法律制度结构，伦理道德规范的发生更加自然，对于生活变化的感知也比法律敏感。信息社会的变迁在伦理道德中的反映亦十分显著。信息伦理研究不仅敏锐地指出了信息社会在宏观的意义上和微观的信息关系中存在的伦理问题，并总结了信息社会的伦理原则，进而在这些伦理原则的基础上提出了信息伦理要求。一些以道德权利形式存在的主张正在通过各种途径获得法律权利的身份。作为信息社会中对"善"的主观表达，信息伦理权利为信息法律权利提供了正当性证明。以信息伦理权利和一般的信息伦理原则为前提的信息法律权利的推理过程就是这个正当性证明过程的体现。

1. 信息伦理与信息权利

（1）宏观信息伦理问题

从信息社会伦理关系发展的宏观走向上看，存在两种明显的趋势：一是信息伦理的多元化与边缘化，二是"信息鸿沟"和信息平等权问题日渐突出。由于现代生活的伦理更加兼容并蓄，伦理多元化和边缘化亦十分突出。信息技术为信息伦理原则的建立提供了物质基础，同时也暴露出新的伦理问题。随着以网络——这一信息生活的典型方式——为核心展开的伦理道德讨论，以网络伦理为代表的新的伦理观的出现提出了对传统道德原则的挑战，最典型的是黑客伦理。黑客们提出的伦理原则包括：反对集权和权威主义，强调人们拥有绝对的信息自由和使用计算机的权利，主张利用计算机过上好的生活①，并以此旗号为盗版正名。虽然这些黑客们的道德主张不为正统所采纳，但仍吸引着众多的追随者。黑客们的道德观认为，道德原本是多元的，在信息时代更是如此。与人们可以有权自己决定穿什么样的衣服、留什么样的发型一样，人们有权选择自己认为正确的价值观。信息社会不再存在一种统一的道德规范。黑客伦理之类的边缘化道德主张对传统道德观念的冲击，反映了信息急速流转的环境中伦理道德的多元化景观。这些边缘化的伦理要求自身是否具有道德权利的效力？对待多元道德主张的态度影响着法律权利介入信息行为的角度，进而影响法律权利在不同信息行为主体之间的分配。

随着信息社会发展的不断深入，信息平等问题凸显出来，引起日益广泛的关注。在信息社会中，后现代主义者强调的"虚拟对实在的征服"并未消解作为群体实在的、人类之间存在的不平等，而是以更加实质、更加隐蔽的方式显现了这种不平等，甚至已经妨碍到人类实现进一步的福利目标。利奥塔在《后现代状态：关于知识的报告》一书中谈到了信息霸权，即由于计算机技术等信息技术影响到了知识的传播，使知识只有被转译为信息才能够被有效利用。但是人们所具有的信息能力和信息财富之间存在越来越大的差别，导致了他们事实上占有和利用信息资源的巨大差异。高速发展的信息技术加剧了"信息富人"与"信息穷人"之间的不平等，使他们之间横亘的"信息鸿沟"越来越难以跨越。在美国，黑人女性（特别是非洲裔黑人妇女）的计算机拥有量、上网比例和上网能力都落后于其他人群。在中国，占人口绝大多数的农村人口都没有接触互联网，而在北京、上海这些大城市中，互联网已经能够基本普及，上网人数占总人口的比例也相当高。在缺乏必要的信息条件的情况下，信息弱势群体的知情权、信息安全权等信息权利没有受到应有的关注和有效的保障，妨碍了他们分享信息社会的福利。另据统计，全球互联网资源中80%以上是英语文献，几乎100%的软件源代码是英文。而其他语言表达的信息所占比例少得可怜。汉语虽为十几亿人的母语，但汉语信息在世界信息流中的比重很低。随着经济全球化进程的深入，全球信息出现越来越严重的同质化。由于信息资源占有和利用的能力不仅与个体差异有关，

---

① See S. Levy Hacker, *Heroes of the Computer Revolution*, Dell, 1984, p. 2.

主要与信息资源的分配不公有关,当信息资源掌控在部分人和部分组织手中,信息能力就成为权力资源。信息使权力具有了强大的支配力。信息权力者可以按照他们的意愿和利益来决定信息生成、传播和存储的整个过程,通过控制信息控制无权者的判断和选择,从而使其服从权力意志的支配。这种权力实现方式远比以暴力强制为支配力的方式显得文明、有效和隐蔽得多。信息权力的滥用在缺乏相应信息权利机制的约束下就会演变为信息霸权,从而加剧信息资源占有和利用能力上的不平等。改变信息资源分配不均、利用能力差距巨大的局面除了经济的全面发展之外,完善信息权利制度,提高人们的信息权利意识,才能使人们认识到信息资源的宝贵,不断提高人们的信息资源利用愿望和能力。

由社会变迁诱发的信息社会的宏观伦理危机在人们的生活中以更加具体的形式表现出来,导致了隐私、产权等微观伦理问题。为了解决这些问题,人们提出了信息伦理原则作为信息行为的指南。伦理道德作为社会规范的自发形态和基础形态,其存在不仅是对正式规范的补充和辅助,也是正式规范特别是法律规范的重要渊源。[1] 伦理原则中蕴涵的信息伦理权利的制度化催生了信息法律权利。例如,互联网的发展中,在没有法律规范调整之前就已经存在事实上的道德规范,先于法律规范担当了调整互联网关系的角色。[2] 而随后发展起来的互联网立法在很多方面都受到了互联网伦理原则的直接影响,直接确认了门户网站、信息提供者、软件公司以及个人用户等互联网参与者的权利与义务。互联网使用的法律已经普遍承认了网络个人用户的隐私权、信息安全等权利,当这些权利遭受侵犯时,已经可以寻求有效的法律保护。

---

[1] 格沃思曾指出:"一种权利"这类表述及其同义语,到了中世纪末期才出现,在日语中直至19世纪中叶才出现。在中国,权利一词出现的更晚,翻译自日语。推演权利存在两种路径,其一是从个人对共同体负有义务引发而来,另外一种是从先验的主体引申而来。权利概念最初是关涉伦理生活的概念。"转引自〔美〕A. 麦金泰尔:《德性之后》,龚群、戴扬毅等译,中国社会科学出版社1995年版,第85页。

[2] 美国计算机伦理协会所制定的"计算机伦理十诫"被公认为网络生活的道德原则。具体内容为:(1) 你不应该用计算机去伤害他人;(2) 你不应该去影响他人的计算机工作;(3) 你不应该到他人的计算机文件里去窥探;(4) 你不应该用计算机去偷盗;(5) 你不应该用计算机去做假证;(6) 你不应该拷贝你没有购买的软件;(7) 你不应该使用他人的计算机资源,除非你得到了准许或者做出了补偿;(8) 你不应该剽窃他人的精神产品;(9) 你应该注意你正在写入的程序和你正在设计的系统的社会效应;(10) 你应该始终注意,你使用计算机时是在进一步加强你对你的人类同胞的理解和尊敬,参见《计算机伦理十诫》,载《信息经济与技术》1997年第5期,第19页。

当然，从信息伦理到信息权利存在一个推理和实践的过程。

(2) 信息伦理原则与伦理权利

具体到人们的信息行为关系，信息伦理是指涉及信息开发、信息传播、信息管理和利用等方面的伦理要求、伦理准则、规范以及在此基础上形成的新型的伦理关系。美国学者梅森（R. Mason）提出了信息时代的四个伦理问题：隐私（privacy）、准确（accuracy）、产权（property）和存取（accessibility）。隐私是指公众有权保证个人生活空间和个人信息不受侵犯；准确是关涉信息的真实性、可靠性和准确性由谁负责，受害一方又如何得到弥补等问题；产权是指信息为谁所有，信息交流应该具有怎样一种公正、公开的价格体制，谁对流通渠道（特别是电视频道等）拥有控制权，对这一稀有资源的使用权应如何分配等。存取是指个人或机构有权或有特权获取何种信息，以何为条件，又有何保障。

为解决这些问题，人们提出了约束信息行为的原则主张。美国学者罗杰森（Simon Rogerson）认为："信息伦理的总目标就是要达到信息技术与人类利益相结合，也就是并不损害人们的利益。"[①] 美国学者斯皮内洛提出了处理信息道德问题的三种重要的规范性原则，即自主原则（autonomy）、无害原则（nonmaleficence）和知情同意原则（informed consent）。[②] 自主原则指，人之为人的要素是自决。康德关于人之为人的观念着重点就在于所有人的平等价值和普遍尊严，因为所有的理性人均具有双重能力：有能力做出追求自认为是好生活的理性计划；有能力尊重他人同样的自我决定的能力。一个真正的人应该不受约束地找到自己的最佳利益之所在。自主不仅是道德义务的必要条件，而且要通过自主权来塑造自己的生活。如果某人的自主权被剥夺，就意味着其独立人格的减损。无害原则指，人们应当尽可能地避免给他人造成不必要的伤害。知情同意原则要求在某人对某事自愿地表示同意时，应该是建立在对该事情的现状和可能掌握了准确的信息和充分了解后果的前提下做出的表示。在关于该事情的必要信息被扭曲或阻断的情况下，当事人做出的

---

① 转引自周庆山：《信息法教程》，科学出版社 2002 年版，第 24—25 页。
② 参见〔美〕斯皮内洛：《世纪道德：信息技术的伦理方面》，刘钢译，中央编译出版社 1999 年版，第 51 页。

同意意思表示无效。这些原则对于指导信息行为不仅具有伦理上的意义，而且对于发展信息规制方面的法律规范，特别是为发展和建构信息权利规范提供了参考体系和制度指向。

伦理原则指示着道德正当，得到道德正当肯定的主张就是道德权利。权利模式的信息道德伦理观认为：信息社会出现的种种道德伦理问题都与信息的生产、占有、传播和使用等权利有关，而信息权利是在信息空间连接虚拟与现实的桥梁。在信息社会，信息权利是解释和解决伦理危机的良方。[①] 信息伦理权利观反对义务论伦理模式扩张责任和义务的主张，反对单纯依赖义务规范来约束信息时代的社会生活，倡导通过权利设定促动新的信息秩序的形成。道德上的信息权利可以包括：信息产权、信息知情权、信息传播权、信息隐私权等等。这些伦理上的信息权利能够成为相应的信息法律权利正当性的直接渊源。当然，信息权利正当性源泉在更高层次上可以追溯到一些基本的"善"，诸如正义、自由、效率、平等，法治精神、民主程序和人权原则等等。信息伦理原则体现了信息社会中的人们对这些基本"善"所进行的时代性阐述。由于"道德的具体内容实际上是由社会所决定，所以社会似乎是道德的立法者，伦理学必须追问这个立法者"[②]，那些被规定为道德上正当的先验原则在不同的时代当中展现为不同的具体内容。在不同时代语境中，从道德的"善"中可以演绎出不同的具体权利，这些权利包括道德权利也包括法律权利。虽然演绎的逻辑过程不能天然地使这些权利具有法律意义，但却为这些新的权利名词提供了一种关键的正当性证明。在信息社会，同样有这种演绎推理存在的空间，即以人类一般意义上的"善"和信息伦理原则为前提演绎出信息法律权利，以此论证信息权利的正当性。本书在这里仅以信息权利意义上的知情权和表达自由权为例，展现这种从先验前提出发的演绎推理过程。

---

① 参见段伟文：《网络空间的伦理反思》一书的第三部分："虚实两界的伦理纽带——信息权利"，江苏人民出版社 2002 年版。
② 〔德〕莫里茨·石里克：《伦理学问题》，孙美堂译，华夏出版社 2001 年版，第 73 页。

2. 知情权与表达自由权[①]推理

(1) 知情权推理

知情权[②]从无到有,从狭窄领域扩展到广泛的空间,其推理过程堪为信息权利推理的一个范例。知情权是信息伦理原则中"自主原则"、"知情同意原则"的直接体现,在更深层的意义上,作为法律权利的知情权与民主和法治相关。民主与法治都是人类为了实现自身的解放、追求自由境界的工具,是一般意义上的"善"在政治制度上的表现。为了实现自由、保障自由并协调自由之间的关系,人类才发展出民主与法治两原则。在这种意义上,自由权这一道德权利就是知情权推理的最初起点。具体而言,知情权则是民主与法治的必然要求。

法治的基本原则之一在于法律外观的可知性,即法律必须是公开的、可获知的,而不是秘密的、只被少数人解释和垄断。法律作为一种最典型的公众信息必须是公开的。那么知晓法律规定的执行情况就是社会主体的一种权利。知晓法律的权利是知情权的初级构成。法治是一种依赖规则的治理,不仅意味着这些法律规则本身是公开和可知的,而且意味着整个规则的实现也是可知的。程序原则将规则适用进一步明确化、透明化。程序价值的体现需要辅之以必要的信息流通体系。程序中的人正是处在这个信息体系中,并通过这个信息体系交换意见而达成一致。知情权能够保障信息被便捷地获得、有效地控制,因此成为保障程序公开的必要手段。

作为现代政治的基础,民主原则是建立在对多数人选择的认同之上。民主原则相信公民是有理性的独立判断者,当多数人的理性集中到一起时就构

[①] 从信息权利的角度能够解释知情权和表达自由权。"信息权利链的建构与信息的产生、发送、传递、接收的全过程具有内在的逻辑联系和客观规律性。其中,信息的产生对应的权利是思想自由。因为只有思想自由才能确保多元信息不受限制地产生,而这正是民主多元社会赖以存在的基础;信息的发送对应的权利是表达自由。因为思想自由仅能保证信息的产生和信息为主体的自我意识,却不能保证信息为社会所知。只有表达自由才能实现信息脱离主体的局限进入公共领域;信息传递对应的权利是通信自由。因为通信自由能确保信息能以最少的损耗在社会中进行传递,以使公众能最大限度地免遭信息缺失的损害。信息的接受对应的是知情权。因为公众只有能够合法地接受信息,并有权接近信息,才能顺利完成信息传递的全过程,实现信息制造者和传递者的最终目的。"参见陈欣新:《表达自由的法律保障》,中国社会科学出版社 2003 年版,第 9—10 页。

[②] 知情权有广义和狭义之分,广义上是指公民对所有的社会生活(包括消费者权益、国家政权机关的工作、选举过程等)享有了解、获知信息的权利;狭义上讲,就是公民针对政府工作、针对政府的政务公开的一项权利。知情权往往被作为一项基本人权进行讨论,这时知情权是一种基本政治和经济权利,一般指社会主体具有的,了解、知悉相关信息的权利。

成了理性的优势，具有优于少数人理性的地位。而任何理性的、独立的判断都必须建立在对相关信息的充分了解之上。没有信息，就不可能存在独立的理性判断，而只能是盲目随意的选择或者随声附和。"民主是一种自治的制度。"① "公众要想成为自己的主人，就必须用习得的知识中隐含的权力来武装自己；政府如果不能为公众提供充分的信息，或者公众缺乏畅通的信息渠道，那么所谓的面向公众的政府，也就沦为一场滑稽剧或悲剧或喜剧的序幕。"② 所以任何声称民主制度的国家都负有义务为行使民主权利提供充分的信息保障。没有公开性而谈民主是可笑的。如果仅将民主权利写进法律，而对政治、经济等信息进行事实上的封锁、垄断和虚构，这样的政治不可能是民主的。公民的知情权就是民主制度的最基本表征。民主过程中的实质性参与，要求参与人必须获知充分的相关信息，而保密减少了公众可获得信息的质与量，使公众参与陷入步履蹒跚的困境。在这个意义上，没有知情权就没有真正的民主和法治。

知情权的推理在实践中延续了其自身的理论脉络，内在地反映了民主、法治与自由的关系。自由是西方价值基础的根基，民主与法治最终是为了实现和谐的自由，自由向权利的演化则为民主与法治提供了制度化基础。在以"信息自由"表征的知情权中，公众知悉信息的权利也就是可以合法获得相关信息的自由。知情权的实现在于对信息的知悉和了解，没有这种知悉就没有权利的实现。而可能获得的信息的范围是由法律来划定的，自由受到了法治的约束。同时，约束自由的法律是民主程序的产物，自由、法治与民主就自然而然地结为一体。

在民主与法治的价值分析之外，斯蒂格利茨从产权经济学的视角证成了知情权的正当性。斯蒂格利茨认为：公众已通过赋税等方式支付了政府信息收集所耗费的成本，那么信息就不是政府官员的私家收藏，而应为公众普遍享有。因为公众为政府官员收集的信息负担成本，故信息理应属于公众所有，这和政府的桌椅及建筑设施以及其他固定资产为公众所有是类似的。我们今天都强调知识产权的重要意义，而政府产生、采集和处理的信息如同可授予

---

① 〔美〕科恩：《论民主》，聂崇信、朱秀贤译，商务印书馆1988年版，第6页。
② Padover Saul ed., *The Complete Madison*, Harper, 1953. 转引自〔美〕斯蒂格利茨：《自由、知情权和公共话语——透明化在公共生活中的作用》，宋华琳译，载《环球法律评论》2002年秋季号。

专利的发明一样,同样具有产权性质。将公共信息产权为私人占有利用,与盗用其他公共财产为私人所占用的危害在严重性上没有什么本质的不同。公众为信息支付了费用,而政府官员为了他的私人利益,或仅仅为了追求良好的新闻效应来对信息加以处置的话,这是与偷窃其他公共财产一样的盗窃行为。虽然我们都认识到集体行动的必要性,集体行动对个人自由的影响,我们有知晓集体行动中权力如何运作的基本权利。这似乎可以视为被统治者与统治者之间达成的默示契约。① 财产权在一般意义上是私权利,所有的财产权在这个意义上是平等的,必须遵循等价交换的规律。而知情权一般认为是公法上的政治性权利。这种以财产权推理知情权的思路反映了自由主义权利观念发展中的一般走向:以私权利为中心,从私权利到公权利的制度渗透过程。

公共选择理论则以缺乏知情权的危害为切入点进行分析,并认为,保障知情权的政府信息公开有助于公共利益的实现,保守信息秘密很有可能是为了满足政府官员以及相关特定利益集团的隐秘目的和诉求。公开更多的信息,可以使得公众对政府行为进行更好的评判。保密永远都是滋生腐败的温床,它削弱了公众对民主国家的信赖感。信息的缺乏,和其他人为制造的稀缺性一样,都导致了寻租。隐秘信息还造成了一个不健康的怪圈:政府官员有着制造信息秘密的激励,因为借此可以获取租金;保密增加了信息成本,这使得许多选民在自身没有什么特殊利益的情况下,不再积极参与民主过程,而将许多相应的领域留给了那些特殊利益集团。信息保密是滋养特殊利益集团的肥沃土壤,增加了管理租金,加大了交易成本,使民主过程中的公众参与大打折扣;使得媒体舆论无法形成对政府滥用职权的监督制衡机制。同时信息保密还有更大的危害:为了保密,政府常常把决策人员限制在一个小圈子内,那些本来可以提供深刻洞见的人却被排除在讨论范围之外,这样的决策质量因此也就差强人意。这就形成了一个恶性循环,随着政府决策失误的增多,政府官员怕承担责任,转而寻求自我保护,信息就更不敢公开,决策圈子变得更小,决策质量也就每况愈下。

信息经济学的研究还证明:质量更高、更及时的信息可以使我们更好、更有效率地配置资源,进而调节经济运行。信息产业的不断发展,使越来越

---

① 〔美〕斯蒂格利茨:《自由、知情权与公共话语:透明化在公共生活中的作用》,宋华琳译,载《环球法律评论》2002年秋季号。

多的员工从事着信息的收集、加工、整理和发布的工作,这也印证了信息在经济生活中的重要性。但具有讽刺意味的是,其中许多员工从事的工作,竟是设法收集发布那些政府部门本应公开却秘而不宣的有用信息。政府对信息的垄断不利于市场资源的配置,也阻滞了市场的活力。在保密的外衣之下,个人权利经常受到侵犯。因此,"我们必须确立公开的理念,坚信公共机关官员所拥有的信息都为公众'所有',将其用于私人目的,无异于对公共财产的偷窃。保密的一个强烈激励在于为利益集团的运作披上遮蔽的外衣"。[1] 而不同政府部门之间、政府与公众之间的信息共享一方面可以降低信息重复搜集的成本和组织编辑成本、极大提高决策和行为选择的效率,还能够从根本上改善公共权力机关的组织方式,使传统的高高在上的管理者形象在网络化的信息交流中变得平易近人,从而提升政府的公信力。

绝大多数社会的信息资源结构现实显示,政府信息为整个社会提供了最具有权威和效力的源头信息。政府信息的合法、安全和效率是保证整个社会信息资源真实、安全和有序的基础。政府信息是政府机关为履行其职责而产生、获取、保存、整理、利用和传播的信息资源。这些政府信息既包括政府机构生成的法律和其他规范性文件、行政程序、一般社会信息(如统计资料、疫情灾害信息、人口流动信息、资源使用状况、产业结构信息)等还包括政府机构及其工作人员在公务活动中收集、整理的有关个人、经营者、社会组织等的信息。这些信息有的向社会公开,为社会活动提供基础信息和源头信息,如一般社会信息、工商登记、产权转移过户登记等。应予公开的信息涉及公众的普遍知情权。如果政府信息缺乏、信息公开不及时、信息不实、信息混乱必然会导致公众增加信息获取成本、难以获取有效信息甚至获取错误信息。其后果是大到影响国家宏观决策小到影响公众对行为选择的理性判断,以至造成经济上的连锁反应(比如,工商部门登记了某公司不实的资产额,可能会造成与其建立经济关系的企业的债权难以实现,从而带来连环债务)。在一些社会危机发生时,知情权得不到保障还会造成流言四起和社会混乱。我国 2003 年的"非典"就是鲜明一例。另一部分政府信息,出于保护国家机密和个人隐私的目的而不予公开。而这些因该保密的信息,也与知情权有关。

---

[1] 〔美〕斯蒂格利茨:《自由、知情权与公共话语:透明化在公共生活中的作用》(中译文),宋华琳译,载《环球法律评论》2002 年秋季号。

即，政府搜集的可能影响政府对公众做出行为判断或者影响他人对公众做出判断的信息应该向信息来源者开示，使其能够了解政府保有了他的哪些记录，这些记录是否真实，是否以及在何种程度上会影响政府或者他人对其做出的判断。比如个人应该了解个人档案的主要内容是否真实、公司应该能够了解政府机关对于它的处罚记录是否真实等等。这种知情权是依当事人的申请实现的。政府机关应安排合理的程序保障当事人获得这些信息，并在当事人对信息的合法性和真实性提出异议时启动审查程序。如果当事人的知情权没有得到依法保护，他还可以获得司法救济。

在美国等西方国家，这种根源于民主和法治，同时又是民主与法治标志的知情权利被称为信息自由（the freedom of information）。在美国，1966 年颁布的《信息自由法》（《Freedom of Information Law》）是规定联邦政府各机构公开政府信息的法律。根据这一法律，政府信息公开是原则，不公开是例外。公民享有从政府的档案馆、手稿馆、图书馆、报刊、杂志、电台、电视台、情报所、科研所获得信息，并利用信息的权利。该法确认除涉及国家防务、外交政策的文件、根据法律执行的调查档案、私人信息、贸易秘密以及由其他法规保护的秘密外，联邦政府掌握的档案可以供任何人检查和抄录（复印），如果政府机关无故拒绝公开某份文件，当事人可以向联邦法院起诉。在美国，《阳光下政府法》还通过为政府一方设定信息公开性义务实现对知情权的有效保障，并通过制定《隐私权法》[①]保护信息公开中涉及的信息隐私权

---

① 1974 年制定的《隐私权法》是美国规范行政机关处理个人记录的行为，规定个人记录必须对本人公开和对第三者限制公开的原则的法律。与《信息自由法》同属于行政公开法的范畴。和《信息自由法》的不同之处在于，《隐私权法》只适用于个人记录，而《信息自由法》适用于全部政府记录；《隐私权法》着重保护公民的个人隐私权，而《信息自由法》着重保护公众的了解权；《隐私权法》企图限制某些政府文件的公开，而《信息自由法》则寻求政府文件最大限度的公开。这两个法律互为补充，关系密切，但在适用上互相独立。行政机关对个人记录系统的公开，同时受这两个法律的支配。一个法律中免除公开的规定，不适用于另一个法律。行政机关不能依据《信息自由法》中免除公开的规定，拒绝向个人提供他在《隐私权法》中可以得到的文件。《信息自由法》规定不能对公众提供的文件，不一定是《隐私权法》规定不能对个人提供的文件；行政机关也不得根据《隐私权法》的规定，拒绝提供《信息自由法》中公众可以得到的文件。《信息自由法》兼容除《隐私权法》外的其他法律对某一文件不得公开的规定。公众根据《信息自由法》或《隐私权法》要求行政机关提供文件，而行政机关要拒绝提供时，只能依据该法本身免除公开的条款。《信息自由法》与《隐私法》有效地实现了权利之间的衡平，隐私权利为知情权界定了范围，知情权为隐私权提供了反向制约，此权利与彼权利之间相互界定又彼此依存。正是这种相互的权利设定使权利的界限更加清晰，避免了权利滥用，从而构建了合理的权利结构。关于知情权与隐私权，人们向来关注二者之间存在的权利冲突，但是从相反的角度看，正是这种权利之间的冲突，不断挑战权利的界限，从而使每一项单独的权利的本质更加清晰起来。

问题。无论是出于保障公众知情权的需要，还是提高政府工作效率的考虑，各国继美国之后相继使用了"信息自由"这一词汇作为保障公民知情权和为政府设定公开义务的法律专用语。法国（1978年）、荷兰（1978年）、加拿大（1983年）、澳大利亚（1983年）、新西兰（1983年）和英国（2000年）都用"信息自由法"对知情权和政府公开义务进行立法。而没有使用这一词语的国家如芬兰、挪威和丹麦、爱尔兰、日本等也纷纷以《行政机关所拥有的信息公开法》（日本）等信息公开法案来保障公众的知情权。北欧一些国家和加拿大还专门设置了"信息专员"一职，以帮助联邦法院处理信息获取中的纠纷。在这些立法中将重要的科技信息、国情信息、疫情信息、灾害信息突发事件等列入应为公众知情的范围，并建立了相应的公开制度。

当然知情权并不局限于政治领域，将政治生活的民主原则扩展到经济和文化领域，就意味着知情权也拓展到了这些领域。民主信赖人性，尊重每一个个体的正当选择，排斥强权对自由意志的压迫。然而在经济生活中，优势集团的存在构成对民主原则的威胁，大公司企业作为商品和服务的提供者具有明显的优势，包括信息优势。如果他们歪曲信息、夸大宣传，消费者将无法做出理性判断。在民主原则的要求下，消费者是理性主体，有权利在获得真实、充分信息的前提下就所需要的商品和服务做出独立的判断。因此，消费者的知情权就成为民主原则扩展到经济生活的必然要求。文化上亦然，文化信息的提供者与受众之间，特别是大众媒体与公众之间的民主原则也要求给予受众以知情权，以保障公众的文化选择真正符合自身的意愿。消费者知情权、患者知情权、中小股民知情权、求职者知情权都是在信息问题上主张民主的结果。随着国家在社会治理过程中某些领域的退缩，一些公共组织、行业协会和大型企业担当起了国家代理人和社会自治组织者的角色，在某种程度上使经济和社会领域中的信息集中于他们之手，出于平衡社会强势与弱势之间的利益关系的需要，对他们的信息优势需要保持必要的警惕。

因此，知情权的正当性不仅来自信息社会"自主"和"知情同意"的道德原则，而且是法治、民主和产权原则的引申。

（2）表达自由权推理

1948年联合国《世界人权宣言》第19条界定了表达自由权的概念："人人有主张及发表的自由权利：此项权利包括保持主张而不受干涉的自由，及经由任何方法不分国界以寻求、接受并传播消息意见之自由。"开创了世界范围内对表达自由权利进行法律保护的篇章。表达自由在本质上主要是指通过发布和传播有意义的信息符号来发表对某些事物的看法的权利。其权利内容中"保持主张"的内容是与表达紧密相关的部分，如果权利人只是在内心以消极的方式"保持主张"不以外在行为表现出来，则这种行为由于不具备法律行为的特征，属于纯粹的精神领域，不受法律调整。因此，将表达自由权的权利客体理解为一种负有意义的信息是恰当的，在信息权利的意义上对它进行讨论也是可能的。表达自由的广义理解包括言论自由和新闻自由，以自由地搜集、发布和传播信息为权利的主要内容。关于表达自由权利的正当性基础，穆勒和霍姆斯都曾支持"思想的自由市场学说"，即真理来自一个思想的自由市场。而汉德法官也认为"关于言论自由的美国宪法第一修正案预先假设：正确的结论更可能来自于众人智慧，而不是来自于任何一种权威性选择。"① 言论、表达和出版自由是"最重要的公民自由或权利之一。它意味着通过口头、书写或印刷以及其他手段进行交流的自由。它和思想、道德及宗教自由联系在一起。因为，如果没有表达思想的机会，持有思想的自由就会失去意义。"② 让人印象最深刻的是在 1927 年的惠特尼诉加利福尼亚州（Whitney v. California, 274 U. S. 357）案的判决书（同时也是美国宪法第一修正案发展历史中的经典资料之一）中，布兰代斯法官论证了表达自由权是广义的自由权的一部分，证明了表达自由是自由权的具体表征，从而以演绎逻辑论证了表达自由的正当性：

"那些为我们赢得独立的先辈相信：国家的终极目的在于使人民自由地发展其才能；并且，政府将谨慎不专断地行使权力。他们视自由既是目的也是手段。他们相信自由即幸福之真谛，勇气即自由之奥秘。他们相信思你所欲、言你所思是发现和传播政治真理的不可或缺的手段；若言论和集会自由缺席，争论将流于空泛；他们认为争论足可以提供充分的屏障阻挡有害的理论的传播；自由的最大威胁是没有行动力的人民；他们认为公开的争论是政治的责

---

① 转引自〔美〕德沃金：《自由的法——对美国宪法的道德解读》，刘丽君译，上海人民出版社 2001 年版，第 285 页。

② 〔英〕戴维·米勒、韦农·波格丹诺编：《布莱克维尔政治学百科全书》，邓正来（中译本主编），中国政法大学出版社 1992 年版，第 274 页。

任，且它应成为美国政府的基本原则。他们意识到一切人的制度都有危险。但他们深知仅仅利用人们对违反将遭到惩罚的恐惧并不能保障秩序；他们认为贬抑思想、希望和想象力是危险的；恐惧导致压抑；压抑滋生仇恨，仇恨威胁政府之稳定；他们认为安全的路径在于自由谈论冤情和救济的机会；适当的救济可抵消错误的法律。出于对公共讨论中理性力量的信任，他们弃绝了法律压制下的沉默，视之为法律最糟糕的力量。考虑到偶尔会有的统治者多数的暴政，他们修正了宪法以确保言论和集会自由。"①

表达自由是广义上自由权的延伸和民主观念的具体体现。在人类历史中，言论自由始终与民主联系在一起，而与专制相悖。在容许和保护言论自由的政治理念中，权威是经过商谈和民主程序产生的，并且这种政治权威的延续也要仰赖信息表达与沟通的程序，以化解矛盾、疏通治理渠道。由于言论自由与政治制度的关系紧密，因此言论自由和表达自由通常被作为一种政治性权利加以讨论。但由于时代的发展，言论自由、表达自由已经远远超出了政治领域的范围，在经济领域、文化领域，自由表达思想、观点的权利及其界限已经成为争议多发的地带。

信息的公共性和易于传播性使法律抑制信息自由传播的成本极大。政治权力对表达自由权始终存有恐惧和顾忌，担心不利的信息传播有损政治安定。但信息具有天生的流动和转播的禀赋，信息一旦被客观化、符号化，其扩散几乎是必然的，要人为阻止信息的传播只能是徒劳。在17世纪的英格兰，星座法院曾试图阻止报纸的发行，并运用授予特许证的方式进行限制；在纳粹德国，大量书籍被烧毁、与政府相异的言论受到严格禁止……然而这一切都没能隔绝人们之间传播信息的通道，言论和观点通过各种各样非正式的、秘密的信息渠道以各种各样的形式传播着，各种口口相传的信息、手抄本和印刷品仍然可以将政府禁止的信息传播到四面八方。在信息时代，以网络为代表的信息媒介空前发达，信息技术的独立性使任何组织都难以实现对信息的全面和有效控制。信息愚民政策的时代将一去不复返，人们不仅可以通过多种信息渠道获得信息，而且可以通过互动信息形式及时地将对信息的反馈发

---

① 参见 http://www.bc.edu/bc_org/avp/cas/comm/free_speech/whitney.html，译文载 http://www.chinalawinfo.com/fzdt/flzt_article.asp?id={828E65C2-1D21-4B72-A0AF-0477065FB40A}，2010-3-18。

布出去，与他人进行无障碍交流。蒙上人们的眼睛与堵住人们的嘴巴已经是不可能的事。当代政治、经济的运作逻辑也不再是单向支配的，而是双向互动的。民主的政治治理需要听取人们基于对信息的理性分析做出的判断，而不是通过信息封锁钳制人们的思想。网络这一新型的互动媒体成为一个真正的表达自由权大获全胜的舞台。在网络中，无数无名小卒的声音汇聚成震耳欲聋的轰响。网友针对某一信息的集中反馈不仅反映了民意民情，而且使民主诉求几乎无所不在。网络调查不仅成为新闻媒体的用料，而且成为官方正式统计数据的重要组成部分，甚至直接影响立法。2003年孙志刚在广州收容遣送站被无故殴打致死的惨剧在网络上引发了对收容遣送制度如潮的批评，最终促使这种不合理制度被取缔，代之以人性化的流浪人员救助制度，此一典型例证。

在更广泛的领域中，讨论表达自由与言论自由可以借助信息权利这一概念。表达自由、言论自由、出版自由等权利的实现形式都是通过将思想、观点客观化为语言、文字、图像等符号化信息，并将这些信息通过一定的渠道公之于众。表达自由的权利客体是具有客观形式、能够传播、具有意义、并能够为人所知晓和理解的信息。以信息权利来认识表达自由，实现了从表达自由到信息传播自由的权利扩展。另一方面，信息传播自由权用更具客观化形式的信息取代了表达自由权的客体——思想、观点等较为模糊的概念，为权利界定、权利实现和权利救济提供了更强的操作性。信息传播自由权还冲淡了表达自由权带有的浓重的政治色彩，使权利适用的范围及于经济文化等更广泛的社会生活领域。

将信息传播自由权纳入信息权利族群，就可以运用信息权利族群共有的禀赋对其进行认识，并借助对各信息权利之间的关系性分析，构建更加合理的权利结构体系。不同种类的信息权利彼此关联形成一个权利的链条。而"信息权利链的建构与信息的成生、发送、传递、接受的全过程具有内在的逻辑联系和客观规律性。"[①] 表达自由权关涉信息的发送和传播权利，是信息权利链中的关键一环。它既与思想自由、学术自由权紧密相连，也直接决定了公众知情权实现的程度。表达自由权决定了信息的价值和存在形态。信息一

---

① 陈欣新：《表达自由的法律保障》，中国社会科学出版社2003年版，第9页。

旦通过自由表达形式为他人所知，进入公共领域，再对信息的传播途径和传播范围进行控制是相当困难的。而且表达自由权与隐私权、集会结社权、信仰自由权、投票权等权利密切相关，甚至在某些情况下某些权利实现的过程就是一种自由表达的形式，如投票权，但基于这些权利的特殊性，一般立法将他们从表达自由权中择离出来进行特别法形式的保护。事实上这些特别保护就是将特定的信息表达方式所涉及的行为进行详尽规范。

信息权利意义上的表达自由权能够展示信息社会对表达自由的时代性理解。传统的表达自由更多关注表达的内容，而作为信息权利的表达自由权全方位地关注信息表达方式和传播方式。并旨在通过明确法律保护的可能方式、清除信息传播过程中的障碍来实现对表达自由的保护。当代以来的诸多表达自由的判例中的争议焦点不仅是表达的内容即信息本身的合法性问题，还包括了大量对表达方式和信息传播途径合法性的争论。[①] 在信息传播自由权中不仅包括将观点以信息化的形态发表出来使之公开的权利，而且包括在广泛的信息网络中进行传播的权利。思想和观念更加容易信息化、信息化的观念和思想也更具传播性。信息时代是一个"众口铄金，积毁销骨"的时代，人们的观念、思想借助高效的信息媒介，在符号化的空间内被高速传播着。人们不仅需要自由表达，而且需要将观点和思想转化为信息符号，同时要求表达可以借助不同媒介，特别是计算机网络，实现更广泛的传播，借此获得深远影响。表达自由权的关注焦点也从新闻自由、出版自由等传统领域转向更广阔的信息传播空间。表达自由也不再主要关涉新闻媒体、职业记者和政治及工商人士和组织。由于网络破除了信息表达和传播对报纸、书刊等传统媒介的依赖，在信息时代，大众的信息表达和传播获得了充分的解放。在这种情况下，普通大众的表达自由权成为权利保障的重点和难点。如何在这个信息技术高度发达，信息发布和传播高速便捷的环境中一方面保障权利，一方面把握尺度，需要充分考虑作为信息权利的表达自由权所具有的特质。从界定表达自由权的客体——信息开始，借助于对信息生成、发布和传播方式和渠道的规制来实现利益平衡的目标。从信息传播的流程来考虑表达自由的制度

---

① 诸如烧毁国旗是否成其为合法的表达方式、在自己的花园里树标语牌否认大屠杀是否是合法的表达方式等。

设定，首先需要解决的问题是受表达自由保护的信息的内容、范围及其例外。一般而言，受此项权利保护的信息可以包括政治信息（如政治观点和意见、政治事件的评论等）、经济和商业信息（如经营状况、经济事件及其评论等）以及以艺术和思想为内容的信息。当然，纵观世界范围内的表达自由权保护，由于政治自由辩论是民主社会的核心，对"政治表达"的保护最强。而思想和艺术表达和商业信息的表达较弱。当然，在任何社会，表达自由权保护的信息内容应该坚持"无害"原则，即信息的内容与社会公共利益、国家安全和他人的合法权利所保障的利益不相冲突。对于那些在内容上存在的非法曝露国家秘密、个人隐私、商业秘密；宣扬种族隔离、仇视和敌对；宣扬法西斯主义、排外主义和种族主义；以及基于道德和风化方面的要求对淫秽色情、暴力等内容的信息不受表达自由权的法律保护。但一般而言，并不要求表达的信息在表达之时即具有完全的正确性和真实性，也不要求表达的看法是否被社会大多数或主流所接受。其次，作为信息权利的表达自由权，应规制表达的方式和方法。任何在形式上可能产生危害性的信息发布的方式方法因该受到法律的限制。法律应列举受保护的表达方式方法以引导守法者，诸如利用印刷媒体、广播电视、电影、绘画、传单与小册子、横幅与标语等属于合法形式。同时提出原则性规范，即表达方式应与表达的时间、地点和场合相协调等，限制比如使用暴力的（以自焚、残害肢体等）、有伤风化或不道德（裸体游行等）的等非法的表达方式。再次，应对侵害表达自由权的责任人设置承担法律责任的方式，以及受侵害人可以获得救济的途径。

三、归纳式信息权利推理

以法定权利为前提和以应有权利为前提的演绎式权利推理都是从一般"正当"到特殊"正当"的过程，只不过这个一般"正当"的表现形式和效力渊源，一个是来自实在法，一个是来自人类一般的"善"。仅有演绎式权利推理不能完全满足论证权利正当性的要求。演绎式权利推理方法存在固有不足。首先是前提的不确定性，尤其是对那些抽象的道德原则，人们的认识并不一致；其次，演绎推理在权利发展中对新的权利现象反应滞后，这种滞后性往往使演绎式权利推理没有承担起制度创新的功能，而只是对权利进行事后的证明。因此，缺少归纳模式从特殊"正当"到一般"正当"的论证，权利推理理论是不完整的。

归纳式权利推理过程能够直接面对经验材料——利益和不利益（损害），经过对正当利益的确认和对损害的禁止抽象出法律权利。与形式逻辑推理不同，权利推理的归纳模式都是在某种关于"正当"和"不正当"的一般性认识基础上进行的，单纯凭借利益事实无法证明权利的正当。基于归纳推理所运用的经验材料的差异，可以将归纳式权利推理分为基于正当利益确认的权利推理和基于损害禁止的权利推理，它们分别反映了正向和反向的两种进路。

（一）基于利益确认的权利推理

1. 需要与利益

针对从自然权利这样的先验原则出发去证明权利正当性的进路，尼采曾经有过深刻的批判。他认为所谓的自然法和自然权利都是一种理论的解释物。人们常常错误地把解释的东西当做实在看待，就像把地图当做真实的世界一样。尼采的根据在于：词语一旦形成，就具有一种凝聚的效果，使得本来丰富的意义内涵被固定下来，并且支配着我们的思想，所以语言是"形而上学的基本假设"。这样看来，语言不仅不能完全表达出思想和意义，反而起到了遮蔽的作用。我们把词语看得比事物本身还重要，我们就生活在词语之中，与事物本身却越来越隔膜。启蒙思想家发明了"自然权利"这样的词语，似乎真的存在"自然权利"这回事，使得人们相信它是一件等待我们去发现的事物实体一样。而实际上在词语与对象之间并不存在一种必然的关联，自然权利不是如启蒙思想家设想的那样是天赋的、永恒的。现代社会发明了越来越多的"权利"种类，产生了权利话语的膨胀，诸如猫的权利、树的权利、不吸烟者的权利、消费者的权利等。说到底，这些都是语言虚构的产物。[①] 尼采认为，从来就没有什么"自然法"这个实体，它们都是受各种利益驱动而被人解释和命名的结果。与所谓的自然权利相比，利益需要与利益关系才是权利产生的真实原因。关于权利背后的利益基础，从功利主义者边沁到实证

---

① 苏拉图：《后现代法学的知识谱系》，http://www.law-thinker.com/detail.asp?id=1562，2010-1-12。

主义者奥斯丁都有过精辟的论述。而影响最为深远的是以耶林为代表的利益法学派。这一理论认为：权利的基础是利益——权利来源于利益要求，权利乃法律所承认和保障的利益。

马克思主义充分论证了利益是权利的现实基础。历史唯物主义认为，权利现象与人的社会性紧密相关，人只有成为"类"的生物，并意识到自己成为"类"的生物时，即所谓"人是人的最高本质"时，权利才成为一种必要。因此，任何人类的权利现象都是社会的，孤立的个人无所谓权利。权利本身就是人成为社会主体的一种确认，而社会主体的权利总是与社会需要和利益联系在一起。马克思认为，"人类生存乃至一切历史的第一个前提就是：人们为了能够'创造历史'，必须能够生活。但是为了生活，首先就需要衣、食、住以及其他东西。因此，第一个历史活动就是生产满足这些需要的资料，即生产物质生活本身"。① "第二个事实是，已经得到满足的第一个需要本身、满足需要的活动和已经获得的为满足需要用的工具又引起新的需要。"② 而满足不断产生的需要仰赖于一定条件，当这种需要成为大多数人的追求时，就会使能够满足某种需要的媒介物供不应求，成为稀缺物，围绕这些稀缺物就生成了利益。"一定需要是一定利益的物质基础。而利益则制约着那些以其成果满足需要的活动，是需要的具体社会形式。"③ 利益正是权利背后的能动因素，是权利的现实基础。

在后期的政治经济学研究中，马克思还阐述了权利现象变化的根本动力是社会经济关系。"创造这种权利的，是生产关系。一旦生产关系达到必须改变外壳的程度，这种权利和一切以它为根据的交易的物质源泉，即一种有经济上和历史上的存在理由、从社会生活的生产过程产生的源泉，就会消失。"④ 在这一过程中，"随着社会发展即经济发展的需要的变化，'实在法'能够而且必须改变自己的各种规定。"⑤ 马克思历史唯物主义的权利观否定唯心主义权利观，否认权利来源于神、绝对精神等先验的范畴，而是强调来源

---

① 参见《马克思恩格斯全集》（第 3 卷），人民出版社 1960 年版，第 31 页。
② 同上书，第 32 页。
③ 参见公丕祥：《权利现象的逻辑》，山东人民出版社 2002 年版，第 275 页。
④ 参见《马克思恩格斯全集》（第 25 卷），人民出版社 1974 年版，第 874—875 页。
⑤ 同上书，第 695 页，脚注 26。

于实有的现实存在,来源于特定社会的经济关系中人们基于需要产生的利益要求。也就是说权利不过是对不断发展的经济关系、利益需要的确认,而不是凭空设想的虚构。马克思在分析所有权历史演进时提出,所有权不过是对事实上的占有的确认而已,而占有的事实是特定的社会维持生存和发展的需要,是由生产力的发展状况决定的。因此,要在时代变革过程中发现并确认新的权利,需要从现实的生产力状况和人的经济状态入手。分析在这样的生产力发展水平中人们产生了什么样的新的需要,这种新的需要是怎样经由旧有的需要创造出来的,围绕这种新的需要产生了哪些新的利益要求,哪些利益要求强烈到能够上升为权利的程度,在这些新的利益关系中,人们围绕生产的社会关系发生了什么样的变化……只有圆满地回答了这些问题,才能理直气壮地宣告一种新权利的诞生。

2. 从正当利益到正当权利

利益是一种表征关系的概念,表征需要与被需要、满足与被满足的关系。利益关系的存在是客观的、发展的。利益是"社会化的需要,人们通过一定的社会关系表现出来的需要。利益在本质上属于社会关系的范畴。社会主体维持自身的生存和发展,只有通过对社会劳动产品的占有和享用才能实现,社会主体与社会劳动产品的这种对立统一关系就是利益"①。经济社会发展使利益主体产生了新的需要,这种需要一般指向"好"的、"善"的,有价值和有功用的事物。这种需要的产生是经济社会发展的产物,是客观存在的,需要借助利益主张者的利益要求表达出来。因此利益分析兼具主观性与客观性。但由于主观上的利益需要是一定物质生活条件的反映,因此利益分析总体上具有更强的客观性。

权利思维的基础是利益,利益要求的外在表现就是权利要求,即将利益上升为法律权利的要求。现代社会中权利主张是表达利益需要的主要形式。而发展一种新型权利的可能也来自于这种随社会发展而不断强大的利益呼声。将正当利益上升为法律权利几乎是权利发展最主要的经验通道,而从正当利益到正当权利的权利推理逻辑也是权利推理理论重要的组成部分。这种思维反映权利发展中客观的一面,即权利主张的经验逻辑。因此,对被过分神圣

---

① 参见李淮春主编:《马克思主义哲学全书》,中国人民大学出版社1996年版,第376页。

化的权利概念具有一定的去魅意义。原本那些看似神圣的权利口号在利益的分析中展现了其并不怎么美丽的真实一面。比如备受尊崇的美国宪法及其修正案，特别是权利法案，不过是当时政治上占据优势的那些为独立战争投资的政治家们的利益保证书。①

3. 权利推理是关于利益的技术

权利的设定过程就是利益衡量的过程。对此，庞德的利益衡量理论有深入的阐释。庞德认为文明就是使人类力量得到最大可能的展现，是人类通过控制自然和控制自身发展的。对自然的控制依靠自然科学技术，而人类对自身社会的控制要通过对人们施加压力来保持。施加这种压力是为了迫使他尽自己本分来维护文明社会，阻止他从事反社会的活动，道德、宗教和法律就是社会控制的主要手段。而法律作为一种社会控制手段，通过作用于社会利益关系达到目的。"一个法律制度通过下面一系列办法来达到，或无论如何力图达到法律秩序的目的：承认某些利益；由司法过程（今天还要加上行政过程）按照一种权威性技术所发展和适用的各种法令来确定在什么限度内承认与实现那些利益。"② 利益可以被规定为"人们个别地和通过集团、联合和亲属关系，谋求满足的一种需求或愿望，因而在安排各种人们关系和人们行为时必须将其估计进去"。③ 利益在庞德的理论中是一种既定的存在，不是任何权威创造和杜撰出来的，而只能够被发现。利益是法律和权利的因，而不是果。法律就是关于利益的学问和技术，所有的法律技术和理论都应围绕利益而展开。庞德将利益划分为：个人利益、公共利益和社会利益，并指出通过将正当利益升华为法律权利才能使其具有更加确切的形式。"我们主要是通过把我们所称的法律权利赋予主张各种利益的人来保障这些利益的"。④ 权利因此成为利益衡量的技术。

---

① 参见卢周来：《美国宪法的神化与真相》，http://www.pen123.net.cn，2010-3-9。
② 〔美〕庞德：《通过法律的社会控制·法律的任务》，沈宗灵、董世忠译，商务印书馆1984年版，第35页。
③ 同上书，第35页。
④ 同上书，第42页。

4. 利益正当性的判断标准

（1）庞德的利益衡量理论

从利益出发推理权利的技术，其核心问题是利益的正当性评价标准。这种标准能够回答：当一种利益主张提出之时，依据什么标准给予承认或者部分地承认、否定或者部分地否定；对于得到承认的主张给予多大范围的允许；如何确定对正当利益的侵害，并给予怎样的救济等。对于权利与利益的正当性评价问题，庞德在继承和检讨了既有认识的基础上提出了一套中庸的理论，因此他的利益理论具有综合性。他在社会利益权利理论中突出了利益的相关性和矛盾性、时代的进步性和生活的整体性，力图融合社会与个人、经验与理性、确定与发展，从而在理论倾向上表现出强烈的现实关切。

庞德分析了权利的六种含义，并认为权利就是利益加上保护它的法律手段。他认为权利就是合理的期望，是被有意识授予的对合理期望的承认。至于如何判断一种期望是否合理，需要依照一个确定的价值尺度来衡量。这种对权利概念的理解反驳了现实主义的"威胁"理论，"重要的是法律权利背后的要求"。[①] 而权利背后的要求之所以具有正当性，是因为这种要求所主张的利益是正当的、合理的。

在处理法律面临的各种利益难题时，庞德提出要运用价值分析作为工具进行判断，并且认为这些价值工具应该是"确定的"。庞德在论述中将判断利益正当性的问题转化为协调相互矛盾冲突的利益主张问题，提出了一些衡量利益正当性的途径，这些途径包括三种：第一种是经验的、实用的方案，即用最小牺牲和最小浪费的方案实现最大利益的满足，这种途径完全是功利主义的，即凡是能以最少的牺牲予人类要求以最大效果的东西，都具有一种伦理的价值。这种实用主义的进路假定所有利益主张都应该受到尊重，从而可以通过利益的相互妥协达到利益的最大化。这种妥协不仅在司法中得以体现，而且也是立法的重要原则。由此，利益正当性的判断问题被转换成为了利益平衡问题。利益法学在这一点上与庞德一致。赫克认为："作为利益法学出发点的一个根本的真理是，法的每一个命令都决定着一种利益的冲突：法起源

---

① 〔美〕庞德：《通过法律的社会控制·法律的任务》，沈宗灵、董世忠译，商务印书馆1984年版，第52页。

于对立利益的斗争。法的最高任务是平衡利益，此处的利益包括私人利益和公共利益。"① 从这一视角出发，权利推理的关键不再是独立的利益正当性判断标准，而成了利益平衡中的权衡技术。利益正当性问题变成了利益的优先性问题。这种思路解决的也不再是利益质的评价，而是利益量的权衡。然而，是否所有的利益主张都必然存在与其他利益主张的冲突？利益评价与利益衡量这两个问题是否能分享一个答案？权利是否能够被当做实现利益最大化的权宜之计？庞德对利益正当性的判断标准避而不答，其理由也许在于利益不能够为自身建立正当性，对利益的评价标准只能来自于利益之外。

庞德的第二种判断利益正当性的方法是诉诸形而上的价值和理念。"依照一定时间和地点的文明的法律假说来进行评价。"② 庞德随即提出了他所身处的西方社会文明假说五种：人们之间假定不互相侵犯；为自身利益可以占有先占物和劳动所得；履约、守约、己所不欲勿施于人；避免危害他人和防范可能对他人造成的危险等。事实上，这些文明社会假说就相当于霍布斯等自然法学家的自然法律条，只不过换了个名称而已。

第三种庞德用以衡量利益正当的价值尺度是"无论在罗马法和近代世界法律的古典时代都被使用过，而在法律成熟时期则完全被确认的——关于社会秩序从而也是关于法律秩序的一种公认的、传统的权威性观念，以及关于法律制度和法律学说应当是怎样的东西，把他们适用于争端时应当取得什么样的后果等的公认传统性权威观念"。③ 如此复杂的表述所指的就是权威学理。在后来的举例论证中，庞德提到了柏拉图的《理想国》、柯克（Edward Coke）的英国法著作和格劳秀斯的国际法理论。

（2）外在的与内在的利益评价标准

庞德的利益评价理论具有一定的有用性，但同时也存在缺陷，其最根本的问题在于回避了利益正当性的独立判断标准，而假定所有利益都正当。然而并非所有利益主张都是天然正当的。因此确认利益的工作还必须考虑那些使利益取得正当之名的独立的判断标准。在综合分析了既有利益评价理论的

---

① 转引自张文显：《二十世纪西方法哲学思潮研究》，中国政法大学出版社1996年版，第130页。
② 〔美〕庞德：《通过法律的社会控制·法律的任务》，沈宗灵、董世忠译，商务印书馆1984年版，第60页。
③ 同上书，第63页。

基础上，本书认为利益评价标准可以从内在标准和外在标准两个方面来认识。内在标准是利益为自身设定的尺度，是利益内在的合理性要求。利益的内在判断标准首先是效率原则，其次是公正原则。就效益原则而言，如果说所有的利益都存在最大化的倾向，那么关于利益的宏观判断标准首先应当是在总量上满足最大范围的、最大程度的利益要求；在满足最大可能的利益主张的同时，需要公正地分配利益，使各个层次、各个主体和各种不同的利益之间实现最大限度的和谐，这里适用的是公正原则，即新的利益对既有正当利益的最小损害原则。一般而言第一个原则是普遍适用的，而第二个原则是利益问题的核心。判断一种利益是否正当不仅要看对利益的承认是否会为利益主张者带来利益的增量，使其福利在范围和程度上有所增加；同时要看这种利益与现存的同一主体的其他利益、他人利益以及社会利益是否冲突，对其他利益形态是否有损害，这种损害是否能够避免，是否在根本上影响整个利益的总量和社会福利总量。

利益正当性评价的外在标准，是依据一定的价值观念对利益进行判断。之所以需要这种外在的标准，是因为利益正当性的内在标准将所有提出的利益主张都假定为正当，而目的是使这些主张相互妥协，以保证更多主体提出的更多主张得到更大程度的满足，而不问他们各自的正当性。判断利益正当性的权利推理问题被转换成为了利益衡平的过程。由于并非所有利益主张都天然正当，因此，仅有内在的标准不足以证成利益的正当性。利益正当性的外在的标准可以来自自然法和自然权利，也可以来自一定的道德、文化和历史传统。这些外在标准不仅决定了哪些利益能够作为利益增量进入利益衡平的过程，同时决定了利益衡平中各种利益在量上的分配和安排。虽然这些外在的标准总的来说是变化的，但在特定的时空条件下却是特定的、可以把握的。外在标准的存在能够避免使利益安排仅仅为功利目的服务，一定程度上保证了弱势群体利益和社会利益不受侵害。

当然，利益的内在与外在的评价标准是衡量利益是否正当的一般标准。当一种利益的主张试图成为法律上的权利时，还需要满足法律的制度性条件。由于权利是普遍的、优先的、制度化的要求，上升到权利层次的利益必须是可以普遍化的，而不能只适用于特定情况、特定人群和特定时空范围。另外，由于权利在一定意义上是权利人意志优先性的体现，并且这种优先性有着法律制度的刚性保障，只有当一种新的利益主张在本质上对其他权利类型的利益主张没有或者只有很少损害的时候，这种主张才能够成为法律意义上的权利，也就是说，法律权利在正当性的程度上要求更高。法律权利是一种制度性权利，它不同于非制度性权利，比如伦理意义上的权利。伦理权利可以仅仅是价值指向的，而法律权利却是实践指向的，必须具有完整的结构和基础功能，是能够实现并且能够被救济的。当利益要求无法被制度化，无法进入操作，或在结构上欠缺明确范围的时候，利益要求就无法被权利化。

（二）基于利益确认的信息权利推理

利益源于对稀缺物品的需要，是权利的现实基础。经过正当性评价的利益主张能够被法律所接纳成为法律权利。信息是导致利益争夺的稀缺资源，信息之上存在财产利益和人身利益，这些利益经过正当性评价后能够成为法律权利的现实基础。

1. 信息之上存在利益

科尔曼的社会学研究认为，权利是社会的产物。有效的权利，尤其是要求权，需要他人的认同，特别是在民主社会。人们对权利的认识受其所掌握信息的影响，信息甚至决定着一种权利是否能够存在。[①] 在总体上，由于信息对人的观念意识的影响，决定了人们对权利的理解，也间接影响了整个权利制度的变迁。信息对权利的影响是通过直接作用于人们对物质利益和精神利益的判断实现的。

由于信息是人理性认识的物质材料基础，能否及时获得信息、能否获得大量优质的信息，以及能否有效地控制信息、能否通过搜集整理来整合信息和发布信息都是衡量主体理性判断能力、选择能力以及控制能力的重要指标。在信息社会，大部分的社会行为已经具有了信息化的模式，比如商品生产和交易、金融行为等都实现了信息化。占有和控制越多高品质的信息资源就意

[①] 科尔曼举吸烟的权利为例，20 世纪 60 年代以前，大部分的人认为是否吸烟是吸烟者的选择自由，他人无权干涉，但 20 世纪 60 年代以来，大量的科学研究证明吸烟有害健康，二手烟同样有害健康。在这样的情况下，大部分的办公室和公共场所贴出了禁止吸烟的公告，禁止吸烟成为不吸烟者的权利，权利发生了从吸烟者到被吸烟者的转移。这个例子证明了信息对权利关系的影响，参见〔美〕科尔曼：《社会理论的基础》（上），邓方译，社会科学文献出版社 1999 年版，第 60—64 页。

味着收获越多的财富。在社会文化活动中，通过信息控制带来的精神上的满足也越来越使信息成为重要资源。比如，在教育科研领域，只有掌握最前沿的信息才能发现最前沿的问题，任何闭门造车式的研究都将很难有所成就。而在文学、艺术等美学领域，由于人们接受大量的信息，审美和判断能力不断提升，对美的追求和感悟也更加多元。信息在增进人的精神愉悦和满足过程中，也提升了人的人格品质和独立、自由的精神境界。在信息社会中，海量信息的存在锻炼了人的判断和选择能力，为实现终极自由的理想境界拓宽了通道。信息具有多方面的有用性，是人人希求之物。但与不断增长的人的信息需求相比，可供利用的信息资源仍然是稀缺的。因此信息成为利益的载体进而成为权利的客体。

信息之上存在的利益可以分为直接利益与间接利益。信息之上的直接利益是指能够直接为利益主张者带来的物质财富增加和精神需求满足。信息之上的间接利益是指通过占有和支配信息为增进物质和精神利益所带来的便利和优势。信息之上的直接利益包括信息作为一种财产形式，通过行使信息财产权为主体带来的经济收益；以及信息作为一种独立人格的外在形式，对个人信息的安全控制所带来的精神上的安全感和自由感。能够为利益主张者带来直接利益的信息，往往成为具体的、制度性权利的客体，从而发展出相关的信息权利制度。

信息利益的外在形态无疑是复杂和多样的，信息之上可以直接成立多种利益形态，既包括财产利益（经济利益），也包括人身利益。对这些利益的正当性判断过程也是信息权利的证成过程。比如信息财产权就是对信息之上的正当财产利益（经济利益）确认的结果；信息的知情权、表达自由权则是对信息之上精神利益的法律保障；信息隐私权则表达人对精神安宁的诉求以及维护人格尊严的愿望。另外，当信息财产可能与特定的人格相联系，体现为一种特定的信息劳动的时候（比如智力成果信息），在信息产权之中可以成立人格利益，从而使一种权利之中包涵多种利益形态。利益作为权利产生的基础，信息之上的利益都有强烈的上升为权利的愿望，因此，所有的信息权利推理当中都包含着利益的因素。

（1）信息财产利益与信息财产权

信息作为一种传播意义的符号系统，具有独特的存在方式。利益主体可以，并能够直接对信息产生需要。这种需要源于信息是一种稀缺资源，信息对主体具有有用性并能够为主体增进福利总量。社会心理学家对人类的普遍需求进行分析时也发现：人们的各种需要都与信息有关，比如对交往的需要表现为对交友信息的需要、对指导的需要转化为对咨询性信息和指导性信息的需要等。人类学教授吉伯·弗利斯（Jib Fowles）曾列举了"人类动机的清单"将人类的需要动机概括为对交往的需要、对养育的需要、对指导的需要等15个方面，而这些动机都与人类的信息选择行为有关，即这些需要都可能转化为对相关方面信息的需求。具体而言"信息需求是个体满足信息短缺的渴求与欲望。信息需求是促使用户产生信息行为的直接动因。信息需求主要包括：对信息的需求，对信息源的需求，对获取信息渠道的需求，对获取信息的方法的需求"①。当然对信息的需求不仅表现在信息短缺之时，还表现在信息过滥时对信息整理分析技术和服务的需求，以及对信息的完整性和准确性确认的需求。各种各样的信息需求直接影响着人们的意志选择和行为方式。

  信息需求是大量的，而信息资源却是有限的，只有在有限的信息资源之上设定权利特别是财产权利，使权利主体能够排他地占有、使用、收益和处分其信息财产，才能够建立起有效的资源配置结构，激励人们为了拥有信息资源而不断进行创造性劳动。由于信息财产的特殊性，其权利存在形式和行使过程都与传统的有体物财产权不同，甚至在某些方面不同于知识产权。传统意义上的财产利益一般附着在金钱、财物以及其他相关的民事权利之上，其中既包括有形财产（金钱、财物）也包括无形财产（知识产权中的财产权利）。财产利益一般意味着有形财产和无形财产所能够带来的对人的物质利益的满足，使人们掌握更多的物质财富、享有更高的物质条件。被称为财产的客体之上凝聚着一般的（无差别的）人类劳动（包括体力和脑力劳动），并能够为人所支配具有社会流通性，即财产能满足对普遍的需要而不是只对单个个体具有意义。法律上界定的财产除货币、有价证券和有体物之外，还包括电力、煤气等无体物和著作、专利、商标等智力劳动成果。信息作为一种能带来物质财富的稀缺资源完全满足传统财产概念的要件应认定为法律上予

---

① 参见董炎：《信息文化及其影响下的人类信息行为研究》，北京大学博士学位论文，2001年，第107页。

以保护的财产之一种,但信息于传统意义上的财产仍存在一定差异。

举目前关于"网络虚拟财产权"的讨论为例。近来,许多网络游戏玩家花费大量时间和金钱添置了各种高级、豪华网络游戏人物的武器装备。这些被玩家视为珍宝的、人称虚拟财产或网络财富的东西,由于网络游戏的系统漏洞或者密匙被盗而经常丢失,引发了一片网络虚拟财富立法的呼声。司法实践中已经有了这类诉讼的先例。

案例一 2003年2月17日,北京《红月》游戏玩家李宏晨发现,自己两年来积攒下来的游戏装备不翼而飞。与运营商北极冰公司多次联系未果,于是将北极冰公司告上法庭。12月18日,北京市朝阳区法院对这起全国首例虚拟财产案作出一审判决,认定虚拟财产具有价值含量,判定被告在游戏中恢复原告丢失的虚拟装备。另有一个真实的刑事案件,也引发了虚拟财产性质的讨论。

案例二 2003年8月27日凌晨,被告人李某受他人之约到重庆市沙坪坝区某网吧,见网吧内正在打一款名为《传奇》的网络游戏的杨某、刘某游戏装备相当不错,眼红心热,遂对同伴提出抢二人的游戏装备。几人商议之后,被告人李某以楼下有人找为由,将二人骗出,几人强行将二人带至河边一凉亭,采取持刀威胁等暴力手段,抢劫人民币100元,并强迫他们交出《传奇》游戏账号和密码,被告人李某用他们的传奇账号和密码,将二人的"屠龙刀"、"铜城戒指"、"龙纹剑"、"天尊战衣"等数件游戏装备占为己有。当日,被告人李某等人在网上将部分装备转卖获款项1250元。借助对这两个案例中涉及的游戏装备这一信息财产性质的分析,可以窥见信息财产利益的特殊存在形态和实现方式。

该两个案中的网络游戏装备在本质上是一种计算机程序信息。网络玩家们对网络游戏的装备具有的支配性权利是信息财产权。网络游戏装备对于玩家来说,不仅具有精神上的价值,即拥有更多的高级装备能够使玩家在网络游戏中具有更高的地位、获得更大的成就感和满足感。而且,由于网络游戏交易市场的存在,这些装备可以通过真实的货币交换实现经济利益。玩家一般还需支付上网费用。另外,网络游戏装备这一特定信息的占有往往是玩家通过劳动(练级)或者通过金钱交换实现的,在法律上,其权利的获得具有合法性。因此，网络游戏玩家对游戏装备享有财产权，即信息财产权。这种信息财产权的权利客体是由一系列程序符号组成的、在电脑成像中具有特定外观的计算机程序信息。

  信息财产不是对"虚拟的财产"享有的权利，也不是对财产享有的"虚拟的权利"，它是一种真实的存在，关键的理由在于：信息是一种独立的利益载体，与再现它的媒介（比如网络）在制度上是两种不同的独立存在。本案中的网络游戏装备就是这样一种具有独立意义的、真实的财产权客体信息。第一，网络游戏装备本身并不是网络财产，虽然它需要借助网络载体加以再现，但即使在网络之外它还以计算机程序即一套信息符号的方式存在于运营商的服务器中，存在于开发商的电脑中。而且大量存在的网外交易表明，不仅在网络中而且在网外它同样被视为一种财产形式。所以，这种财产本质上并不是网络财产，它的权利客体不是指网络，它的权利空间也不仅限于网络。第二，对网络游戏装备拥有的财产权不是虚拟的。虚拟一词意指本身不存在而假设它存在、虚拟它存在。作为法律财产而言，存在与否应该是肯定的，使用虚拟一词来称呼财产权利，事实上还有否定、假定和暂时的味道。第三，虽然网络游戏装备作为一种信息财产与传统的有形财产形式不同。它看起来似乎并不存在一定的外在形式，但它却并不是虚幻的。在视觉上网络游戏装备具有一定的外观（比如一把威力无比的神刀），在电脑屏幕上是可见的，而且通过一定程序软件的编码可以再现，只是在触觉上不能感觉到。就是触觉上的问题，随着电脑科技的发达，网络游戏软件和配套仿真技术可能会实现网络游戏中存在的东西不仅能够被看到，而且能够被人的感觉器官感知它的质感、重量和气味等等。如果说"有形"意味着一种物质形态的存在就是能够被看到、摸到、感觉到，那这种所谓的虚拟财产也可以称其为一种真实的存在。

  信息财产与传统以有形物为客体的权利形式有一致的一面也有不同之处。本案中的网络游戏玩家作为游戏装备的财产权主体可以按照既定的游戏规则占有、使用、收益和处分其合法获得的信息财产，即可以在游戏中占有、使用、丢弃并通过游戏外的交易获利。同一种游戏中的高级兵器可以同时被多人所有，虽然他们具有的东西是相同的一串信息符，但他们各自对各自的兵器具有财产权利，因为每个兵器都通过密码和身份认证系统与特定的所有人建立了固定的联系，因此在操作中完全能够实现各自权利的独立享有。与传统的财产权一物一权的主张不同，对于信息财产权，在一个相同的信息符号序列之上能够存在多个权利，他们相互之间并非分享了一个权利，而是各自独立。比如在网络游戏中的装备之上，开发商具有对这种信息程序的智力成果权；运营商具有对这一套信息程序的运营权，即将网络游戏投入商业运营获利、对游戏的系统运作进行管理等权利；而游戏玩家通过劳动（练级）或购买获得特定的网络装备之后，就在网络装备所代表的信息程序上设定了一定的财产权，一个人对装备的财产权不影响他人信息财产权的存在。

  以上的例证表明，信息财产之上存在的权利关系是非常复杂的，但并非不能够认识。承认信息之上存在真实、独立和正当的财产利益，为确认信息权利提供了最有力的证明。据统计，2002 年中国网络游戏用户就已经达到 807.4 万人，产值达 9.1 亿元，同年网络游戏业为电信、传媒出版和 IT 行业带来的产值为 119.3 亿元，2006 年中国网络游戏市场规模将达到 83.4 亿元。网络游戏行业的巨大产值只是信息社会财富化、货币化的一个缩影。因此，确认信息财产权的法律意义越来越凸现出来，信息财产权的确认不仅能够填补法律权利的缺位、保护信息财产权利人的正当利益，而且对于激励信息创造、丰富信息资源、形成良好健康的社会秩序也十分必要。

  (2) 人的"信息存在"与信息人身利益

  在信息社会中，人除了物理意义上的存在之外还是一种"信息存在"。人的存在不仅以生物体形式展现，还能够以信息数据的形式被描述，人具有了一个不同于生物外观的信息化外观。在这个意义上，人就是关于他的各种信息组成的集合。在今天，生物技术已经能够通过描述一个人的基因信息，体貌特征信息、生物体内在构造信息等实现对一个人的完整再现。[①] 人的"信息存在"不仅可以包括生物信息，还包括个人的社会文化信息，比如宗教信

---

  ① 2002 年首例中国数字化可视人体的数据采集就已经完成。该研究将成千上万个人体断面数据信息在计算机里整合、重建成人体的三维立体结构图像，运用计算机能够再现所采集的"可视人"的数据及图像。电脑显示屏上，"可视人"的肌肉、骨骼、血管、神经和各种体内脏器等均脉络清晰、逼真，动脉、静脉分别呈现出红色和蓝色，区分明显，是一个真正意义上的中国人体全数字化"可视人"，http://edu.beelink.com.cn/20021025/1229913.shtml，2010-1-15。

仰、民族、工作经历、婚史、政治倾向、消费习惯等。信息时代中，几乎所有的人类活动都具有信息形式的记录，人具有了一个全面的信息化外观。人的"信息存在"使人的人身具有了双重意义，人身之上存在的精神利益也具有了新的表现形式。人的荣誉和名誉等身份利益表现为保护特定信息记录不被篡改和滥用的权利；人格利益也不仅表现在特定人身的具相之上，同时表现为与人身相分离的信息上。对他人的人格利益进行侵害，可以通过散布个人隐私的信息、篡改和散布有损名誉的信息（如病例记录、信用记录）等信息手段实现。当然，保护人基于"信息存在"而具有的人身利益也必须通过保护他的个人信息不受篡改和滥用来实现。

为了更有效地保护基于人的"信息存在"而产生的人身利益，20世纪末就出现了专门保护个人信息的法律制度。个人信息是关于个人的信息，是指有关个人的一切资料、数据，一方面包括从其自身产生的信息，如姓名、性别、年龄、血型、健康状况、身高、体重、地址、婚姻状况、家庭成员和社会关系、工作、职位、学位、生日、收入、爱好等；另一方面包括非自身产生的信息，主要是他人对该人的评价，如银行给出的信用等级等。借助个人信息，能够实现"识别"个人的目的，并将此人与彼人区分开来。个人信息与隐私权保护的信息存在一定的区别与联系。二者在内容上存在一定的重合，但隐私信息主要是指个人不愿向外透露的信息（比如家庭生活、两性关系等），或者处于个人敏感不欲为他人所知（比如个子矮小的人不愿他人知道自己的身高）。隐私信息重在保护个人的私密空间，当然这个空间的范围与社会公共认知和个人的敏感度都有关联。而个人信息的概念则侧重于"识别"，即通过个人信息将个人独立地"认出来"。[①] 个人信息概念已经远远超出了隐私信息的范围。比如英国的《数据保护法》使用了数据（Data）作为个人信息保护的对象，并将个人数据定义为："由有关一个活着的人的信息组成的数据信息，对于这个人，可以通过该信息识别出来，该信息包括对有关该个人的评价。"《欧盟数据保护规章》认为，个人数据是"有关一个被识别或

[①] 如德国的《联邦个人信息保护法》第2条规定："个人信息是指凡涉及可识别自然人的所有属人或属事的个人信息。"我国台湾地区的《电脑处理个人资料保护法》1978年法国的《信息保护法》等均认为个人信息的目的在于"识别"个人，参见齐爱民、侯巍：《电子化政府与个人信息的法律保护》，载杜敬明、唐建国主编：《信息化与法》，法律出版社2005年版，第69页。

可识别的自然人（数据主体）的任何信息"。欧洲理事会1992年的《理事会数据保护条例》的修改建议稿中将个人数据定义得更加宽泛，个人数据不再局限于具有可处理形式的信息，就连死去的人的个人信息也包括在内。①

对个人信息特别是个人数据和个人隐私信息的法律保护，体现了信息时代人身权利制度具有了新的形式。这种对信息人身权利保护的目标在于，防止出于商业目的和其他目的滥用个人信息，以维护个人生活的足够空间，并为电子商务的良性发展提供保障。

基于人的"信息存在"而产生的人身利益与基于"生物存在"的人身利益并不矛盾。但有些人身利益只能体现在人的生物存在中，人身的物质存在是这些人格利益的唯一可能载体，比如自然人的生命利益和健康利益。人们不能通过占有信息来实现这些利益，他人也不可能通过侵害相关信息来侵害这些利益。

2. 信息利益的正当性评价

信息之上存在的利益无疑是促动利益主张者争取法律权利以获得制度保障的动因。与任何形式的利益一样，要上升为法律权利的利益形态需要经过正当性考察。评价利益的正当性是利益主张上升为权利的必经阶段。②

按照利益正当性判断的外在标准，任何被纳入利益衡平过程的利益主张必须符合一般的人类道德、特定历史和文化的价值原则。任何与人类的一般道德和公序良俗相违背的主张都不能被纳入利益衡平的过程。而按照利益正当性判断内在标准，利益正当性还需要满足两点：效率原则要求承认利益主张会为利益主张者带来利益增量和福利增量；公正和最小损害原则要求对利益主张的承认与他人的获承认利益没有冲突、冲突的程度较弱，或者是能够解决。第一个标准相对较容易认定和衡量。对于原来未获承认的利益进行确认无疑是一种利益和福利的增量，而对于原有利益范围的扩大和程度的加强也是利益总量增加的表现。第二个标准相对比较难以把握。新的利益主张与现有的、得到承认的利益存在的冲突表现在以下几个方面：

---

① 参见朱庆华、杨坚争主编：《信息法教程》，高等教育出版社2001年版，第54页。
② 这里的考察对象是信息之上的直接利益形态，即直接信息利益。

首先是新利益主张与该主体原有的利益形态是否存在矛盾？如果新的利益主张将减损既存的利益总量从而降低主体的福利总量，这种利益主张就不具有正当性。由于现代社会发展速度的加快，新利益主张与主张者本人现有利益形态存在冲突并不少见。比如，关于安乐死的权利与利益主张者的生命权、健康权之间存在的冲突。由于安乐死的实施将在总量上降低主体的福利总量至零，所以在这种意义上，安乐死对病患没有正当性。在信息利益正当性判断中也存在这种内在的权利冲突。比如将个人隐私资料信息的处置以获取经济利益（比如出卖给某个媒体）的权利与个人的隐私信息安全利益冲突。当然，对于同一主体而言，是否主张利益，主张何种利益是个人选择的自由，当利益作为一种主动选择的产物时，它同时也是可以放弃的。当一个主体具有多种利益实现可能时，他具有选择权。在同一事物之上具有可选择性的多种利益时，主体可以选择相冲突的一种或多种，选择甲利益就意味着放弃乙利益。即使利益选择没有使利益在总量上有所增加，却增加了利益存在和实现方式的自由程度，因此这种情况亦可认为此种利益主张具有正当性。但如果权利之间存在根本冲突，一种权利的存在从根本上否定其他利益，或者将利益主张者的利益总量降至零，这样的利益选择就不具有正当性。

其次，如果此种利益主张与他人的现存利益存在冲突，而且这种冲突是不可调和的，这种利益主张就不具有正当性。比如以持枪乱射以获取胜利的快感和减少竞争者的利益主张与他人的生命权之间存在不可调和的冲突，因此这种利益不具有正当性。路易斯·亨金（Louis Henkin）教授认为，人权只在这样的情况下才能受到限制，即为了给予其他人的自由和权利应有的承认和保障，以及在一个民主社会中为了满足道德、公众秩序和大众福祉方面的正当合理的要求。这其中隐含了增量权利与现有权利的关系：增量权利只能在非常特殊的情境中才能够限制原有权利，特别是基本权利的范围和程度，否则这种增量权利就不具有正当性。对于信息利益而言，隐私权与表达自由权、信息安全权与公共安全权的冲突是常见的。造成这种普遍存在的权利冲突的原因一方面是由于利益资源的有限性与各种利益主张最大化倾向之间的矛盾始终存在；另一方面是利益以法律权利形式表现时，由于权利界限的模糊造成的摩擦和冲突。由于不同主体之间的利益冲突影响到不同的利益总量的计算，仅以一个主体利益的增加作为另一方利益减损的理由显然不能够成立。因此必须以社会利益总量的增加作为衡量利益正当性的标准。在社会利益总量增加的前提下，还需要满足公平和正义的要求，这些要求包涵社会弱势基本利益的保护。除了通过清晰合理地划定利益界限，为不同利益提供充分的空间以外，恐怕合理的价值判断体系也是不可或缺的。同样，一种利益衡量的度的掌握无疑也相当重要。如果一种利益主张与他人的基本利益形态存在不可调和的冲突，并将减损社会利益总量时，这种利益是不正当的。当一种利益主张使社会福利增加的同时与他人的既存利益形态存在冲突，但这种冲突是偶然的、在量上是可以容忍的或在制度上是可以控制的，并不影响他人的基本利益，不会造成显著的社会不公，这种利益主张就是正当的。

当然一种利益主张是否能够上升为法律权利还要具备一般性、普遍性、制度性的要求。因为法律归根结底是一种制度设置的技术，缺乏实践性的规范不可能成为法律，而只能成为披着法律外衣的道德律条和权力意志。信息之上的正当利益只有满足了实践性的要求才能制度化，而制度化的利益才是权利。

（三）基于损害禁止的权利推理

可资作为归纳式权利推理的经验材料表现为利益关系事实，这些利益关系事实在总体上呈现正反两种面貌：利益与不利益（损害）。损害的存在是利益的竞争性导致的，在利益的争夺中难免会损及他人。人性的负面和社会制度的不完满增加了损害出现的可能。所以，权利在处理利益关系事实的时候不能仅仅关注通过将正当利益上升为权利促进利益的正向增量，禁止损害同样是法律权利的目的。发现并防止损害发生的过程赋予了被损害方或潜在的被损害方以法律权利。

1. 损害及其独立的认定标准

损害研究是侵权法的传统领域。① 侵权法的研究成果提供了对损害的深入理解：第一，利益的反面是不利益，是对人们所希求的价值的破坏和减损，不利益就是损害。损害是一种利益在量上的减少、丧失和在程度上的下降，是对正当利益的一种否定。损害可以是针对财产、人身和人的精神。第二，损害必须是确实存在的，具有确定性，而不是主观臆断的，确定性保证了损害能够在客观上进行描述和认定。确定性表明损害已经发生或正在发生，在时间上还没有发生的情况不构成损害。第三，损害具有法律上的可补救性，只有具有法律上可补救性的损害才能够产生义务和责任，才能推理出对方的权利。比如对于非常轻微的财产和精神损害以及所谓的"青春损失"和"机会成本损失"等，因其不具有补偿的必要或者不具有补偿的可操作性而不是法律意义上的损害。第四，认定侵权法上损害成立的诸要件包括法律权利、损害行为、损害结果和因果关系，这些要件的确定为从一般意义上理解损害提供了一种参考模式。

尽管如此，侵权法对损害的认识仍存在局限。第一，将损害限制为侵权法研究的特有对象。事实上，损害是一个关乎法律理论的基本概念和一般概念，与责任、义务并且与权利概念直接关联。对损害的禁止从另一个角度讲就是对权利的确认，因此拘泥于侵权法的领域影响了对法律关系的一般认识。第二，损害与损失概念存在事实上的混用。损失是一种利益减损的事实状态，可以由非人为因素的事件造成；而损害则主要是指含有人为因素，由人直接或间接、故意或过失造成的受害人的利益减损。损失是损害的结果，而损害

---

① 关于侵权法中的损害概念，有学者将其归纳为利益说和组织说。利益说认为，损害是指财产或法益所受的不利益，也就是受害人因特定损害事故所损失的利益，受害人损失的大小取决于损失前后其财产差额的比较。组织说有真实损害说和直接损害说等具体区分。真实损害说认为，损害是法律主体因其财产的构成成分被剥夺或毁损或身体受伤害所受的不利益；直接损害说认为，损害是交易上以金钱取得或出售的财物所受的侵害，即直接被毁损的物所受的损害，参见曾世雄：《损害赔偿法原理》，台北三民书局1986年版，第27—42页。有人认为损害是指违反民法上义务的行为侵害民事主体的权利造成权利主体行使权利障碍、影响主体权利增值和发展的一种事实状态，参见麻昌华、蔡军：《试论损害》，载《中南政法大学学报》1991年第1期，第45页。有人认为，损害作为一种事实状态，是指因一定行为或事件使某人受侵权法保护的权利和利益受到不利益的影响，参见王利明主编：《民法·侵权行为法》，中国人民大学出版社1993年版，第137页。损害是指致害行为作用于财产或人身所造成的不利益，是指人身权利和财产权利受到某种损失的客观现象，参见孔祥俊：《民商法新问题与判解研究》，人民法院出版社1996年版，第170页。

是损失的原因之一。第三，认为损害禁止只保护法律权利确定的利益。而法律上对于损害的禁止并非仅保护法律权利利益，也保护非法律权利的合法利益。"损害是对合法利益的侵害，包括法定利益和法定利益之外应受保护的利益。"① 当我们说到损害这个字眼时，总是习惯将某种利益或价值作为被损害的对象，不论这种利益是否已经为法律所确认，而当这种损害足够"直接"和"严重"时就会遭到法律的禁止。第四，目前认定损害成立的诸要件，在认定对法律权利之外合法利益的侵害时存在困难。对于法律没有规定为权利的利益的侵害，需要首先证成这一利益的正当性，而这种证成常常超出了法律规则的范围。

是否存在一种独立的损害认定模式呢，即单纯依靠行为、结果和因果关系来判断法律上损害的成立？本书认为这种判断能够成立。在不设定被损害对象正当性的前提下，问题的重心将集中到人的主观因素作用下的行为对他人所造成的损失是否不正当（恶）。当然任何不正当（恶）都是与正当相对的，但不正当本身也是独立的范畴。② 人类在文明发展中不仅确立了诸多正当价值，而且也建立了关于"恶"的认识和对于不正当本身的理解。到底是为

---

① 王利明、杨立新编著：《侵权行为法》，法律出版社1996年版，第57页。
② 张恒山先生基于义务先在论的视角，认为在社会正义的评价中人们总是先有"不正当"的认识，后有"正当"的观念，这种观点从一个侧面证明了存在"不正当"（损害）的独立判断标准："为什么人们先认知'不应当'，而后才认知'正当'？首先，从人类的道德思维规律而言，人们的道德心的源头是恻隐心，这种恻隐心首先感受到的是他人的痛苦和灾难，是对他人的痛苦和灾难的不忍和反感。所以，由人类的道德心出发，必然首先形成旨在反对引起他人痛苦和灾难的行为的'不应当'认识。其次，从人类的理性思维规律而言，人们对于那些直观的事物、凭借感官就可认识的事物可以直接判定'正'，譬如说对一个线段、一个图形的判定；但是，对于那些抽象的事物、非感官可直接认知的事物，人们无法直接认识'正'，而是要通过'试错'规律，在大量地认识'不正'之后，才能认识所谓的'正'。事实上，在对抽象事物的认知领域，'正'是相对于'不正'而言。抽象事物没有绝对的'正'，只有相对的'正'。但是，抽象事物却有绝对的'不正'。人们总是在认识'不正'之后，或者说，在确定'不正'之后，才能确定相对的'正'。所以，亚里士多德在讨论伦理学的正义问题时，常常先行讨论什么是'不正'。最后，就人类的自利本能而言，这种自利本能可以表现为追求幸福或避免损害，但人们的自利本能对避免损害的重视程度远胜于追求幸福。如果人们不能首先确定什么是损害，从而确定什么是不应当，人们也就无法确定什么是幸福，什么是应当追求的。统括以上这些原因，我们说人们对外在行为首先认识的必然是'不应当'。在充分认识'不应当'的基础上，人们才能真正确定什么是'正当'。实际上，'正义'并不是不可知的，只是，它不能直接由'正'来知之，而是先要由'不正'来知之。这正是由于人们先要认识'不应当'，而后才能认识'正当'。'不应当'实际上就是人们对自身在社会生活中的禁令性义务的表述。它以社会大多数人对损他性行为的反对意见为依据。'正当'实际上就是人们对自身在社会生活中的权利的表述。它以社会大多数人对非损他性行为的赞同意见为依据。"张恒山：《财产所有权的正当性依据》，载《现代法学》2001年第6期，第11页。

了遏制"恶"而产生了对"善"的追求,还是为了弘扬"善"的理想才有了对"恶"的禁止,事实上是一个人性论问题。但不容否定的是:"善"与"恶"既存在互为否定的关系,也各自构成独立的判断标准。康德已经用伟大的雄辩说明,对于绝对的道德律的存在,"善"就是绝对命令要求人们去做的事,而"恶"则是被禁止去做的事。[①] 具体而言,在大的方面,歧视、压迫、专制、独裁……在小的方面如欺骗、贪婪、暴力、色情等都是"恶"的表现。这些"恶"不仅在道德上是不正当的,也为法律精神所反对。这些不正当的行为导致混乱和无序,对社会秩序的形成产生负面作用,不仅影响物质财富的创造和经济发展的平衡,而且还对人的精神世界产生腐蚀作用,妨碍人的精神之独立和人格之完整。

对损害的认识完全可以从损害本身出发,即考量损害行为是否存在不正当、这种不正当是否达到了要求法律禁止的强度、法律禁止这种不正当的现实可能等,这些都是衡量一种损害在法律上是否应当被禁止的条件。当然这些条件中最为核心的仍然是损害本身的不正当性,因此需要建立一种相对独立的判断行为不正当的标准。这些标准不仅要考虑人类对不正当的一般理解和特定伦理道德对"恶"的认识,还要考虑法律对损害禁止的可能性。基于损害禁止的权利推理是一个复杂和综合性的推理过程,其特有的价值揭示了权利不仅能够肯定正当,而且能够否定不正当。以损害禁止为基础的权利推理体现了一种"先破后立"的思维逻辑,它不仅能够成为以利益正当性为前提的"先立后破"思维的补充,还具有自身独立的价值。

从损害行为本身的不正当来判断损害是否成立,主要是在法律还没有明确规定被损害利益是一种法律权利的情况下,为保护特定的正当利益所运用的一种推理方法。这种方法甚至可能在受侵害者本身没有发出利益主张时,出于对不正当行为危害严重性的考虑由立法者为被侵害人设定权利。这种权利推理的思路,避免了将权利局限于特定的主张,突破了"无主张即无权利"的认识局限。

2. 基于损害禁止的权利推理中的权利观

要防止实际的或潜在的损害发生,通过法律义务设定禁止可以产生更加

---

① 转引自〔德〕莫里茨·石里克:《伦理学问题》,孙美堂译,华夏出版社2001年版,第10页。

直接的效果，而权利则通过赋予实际上的和潜在的被损害方以防御手段，达到遏制损害的目的。与直接禁止比较，通过权利设定禁止损害是间接的，但权利是更为积极的方式。禁止重在惩戒，通过为侵害方施加痛苦以警示，而当人人都关心自己的权利时，对正当利益的损害就会因为权利主张者的积极维权而得到遏制。通过对正当利益的肯定方式建立的是积极权利（尤其是通过作为的方式行使的权利）的模式，而设定对不利益（损害）的禁止能够更深入地理解消极权利（尤其是以不作为方式行使的权利）。

　　基于损害禁止的权利推理路径对权利的内在指向有着特殊的理解。第一，这种方式将权利视为一种消极的存在。保守的自由主义（如柏林）主张，只有消极自由才是现实存在的，因而最能够体现权利的本质。以消极形式存在的权利往往是一种界限的划定，界限之内权利存在，界限之外权利消失，而任何非法介入权利保护领域的行为都被视作对权利的侵害。这种权利的界定在于保护权利关系不受非法侵害，使权利成为一种抵御侵害的王牌。权利成为对社会权力、国家权力的一种约束。① 权利否定的是干涉和侵害。确定干涉和侵害的成立条件，在理论上就预先设定了一个不容干涉和侵害的领域和前提。证明对这个领域的入侵是不正当的就证明了这个领域和前提的存在是正当的。第二，基于损害禁止的权利推理承认权利的存在是一种对绝对自由的限定，权利本身有其界限，避免损害就是权利的界限。自由是对人类最有意义的价值。因此，任何对自由的限制都应该具有充分的理由，这些理由中最重要的一个就是损害原则。损害原则认为对人的自由施加任何形式的限制都必须是为了避免造成比限制本身更大的损害。权利本身既是对自由的保障也是对绝对自由的限制。原因在于，权利的目的是试图使更多的自由实现共赢，为了使不同的自由能够相容，需要对绝对自由进行限制。因此，一旦人们成为一个法域中的存在，他的自由就被以权利的形式限定了。任何权利都有界限，超越这一界限权利就不复存在了。论及权利正当性问题，不仅需要证明通过法律权利范围的界定为自由设置的约束是正当的，而且需要说明为了解

---

　　① 比如在《美国宪法》的权利法案中大量使用了这种界定，如《第一修正案》"国会不得制定关于下列事项的法律：确立国教或禁止宗教活动自由；限制言论自由或出版自由；或剥夺人民和平集会和向政府请愿申冤的权利"。《第四修正案》"人民的人身、住宅、文件和财产不受无理搜查和扣押的权利，不得侵犯"。

决权利冲突而对自由的再次限定也是正当的。这两种正当的证明都需要借助损害原则。避免损害始终是权利的限度。第三，基于损害禁止的权利推理将权利理解为一种无禁止的自由，为权利发展提供了更加广阔的空间。基于正当利益的权利推理，往往使用"××有权做××，或××有权不做××"、"××有××权"这类语汇。但由于语言本身的限制和法律发展的时代限制，任何肯定式的权利列举都很难穷尽此项权利中所蕴涵的子项，难免造成子权利的遗漏。而将不受侵害赋予权利的地位可以为权利发展提供更大的可能。第四，基于损害禁止的权利推理发掘了被权利否定的一面，即不正当。基于此种认识，权利不仅是对正当的肯定也是对不正当的否定。第五，基于损害禁止的权利推理体现了权利与义务的相关性。损害禁止之所以能够产生权利，最核心的连接点在于义务与权利的相关性。禁止损害的过程就是一个义务设定的过程，即不得实施损害行为，并对损害行为造成的后果追究责任。而这种义务设定能够产生权利就在于权利与义务总是相关的，没有无义务的权利，也没有无权利的义务。澳大利亚法学家斯托尔雅（Stoljar）认为"义务的核心意义在于，它是作为权利的相关物发挥作用的，义务的承担者不仅被告知他必须做（不做）某事，而且被告知他理应去做（不做）某事，他之所以受约束，乃是因为如果他规避义务，所受到的不是他自己的善良动机的挑战，而是另一个人的挑战，因为那个人拥有权利"[①]。因此，如果对 A 的某个利益的保护被承认为给他人设定义务或责任的理由，就可以说 A 有一个权利。

基于损害禁止的权利推理所提供的对权利概念的独特理解体现在整个推理的过程中，从而使这种权利推理方法具有了突出的理论与实践价值。但这种基于损害禁止的权利推理同样存在理论上的难题，那就是基于损害禁止的权利推理与法律确定性之间存在的冲突。

3. 损害禁止与法律确定性的矛盾

一直以来，几乎所有的侵权法对损害的研究都是在预先设定正当权利的前提下进行的，因此侵权法只能作为权利的保障制度而无法为权利发展提供

[①] S. J. Stoljar, *An Analysis of Rights*, The Macmillan Press Ltd., 1984, p. 37. 转引自张文显：《法哲学范畴研究》（修订版），中国政法大学出版社 2001 年版，第 336 页。张文显先生在书中还反驳了认为权利和义务不相关的观点，提出权利与义务的相关性体现为结构上的对立统一、数量上的等值和功能上的互补，证明了权利与义务总是对应存在的，不存在没有对应权利的义务。

证成。现代侵权法实践已经向这一保守观点提出了挑战。"侵权法这几十年的发展就是侵权的保障权益范围正在逐渐地扩大。……因为权利本身是不断发展的。社会生活的发展,导致一些利益首先受到侵权法的保护,而后逐渐上升为具体的民事权利,这一过程的实现需要侵权法保持一种开放的完整的体系。"①侵权行为法对合法利益保护的扩张,使得其作用的范围进一步扩大。同时侵权行为法的功能也在发生变化,从保护权利、为受侵害权利提供救济,发展到具有生成权利的功能。侵权行为法禁止对非法律权利利益的损害,在另一个侧面肯定了对方不受这种损害的权利。

然而,在这里存在着一个比较明显的矛盾,即侵权行为法对未经法律明确确认的利益的保护,事实上也是对法律没有禁止的行为追究了责任。这与"法不禁止即自由"的法治精神和"法不禁止即权利"的权利本位原则产生了冲突,破坏了法律制度应有的确定性。但这种矛盾之所以是可以容忍的就在于,损害禁止的目的是为了设权,而不是为了强制。如果承认权利与义务是互相依存的,是一个数轴的两个向度的话,确立新权利就要规定新的义务作为保障机制。权利与义务两两相抵,自由的总量并没有增加。但是由于利益上升为法律保护的权利之后,成为一种更加有保障的自由,虽然自由的总量由于相应义务的附加并未产生增长效应,但自由的品质却得到了提升。受到社会认同的、有效的自由在自由总量中的比重加大了,自由的程度也随之增强。正是由于这个原因,自人类订立法律以来,权利与义务的总量不断扩大的趋势从未有减弱的时候。按照这种逻辑,侵权法对损害行为的禁止与法律确定性的冲突之所以是能够容忍的,其理由就在于侵权行为法对损害行为的禁止是为了确认权利、发展权利,并通过权利的拓展实现自由价值的跃升。

基于损害禁止的权利推理与基于正当利益的权利推理不同的是,权利与禁止(义务)在法律上出现的先后顺序不同。基于损害禁止的权利推理首先肯定利益获得正当权利资格,然后为保障权利设定义务和禁止;而在基于损

---

① 参见王利明:《侵权行为概念之研究》,载《法学家》2003年第3期。我国《民法通则》第5条中的所谓"民事权益受法律保护"表明法律既保护民事权利也保护民事利益,而民事利益可以是没有被纳入法律明确保护的范围,但却是应该给予保护的正当利益。而《最高人民法院关于确定民事侵权精神损害赔偿责任若干问题的解释》也表明了司法实践认可"故意以有悖于善良风俗之方法加损害于他人"构成侵权,从损害禁止的角度论证了公民的精神健康和安宁是法律权利保护的范围,从而确认公民享有精神健康权和安宁生活的权利。

害禁止的权利推理中首先发现一种侵害行为的不正当对其加以禁止，之后才有正面表述的法律权利。如果禁止之目的在于权利发现，权利发现之目的在于权利确认和自由的实现，就不会导致由于义务和禁止的加强使法律蜕变成赤裸裸强制的危险。但是在法治原则下仍然要警惕先禁止而不设权，以及由于禁止的强度和范围大于权利发展的需要所造成的权利义务在总量上的失衡。

（四）基于损害禁止的信息权利推理

在分析信息之上的利益形态时人们发现，信息的正面价值不是绝对的，信息不仅能带来财富和满足感还可能招致损害。"我们正身处一个信息越来越多，意识越来越少的时代。"[①] 当人们正在为信息社会的到来而欢欣鼓舞时，信息技术以及信息文化所带来的负面影响也随之而来，信息污染、信息安全危机这些负面因素直接或间接地导致新的价值危机和利益损害，造成新的社会利益结构失衡。发现这些信息损害，避免和减少这些损害，在一定意义上论证了为潜在的受损害方设置信息权利的必要。造成信息损害的原因究其根本在于信息本身所具有的结构性矛盾。

1. 信息的结构性矛盾与信息损害

分析事物和现象就是要寻找到事物本身所蕴涵的基本矛盾，基本矛盾的发现可以将此事物与彼事物区别开来。这也是清理事物发展的障碍，解决与该事物发展有关的各种问题的必经之路。这里进行的关于信息基本矛盾的分析是建立在前文界定的具有法律意义的信息范围内。本书认为信息在基本结构上存在若干矛盾关系，这些矛盾结构造成人们对信息的模糊认识和规制上的困难，也是不能从根本上杜绝信息损害的根由。

第一，信息存在的客观独立性与媒介依赖性的矛盾。信息的客观性表现在：信息可以以不同的载体形式呈现，而且对信息的占有可以不通过占有信息的载体实现。在深层意义上，信息的客观独立性，还表现在以信息作为载体的权利形式中，其"客体"与"客体利益"能够分开并独立存在。信息权利制度允许对客体信息的共享，但法律上却将信息产生的利益排他地授予特

[①] Jean Baudrillard, *In the Shadow of the Silent Majorities or the End of the Social and Other Essays*, Semiotext, 1983, p. 95.

定的权利人,比如人人都可以到电影院看电影,分享影像信息,但电影的版权是归属于特定主体的。信息具有客观独立性的同时又依赖于载体的再现。信息科技的发达使信息载体丰富多样,信息复制轻而易举,在利益驱动下借助低廉的技术投入,侵权者往往能够获得高额利润,这在事实上造成了对专有信息权利保护的困难。

第二,信息的独占性和共享性之间的矛盾。这一矛盾体现为信息的独占占有与信息本身趋于无限传播的冲突,进而使判断信息权利归属、侵权标准和确认权利救济途径成为难题。信息不像物质商品,不因消耗而终结,一个人利用信息并不影响他人获得和利用同样信息的能力。相同信息可以同时为许多人共有。这种矛盾的存在造成了制度规制的两难:为激励信息创造,法律要为收集、整理和合理利用信息的主体设定独占权利,他人的利用一般需要经由权利人的许可。但信息有着天然的开放倾向,它一旦脱离了原有的控制从封闭状态进入开放状态,就会迅速传播,即使一开始披露的仅仅是一小部分信息,也很快会扩展到信息的整体内容。信息一旦通过许可使用的方式或其他方式进入传播就很难对其进行控制。对于公开的信息,即使法律承认权利人的独占权利,仍然难以为信息权利提供有效的保障和救济机制。因此,很多独占信息权利都是以封闭形式将信息严格隐秘起来,并想方设法防止信息外泄。这种做法不仅成本巨大,而且妨碍了信息对社会文明进步的贡献。但如果不为信息设定独占权利,就会导致缺乏产权激励,而使信息的生产和交易萎缩,致使信息雷同缺乏创新,这同样会阻碍社会进步。目前,中国互联网络信息资源的非产权化造成的危害就是一例。由于缺乏对信息生产和创新的激励,各个网站之间相互抄袭的现象普遍存在,网络内容大量雷同。这种局面不仅造成网络经济的畸形竞争,而且直接影响注意力资源对互联网的关注,阻碍到整个网络业,特别是以文字图片内容为主的门户网站、新闻网站和文学类网站的发展。

第三,由于存在传播中的"噪音",造成了信息传播中保真与失真的冲突。对真的价值追求,以及信息在流动中失真的天然倾向是这一矛盾的直接反映。信息并非天然存在,而是经由人的再现和理解乃至编辑和传播,因此,信息并非永远代表客观真实,尤其是在掺杂了个人需要和利益指向之后则加剧了信息被认为篡改的可能。客观世界中永远可能存在虚假信息,对信息的

"去伪存真"工作因此也总是具有意义。有人曾组织过传话试验，一段话经过若干人的相互转告，到最后一个人再复述出来，已经与原话大相径庭。由于信息本身不经媒介再现无法传播，因此传播中产生的问题也就与媒介链息息相关。信息在传播中始终处于各种复杂的环境之中，来自于技术、利益、道德等等方面的"噪音"影响了媒介链传递中源信息与信宿接收的终端信息相符合的程度。有时会由于人为的扭曲和篡改，导致信息在传播过程中失真。近期困扰全球的大公司会计信息失真、上市公司虚假陈述等重大经济信息的作假问题造成了证券市场一定程度的混乱，而且对宏观经济运行产生了不良影响。利用虚假信息获利将造成资源和利益分配上的不公，使资源流向通过不正当地篡夺他人信息而获利的人，这种建立在他人痛苦之上的利益显然是不正当的。另外，虚假信息所导致的行为往往并非行为者本人的真实意愿，侵害了个人依据真实信息进行判断和行动的自由，是一种对意志的奴役。法律在信息传播问题上主张保护信息的真，但虚假信息的出现又几乎是无法避免的，因此除了要求传播媒介提供充分的技术支持以保证信息的真实准确外，法律主要的防范对象是恶意篡改信息造成虚假引导利用别人的错误行为获利。通过减少媒介链中的层次、建立媒介链公正和透明的运作程序能够减少信息失真的发生。但基于信息利益和独占权利的关系，将媒介链透明化又很难实现。

第四，基于不同的价值判断，传播中的信息在内容上总存在"善"与"恶"、好与坏的价值判断问题。成立为法律权利客体的信息是具有一定意义的社会信息。虽然信息在意义上千差万别，但是在特定社会语境中总存在对信息内容上的价值判断，人们总是会运用一定的道德标准将信息区分成"善"的（好的）、"恶"的（坏的）和价值中立的。宣扬暴力、种族歧视、色情淫秽的信息一般会被认为是不良的、有害的信息；而表达平等、公正、效率、爱国、和平、友谊、亲情的信息则被认为是好的、有益的信息；科学技术等在内容上不带有价值色彩的信息则被认为是价值无涉的信息。不良（有害）信息对人的身心健康特别是少年儿童的身心健康会造成损害，导致青少年心理问题甚至青少年犯罪。不良（有害）信息的传播影响到维持一种体面生活所必需的信息回避，挫伤社会大众的尊严感，是对人类美好情感的侮辱，由此造成的精神污染应该加以禁止。法律总是将搜集、整理和传播更多良好内容信息的行为用权利的形式确定下来,而对散布不良(有害)信息的行为设定禁止。对信息在内容和意义上的价值判断由于缺乏可量化的确切标准始终存在争议,不同文化历史传统也影响着进行价值判断的尺度,致使对信息的内容进行法律规制并非易事。

不仅信息本身的结构性矛盾使信息的法律规制无法从根本上避免损害,而且信息社会本身的结构性矛盾也是解决信息问题的不利因素。华盛顿大学法学院 Jams Boyle 教授总结性地研究了关于版权、内幕交易、敲诈等与信息有关的法律问题,他认为导致信息损害不可避免的根本原因在于:"这里讨论的有关信息的法律问题将难以避免的卷入种种紧张关系,这些关系包括:公共公开与隐私;平等观念和投资回报观念;公共领域与私人权利;绝对统一的、不可侵犯的财产权观念和将不论在渊源还是应用上都将财产权作为功利主义的一束权利的观念。"① 关于信息的法律讨论都无法回避这些紧张关系,必须体现这些紧张关系,否则关于信息法律问题的讨论就会失去根基。与此同时,任何关于信息权利领域的问题都需要一种对事实的道德判断,这种道德判断承认个人对于利用存在于公共领域中的语言素材、观念和思想具有某种不可剥夺的权利,就像农民有权利从大自然中收获粮食一样。我们还要在保有这种道德判断的同时,保证那个为我们提供丰厚养料的公共领域始终是一片丰饶的沃土,不至于因为人们的攫取超出创造而贫瘠荒芜。

在这些复杂的关系中,信息权利的任务应该是在各种矛盾之间进行衡平。通过信息权利设定为矛盾的对立各方提供足够的缓解,使种种紧张关系始终保持在比较温和的程度,使各种利益能够实现最大程度上的双赢。因此信息权利不是绝对的,而是为了平衡处于紧张关系中的各种利益和社会结构而存在。对于此,保守的自由主义者会说,权利就是权利,它不是功利也不是为了说明虚构的公共利益。但是一个权利文化发展到极致的环境对于缓解社会矛盾并非有益。当人人都剑拔弩张地为维护自身权利而互相争斗、人人都通过权利彼此划清界限,社会中缺少的将是那份妥协和宽容带来的脉脉温情。福山的调查曾经证明,在正式规则没有出现的地方,人们会自发地形成对各

---

① James Boyle, *A Theory of Law and Information: Copyright, Spleens, Blackmail, and Insider Trading*, California Law Review December, Vol. 80, 1992, pp. 1418-1419.

自都有利的潜在规则,而这些规则优先考虑的是合作而不是权利。在信息法律问题中由于缺乏平衡观念和机制,单纯强调权利甚至会危及一个行业的生存。① 信息社会既不能单纯依赖权利文化加以维系,也不能完全抛开权利语言,关键在于要使权利本身转换思维、重新定位。只有这样才能通过法律理论和实践发展出更具操作性的权利衡平技术,形成和谐的社会秩序。

2. 信息损害的体现

信息社会中一日千里的技术发展造就了海量信息环境,海量信息的存在加剧了信息的结构性矛盾。不论是针对信息的损害还是通过信息造成的损害都实实在在地显现出来。

信息技术的直接目的是增加信息的流量和流速,使信息更容易获得、更容易传播。当信息技术发达到一定程度,社会信息化普及到相当范围的时候,几乎所有的事物、关系和过程都具有了信息形式,导致了通常所说的"信息爆炸"。"据统计,1985 年全世界人类知识的信息量为 1975 年的 10 倍,1995 年全世界知识信息量则扩大为 1985 年的 2400 倍。到了 21 世纪,信息更是呈爆炸式增长,全球每年出版近 70 万种期刊,60 余万种新书,登记 40 多万项专利,编写 25 万份学术报告、学位论文等,数以万计的信息中混入了大量干扰性、欺骗性、误导性或虚假伪劣信息,构成信息污染。"② 洛克菲勒大学心

---

① 举一个信息网络版权纠纷为例,一个网络作家状告国内著名原创文学网站"榕树下"侵权,因为"榕树下"发表了一篇剽窃此作者的文章,内容几乎完全一样,只是名字和作者被改掉了。该网络作家认为,"榕树下"发表该剽窃作品前完全能够确认该文章系剽窃,但是网站没有尽应尽的注意从而侵犯了他的小说著作权。而网站却大喊冤枉,面对大量的各类投稿,仅靠几名审稿编辑,根本无法实现全文检索,仅能实现篇名和作者检索,而被篡改了的文章在这两项的检索中都不会出现与原作的重合。事实上,目前几乎所有的原创文学网站想要经营下去都只能做到这个程度,网络作家的诉讼是对整个文学网站经营模式的挑战。诸如此类的案件还有很多。网站的经营模式自诞生以来一直处于摸索之中,微薄盈利也是最近几家大型门户网站才能够实现。对于其他互联网站的经营者而言,如果在版权方面花费与传统纸质时代的版权相等或相近似的费用,网站的经营将面临崩溃的危险。如果互联网络由于版权导致的内容缺乏而日渐贫瘠的危机成为现实,将是对信息时代的一个巨大的讽刺。可以说目前网络上的文学、音乐、图像、电影和短片等很多是未经授权刊载的,少量是支付小额版权费用获得发布权的(这种发布权随时面临被侵犯的危险)。在网络这种信息流量巨大而掌控困难的空间中,技术上很难实现对专有权利的保障和救济,而没有救济和保障的权利就成为一句空洞的口号。也许网络这种信息流动空间并非权利的完全领地,而权利的作用也不能仅仅作为一种斗争性的、割断性的分界线,而更应该成为一种维持个人智慧创造热情与提供更丰富、有效的公共信息二者紧张关系的重要平衡器。

② 参见贺少成:《信息污染——凸现公民权利盲区》,载《工人日报》2001 年 12 月 21 日,http: // www.grrb.com.cn/news/news_detail.asp? news_id=55791&type_id=0, 2010-2-28。

理学家乔治·米勒认为："我们能够接收、处理和记忆的信息有严格的限度。"① 而当主体接收的信息超过了其信息负荷，或者信息的流速超过了主体的分析时间，再或者信息的复杂程度超过了主体的信息分析能力时，信息对于主体而言就是过量的，这就是信息过载现象。"据统计，在互联网上运行的信息量每月增长10%以上，全年增长率即可达到200%以上。网络信息的增长速度已经超过了人类社会对信息接收、处理及有效应用的限度。另一方面，信息量的急剧增长和人们有限的信息接收能力的矛盾，直接造成大量信息积压，进一步导致信息老化和失效。"② 信息过载造成了一系列的心理问题，对人的身心健康造成的损害导致公众丧失满意度、损害人际关系和健康、重要决策被延迟或受到反影响。③

在海量信息中存在的，由于人为因素导致的经济和精神损害已经成为信息社会中突出的现实问题。这些损害可以大略分为两种，对信息的损害和通过信息的损害。对信息的损害是指侵害者通过篡改、窃取、非法利用等手段作用于他人的信息资源，从而对信息权利人造成的经济或精神损害。对信息的损害，侵害者本身不制造信息，只是通过作用于他人的信息资源实施侵害。比如以窃取、盗用等方式将客户信息数据库或者其他信息非法转让获利，盗取网络游戏玩家的游戏装备信息转让获利，以及侵入他人信息系统删改信息、非经授权浏览信息、对他人的信息系统进行非法操作和控制使信息权利人无法正常使用等等。目前此类直接针对他人信息资源进行的侵害已经严重威胁信息权利人的利益。大量网络游戏玩家的游戏装备经常不翼而飞，银行的支付系统网络频频遭袭，通过入侵信用卡系统篡改信息非法划账的情况也时有耳闻，网络黑客则更是神通广大，入侵个人系统、公司数据库、政府信息系统甚至国防控制系统，连美国五角大楼的计算机网络也不能幸免。

通过信息的损害是利用信息本身的结构性矛盾、经由掌控信息源和信息流通渠道、制造并传播不良（有害）信息、缺陷信息，造成信息污染、破坏

---

① 转引自〔美〕阿尔温·托夫勒：《未来的冲击》，孟广均等译，中国对外翻译出版公司1985年版，第307页。

② 参见王伟军等：《信息资源网络化对经济和社会发展的影响与对策》，载《情报学报》2000年第19期，第196页。

③ David Bawden, *Perspectives on Information Overload*, Aslib Proceedings, Vol. 51, 1999, p. 249.

信息安全，使信息接收一方在行为选择上产生偏差而损害其经济利益或其他利益，甚至使信息接收一方陷入身心健康危机。通过信息的损害包括制造传播暴力、黄色、恐怖主义信息、电脑病毒等行为导致的危害。当然，通过信息的损害与针对信息的损害之间存在一定联系，在信息技术平台下，要对他人的信息造成损害，往往要通过制造或利用一定的有害信息工具，比如通过设计能够入侵他人系统的软件程序信息，利用能够对他人的信息进行篡改、破坏、监控和盗窃的信息程序等。大量实际存在的信息损害是这两种损害形式的结合。信息侵害实施者往往具有高超的技术能力，对于非专业领域的信息资源权利人而言，侵害人在技术上明显具有优势。技术在侵害者手中成为一种强势符号。

为了避免和减少信息损害，法律不仅需要对侵害行为进行必要的制裁，同时也需要为潜在的受损害方设定信息权利，使权利主体能够通过积极的方式保护合法利益免受侵害。由此，各种基于损害禁止的权利主张具有了上升为法律权利的正当理由。下面仅以信息环境权和信息安全权为例说明这个从损害禁止到法律权利的过程。

3. 信息环境权推理

信息革命以来，"社会信息环境问题显得日益突出，成为全球性问题，主要表现在：信息差距扩大，信息资源分布不平衡，信息流通失衡，信息泛滥成灾，信息污染严重，信息障碍加剧，信息犯罪增多，全球信息冲突更加激烈，争夺信息控制权白热化等"[①]。在海量信息中存在大量虚假、老化、冗余、过剩和不良（有害）信息、污秽信息、骚扰信息、缺损信息等，这些信息不仅对于人们无价值，反而造成整个信息生态的破坏、信息环境的污染。信息生态一词可以指称人类生存和发展所仰赖的信息环境的总和。而信息环境概念较之信息生态概念更加具体，可以用以指称以具体的人或组织为中心，围绕其进行的所有人类个人之间、组织之间、个人与组织之间所进行的一切信息交流所营造的信息条件。而信息生态破坏是指人类生存和发展所仰赖的信息环境各系统、各环节和因素之间发生了不平衡。信息环境污染是指由于人为的因素造成的有害信息和缺陷信息进入信息环境，使信息环境遭到破坏，

---

① 参见林坚：《从书海到网路——传播科技的演进》，江西高校出版社2002年版，第287页。

人们的信息生活受到有害影响。信息环境的污染与自然环境的污染一样都是短期行为大量充斥的结果，都会对人的身心健康造成危害。被污染的信息环境与被污染的自然环境一样，一旦受损就很难恢复，严重影响信息社会发展的可持续性。信息污染不仅为人们的信息选择制造了障碍，而且信息误导、诱导和教唆对社会安全和秩序构成威胁。由此可见，信息污染对个体和社会同样构成损害。对信息污染的治理同自然环境污染的治理一样是一项长期的、持久的任务。

信息污染行为是典型的通过信息的损害行为，是通过制造、传播不良（有害）信息和缺损信息等对他人造成危害。对于信息污染的治理可以借助法律对信息污染行为加以禁止来实现。在禁止信息污染行为的同时也赋予了受损害方和潜在的受损害方以信息环境权，即不受非法信息污染的权利。信息污染的损害可以分为缺陷信息损害和不良（有害）信息损害。缺陷信息损害包括由于故意或过失制造和传播虚假、重复、冗余、老化、过时或骚扰信息给他人造成的精神和经济损害。不良（有害）信息损害是通过制造和传播包括色情淫秽信息、暴力信息、教唆犯罪和传播犯罪方法信息、恐怖主义信息、极端主义、鼓动民族分裂主义信息、邪教信息、危害国家安全的信息、泄露国家秘密信息、计算机病毒等具有不良内容的信息造成的不利益。

散布不良（有害）信息则可能用以获得经济利益（如发布色情信息以吸引网民），也可能用于满足寻求刺激，甚至是达到危害国家和社会安定的非法目的。不良（有害）信息的内容存在严重的危害国家利益、社会公共利益和个人及其他组织合法利益的威胁，败坏社会风尚、诱发犯罪，是法律限制和打击的对象。而不良（有害）信息对人们的身心健康所造成的损害在社会学调查中已经被初步证实，早在1982年，美国国家精神健康研究所编辑出版了《电视和行为：科学进步的十年和对80年代的影响》一书，该书汇集了来自有关电视的2500个独立研究资料，这2500个研究汇集在一起的三大发现是：第一，在电视暴力和进攻型行为之间存在一种直接的关联。第二，重度电视观众比轻度电视观众更加胆小和忧虑、缺乏信任。第三，观看所谓的"赞同社会"节目（对社会有益的节目，如芝麻街）的孩子更有可能采取负责任的行为。① 在现实生活中,青少年由于浏览黄色网站,拨打黄色声讯电话造成的心理疾病和犯罪问题也表明,不良(有害)信息对人的身心健康能够造成危害。

相对于不良(有害)信息,人们对缺陷信息的认识远远不够。因为缺陷信息并不像不良(有害)信息那样在感觉上直接使人产生明显的抵触和反感,对人的身心伤害表现亦不显著,而且这些损害往往要在一段时间后才会显露出来。因此,人们对缺陷信息造成的损害并没有引起足够的重视。事实上,不仅缺陷信息中的虚假信息会直接导致错误的行为决策,从而带来直接的经济损失和机会成本损失。而且那些对人没有价值的冗余、重复、老化、过时的垃圾信息不仅占用了大量的时间,还占据了巨大的信息存储空间,造成了信息传输系统的拥堵甚至瘫痪,为经济运行造成大面积的损失。目前互联网上充斥的垃圾邮件就是典型的缺陷信息污染。② 自 1985 年 8 月,全球出现第一封有记录的垃圾电子邮件以来,垃圾邮件便一直困扰着全世界的人们。据统计,目前全世界每天收发的电子邮件约为 14 亿封,其中 10% 以上为垃圾邮件。我国的垃圾邮件情况尤其严重。在中国,经邮件服务器处理发送、转发的垃圾邮件高达 50% 以上。中国互联网协会反垃圾邮件协调小组发布的国内垃圾邮件调查数据则显示:2002 年 12 月份我国网民每周收到的正常电子邮件数为 7.7 封、垃圾邮件数是 8.3 封;半年后的 2003 年 7 月份,正常电子邮件数是 7.2 封,垃圾邮件数为 8.9 封。垃圾邮件与正常电子邮件的比例由 108∶100 上升为 124∶100。这个数据意味着短短半年时间里,垃圾邮件的比例增加了 16 个百分点。在国外,AOL、雅虎以及 Hotmail 等 ISP 所处理的邮件中,垃圾邮件的数量已经过半。美国 Bright Mail 公司的报告显示,垃圾邮件占电子邮件的比例已上升至 40%,2002 年美国人平均会收到 2200 封垃圾邮件,若按垃圾邮件每月增长 2% 的速度递增,到 2007 年这一数字将达到 3600 封;英国贸易工业部官员称,垃圾邮件现在占到全球电子邮件流量的 40%;

---

① 〔美〕雪莉·贝尔吉:《媒介冲击:大众媒介概论》,赵敬松译,东北财经大学出版社 2000 年版,第 314 页。

② 中国互联网协会在《中国互联网协会反垃圾邮件规范》中对垃圾邮件的定义为:"本规范所称垃圾邮件,包括下述属性的电子邮件:(一)收件人事先没有提出要求或者同意接收的广告、电子刊物、各种形式的宣传品等宣传性的电子邮件;(二)收件人无法拒收的电子邮件;(三)隐藏发件人身份、地址、标题等信息的电子邮件;(四)含有虚假的信息源、发件人、路由等信息的电子邮件。"

韩国信息保护振兴院的统计数据表明，80%的国内电子邮件为垃圾邮件。仅仅过滤、处理这些垃圾邮件就将会花费大量的人力物力。据估计，全世界的公司企业每年大概要花费80亿至100亿美元来解决垃圾邮件问题。甚至有报道说仅在美国，每年因垃圾邮件造成的损失就高达870亿美元。[①] 由于没有有效的技术防范措施，垃圾邮件的泛滥极大地浪费了网络资源、降低了网络使用效率、影响互联网的正常运行，同时还侵犯着用户的个人权利。美国2004年生效的《反垃圾电子邮件法案》是自互联网出现以来，美国首次通过对影响众多民众日常生活的垃圾邮件问题进行管制的法案。该法案通过对发送和接收垃圾邮件的操作细节进行详细规定进行限制，以此来减少垃圾邮件。这个法案在事实上赋予了邮件接受者以拒绝接收垃圾邮件的法律权利。拒绝垃圾邮件的权利就是一种信息环境权。反垃圾邮件的立法对于信息环境权立法而言具有开创意义。

不良信息和缺陷信息占用了大量的信息空间，识别这些信息占用了大量的人类精力，使本身就已十分严重的信息超载问题恶化。按照美国学者 H. H. 弗莱德里克的推算：从公元元年开始，大约经过了1500年，人类社会信息总量翻了一番。20世纪90年代，平均每一年人类信息量都会增加一倍。依此速度发展，到公元2025年，信息量倍数增长的速度就不再是以年为单位，届时，人类信息总量每个月都将增加一倍。截至于2006年2月13日，世界上最大的搜索引擎Google标引的网页数已超过了80亿（Google首页显示）。可是，按照目前的搜索技术，还没有一个搜索引擎可以涵盖60%上的互联网网页。由此可见，互联网环境中信息量是非常巨大的。人们在海量信息面前本身就存在着既希望全面搜集信息，又无法有效甄别信息的痛苦，而重复和虚假信息的大量存在，需要更多精力和时间来鉴别和选择；收集了大量自己用不到的信息以备将来使用，这无疑会增加信息处理的数量，从而加重了大脑处理信息的负担。信息超载的存在造成了人们迷失在信息的海洋中，大量的时间和精力用于甄别和选择信息，而那些虚假的、冗余的、色情暴力的信息经常出现干扰人们的思维，使人们思考和实践的空间正在逐渐减缩。有研究

---

① 杜泽壮：《反垃圾邮件立法刻不容缓》，http://chinablog.com/new/display/12598.html，2010-2-12。

者证明，过量信息可能会造成人的信息恐惧症、信息焦虑症、信息过敏症等精神疾病，并引发视力降低、血压升高等身体疾病。去除和过滤不良信息和缺陷信息始终是搜索引擎技术和安全软件技术所关注的问题。将这些冗余信息去除或过滤，将有效提高人们利用信息的效率，改善社会总体信息环境。

在世界范围内，各国已经相继出台维护信息环境的法律制度，尤其是在控制信息环境遭受污染的重灾区——互联网的信息环境治理方面设计了一些行之有效的法律制度。如英国的《3R 互联网络安全法案》，所谓 3R，就是"分级认定、举报告发、承担责任"的缩写，将互联网的内容审查、网民的维权与违法者的责任承担联系在一起，形成了综合性的整治互联网信息环境的机制。美国还特别针对易受信息污染影响的群体——儿童，制定了专门的保护法如《儿童在线隐私保护法》、《保护儿童不受网上色情侵扰法》等，建立了有效的网民监督机制，并建立了"网络天使"等志愿者组织帮助青少年免受不良信息的侵扰。澳大利亚通过网络内容分级制度和上网者身份认证技术，限制青少年浏览含有不良信息网站，这些规则和手段都有我国的立法可以借鉴之处。而在中国大陆，我国虽然已经建立了基本的维护信息环境的基本法律制度[①]，但仍存在缺乏系统性、针对性和综合性等诸多问题。人们对于满街乱塞的广告传单、莫名其妙的领奖短信等缺陷信息骚扰的拒绝权利尚在期待之中。

良好的信息环境对于生活在 21 世纪的人们来说，其意义不亚于自然生态环境。社会结构的信息化使人们的工作和生活已经被信息化，信息环境已经成为人类生存环境中最重要的部分。良好的信息生态环境是保证人们生活、工作和实现自我发展享受生活进步成果的必要条件，是实现人类自由和平等价值的重要体现。人们有权要求国家和社会通过法律形式营造和维系一个良好的信息生态环境，使人们远离信息损害造成的身心痛苦和经济损失；有权获得信息环境权利，以主张停止信息损害和相应的救济和赔偿。信息环境权

---

① 如《中华人民共和国计算机信息网络国家联网管理暂行规定》、《放开经营的电信业务市场管理暂行规定》、《中国公用计算机互联网国际联网管理办法》、《中华人民共和国计算机信息网络国际联网管理暂行规定实施办法》等。这些法律规范规定了网络经营者的许可制度、网络警察的电子审查制度和对不良信息的举报制度等遏制不良信息的传播。但目前，我国对于发布、传播有害信息适用的法律责任限于行政处罚，并指针对经营者，不针对其他网络用户。

内在的包括：公民和其他组织有在良好、适宜、健康的信息环境中生活的权利；有合理利用信息资源的权利；有参与国家和社会信息环境管理的权利（包括知情、参与决策、举报信息侵害等）；有权要求停止信息损害、赔偿损失等权利救济；有权以公益诉讼的方式制止信息环境破坏和信息污染行为等。信息环境权的合法化将有效遏制形形色色的信息污染，营造良好的信息环境。当然信息环境污染的治理是一个系统工程，需要信息技术、法律惩戒和管制与法律权利制度在不同的方面发挥作用。但基于信息环境权调动了广泛的社会参与，它的合法化过程无疑是最具主动性和根本性的治理手段。

4. 信息安全权推理

安全是一种状态，意味着安定、完整的财产和人格尊严。安全权是一种消极权利，意味着不受侵扰和免受损失。在某种意义上讲，信息化的发展和信息安全是同时存在的悖论，信息化发展越快，其安全问题所导致的负面影响就越大。保护个人、社会和国家在信息领域的根本利益，成为信息化良性发展的必须。信息，特别是在电子媒介上记录、处理、存储、共享、传送和接受的有价值的信息必须受到系统地保护，使其远离被盗取、不能访问、被改变或被故意泄露的威胁，这些威胁不仅可能来自错误、遗漏和意外，而且可能来自欺诈等故意损害。

信息安全权包括保证信息状态安全和信息系统安全的权利。信息安全权要求信息和电信基础结构及信息本身保证完整性、客观性、可用性和机密性不受非法侵害。可用性是指信息在需要时可用和有用，提供信息的系统能承受适当地攻击并在失败时恢复；保密性是指信息只能被有相应权限的人看到；完整性是指未经授权，信息不能被修改；真实性和不可否认性是指组织之间或组织与合作伙伴间的商业交易和信息交换是可信赖的。而任何非法使用信息、电信系统和信息资源；使用时违反既定规章、法律或国际法规范；未经许可干预对信息的收集、持有、累积、储存、展示、搜求、散布或使用的进程，以及打断信息系统的正常运作或破坏信息资源的完整性、机密性或可用性的行为都是被法律禁止的。

信息安全一直以来被看做消极因素，不产生价值。然而，全球网络的出现和企业传统边界的延伸，使其成为价值和机会的创造者，特别是在提升IT利益各方的信任感方面成为一个重要的参考值。随着数字化信息社会的发展，无论是企业管理、日常办公或是商务往来,甚至普通人之间的交往等各个方面都需要信息安全保障。信息通常被认为是企业最宝贵的资产(70% 或更多公司的价值在于其知识产权资产),这部分数据的损失或被窃可能造成严重后果,甚至会威胁企业在市场中的地位。根据 2002 年美国 CSI/FBI 计算机犯罪与安全调查的调查结果,由于安全性被破坏而导致的最为严重的财务损失(包括所有权信息的被窃),在 26 个被访者中报告的损失超过 170,000,000 美元。根据计算机安全协会和美国联邦调查局对 643 家企业的联合调查,其中 43% 的企业因黑客入侵而遭受了 2.65 亿美元的损失。美国明尼苏达大学 Bush-Kugel 的研究报告中指出,企业在没有信息资料可用的情况下,金融业至多只能运作 2 天,商业约为 3.3 天,工业约为 5 天,保险业约为 5.6 天。而以经济情况来看,有 25% 的企业,因为数据的损毁可能立即破产,40% 会在两年内宣布破产,只有 7% 不到的企业在五年内能够继续存活。[1]

目前,信息系统已在商业和政府组织中得到了真正广泛的应用,但不安全因素总是存在,因为没有一个系统是完美的,没有一项技术是灵丹妙药。尽管我们已经发展出一系列先进的技术和非技术安全措施,如物理安全措施、背景审查、用户识别、密码保护、智能卡、生物测定和防火墙,但当前的信息安全形势仍不容乐观。没有一项技术是十全十美的。由于兼容性的要求,计算机技术的安全性一直没有能完善起来。个人电脑的开放性设计,几乎使每个人都能知道电脑操作系统的内部结构和工作原理,极易找到攻击漏洞。在网络时代,通过个人计算机与他人的通讯过程中,安全问题日益严峻。如今使用最广泛的网络协议是 TCP/IP 协议,它的主要设计目标是互联与互通,而不是安全。该协议中已有许多人所共知的安全漏洞和隐患。另一方面,由于软件设计方法本身的发展水平所限,设计人员无法在软件设计过程中考虑到计算机安全的所有方面,从而出现了一些重要的软件公司频频发布安全隐患补丁以应填补安全漏洞之急。

计算机病毒在全球所造成的信息安全损害更是令人震惊。据位于加利福尼亚州卡尔斯巴的计算机调查公司透露,由于病毒对信息系统的攻击,全世

---

[1] 孙强、郝亚斌:《信息安全治理——创造新的战略竞争机制之一》,http:// industry. ccidnet. com/ pub/ article/ c35_a100948_p1. html, 2010-4-6。

界 2001 年的损失估计为 107 亿美元。这家公司指出，2000 年和 1999 年的计算机病毒造成的损失分别是 171 亿美元和 121 亿美元。我国公安部公共信息网络安全监察局发布的 2003 年全国计算机病毒疫情调查报告显示，中国计算机用户感染计算机病毒的比例达到 85.57%，较去年增加 1.59 个百分点，较 2001 年增加 25.57 个百分点，计算机病毒对用户造成损失的比例占被调查用户的 63.57%。① 事实上，针对系统安全的攻击在全球范围内也越来越普遍。早在 1996 年，美国会计总署（GAO）报告指出，美国国防部一年有 15,000 个系统遭到高达 250,000 次攻击，其中 65% 攻击成功，防范和弥补损失的费用高达数亿美元。更值得注意的是，这些攻击中只有 400 个被查明，20 个被报告。如果说 1996 年的信息安全问题很大程度上是一种系统的弱点。今天，它已成为一种真正的威胁，正如美国联邦调查局对 100 个针对电子商务网站的敲诈案件调查表明，攻击者不仅威胁公开客户信息，并且实际上在要求得不到满足时实现这种威胁。② 许多国家的政府已经认识到信息安全的重要性，并积极采取措施提高信息安全。以美国政府为例，"9·11 事件"后，美国信息基础设施保护委员会（PCIPB）列出了 53 个信息安全重点问题，把信息安全列入国家战略。美国政府在 2003 年投资五百多亿美元，用于改造 IT 基础设施及其性能。其中政府机构用于网络安全的支出增长 64%，达到约 30 亿美元。在世界范围内，中国信息安全水平被排在等级最低的"第四类"，与某些非洲落后国家为伍，信息与网络安全的防护能力很弱，许多应用系统处于不设防状态，具有极大的风险性和危险性。近期我国已经接连不断地出现程度不同的信息系统安全事故，首都机场曾因电脑系统故障，6000 多人滞留机场，150 多架飞机延误；南京火车站电脑售票系统曾突然发生死机故障，整个车站售票处于瘫痪状态；广东省工商银行曾因系统故障，全线停业一个半小时；深交所证券交易系统曾发生宕机事件……这些事故不是简单的信息系统瘫痪问题，其直接后果是巨大的经济损失和不良的社会影响。如果说经济损失还能弥补，那么由于信息网络的脆弱性而引起的公众对信息社会的信任危机则

---

① 《公安部：今年计算机病毒感染率约八成五》，http://www.lianghui.org.cn/chinese/PI-c/425828.htm，2010-3-19。

② 孙强、郝亚斌：《信息安全治理——创造新的战略竞争机制之一》，http://industry.ccidnet.com/pub/article/c35_a100948_p1.html，2010-3-14。

不是短时期内可能恢复的。国外最新研制出的计算机"接收还原设备",可以在数百米、甚至数公里的距离内接收任何一台未采取保护措施的计算机屏幕信息。或许,下一轮计算机的换代将不是因为速度,而是因为安全。

信息安全对于个人生活也具有相当重要的意义。随着信息交流在私人生活中所占地位的不断提升,与私人生活相关的信息是否得到有效保护,不受非法干扰和侵犯是人们普遍担心的问题。由于计算机病毒、家电病毒(如手机病毒)造成的信息破坏、个人账户信息等被窃取等触及了私人生活的安全,使人们产生担心和焦虑,影响社会的安定秩序。由于电脑网络的普及,个人信息安全问题成为人们高度关注的问题。据中国互联网络信息中心2006年1月发布的《中国互联网络发展情况报告》,显示网民对网络安全性非常满意的占4.3%,比较满意的占20.2%,一般的占44.6%,不太满意和很不满意的分别占23%和7.9%。网民对互联网最反感的方面主要与信息安全问题相关,如网络病毒(19.9%的受调查者认为该问题是他们最反感的)、网上收费陷阱(12.8%)、网络入侵/攻击(包括木马)(11.7%)、诱骗/欺诈/网络钓鱼(占6.1%)。①

为了有效应对全球范围内的信息安全威胁,各国纷纷出台法律规范禁止和打击危害信息安全的行为,同时也赋予信息权利人以维护安全的必要权利。各国对破坏信息安全的行为规定了相当严厉的处罚。现在,依照美国法律,网络破坏者将被判刑,每次可判最高5年、最低半年的徒刑。累犯则可判最高10年,并处以最低25万美金、最高是受破坏网站总损失两倍的罚款。此外,新加坡、韩国、德国、日本等国也都出台了相关的法律,以对付日益猖獗的"黑客"事件。我国有关部门也从立法方面采取积极的措施。1997年,公安部颁布了《计算机网络国际联网安全保护管理办法》,其中规定禁止任何单位和个人未经允许进入或破坏电脑信息网络。在1999年修订的《刑法》中,增加了对非法侵入重要领域电脑信息系统行为进行刑事处罚的明确规定。除了加大对损害行为的惩戒力度,各国法律还赋予人们保护自身信息安全的法律权利武器。继1997年3月,OECD公布电子资料加密政策八大原则后,

---

① 中国互联网络信息中心(CNNIC),http://www.cnnic.net.cn/images/2006/download/2006011701.pdf,2010-2-25。

美国国会议员 Kerrey-McCain 等人提出《公共网络安全法案》，法案除了定义一些用语外，还肯定了民间通行的通过加密等方式来保证信息安全的权利。提案人还认为，政府保证网络安全的同时，还要保证个人的隐私权、知识产权以及网络使用者的个人安全。如有侵权问题发生，受侵害人可以运用法律手段对侵害人追究责任，要求损失赔偿。然而，我国目前的信息安全法律法规只限于控制和惩处网上非法政治和色情内容，对于损害经济秩序的信息损害行为还没有明确和严厉的惩办措施。而且，几乎所有保障信息安全的立法都使用禁止性语言，即使是有保护权利的意图，也是通过责任追究的语汇来表达，缺乏明确的权利设定。比如我国的《计算机网络国际联网安全保护管理办法》第 25 条规定："任何组织或者个人违反本条例的规定，给国家、集体或者他人财产造成损失的，应当依法承担民事责任。"由于禁止性规定往往是通过特定管理机关的查处来实现。而管理机关本身的资源有限，加之其维护信息安全的激励远不如受侵害者本身强烈，致使其无法对广泛存在的危害信息安全的行为实现全面的监控，不能及时发现危险，也无法及时制止侵害。倘若在维护信息安全的规范中运用更多的权利语言，赋予相应主体以信息安全权，并给予充分的权利救济手段，就能够将每一个可能受到信息安全威胁的主体发展成自觉维护信息安全的卫士，从而在信息传播的每一个环节和信息社会的每一个角落设置安全阀，有效保证信息秩序。

　　信息安全可以上升为法律权利。这一权利的主体既包括政府和其他公共管理机构，也包括个人和公司等法人组织。信息安全权对于不同主体具有不同的意义。对于政府和其他公共管理组织而言，其权利的重心旨在维护公共秩序所必需的信息体系的完整和稳定；而对于私主体而言，信息安全则关乎交易安全、信息财产安全和隐私。目前我国已近颁布生效的各级各类法律文献既包括全国人大制定的《中华人民共和国保守国际秘密法》、《中华人民共和国国家安全法》、《中华人民共和国电子签名法》等，也包括国务院及其部委颁布的《中华人民共和国计算机信息系统安全保护条例》等行政法规和部门规章，还包括各种地方性法规和规章。其内容涉及设施安全、互联网安全、病毒防治、信息犯罪的法律责任等方面。但总体上缺乏专门性、系统性和效力性，对信息安全等基本概念使用仍很多样，严重影响了国家和私人层面的信息安全。鉴于我国高速发展的信息化进程，国家信息化领导小组已经将

"研究和起草《信息安全法》,建立和完善信息安全法律制度,明确社会各方面保障信息安全的责任和义务"提上了议事日程。笔者认为,未来的《信息安全法》应明确信息安全权这一法律权利,详化这一权利的主体、内容(权能和权责)和权利保护机制。在此基础上,有关的权利保障和救济机制才可能具有明确的价值取向和制度基础。《信息安全法》只有成为保障信息安全权利的法律,才能发挥保障信息安全的作用。

《信息安全法》应明确信息安全权是一项法律权利,其权利内容是国家机关、公共管理组织以及公民个人和企业等法人组织的信息和电信基础结构及信息本身具有保证其完整性、客观性、可用性和机密性,不受非法侵害的权利。同时区别对待公共信息安全与私人用户的信息安全。公共信息安全权的保障机制应当包括公共信息平台和体系的建立和维护规则、公共信息系统安全的责任分担、链接公共信息系统的个人用户和公司用户的权责、公共信息按照重要性和保密性不同建议分类保护的技术标准、设定专门的信息安全评估和管理机构、信息安全危机预警和解决机制、法律责任等内容。私人信息安全保护机制,应明确一般意义上的民事法律主体(个人和其他法人组织)具有保有自己搜集、整理、存储的信息完整性、客观性、可用性和机密性的权利。私人信息安全保护机制应明确受保护信息的种类和范围、当权利受到侵犯时可以启动相应的救济程序要求侵权人停止损害、赔偿损失。私人信息安全权与隐私权保护的侧重点不同,不要求信息的隐秘性和当事人不愿透露的原因,主要权利保护旨在保护个人的信息平台和信息存储利用不受非法干扰,如保护个人计算机不受黑客攻击等。

第六章

信息产权与基因知识产权

一、信息产权及其制度安排

作为知识经济的典范和急先锋,信息经济是信息技术、信息产品和信息自身的大规模商业化、市场化和资本化,是信息利益和价值的开发、生产、分配和消费。在其运行中,问题的核心递变为信息上所负载经济利益在相关人群中的配置,以及信息的经济价值与其所同时具有的政治、文化、社会价值之间的关系协调等。转译为制度表达,则是信息作为新的法益介质的确认,信息产权的设定,信息产权与相关人格权利、政治权利、文化权利、社会权利之间的冲突与对治等。

(一)信息产权的合法性基础

1. 信息产权的含义

信息产权是指对信息之上所负载经济利益的排他性占有、使用、收益和处分的权利。所谓信息,包含知识、情报、消息、信号、数据等反映事态状况的范畴。[①] 作为人类智识对于事物规定性进行探究的认知成果,知识构成信息体系的核心形态,信息经济的精要亦在于信息科技知识的商业化。但是,

---

① 参见郑成思、朱谢群:《信息与知识产权的基本概念》,载《科技与法律》2004年第2期,第39—45页。

知识并不构成信息的全部内容；信息经济进程中获得经济价值而成为商品的除去作为智力成果的知识之外，还包括仅仅提示事物状态、未经人类思维深层加工的信号、消息、数据等。相应地，在对信息利益的界分和配置中，既有的知识产权机制表现出调整力上的局限和不足[①]；因此，有必要确立含义更为广延的信息产权机制。

2. 信息的可财产性

依照经济学理论，客体的可财产性取决于其所具备的有用性、稀缺性、占有和使用的排他性等。[②] 就其外观，信息表现为共有领域中海量散逸的非竞争性公共物品，在其之上设置专有性产权似乎有违信息的公共本性，而且法律也缺乏真正有效的手段去维护和贯彻所设产权的专有性。但是，当经济社会生活的实践确实迫切需要信息的财产化时，理论和制度上的创新性解释与变造总是可得的，尽管会疑辩丛生。

首先，信息的有用性。有效信息的获得意味着对于认知对象的更多了解和知晓、意味着复杂环境中风险和不确定性的减少、意味着做出理性和正确决策的可能性的增加、意味着取得竞争优势和胜算的几率的加大。某种意义上，信息所创造的收益和价值正在超过资本和劳动的经济贡献率，经济过程亦表现为资本和劳动以信息为中轴和核心所进行的组合过程。信息益愈成为关键性的经济要素和创新主体争夺的制胜法宝。

其次，信息的稀缺性。表面观之，这是一个信息爆炸、信息过剩、甚至信息污染的时代，信息技术的高度发达似乎正在制造出取之不竭、用之不尽的过量信息。但实际上，正是这种信息的繁盛悖论性地造成了信息的稀缺，大量无用信息的川流混杂反倒使得有用信息成为需要费时费力予以挖掘和甄别的稀缺物。

再次，信息利益占有和支配的排他性。财产权的要旨在于权利人对财产利益的排他性占有和支配。有形财产权的设置依托于权利人对有形物的独占。

---

① 例如，对于不具有原创性的数据库，显然不能用著作权机制予以保护，但其所具有的经济价值及其投资制作人对于劳动回报的要求则要求对其予以产权保护等。

② 参见〔美〕罗伯特·考特、托马斯·尤伦：《法和经济学》，张军等译，上海三联书店、上海人民出版社1994年版，第236页。

无形的知识和信息则因其公共产品的性质,即占有和使用的非竞争性和非排他性,而在财产权的漫长历史中长期未被赋予专属性权利。其实,正如知识产权的发展所提示的,可以通过客体与客体利益的分离,即通过知识信息自身和知识信息之上所负载利益的分离,亦即通过保持知识信息在公共领域中的存在状态、但在知识信息所负载的利益之上人为地设置某种垄断性的占有权和收益权,而实现知识信息的可财产性。例如,在著作权和专利权保护的制度设计中,作品和专利内容向公众公开,但作者、邻接权人和专利权人则在一定的期限和范围内对相关的物质性和精神性权利享有某种独占权。[①] 由此,既可保全人类智识成果的共享性和知识信息据以创新发展的必要基础,又可保障知识生产者与经济投资者的利益诉求,从而为科技和知识进步提供基本的激励与动力。

复次,信息的价值性。信息的采集、生产、处理和传输需要投资,其中内蕴着相关主体的智力和体力劳动。知识信息的投资生产就是为了实现其交换价值,创造者要求以产权形式得到劳动报酬的要求亦在情理之中。[②] 再者,当经济运行益愈建基于信息的获得、传递和运用时,信息产权机制的确立对市场主体致力于有效信息的搜捕、加工和处理,亦是一种强大的激励和支持。

3. 信息产权的边界

信息产权是基于劳动回报理论和经济激励理论而借助法律的建构力量在作为公共物品的知识信息之上所设置的排他性收益权和支配权。鉴于信息产权的机制设置中暗含着某种扩张性的功利主义和工具理性的逻辑,对于知识信息所负载利益的垄断性占有和处分,应当始终受到知识信息自身作为公共物品的特性及其所承载公共利益诉求的对治和制衡;并且,信息产权对于知识信息所具有的经济性价值的开发和保护,不应成为保有和发挥知识信息同时所兼具的人格性价值、政治性价值和社会性价值的壁垒和障碍。由此,信息产权始终表现为一种有限性权利,在其获得条件、涵盖范围、保护期限、

[①] 参见郑成思、朱谢群:《信息与知识产权的基本概念》,载《科技与法律》2004年第2期,第44页。

[②] 参见邓琦琦、陈道志:《信息与知识时代呼唤信息产权》,载《现代情报》2002年第7期,第2页。

许可使用等方面始终设定着特定的边界,并始终受到相关人格权利、政治权利和社会权利的对治与限制。

(二) 计算机软件保护

1. 计算机软件的知识产权保护

1) 计算机软件的特点

计算机软件是信息经济条件下最重要的知识产品,界定信息产权的首要之义就是计算机软件的权利保护。所谓计算机软件,"是程序以及解释和指导使用程序的文档的总和";计算机程序,"是指为了得到某种结果而可以由计算机执行的一组代码化指令,或可以被自动转化为代码化指令的一组符号化指令或符号化语句";文档,"是指软件开发过程中用自然语言或形式化语言所编写的、用来描述程序的内容、组成、设计考虑、性能、测试方法、测试结果及使用方法的文字资料和图表,如程序设计说明书、用户手册、流程图等"。①

计算机程序包括源程序和目标程序。其中,源程序用人工语言或自然语言编写,具有内容性和作品性,在实践中易于被直接复制或者由一种计算机语言翻译为另一种计算机语言;目标程序是以二进制代码对源程序的翻译,表现为软件数据结构、过程属性等计算机可执行的指令形式,具有思想性和构造性,在实践中易于被分解和盗用。② 计算机程序的此种双重属性,决定了其在保护机制上对传统版权法和专利法的超越之处。

2) 传统版权法保护机制的适宜与局限之处

版权保护具有取得程序简易、所耗费用少等优点,但是版权法重在保护表达而非思想,其对计算机软件内容和作品部分的保护自然正对症候,而对于功能和运行部分的保护则显得力不从心。另外,版权保护因其更多强调作

---

① 参见郑成思:《计算机、软件与数据的法律保护》,法律出版社1987年版,第20—21页。
② 参见吴汉东等:《走向知识经济时代的知识产权法》,法律出版社2002年版,第68页。陈传夫:《高新技术与知识产权法》,武汉大学出版社2000年版,第117页。

品的原创性而非独创性和新颖性、不要求作品的发表和公开、否抑反向工程①，以及提供过于长久的保护期限而被认为不利于鼓励该领域的知识创新。

3）传统专利法保护机制的适宜与局限之处

传统专利法适于保护计算机软件的功能和构造部分，但其对作品新颖性和创造性的要求过高，而大多数的计算机软件并不能达到可专利性的这两项条件要求。不过，对于新颖性和创造性强、产品竞争力强健、可持续支撑系列软件更新换代的核心性计算机软件，知识产权人会选择专利权的保护。

4）计算机软件的保护模式

计算机软件的双重属性，决定了其跨越或者整合版权法和专利法的联合保护机制。目前，鉴于其和作品的更多亲缘性，多数国家通过修改版权法对计算机软件予以特殊的版权保护，也有国家采专门保护的方式。在渗入某些专利法元素的特殊版权法框架下，计算机软件被作为功能性作品受到保护，其权项一般包括：发表权、开发者身份权、复制权、展示权、发行权、修改权、翻译权、注释权、使用许可权、获得报酬权、转让权等。同时，考虑到软件技术的创新和公共利益，诸类权项受到合法持有者法定许可使用和公众合理使用的限制。

2. 自由软件运动及其法律规范

尽管设置了法定许可、合理使用等基于知识创新和公共利益的考虑而允许合法持有者和社会公众在某种限度内自由接近和使用计算机软件的机制，但知识产权保护模式依然是建立在维护权利人私有利益的基调之上的。计算机软件的投资开发者常常将知识产权用做确立知识霸权、牟取垄断利益的工具和手段，以至于知识信息自由流转的公共领域面临着被产权人私有化和隔断为诸侯王国的危险。为了抗击此种霸权和垄断行径，由一些具有共享精神

---

① 反向工程，是指"从软件的目标代码，通过反汇编方式寻找源代码"，"其目的可能是为了学习、研究软件的功能，为了开发与之兼容或类似的产品，为了了解其结构、以开发竞争产品、进而争夺市场，为了了解原作者的缺点或是否合法"等。"反向工程是软件开发与使用过程中常用的一种方式"，相当程度上为该领域的知识创新和技术进步所必需。但是，根据版权法对复制权、修改权的严格保护，其本能地拒斥对反向工程的认可。即使基于合理使用制度，也不能弥补反向工程应得的肯认，因为实施者要承担举证责任，并且受到"非商业用途的限制"。参见陈传夫：《高新技术与知识产权法》，武汉大学出版社 2000 年版，第 117 页；吴汉东等：《走向知识经济时代的知识产权法》，法律出版社 2002 年版，第 70 页。

和公益情怀的精英投资开发者所推动,自由软件运动勃然兴起。

所谓自由软件,亦称开源代码软件,是指用户依据通用公共许可有权自由使用、复制、散布、研究、改写和再利用的软件。[1] 通用公共许可是自由软件基金会为规范和推动自由软件运动的发展而制定的通用公共协议证书。根据该协议证书,用户有自由地发布、获取源代码、修改、将其部分软件用于生成新的自由软件的自由;其责任则在于,必须将其对于自由软件的一切权利给予其接受者,并且应当确保他们能够得到软件的源程序,同时告知他们拥有这些权利;自由软件的版权归属原始开发者,衍生作品的作者在重新发布修改后的作品时,就将原本享有的权利让渡于原始发行人;作者的发表权和署名权受到限制,即必须公开源代码,并且署名;为了防止他人将自由软件的修改版本申请专利后私有化,协议证书还要求"任何专利必须允许每个人自由使用为前提,否则就不准许有专利"。[2]

通用公共协议实质上是一种更具开放性和灵活性的版权许可合同,其对公开源代码、自动生效、自由复制和修改等原则的奉行,有力地对治了知识产权保护机制对于版权人权利的过度保护和对公众利益的轻慢,并且更有利于动员社会公众对软件革新活动的参与,为计算机软件的利益平衡和法律保护提供了有效的模式和路径。但另一方面,对于垄断利益的解构使其获得伦理上的拥戴却失去经济上的支持,尽管其强调"自由"并不意味着"免费"。在利润机制缺位因而厂商缺乏投资动机的处境下,自由软件运动理想主义情怀的实现或许需要更多的政策倾斜和政府扶助。[3] 同时,由于根植于道德激情和网民运动,自由软件的发展虽然蓬勃但尚欠成熟理性的章法和秩序,而这又易于导致其自身的失控性和脆弱性。事实上,自由软件运动难免失范而侵权,更不得不面临居于垄断地位的版权持有人的排挤和恶意控诉。[4] 因此,自

---

[1] 参见萧易:《自由软件的定义》,http://blog.csdn.net/mylxiaoyi/archive/2005/08/03/445351.aspx, 2010-4-6。

[2] 参见吴晓:《自由软件的法律保护及其对版权法的启示》,http://fdmakk.spaces.live.com/blog/cns! 37dddffc3889ac13! 456.entry, 2010-3-29。

[3] 参见杨树林主编:《开放源代码软件及许可证法律问题和对策研究》,知识产权出版社2004年版,第16页。

[4] 参见iplawyer:《由SCO诉IBM案看自由软件的发展轨迹》,http://iplawyerfg.blog.hexun.com/6301122_d.html, 2010-2-16。

由软件需要法律的规范和保护。其中所牵涉的问题主要包括自由软件开发和授权模式的制度化、自由软件可能存在的知识产权侵权风险及其防治等。[①]

（三）数据库特殊权利

某种意义上，信息经济表现为在由集成电路等硬件产业和计算机程序等软件产业所构筑的信息高速公路上信息采集、整理和传播等服务产业的兴旺发达。构成信息服务产业基础和核心的，则是数据库。所谓数据库，是指"经系统或有序安排，并可通过电子或其他手段单独加以访问的独立的作品、数据或其他材料的集合"。[②] 伴随知识信息益愈成为技术和经济竞争的制胜法宝，作为知识信息集合体的数据库所含经济价值亦益愈凸显。由于数据库的制作常常耗资巨大却又易于遭受复制和不正当竞争，投资人要求对其予以法律保护的要求益愈强烈。

1. 数据库特殊权利的合理性论辩

数据库是以一定的结构和标准对相关作品、数据和材料所做的集合和编排。对于在结构上符合独创性标准的数据库，自然可以将其视为汇编作品给予版权保护。争议的问题在于，版权保护是一种弱保护，只及于结构而不延至内容；更重要的分歧在于，对于仅仅表现为知识信息的集合体而不具有版权法所要求的原创性的数据库，是否应该创设新的特殊权利予以保护？如果不予保护，投资制作人的劳动和努力如何得到回报？如果予以保护，当被汇编的作品、数据和材料本身具有版权时，数据库的投资制作人为何控制他人的劳动成果？当被汇编作品、数据和材料不具有版权时，数据库的投资制作人为何将公共领域的知识信息私有化和专有化？当被汇编的作品、数据和材料负载他人隐私时，数据库的投资制作人为何将其资本化为个人财产？当经济社会的运转益愈仰赖于知识信息的自由流转时，在数据库上设置专有权利岂不是伤及信息经济的要害？在此，论辩的实质在于数据库投资制作者的私人利益与社会公共利益之间的冲突和对峙。

其实，在知识经济语境下，知识产权法的理论倾向正在发生着某些变化，

---

① 参见陈磊：《开源软件直面四法律障碍，专家称可以矛对矛》，http：//www.chinahtml.com/netnews/13/2005/11323619531783.shtml，2010-1-25。

② 参见《欧盟数据库指令》第1条第2款。

其中即包括在知识信息——知识信息研发者——资本投资者的逻辑链条上对于投资者利益激励的益愈偏重。① 反映于数据库保护的问题上，则是鉴于知识信息的价值开发和利用在经济生活中的重要意义、鉴于投资制作者在知识信息的采集和整理中所投入的资金和努力，通过确认对于数据库特殊权利的保护来激励投资制作者致力于零散、纷乱的知识信息的采编和价值附加。至于原创性要求，在其并不构成知识信息的价值来源时，则在权利合理性的论证中退居其次。当然，在肯认专有权利的同时，公共利益和他人的人格权利与财产权利，始终应当受到对治性的尊重和维护，而这又落实和体现为数据库特殊权利设置中的利益平衡机制。

2. 数据库特殊权利的性质与内容

数据库特殊权利是"以版权的方法保护版权并不保护的对象"②，其意在维护投资制作人的利益、"促进向数据库产业的投资和制止不劳而获的搭便车行为"③，但并不致力于确立知识信息的垄断权和霸权。

数据库权利的内容主要包括摘录权（类似于版权保护的复制权）和再利用权（类似于版权保护的传播权），未有正当理由而对数据库的全部或实质部分的内容进行摘录和再利用的行为构成侵权。同时，基于对公共利益和他人权利的尊重，数据库特殊权利的设置依利益平衡原则表现了必要的克制。

3. 利益平衡与权利冲突的协调

如果被汇集的作品、数据和材料属于公共领域，则数据库的投资制作人不能对其享有特殊权利。如果被汇集的作品、数据和材料属于非公有领域，而且数据库的投资制作人已经依法取得专有使用权，则保护其对所享有的传统版权法上的专有权利；如果数据库的投资制作人只获得了非专有使用权，则其只能获得传统版权法上的非专有权利。如果被汇集的信息不能归入作品一类而只是零散的数据或材料，而数据库的投资制作者为搜集它们付出了实质性的投资，则对其数据库特殊权利予以保护，但应受到合理使用制度的限制。④

---

① 参见刘茂林：《知识产权法的经济分析》，法律出版社1997年版，第110页。
② 吴汉东等：《走向知识经济时代的知识产权法》，法律出版社2002年版，第286页。
③ 同上书，第287页。
④ 同上书，第286—287页。

（四）网络空间的版权保护

1. 数字化环境下版权法的危机与变迁

既有的版权法对于作者和邻接权人的保护机制因应于"印刷时代"，那时受制于机械印刷技术的能力限度，对于作品的复制和传播无论在广度和仿真度上都受到相对的限制，权利人对作品的散播和使用还保有相对的控制力。但是，微电子技术、计算机技术和网络通信技术的高度发达开启了"电子时代"，低成本、大范围和高保真的复制和传播技术缴械了权利人对作品散播和使用的控制力量。面对作品以数字化和信息化的方式在漫无边际的网络空间失控地散逸流转，任遭复制、散布、利用甚至篡改和歪曲，维权乏术的权利人只能惊呼"版权法正在死亡"。

的确，在知识经济初露端倪难免喧嚣浮荡的背景下，这是一个集群并起争分高新科技一杯羹的阶段。知识经济自身具有深刻的悖论性，其在静态上要求知识信息的广为散播及其利益的广为分享，而在动态上却仰赖于知识信息的专有性所提供的激励机制。反映在作品的权利保护上，则是权利人对于专有版权的主张与社会公众对于利益普享的要求之间的冲突和矛盾。数字化技术的广泛应用打破了既有的版权保护机制在权利人利益和公共利益之间所架构的平衡，版权法不得不在二者间探索出新的平衡机制和制度设计。①

2. 网络传输权

为了保护作者和邻接权人在作品传播和使用中所享有的人格性和财产性权利，各国通过扩大解释复制权和发行权概念、或者创设新的传输权概念，来确认"以授权将其作品以有线或无线方式向公众传播，包括将其作品向观众提供，使公众中的成员在某个选定的时间和地点可获得这些作品"的权利。②

网络传输权的确立限制了印刷版权的权利穷竭原则的援引。所谓"权利穷竭原则，又称发行权一次用尽原则、首卖原则，是指作品的复制件经合法发行进入流通后，著作权丧失控制该复制件进一步流转的权利，作品有形载

---

① See Jane C. Ginsburg, *Copyright Legislation for the "Digital Millenium"*, Columbia—VLA Journal of Law and the Arts, Vol. 23, 1999.

② 参见《WIPO版权条约》第8条。

体的持有人的转手、出租、出借等行为无须获得版权人的授权"。① 权利穷竭原则建基于作品与有形载体不可分的基础上，意在通过限制版权人权利而允许知识信息的散播和维护公众的使用权。但在网络空间中，当作品以电子形式被无限次地复制和无边际地传播时，若不限制权利穷竭原则的运用，则会使版权人的利益受到极大的减损。

网络传输权的确立同时限制了合理使用原则的援引。合理使用原则是准许社会公众为教学、研究等非商业目的对作品进行复制和使用，而无须征得许可、无须付费的一项制度安排，其意图在于通过对版权人专有权利的限制而为知识进步和公共利益留有余地。同样地，在网络空间中，当人人皆可自由下载、储存、使用和传播版权人的作品时，合理使用原则的扩张将导致对于权利人经济收益的直接否定。

3. 技术保护措施的保护

当版权人在高保真复制技术和根茎状散播技术的应用中益愈丧失其对作品的实际控制力时，其能够赖以维权的最有效方式就是以毒攻毒地采用技术保护手段，而法律所能做的也就是对于该种技术保护措施的确认和保护了。所谓技术保护措施，是指"一种设施、产品或一种处理过程的一部分，用于在正常使用过程中防止或阻止对作品版权的侵害"②，主要包括数字加密、电子水印、电子签名等方式。以版权法对于技术保护措施的保护，意味着规避技术措施，以及制造、销售、许诺销售、进口、出租其唯一用途是规避版权或邻接权的保护措施等行为构成侵权。

技术保护措施在获得法律肯认的同时，亦在经受着"推助着因特网时代的圈地运动、构建着知识信息自由流通的障碍和壁垒"等批判和诟病。因此，技术保护措施并不享有自然的合法性、也不受到无限制的保护。当技术措施与版权没有相关性时，当其用于防止公众访问、阅读或者复制不受保护的作品或者已过期的作品或者不构成作品的其他信息材料时，其会因"违背公共利益之虞"而不能获得版权法的保护。③ 同时，出于开发兼容产品的目的而

---

① 参见温荣斌：《网络时代著作权保护的新特点》，载《出版发行研究》2003年第1期，第63页。
② 张耕：《略论版权的技术保护措施》，载《现代法学》2004年第4期，第119页。
③ 同上。

实施方向工程行为、执法和情报活动、加密研究、安全测试、保护个人身份信息的行为等，不被认为构成对版权的侵犯。更有甚者，当技术保护措施危及用户的信息安全时（例如，江民杀毒软件的逻辑锁锁死盗版用户的电脑硬盘，微软的黑屏计划等），则技术保护措施非但不受版权法的保护，版权人还要承担对用户的侵权责任或者被追究危害信息安全的责任。

（五）信息产权的对治

如前所析，除去经济价值外，信息还具有人格性（隐私）、政治性（言论，知情权和表达自由的客体）、文化性（学术自由、发表权的客体）等价值。知识经济进程中，对信息所具有经济价值的开发与维护，不应减损和否抑信息同时所具有的人格性、政治性、文化性等价值。因此，以功利逻辑而设的信息产权，应该受到相关人格性、政治性和文化性权利的对治与限制。基于其冲突和矛盾的激烈程度，本书集中探讨信息隐私权与信息产权的对治与制衡。

1. 受到威胁的信息隐私权

隐私，是个人不愿公开和不愿他人知晓的私生活秘密。隐私权，是对个人隐私的保护，是"一个人不被打搅、不被骚扰的独处的权利；是决定自己的想法、情绪、情感、信息、活动等被人所知程度的控制权"。[①] 隐私权的保有和不受侵犯，是维护个人独立、尊严和自主的基本要求。

但在网络信息环境下，由于 Cookies 文件的滥用、监视软件、识别机制等的滥用[②]，数字化的个人信息处在被政治权力、经济淘金者和社会公众窥探、搜集和不正当使用的危险之中。个人可能会因个人数据的被采集、分析和处理而在政治、经济和社会关系上被置于某种不利地位（例如受到国家机构的非法监控、在医疗保险合同中被歧视等），但却无能为力。尤其是在信息经济的洪流中，当信息的经济价值被极度放大、当个人信息的掌控成为厂商把握个性化服务商机的前提、当个人信息的采掘和识别成为保护知识产权的重要手段时，个人人格面临着被经济殖民的危险、个人不受搅扰的权利和控制隐

---

① See Warren and Brandeis, The Right to Privacy, *Harvard Law Review*, Vol. 4 (1890), pp. 193-220.
② 参见李德成：《网络隐私权保护制度初论》，中国方正出版社 2001 年版，第 34—40 页。

私的权利岌岌可危。与知识产权在信息之流中的奋力自救相伴，个人数据和信息隐私权的尊重和保护亦成为重要的课题。

2. 信息隐私权的财产权保护模式

信息隐私权的财产权保护模式，是认同个人信息的财产属性、注重个人信息自主控制权的行使、确认在个人自愿和同意的前提下转让个人信息占有权和使用权的一种保护模式。[①]

此种保护模式建基于 P3P（The Platform for Privacy Preferences）的技术架构之上。P3P 是网站与用户之间就其隐私偏好达成协议的一种机制，在其中用户自主设定其隐私保留的标准和范围，并自主决定是否浏览不符合其隐私偏好的网页。P3P 被认为是最有利于实现用户对个人数据的自主控制权、最有利于实现用户的隐私利益和信息采集者的经济利益之间的平衡、最有利于降低隐私市场的交易成本和实现其效率的一种模式。[②]

但事实上并非如此理想。在 P3P 的协议框架中，用户有选择隐私偏好的自主权，但网站更有其禁止访问的权利。事实上，这总是表现为一个要么全部接受、要么彻底走开（take it all or leave it all）的双方谈判地位不平等的伪协议。何况，在网页浏览中，鲜有用户去仔细阅读冗长的隐私条款，大多轻率仓促地把个人的数据交出以换取对页面的阅读。即使是网站同意了少数谨慎者的隐私权声明，在缺乏约束机制的条件下也不必然意味着对其保密协议的恪守和不会将相关资料转手出卖。并且，采掘个人数据和信息的厂商常常会以些微低廉的折扣、礼品和好处来交换个人信息，而贪图小利的用户往往会在其数据信息被分析整理为于己不利的政策和待遇、或个人私密惨遭曝光时，才会追悔莫及。

财产权的保护模式最为要害的缺陷在于，其通过确认个人数据和信息的财产性及其可转让性，纵容和激励了厂商对个人信息隐私的刺探、挖掘和利用，对于信息隐私的保护无异于饮鸩止渴。

---

① 参见刘静怡：《网络社会的信息隐私权保护架构：法律经济分析的初步观察》，www.lawthinker.com，2010-1-3。

② See Jessica Litman, Information Privacy/Information Property, *Standford Law Review*, Vol. 52, No. 5, (2000,) p. 1297.

3. 信息隐私权的侵权法保护模式

信息隐私权的侵权法保护模式是在批判财产法保护模式缺陷的基础上提出的一种策略和方案。此种保护模式反对将个人信息视作财产、反对个人信息的可转让性、反对个人隐私保护的合同进路，认为用户浏览网页时留下、交出和授权将其个人数据与信息用于特定目的，是基于与网站或厂商之间的信赖关系，其有充分和正常的理由相信对方不会滥用其相关的资料信息。相对方对用户数据和资料的不正当利用，是违反了其所承担的信赖义务，从而应当被追究侵权责任。①

二、基因知识产权及其制度安排

基因，即携带遗传信息的 DNA 片段，是控制生命性状、决定生命现象的最基本的因子。自古以来，基因及其结构与功能，一直藏匿在人们生命探秘的触角之外，自然而沉默地编码和书写着万物生息繁衍的故事。但是，20 世纪中后期迅猛发展的基因学和基因技术改变了这一切——基因上所潜藏的生命密码被"去蔽"和破译，而基因自身也成为被操控、干预和改造的对象。基于对遗传的分子机制的解读，通过对具有特定遗传效应的人、动植物、微生物等生物体的基因所进行的探测、分离、拼接、重组等操作活动，基因诊断、基因治疗、基因制药、基因修饰作物、转基因食品等极具市场价值的产品益愈问世和改进。一个被称为"基因经济"的新兴经济领域正强劲崛起，成为各种经济力量抢占全球市场制高点的主战场之一。②

至此，基因不再仅仅作为生命遗传物质自在自为地沉潜于生物体和自然界，而变成能够在实验室和市场上获得经济价值的原材料或产品——一个朝阳产业据以生长的支点、一种表征天价商业利益的新型生产资源、一种具有稀缺性的新生法益介质。

法益介质的新生，势必伴随着法益纷争的频发。由资本逻辑所驱动，从事基因产品研发和投资的各大科研机构、商业公司竞相在世界上任何可能的

---

① See Jessica Litman, Information Privacy/Information Property, *Standford Law Review*, Vol. 52（2000），pp. 1283-1313.

② 参见张田堪：《基因时代与基因经济》，民主与建设出版社 2001 年版，第 1—71 页。

角落、任何可能的领域勘探、圈占、攫取可能带来财富利益的基因资源、基因信息和基因知识。与之针锋相对的,则是基因资源、基因信息和基因知识的所有者(提供者)为分享基因经济利益、反对"基因掠夺"和"基因海盗"、捍卫被资本所"物化"和"殖民"的人格法益与生态法益而进行的争斗和反抗。基因产品研发投资者与基因资源所有者之间的法益冲突,越来越升级为世界范围内贸易、人权、环境等论坛以及医疗、药品、食物等微观生活领域的主要议题。①

法益介质的新生和法益纷争的激化,必然产生法律上的确权诉求。基因产品的研发和投资者要求以"知识产权"确认其垄断利益、回报其成本和投入,并且倾向于把"知识产权"的保护范围和强度伸展到最大。基因资源、基因信息和基因知识的所有者(提供者)则提出"基因财产权"、"基因隐私权"、"农民权"、"传统知识保护"等权利诉求,以此主张附着于基因之上的财产法益、人格法益和生态法益,并抗衡和制约过于膨胀的知识产权。

但是,在此确权过程中,难题不期而至了:人体基因、转基因动植物和微生物等生命活体能否成为可专利主题?若能,是否意味着人的异化和大自然的私有化?诸如功能基因之类的基础研究成果能否获得知识产权保护?若能,是否符合传统专利法不授权给自然现象和发现、并要求对象具有"创造性"和"新颖性"的原则和条件?人们对其基因资源和基因信息是否享有财产权?若没有,任由"知识产权"独吞巨额利润是否违背人类基本的道德和公平感?若有,是否意味着人的"物化"和人格的贬损?处在生物多样性中心的农民和原住民能否将其传统知识纳入知识产权的保护范围?若能,采用何种技巧将匿名的集体扩展解释为知识产权的主体?总之,无论在合法性基础的论证上,还是在保护机制的设计上,诸类权利主张都遇到了困难和障碍。

上述难题的求解,似乎已超出了现代法学理论的回答能力。或者,毋宁说,上述难题本身就是由现代性理论范式的失灵造成的。现代法学理论遵循意识哲学的进路,按照主观/客观、主体/客体、内在/外在、人/物、人格/财产、文化/自然等二元对立的逻辑,在人格权与财产权、发现权与发明权等范

---

① 参见〔美〕杰里米·里夫金:《生物技术世纪——用基因重塑世界》,付立杰、陈克勤、昌增益译,上海科技教育出版社 2000 年版,第 39—68 页。

畴之间做出绝对的区分。但是，基因技术的特性恰恰在某种程度上挑战和模糊着这种二元界分。一方面，DNA 剪切、重组、修饰等技术，使在最根本的生理机能上决定生命体特定性状的基因能够在分子水平上跨物种转接和表达；从而，控制特定蛋白生成的人体基因片段可能被导入某种转基因动植物的细胞中来生产某种特定性能的基因产品；这样，以某种古怪的感觉，在生命奥秘的最深处，人与物之间的决然区分似乎被不动声色地消弭了一些。① 另一方面，基因科技具有浓重的"社会建构性"——基因结构和功能的探测、遗传机制的去蔽和解密，都是科学家在特定认知旨趣的指导下、在耗资巨大的实验室里、按照精心构设的理论模型、借助高端复杂的仪器设备才得以实现的；在此，认知成果与其说是客观真理的揭示不如说是受到理论的"污染"并由金钱和权力所"制造"，与其说是"发现"不如说是"发明"。② 再者，更为突出的是，由于基因诊断、基因制药、基因治疗等技术的商业化应用，人的基因、基因资源和基因信息越来越脱离与人身的一体性而被功能化、独立化、外在化和财产化；在此，人的身体及其组成部分不再严格依照内在/外在的区分标准、作为一个整体而区别于外物并全然代表不可贬损和减等的人格——原先划分人与外物的界线似乎内移到了人身上，人身被碎片化（fragmentation）了，变得既"内在"又"外在"、既是"人"又是"物"、既是"人格"又是"财产"。

由此可见，问题的出路在于权利理论的范式转换，即超越现代法学的二元论架构，在对立范畴的混同地带重新阐释基因的法律属性并对其所负载的人格法益、财产法益和生态法益重新进行概念化、制度化的规整。其实，权利话语不过是利益和力量对比关系的角力和博弈。利益和权力格局随世事变迁了，权利结构自然相应变动。就基因权利而言，权利理论的技术性创新在政治上受制于相关利益集团的较量和妥协，在价值上取决于经济/伦理、功利/权利、效益/公平等目标的选择与平衡。

---

① 参见〔英〕乔治·迈尔逊：《哈拉维与基因改良食品》，李建会、苏湛译，北京大学出版社 2005 年版，第 45 页。
② 参见〔奥〕卡林·诺尔—塞蒂纳：《制造知识——建构主义与科学的语境性》，王善博译，东方出版社 2001 年版，第 1—62 页。

(一) 基因专利权

1. 合法性论证与伦理批判

传统专利权制度的基本要义是，按照新颖性、创造性和实用性等实质性条件，以产品发明或方法发明为对象授予权利人一定时期和范围内的垄断性占有、使用、收益和支配的特权。① 基因专利权，是在传统专利权原理和制度的主体框架内，根据基因技术及其社会后果所具有的独特属性、对其加以某些变造和调适，而以符合条件的基因技术方法和基因产品为对象所授予的专利权。目前，纵观相关国际协定（例如 TRIPS）和各国的实践，基因专利权的可专利主题主要涵括基因技术方法、功能基因序列、转基因微生物、转基因植物新品种、转基因动物新品种，以及生物类制品等。②

尽管反对生命专利化的声浪此起彼伏，但基因科技产业向政府索要授权的游说和施压活动不见减少、发达国家以贸易为要挟逼迫发展中国家提高专利保护水平的行径也愈加直白、无论科技大国还是急于追赶的发展中国家在基因专利权的保护方面都不敢疏忽和懈怠。毕竟，基因工程带来了农业、医疗、制药等行业的革命性发展、基因经济大有赶超信息经济成为未来经济领帅之势，而基因科技的研发又具有高投入、高风险的特性，因此，依靠专利权的垄断获利机制来回报和激励基因科技的创新与商业化应用，就变得不可或缺了。美国专利商标局生物技术审查组长多尔（John J. Doll）辩护说："授予专利权不仅可以促进技术信息在科学共同体内传播以作为推动进一步研究的基础，而且可以刺激对新生物学的研究、发展和商业化进行投资。只有获得 DNA 技术专利，一些公司、尤其是小公司，才能筹集到足够的风险基金来生产对市场有利的产品或者资助后续研究。美国对专利权的强保护反对将 DNA 序列成分的相关信息无度地向公共领域散播。"③ 由此不难理解，尤其在

---

① 参见吴汉东等：《走向知识经济时代的知识产权法》，法律出版社 2002 年版，第 187 页。
② 所谓生物类制品是指用微生物、微生物代谢产物、动物毒素、人或动物的血液或组织等加工制成，作为预防、诊断和治疗特定传染病或其他有关疾病的免疫制剂，如疫苗、抗毒血清、类毒素、抗菌素等，参见张清奎：《论生物技术专利保护所面临的新挑战》，载《专利法研究》，知识产权出版社 2001 年版，第 107 页；李永明、潘灿君：《论基因技术的专利保护》，载《浙江大学学报》2003 年第 1 期，第 136—140 页。
③ See John J. Doll, The Patenting of NDA, *Science*, Vol. 280 (1998), p. 690.

国际贸易的层面上，基因专利权的获得和保护如何不仅具有商业和经济意义，更演变为争夺经济优势地位的政治问题。

但同样不可否认的是，专利权对知识权力的经济激励机制，在一定程度上助长了技术资本的自私、贪婪、冷酷和以强凌弱。在任何有利可图的地方，哪怕是侵犯伦理禁区、强取豪夺、贻害公众和后代利益，基因科技产业也会千方百计地以"权"谋私。争取生殖性基因治疗和克隆合法化的屡败屡试、将人类基因组等人类共同遗产私有化为专利的努力、推行"终结者"技术的企图①、在生物多样性丰富的欠发达地区大肆"生物海盗"（bio-piracy）和"生物殖民"（bio-colonization）、对病人和受试者的"生物圈占"（bio-enclosure）和"生物剥削"（bio-exploitation）等，使基因专利权将自己陷入了汹涌澎湃的伦理责难之中。

基因专利权犹如一把亦正亦邪的利剑，指向正确的方向，会为技术进步和经济发展从而为人类健康福祉的增进起到"助燃料"和"加速器"的作用；用于反人性和道德伦理的目的，则会助纣为虐给人类、生态甚至后世代带来无穷祸患。同时，就其性质，专利权是一项国家授予的法定权利，是否保护及其保护的程度全然取决于其时其地的经济、政治、伦理、文化等社会力量之间竞争、较量和博弈的状况。就基因专利权而言，由于其尚处概念化和制度化的早期阶段，专利权基本原理在基因技术语境下的重新解释和变造也尚在试错、探索和磨合之中，因此，关于基因科技及其专利保护是与非、支持还是反对的论辩不可能不影响和渗透到基因专利权的理论创新与制度变革。众说纷纭中，可以肯定的是，基因专利权是一种"不得不借助的恶"或"不得不规训的善"，在其对知识、经济和人类福祉大有助益的地方获得了存续和受到重视的"合法性基础"，而在其挑衅和侵犯道德伦理禁忌的地方则应受到严格的对治和限制。

---

① 终结者技术又称种子的自杀技术，是美国的生物化学公司孟山都研发的一种旨在保护种子不被用来再繁殖的技术，其原理是将某种具有自我毒害性能的基因植入种子中，当种子来年被再种植时，自我毒害的基因会获得表达，从而置其于死地。终结者技术曾一度获得专利，后在国际和美国国内社会的声讨下，该专利被撤销。参见 R. A. B. 皮埃尔、法兰克·苏瑞特：《美丽的新种子——转基因作物对农民的威胁》，许云错译，商务印书馆 2005 年版，第 30—45 页。

2. 实践难题与理论创新

（1）争议与症结

基因技术对传统专利制度最核心的挑战是专利主题的"创造性"（non-obviousness）要求。"创造性"要求源自专利法对"发明"与"发现"的区分——专利权可以授予"发明"但不能授予"发现"，因为"发现"所涉及的知识是如此基础和广泛，若对其授予"垄断权"则会阻碍知识传播和科技进步；再者，"专利权"的意图在于鼓励人对自然的改造以及实用性技术的商业化应用而不是奖励科学发现。照此法意，专利权的可专利主题一般不包括自然发生的现象（包括生命）和对已存在物质的提纯、聚合或微小改变。[①]

但是，基因技术通过在根本上模糊"发明"与"发现"之间的区别而使"创造性"要求遭到釜底抽薪式的质疑和重创。基因工程的全部要义在于借助生命密码（DNA）的解码和再编码来认知、揭示、干预、改造生命的过程和形式，其对DNA分子序列的分析、功能基因的定位等"发现性"活动必须依赖"双脱氧链末端终止法"或"化学降解法"等"发明性"的技术来实现；而其对转基因微生物、动植物和生物类制品等的"发明性"活动又完全建立在对DNA分子予以测序、功能定位等"发现性"成果的基础之上；更为重要的是，无论其对DNA分子予以怎样的切割、拼接、重组等"创造性"活动，无论其"发明"出了怎样全新的品种或产品，基因工程技术的成果都完全是"以自然界中的生命遗传信息为基础"[②]、并贯彻自然的生命机制的工作原理而获得的；这样一来，当"发明"和"发现"如此混杂地交织在一起时，如何来辨识和评判基因技术的"创造性"属性？而当是否具有"创造性"属性都变得难以判断时，又如何来明确基因技术在整体上及其基础研究部分能否被作为可专利主题？

由于界分可专利主题与非专利主题的基准线变得迷离飘摇，专利权的受益者与利益受损者之间要求确权和反对确权的冲突就会变得激越而易于过分和失控。一些利益受损者（例如未经知情同意而被"基因侵占"的病患者或

---

① See Linda J. Demaine and Aaron Xavier Fellmeth, Reinventing the Double Helix: A Novel and Nonobvious Reconceptualization of the Biotechnology Patent, *Stanford Law Review*, Vol. 55, No. 2 (2002), p. 10.

② 参见李永明、潘灿君：《论基因技术的专利保护》，载《浙江大学学报》2003年第1期，第137页。

科学实验的接受者、传统知识或生物多样性被无回报"基因海盗"的农民、环境受到"基因污染"的社区等)及其伦理主义、道德主义、生态主义的代言人在痛斥基因专利罪恶的同时断然否定对其确权的任何可能性。① 相反,专利权的受益者(主要是基因科技研究机构、医疗机构、生物医药和化学公司等)则费尽心机地寻求对"创造性"要求的变通解释,在为基因专利权的确权扫除理论和技术障碍的同时竭力主张将其保护范围扩张至转基因微生物和动植物等生命形式、甚至人类基因组等主题。②

(2) 理论重解

既然问题的症结可归结为基因技术特性——即以自然的生命质素为基础、利用自然的生命机制来操控和改变生命的过程与性状表达——对"发明"与"发现"之间界限的消弭、从而引起"创造性"实质要件的失灵,那么应采取何种策略来对症下药?是完全抛弃"发明"与"发现"的二元区分进而废弃"创造性"的条件要求吗?不难想象,这种做法非常冒险。没有了"发明"与"发现"的基本区分和"创造性"的底线要求,专利权泛滥之风必会肆虐。很多自然存在、归属人类共同遗产的基因资源(例如微生物、动植物、甚至人自身的基因组等),以及诸如传统知识和基础性发现之类来源于公共领域或只能归之于公共领域的知识可能会被少数生物技术产业机构所攫据、圈占和私有化。极端的景象将是科技的窒息、经济的停滞、技术资本寡头的狂欢、贫弱者的被剥削和被殖民。③ 可是如果继续保持传统的两分法和"创造性"的实质要件,问题就又回到了原点,怎样在既有的原理和制度架构之内楔入已经体现出"造反"特质的新技术、在其"发现"与"发明"的混交处怎样辨析出哪些项目(例如功能基因)可以变通解释为"创造"而哪些项目(例如人类基因组)又无论如何不能纳入可专利主题的范畴?

当技术特性已是不可更改的前提时,所能变更的只有理论框架,即对"发明"与"发现"二元区分,以及"创造性"要件的重新阐释。

---

① See Vandana Shiva, Biopiracy: *The Plunder of Nature and Knowledge*, Green Books Ltd., 1998, pp. 7-11.

② See Linda J. Demaine and Aaron Xavier Fellmeth, Reinventing the Double Helix: A Novel and Nonobvious Reconceptualization of the Biotechnology Patent, *Stanford Law Review*, Vol. 55, No. 2, pp. 303-306.

③ See Adam B. Jaffe and Josh Lerner, *Innovation and its Discontents*, Princeton University Press, 2004, pp. 56-207.

如同人/物、内在/外在、主体/客体、人格/财产、文化/自然、意识/物质、主观/客观等二元概念体系一样，作为专利制度基础的发明/发现这对范畴也是现代性叙事的工具之一，意在确立和欢呼人作为万物之灵在自然界至高无上的主体地位，是在理性主义、功利主义、自由主义、实用主义、消费主义的动员和号召下鼓舞人们不仅认识自然而且要驯服、改造和驾驭自然。如果说资源枯竭和生态破坏给了人类理性狂妄一记响亮的耳光，是在事实后果上对包括发明/发现二元界分在内的现代性叙事给予有力的打击；知识论的语言学转向是在哲学范式和理论参照系上揭露出该二元对立的叙事方式绝非揭示人类与世界关系以及人类认知机制"真确事实"的不变真理，而不过是一种蕴含着人对自然、强者对弱者、精英对平凡等权力关系的话语体系和社会建构；那么，基因技术所具有的独特属性则是在实践上从内部和微观瓦解着以发明/发现、人格/财产、人/物等二元概念体系为典范的现代性叙事方式。①

上述现代性叙事工具从各个维度所受到的质疑和批判，放到基因专利的语境中，似乎可以阐发出这样的论断，即：既然发明/发现、财产/人格等二元界分并不必然意味着事实上果真如此，而毋宁说是涵括特定权力关系的话语建构，那么，关于基因专利权合法性基础的论辩就没有必要将"发明"与"发现"彼此间泾渭分明的区分机械地套用到底，而应在淡化二者截然对立观念的同时，更多地根据其作为一种话语方式所表达的、现实中正在真实地发生的各种经济、政治、文化力量之间的斗争和博弈来判别相关项目的"创造性"与"可专利性"；另外，既然跨越二元概念两端的中间状态与"混合性"事实已经不可否认地发生和存在，那么，就应该放弃继续不识相地将其生拉硬拽回某一端点的企图和努力，转而在此"混同"地带根据程度的不同以及其时其地的力量对比关系来判断所涉对象"创造性"的有无。

(3) 实践难题的解答

首先，关于人类基因组图的创造性和可专利性问题。人类基因组图是在

---

① See Alain Pottage, The Inscription of Life in Law: Genes, Patents, and Bio-Politics, *The Modern Law Review*, Vol. 61, No. 5 (1998), p. 746.

识别人类染色体中 DNA 编码序列的基础上绘制的结合有关基因测序、定位和表达等信息的图谱。2000 年 6 月，人类基因组计划工作草图宣告完成，这一工作草图覆盖了基因组序列的 83%，包括常染色质区域的 90%。[1] 人类基因组图的完成犹如编撰了一部揭示人类遗传和生命机制及其所有生物学程序"元密码"的"生物字典"或"生物周期表"，为"促进人类对生命进化历程的理解、加深人类对于生物进化规律的认识"[2]、解读人类生老病死的奥秘，以及基因疾病的诊断、治疗和基因制药的发展等起到了革命性的推动作用，其中蕴含着不可估量的商业价值和利润潜能。尽管在人类基因组图尚未测绘完毕之前，联合国教科文组织即发表了《关于人类基因组与人权问题的世界宣言》宣称"人类只有一个基因组，人类基因组是全人类的共同遗产，研究成果应当使全人类获益"[3]；并且在其公布之时，当时的美国总统克林顿、英国首相布莱尔作为人类基因组计划主要参加国的首脑就宣布"人类基因组的原始数据，应当共全世界科学家免费使用"[4]，而且随即工作草图的具体测序信息、测序所采用的方法以及序列的分析结果被公开发表，进而随着诸类原始数据的公开对人类基因组图提出专利申请的可能性被大大缩减；但是，毕竟工作草图所绘制的只是人类基因组粗略的结构和顺序，伸展后可绕地球三周的人类 DNA 链条上尚有无尽的尚待发现和解读的空间；从而，事实上，包括人类基因组计划的参加者之一——美国私人公司塞雷拉基因组（Celera Genomics）——在内的基因技术产业对基因结构和片段专利权的申请就没有停止过。因此，进一步阐明或辩驳人类基因组图可专利性的问题依然非常重要。虽然按照专利法的基本原理，可就发现基因的方法申请专利权并延及其产品，但这只是对基因片段的间接而非直接确权，并且其保护范围也应受到严格限制。毕竟，人类基因图谱"仅仅提示蛋白质的排列顺序，并不知道哪一些碱

---

[1] 参见维基百科"人类基因组计划"词条，http：//zh.wikipedia.org/wiki/%E4%BA%BA%E7%B1%BB%E5%9F%BA%E5%9B%A0%E7%BB%84%E8%AE%A1%E5%88%92，2010-2-19。

[2] 参见赵震江、刘银良：《人类基因组计划的法律问题研究》，载《中外法学》2001 年第 4 期，第 435 页。

[3] 联合国教科文组织，赵智译：《关于人类基因组与人权问题的世界宣言》，载《医学与哲学》1998 年第 3 期，第 114 页。

[4] 田利平：《人类基因图谱完成》，载《北京青年报》2006 年 6 月 26 日。

基在生命过程中起什么作用,因而不具有创造性,不能授予专利权"①,欧盟《关于生物技术发明的法律保护指令》也明确规定"未说明功能的单纯DNA序列不包含任何技术信息,因此属于不具有可专利性的发明"。② 同样也可以理解的是,人类基因组图作为基因科技研究的基础成果和上游产品,若对其予以专利保护,会在怎样的程度上窒息和桎梏基因技术和经济的后续发展。

其次,关于功能基因等基础性研究成果的创造性和可专利性。DNA链条上并不是每个片段都有控制蛋白质生成和表达、进而决定特定性状特征和生命现象的能力,不具此能力的基因被称为"垃圾基因",而具有此能力的基因被称为"功能基因"。只有功能基因具有生物工程学——即制造基因产品和商业化应用——的价值。虽然同为基础性研究成果,但与发现单纯的基因结构和片段不同,功能基因具有确定的实用性,并且其发现、提取、克隆和重组需要更有创意的技术性操作,因此,功能基因一般被认为具有"创造性"和"可专利性"。

再次,关于转基因微生物、动植物和生物类制品的"创造性"和"可专利性"。在传统上,对生命活体并不授予专利权,一方面是因为伦理上的阻力,另一方面是因为"生命活体"均在自然界中天然存在,没有"创造性"的事项不具可专利性。转基因微生物、动植物和生物类制品在环保、酿酒、食品、农牧业、制药和医疗等方面具有广阔的用途,以转基因生物为客体的专利申请益愈普遍。授予转基因生物专利权的最初障碍,除去对宗教、动物福利、生物多样性等方面的顾忌外,最重要的是如何辩白其"创造性"——因为该类生物的问世依然以自然的遗传信息为基础并依自然的生命机制而运行。其实,该类生物形式均系通过基因重组技术"制造"而得,并非自然界中天然存在。虽然以自然的生命质素和机制为基础并依然表现为一种生命现象,但"基因重组"技术的介预已在其中加入了不同于自然物质和过程的"创新性"要素,因而可以作为基因专利权的客体。自从美国联邦最高法院通

---

① 吴汉东等:《走向知识经济时代的知识产权法》,法律出版社2002年版,第193页。
② 转引自吴汉东等:《走向知识经济时代的知识产权法》,法律出版社2002年版,第193页。

过戴尔蒙德诉查克拉巴蒂案（Diamond v. Charkrabarty）①对转基因微生物授予专利权后，"阳光下由人制造的东西"②和生命活体具有可专利性的观念确立了起来，越来越多的专利权被授予给了转基因微生物、生物类制品、甚至植物和动物。③

3. 确权的边界与限制

就其本性，技术是一种典型的工具理性的知识形态；尤其在专利制度利益激励机制的煽动下，更倾向于挣脱价值理性的缰绳而朝任何有利可图的、即使是未知和充满道德与社会风险的方向挥突而去。因此，即使是一个由技术性语词所支配的话语体系，任何发展阶段的专利法中都不难找到伦理性或政策性强制规范的条款。

在基因专利权的语境下，情况更为如此。一方面，基因专利权关涉对生命体——尤其是人体——在最根本的遗传水平上进行技术操控和商业运作，这是一个具有生物经济学、生物政治学和生物伦理学含义的领域，任何不正当的操作都可能引致伤害人伦天理、自由尊严和公平正义的恶果。另一方面，基因工程又是一套远未成熟的技术，其对人、动植物、微生物等的生命过程甚至遗传机制的介预和改变，会对环境、物种和人自身产生怎样的影响都是不确定和不可预期的。正是基于此，基因专利权的确认和保护要有审慎而坚决的限制与约束。

欧洲专利局同意"必须审查每一件涉及高级生命形式的发明的道德问题，并在发明所带来的优点和技术进步与其可能产生的不利影响和危险之间仔细权衡"④。目前，出于公共道德、公共健康、公共安全和公共秩序的考虑，对于克隆人、优生和生殖性基因治疗、基因技术保护、可能伴随"基因逃逸"

---

① 在该案中，"查克拉巴蒂于1972年向美国专利商标局（PTO）提出一项专利申请，该发明来自伪单细胞生物基因的细菌，这种人工遗产工程的细菌能够分解原油和多种成分，对于油溢处理有价值。PTO拒绝批准该项申请，理由是：（1）微生物是自然的产物；（2）按照美国专利法，活的生物不可授予专利……经过一系列法律争辩后，该案到了美国最高法院"，最高法院裁决应对该对象授予专利权。参见吴汉东等：《走向知识经济时代的知识产权法》，法律出版社2002年版，第194—195页。
② 张乃根：《美国专利法判例选析》，中国政法大学出版社1995年版，第66—76页。
③ 参见郝晓峰：《生物技术知识产权保护问题的由来与发展》，载《知识产权》1996年第2期，第16页。
④ 参见张清奎：《论生物技术专利保护所面临的新挑战》，载《专利法研究》，知识产权出版社2001年版，第107页。

和"基因污染"的转基因技术等，不授予专利权。

（二）基因专利权的对治

1. 基因财产权①

（1）人格还是财产——法益规整的困惑

A. 范式失灵、价值冲突和现实困境

启蒙时期，当医学知识和诊疗手段还不能将人的身体组成部分外分为功能独立的商品时，人是被作为一个整体而与外部世界发生关系的。以"内在"或"外在"于人的自由意志为标准，人与外部世界的关系被界分为"人"与"物"、"主体"与"客体"的关系。完整的人身，是人的自由意志的寓所、"有能力承担加于他的行为"②、是"主体"，构成"人格权"的载体。物，"是意志自由活动的对象"、"是指那些不可能承担责任主体的东西"③、是"客体"，构成"财产权"的载体。为了确立人的最高主体地位、确保人性尊严和自由不受权力和金钱逻辑的侵犯与贬损，以完整的人身为界线，人作为外物的所有者，可以通过契约转让其财产；然而，"一个人可以是他自己的主人，但并不是他自己的所有者，他不能任意处理自己，更不用说对他人有这种关系的可能了，因为他要对在他自身中的人性负责"。④

按照该经典理论，人体器官、组织、基因等身体组成部分，事关人的完整性及其上所承载的人性尊严，属于"人格权"的统辖范畴，不得商品化和市场化。长期以来，为满足器官移植和基因研究的需要，即使没有严格依循康德"人不能任意处理自己"的禁令而是采纳了洛克"每人对他自己的人身享有一种所有权"⑤ 的论断进而有限度地承认了人以其自由意志来支配自己身体的权利，但该领域的实践依然恪守着"非营利性"的底线，即人体器官、

---

① 关于动植物、微生物基因资源和基因信息的财产权主张，主要以人类共同遗产的主权国家所有、传统知识的知识产权保护等方式来确认。因所涉伦理和法理问题不同，本部分集中探讨人体基因（信息）财产权的合法性基础和保护模式。

② 参见〔德〕康德：《法的形而上学原理——权利的科学》，沈叔平译，林荣远校，商务印书馆2001年版，第26页。

③ 同上书，第26页。

④ 〔德〕康德：《法的形而上学原理——权利的科学》，沈叔平译，林荣远校，商务印书馆2001年版，第87页。

⑤ 〔英〕洛克：《政府论》（下篇），叶启芳、瞿菊农译，商务印书馆1995年版，第19页。

组织、基因等身体组成部分只能作为"礼物"(gift)来捐赠(donate)却不能作为"商品"(commodity)来买卖(trade)。①

但是,伴随器官移植、基因诊断、基因治疗等成为越来越常规的医疗操作,器官、组织、基因等身体组成部分越来越在其跨个体的分离、移转和重植中获得了外在性和独立的价值性——原本作为整体工作的身体被功能性地碎片化了、而表征人的独特性的身体及其部件变成了匿名的流通物。更为糟糕但不可避免的是,巨大的市场需求和利润差使着医疗机构、基因科技的研究和投资机构等技术资本的操控者把器官、组织、基因的提供者还原为去人格的有机功能体、具有非凡赢利潜能的原料仓库和矿藏。②

当生物和基因技术将认知与改造的力量连同市场这一媒介探刺到人自身和生命的深层机理时,用来界分"人"与"物"的"内在"与"外在"标准开始变得暧昧不明;随之,人的身体及其组成部分作为"人格"的栖息地,开始幻化出某些"财产"的性征,甚至不敌资本逻辑的强势侵犯而被"殖民化"。

由是,在其"人性"基调上叠加了"物性"变奏的器官、组织、基因等身体组成部分,究竟属于"人格权"还是"财产权"的法益介质,便成了一个充满争议的问题。是坚持其"人格"属性、固守其"捐赠"机制而断然禁止其供体的获利性转让吗? 如是,则在巨额市场利润已成不争事实、并且正是供体"生命资料"的独特性和稀缺性使产品价值成为可能的情境下,要求供体遵守"利他"的美德无偿奉献、却允许饕餮的研发机构和商业公司以"知识产权"为利器尽娄其利,是否显失公平? 而且,这样是否更刺激了谋利性医疗机构和生物技术公司对更大利益的追逐、使其更加倾向于利用知识和资本上的优势操控、剥削和压榨人的身体? 人是否因此被更加物化、沦为技术和商业精英的赚钱工具? 尊奉人格至上的初衷是否导致了人格贬损的悖论性结果? 再者,这种利益分配的失衡、由此导致的人格异化等后果是否会减损供体参与合作的积极性进而使生物和医疗技术的发展因器官、组织、基因

---

① See Gary E. Marchant, Property Rights and Benefit-Sharing for DNA Donors?, *Jurimetrics*, Vol. 45, 2005, pp. 159-164.
② See Lesley A. Sharp, The Commodification of the Body and Its Part, *Annual Review of Anthropology*, Vol. 29 (2000), pp. 303-311.

等"原材料"的不足而减缓?① 答案是:当然,这些消极后果都在现实地发生。显然,传统的人格权保护方法无力摆平生命资料的供体与研发者之间的法益纷争、平衡人格与功利之间的价值冲突。可是,人格权保护方法的失败,是否意味着财产权保护方法的优胜?正如我们所合理担忧和多数国家的制度所竭力避免的,倘若采用经济分析理论,在一切具有效用性、稀缺性和选择性的事项上引入价格和市场机制、并根据成本—效益的权衡来界定产权②,那么,后果可能是灾难性的:人们将被激励以金钱为目的而出卖器官、组织、基因等身体组成部分,尤其是穷苦的人会被市场话语降格为富人修复健康的手段和工具;同时,根据财产权的运行原理,器官、组织、基因等身体组成部分一旦转让,其上所负载的最隐蔽的生命信息将脱离供体的控制而在市场上流转,这一方面构成对人格最核心部分的伤害,另一面可能在社会态度、就业、医疗、保险等基本的生活方面将供体置于被歧视或不公平对待的境地。再一次,在财产权保护方式的无能处,人格权/财产权二元对立的现代性权利理论暴露了其失灵和捉襟见肘的困境。

法益的纷争、价值的冲突和理论的失灵,反应在法律上,就是各国制度安排在利益集团的博弈中所表现的试错性和不确定性;而这种试错性和不确定性,无论对于伦理价值的维护或经济发展的促进,还是对于生命资源提供者或生命技术研发者的利益保护,都有弊无利。

B. 摩尔案的遗憾和 PXE 模式的启示

摩尔诉加利弗尼亚大学董事会一案(Moore v. Board of Regents of the University of California)③ 是基因资源的提供者主张基因财产权的种子案例(seminal case),其对基因财产权的否定作为重要参照影响了其后相同诉求案件的判决结果。

1976 年,摩尔(John Moore)就医于加利弗尼亚大学洛杉矶分校医学中心,被其主治医生高尔德(Dr. David W. Golde)诊断为罕见的毛细胞白血病

---

① 参见邱格屏:《人类基因财产权分析》,载《学术论坛》2008 年第 6 期,第 57—62 页。
② 参见〔美〕加里·S. 贝克尔:《人类行为的经济分析》,王业宇、陈琪译,上海三联书店、上海人民出版社 2002 年版,第 5—19 页;〔美〕理查德·A. 波斯纳:《法律的经济分析》,蒋兆康译,中国大百科全书出版社 1997 年版,第 3—21 页。
③ Moore v. Board of Regents of the University of California, 793 P. 2d 479 (Cal. 1990).

（hairy-cell leukemia），治疗期间，摩尔的脾脏被切除了。脾脏切除手术后的几年间，摩尔被要求定期回到医学中心复检，高尔德医生抽取了他的血液、血清、皮肤、骨髓和精液。他怀疑自己的身体组织被用于超出个人医疗之外的目的，多次询问，都被答复这些采样均为检测他的病情所必需。但事实的真相是，高尔德及其助手关女士（Shirley G. Quan）从他的脾脏和其他采样中培养出了 T 细胞的细胞系（cell line），并取得了专利权，专利权人是加利弗尼亚大学洛杉矶分校，而该专利估计价值超过 30 亿美元；在此后与业界的合作中，高尔德和加利弗尼亚大学洛杉矶分校从山德士医药公司（Sandoz Pharmaceuticals Corporation）获利 1500 万美元、从基因研究所（Genetics Institute）获得每年至少 330000 美元的赞助费，高尔德也同时成为基因研究所的有薪顾问，获得 75000 股票权利。

1985 年，摩尔得知真相后，以缺乏告知同意（absent of informed consent）、违反信托责任（breach of fiduciary duty）和侵占财产（conversion）等诉由向加州法院提起诉讼，请求加利弗尼亚大学给予金钱损害赔偿。但是，加州最高法院最后肯定了摩尔的违反信托责任之诉，但否定了其侵占财产之诉。否定摩尔基因财产权之诉的依据是加州《统一解剖捐赠法》（The Uniform Anatomical Gift Act）和联邦《健康与安全法》（Health and Safety Code），前者禁止在遗体捐赠的场合中涉及任何利益因素（valuable consideration），后者禁止人类血液的买卖行为。法院认为，既然有关人体组织的法律禁止人体组织买卖，如果允许原告因其细胞遭被告使用就获得赔偿的话，无异于承认人体组织买卖而违背现行法的意旨。此外，法院还认为，人体组织资源贡献于新医药品的开发，其所带来的社会利益，应优先于个人利益；如果承认原告的"财产"遭不法窃取，往后科学家就必须承担检验所有人体细胞样本来源的义务，这对于生物技术产业会造成不利的影响。①

摩尔案的判决对于明晰人体基因的法律属性并无助益——不是因为它没有承认摩尔的财产权，而是因为它通过将基因解释为"人体组织"而回避了对基因本身性质的直接认定，或者说它根本就没有注意到基因与"人体组织"

---

① 刘承庆、刘承愚：《人体组织应用于生物科技之管制法令与财产权》，http://myweb.ncku.edu.tw/~sts1/wein/021216.doc，2010-4-21。

在提取和移植过程中法理意涵的不同而将二者混为一谈。毕竟，禁止遗体、器官和组织买卖的主要原因之一是避免为金钱而伤害或自我伤害健康与生命。① 但是，基因片段的提取和细胞株的培养，由于是在分子的水平上操作，其对人体组织的需求量并不大（甚至可以说很微小）、并且多数是在病变和废弃的组织中进行的，所以不足以引起像允许器官和组织买卖那样可能带来的风险和危害。对基因自身独特属性的无视，使摩尔案的法庭未能触及到相同事由纠纷的核心和实质，大大削弱了其应有的说服力和指导性。另外，更为重要的是，判决未从法理上对人体基因的可财产性进行（否定性的）剖析，却援引公共政策的原因打压了基因材料提供者的财产权、同时偏向性地肯定了基因科技研发者的知识产权。殊不知，这一由经济性的考虑所主导的判决，会在伦理上引致怎样消极的后果，进而反过来桎梏其所意欲推助的科技进步和经济发展——如摩尔自己所诉称的，基因科技的研发者将被鼓励继续"宣称我的人性、我的遗传本质为他们的发明和财产。他们视我为一个可榨取出生物学材料的矿藏。而我则是他们的收获"②；而有了如此被非人化和异化感的基因资源提供者，又怎会积极地为基因科技产业供应其所必需的原材料呢？或许真如加州上诉法院在审理摩尔案时所认为的："如果科学已经成为追求利润的科学，我们将不会看到有任何理由为排除病人参与利润分配进行辩护。"③

如果说摩尔案作为指导性案例并不尽如人意，那么 PXE 模式则颇具启发意义。

PXE（Pseudoxanthoma Elasticum）是一种罕见并不可治愈的基因疾病，能够引起皮肤和血管中弹性纤维的弱化，从而可能导致失明、胃肠出血、心脏病和短命。PXE 国际（PXE International），是面向 PXE 儿童家庭的非赢利性扶助组织，搜集了 2000 多名 PXE 患者的血样和 DNA 标本。研究者在满足 PXE 国际所规定的条件时，可获准利用该组织银行（tissue bank）中的血样和组织标本；而其中的条件包括，该组织必须分享研究者因利用本组织银行的

---

① 当然，其中也包含很重要的保护人格的原因，这与反对确认完全的基因财产权的理由是一致的。但是，在本案中，加州最高法院在人体组织与基因之间进行类推判，显然没有将二者间共享的人格性要素考虑进去，否则，也不会作出单向保护生物技术产业财产权的判决结果。

② 转引自邱格屏：《人类基因财产权分析》，载《学术论坛》2008 年第 6 期，第 58 页。

③ 同上。

样本而获得的知识产权和利润。PXE 国际要求成为专利权人,其意图在于确保 PXE 基因检测的许可费维持在便宜和普遍可得的水平。事实证明,与 PXE 国际合作的研究者并没有不愿意接受这一条件。[①]

目前,PXE 是一种受到研究者和病人双方共同推崇的模式。其实,PXE 模式的核心是对基因资源提供者缔结利益分享合同的权利的强调,而缔结利益分享合同的权利恰恰导源于对基因财产权的承认。也许,不必谈人格物化而色变,组织联合起来、增强病人的博弈能力、正视基因上所创生的财产法益并善用财产权的保护机制,将能够为基因资源的提供者和基因科技的研发者提供一条利益平衡的通途、为道德公平感的维护和科技经济的发展找到一个和解的机缘。

C. 探索一个实用主义的方案

如前所析,技术的力量和市场的逻辑已经不可回避、不可逆转地在基因所负载的人格法益之上叠加了财产法益的成分;人格法益与财产法益的此种混同,使得单纯采用人格权/财产权二元概念体系中的任何一端,都会导致自悖性的后果、都不足以平息因此而起的利益纷争和价值冲突。[②] 也许,正如摩尔案所反面提示和 PXE 模式所正面证明的,问题的出路在于放弃人格权与财产权之间非此即彼的现代性区分,转而实用主义地在其交互纠结的中间地带创设一个新的综合性的范畴。

(2) 人格性财产权——法益权利化的新路径

A. 人格权与财产权在根源上的交叠

作为一种话语形式,人格权与财产权的二元对立,如同作为其逻辑基础的主观与客观、意识与物质、内在与外在、主体与客体、自然与文明等二元界分一样,不过是启蒙思想家的一种建构,是其时倡导和推行人类中心主义、理性主义、自由主义等政治、经济、伦理理想图景的设施和工具。

但是,即使在现代性思想的滥觞时期,在其经典作家那里,人格权与财

[①] See Gary E. Marchant, Property Rights and Benefit-Sharing for DNA Donors?, *Jurimetrics*, Vol. 45, 2005, pp. 163-164.

[②] See Alain Pottage, Instructions: *The Fabrication of Persons and Things*, in *Law, Anthropology, and the Constitution of the Social: Making Persons and Things*, edited by Alain Pottage, Martha Mundy, Cambridge University Press 2004, pp. 1-39.

产权也未能真正从根本上相互剥离开来。

和康德秉持相似的论证进路，黑格尔竭力将人界定为"理念"和"自由意志"的存在，而将"跟自由精神直接不同的东西，无论对精神说来或者在其自身中，一般都是外在的东西"视作"物"，即"欠缺主观性"、"某种不自由的、无人格的以及无权的东西"；由于"人为了作为理念而存在"、为了"达到人格的定在"，"必须给它的自由以外部的领域"，因此"人有权把他的意志体现在任何物中，因而使该物成为我的东西⋯这就是人对一切物据为己有的绝对权利"，而"所有权所以合乎理性不在于满足需要，而在于扬弃人格的纯粹主观性"；所有权可以转让，"因为财产是我的，而财产之所以是我的，只是因为我的意志体现在财产中"，但是人格权不能转让，"那些构成我的人格的最隐秘的财富和我的自我意识的普遍本质的福利，或者更确切地说，实体性的规定，是不可转让的，同时，享受这种福利的权利也永远不会失效。这些规定就是：我的整个人格，我的普遍的意志自由、伦理和宗教"。① 但是，在黑格尔貌似决然的区分中，依然可以辨析出财产与人格、财产权与人格权之间无法撇清的关联。按照黑格尔的逻辑，在将其自由意志施加于外物之前，"人在这种最初还是完全抽象的规定中是绝对无限的意志"，而只有通过对物的占有和支配、即只有通过取得和行使"所有权"，人才扬弃了"人格的纯粹主观性"、"到达人格的定在"②；那么，似乎可以推论，某些物可能与"人格"的构成关系非常紧密、甚至可以算作"人格"的组成部分，以致该物的确认和保护游离出了"所有权"的中心区域而进入"人格权"的边缘地带——由此，混生了一个新的概念"人格性财产权"③。另外，黑格尔关于"奴隶制"与"雇佣关系"相区别的论述④，也在相当程度上暴露了其对"人格"与"物"、"人格权"与"所有权"划分的不彻底性：无论如何，仅仅根据工作量来批判前者是对人格的异化转让，而赞同后者为合法，总会给人理

---

① 参见〔德〕黑格尔：《法哲学原理》，范扬、张企泰译，商务印书馆1996年版，第50—73页。
② 同上书，第50页。
③ See Margaret Jane Radin, Property and Personhood, *Standford Law Review*, Vol. 34 (1982), pp. 957-1015.
④ 参见〔德〕黑格尔：《法哲学原理》，范扬、张企泰译，商务印书馆1996年版，第75页。

屈词穷的感觉而难以令人信服。①

除去黑格尔之外，同样的不彻底性和自悖性也发生在洛克那里。洛克认为，"每人对他自己的人身享有一种所有权"，而"他的身体所从事的劳动和他的双手所进行的工作，我们可以说，是正当地属于他的。所以只要他使任何东西脱离自然所提供的和那个东西所处的状态，他就已经掺进他的劳动，在这上面参加他自己所有的某些东西，因而使它成为他的财产。既然是由他来使这件东西脱离自然所安排给它的一般状态，那么在这上面就由他的劳动加上了一些东西，从而排斥了其他人的共同权利"。② 根据洛克的论述，人对自己的人身享有所有权，并且这种所有权除他以外任何人都不能享有；而人对自身的所有，延及了人对自身行动或劳动的所有，进而延及了人对其行动或劳动对象的所有，即人身成为了所有权的基础③；照此推理，财产进入以货币为媒介的流通和转让，是否意味着作为其基础的人身和人格也同时进入了以货币为媒介的流通和转让？如此一来，如何在逻辑上辩白人格的超然物外和不被他人所享有？④

B. 人格性财产权作为一个新概念的提出

作为自由市场经济、高新科技经济、消费经济的固有之义和内在倾向，商品逻辑向包括伦理的传统重镇在内的一切可能的领域进行扩张；而基于利益集团的分野抗衡和人类自然的道德情感，总有社会力量在为捍卫基本的公平正义和人性尊严而抗击着商品逻辑的"殖民"。在经济与伦理的斗争、较量、博弈和妥协中，分别从"财产"与"人格"的两端向中间进发，在其交互混合处，产生了"财产的人格化"和"人格的财产化"，对于此类混合形态的法益，单独采用"财产权"或"人格权"的概念都不足以概括其特性并提供周全的保护，由此，一个兼具两种类型权利特征的新概念——"为了人格的财产权"，被美国法学家玛格丽特·简·瑞丹（Margaret Jane Radin）率

---

① See Margaret Jane Radin, Market-Inalienability, *Harvard Law Review*, Vol. 100, No. 8 (1987), pp. 1849-1937.
② 〔英〕洛克：《政府论》（下篇），叶启芳、瞿菊农译，商务印书馆1995年版，第19页。
③ 参见〔英〕洛克：《政府论》（下篇），叶启芳、瞿菊农译，商务印书馆1995年版，第29页。
④ See John Frow, Elvis' Fame: The Commodity Form and the Form of Person, *Cardozo Studies in Law and Literature*, Vol. 7, No. 2 (1995), pp. 131-171.

先提了出来。①

受到黑格尔"人的个性与某些对象关系密不可分"、"人只有通过与外在物建立财产关系，才能成为真正的自我"等思想的启发，玛格丽特·简·瑞丹发展出了"为了人格的财产权"的概念，认为应该以社会"外在的道德实在"为准据，评判性地承认"通过物实现的自我认同"和"依据物的人格定在或自我构建"。按照"物"与人独特的个性和自我认同的关系强度，玛格丽特·简·瑞丹把物分为"可替代财产"和"人格财产"。其中"可替代财产"因其在狭义上与"人格"无关或关系很远，按照一般的财产权机制以金钱来定价、在市场上自由地匿名流通；而"人格性财产"因其在核心意义上关涉人的个性和尊严价值，要优先于"可替代财产"受到更严格的保护。玛格丽特·简·瑞丹通过将"住宅"、"工厂"等界定为关乎人的生存、隐私、自由、尊严的"人格性财产"，而对租赁、征用、破产等特殊情形下的政府规制、个人权利与福利权利的优位保护等问题做出了制度建言。②

随之，玛格丽特·简·瑞丹又围绕对血液和儿童买卖、器官移植、性服务、代孕等问题的探讨，从"人格财产化"的方向深化了其"人格性财产权"理论。面对资本逻辑向人体自身的扩张这一恼人却不可避免的事实，玛格丽特·简·瑞丹认为在社会不平等依然普遍存在的糟糕现实中，如果固守严格的传统人格理论、全面禁止身体及其组成部分的任何形式的经济化，可能会加剧贫弱者的悲惨境遇；因此，应以"人类繁荣"（human flourishing）为最高价值目标和行为准则，依其对人身安康和人格尊严的影响程度，分别以"财产"、"人格性财产"、"人格"等概念为工具，对血液和儿童买卖、器官移植、性服务、代孕等问题予以类型化衡量和区别对待。除去"财产"和"人格"各依"财产权"和"人格权"的经典机制得到保护外；针对"人格性财产"，玛格丽特·简·瑞丹提出了"市场转让限制"（market inalienability）的保护和规制机制，即基于其"财产性"，允许捐赠等无偿或非直接有偿

---

① See Margaret Jane Radin, Property and Personhood, *Standford Law Review*, Vol. 34 (1982), pp. 957-1015.

② Ibid.

转让；而基于其"人格性"，则禁止商品化和赢利化。①

如果说玛格丽特·简·瑞丹的理论是在学理上对"人格性财产权"的概念化和类型化，那么社会名流和明星姓名权、肖像权等发表权（the right to publicity）的保护则是在具体制度和司法实践中对"人格性财产权"的确认。伴随由广告、品牌、符号等所表征的后现代消费经济的发展，名人的姓名、形象、声音等人格符号越来越被赋予了商业价值、越来越作为一种经济因素而运用到市场竞争中。此种被商业化的人格符号，一方面确实获得了某些超出传统"人格权"保护能力的"财产性"特征，例如一定程度上与人体的可分离性、可被继承、投资、许可和转让等；但另一面依然保留了"人格"的特性而未被彻底"财产化"，毕竟，人格符号只是人格的体现（embodiment）和表达，依然牵连着人格尊严的核心，人格符号的商品化改变的只是传统意义上人对"身体"（body）的直接占有、而不是人对"人格"（person）的意义性占有。对于肖像权、姓名权等"人格性财产权"，各国实践均采纳"人格权"和"财产权"的综合保护机制。②

C. 确认基因上"人格性财产权"的合法性论证

首先，基因与基因信息承载和表达着不可否抑、不可稀释和不可贬损的人格价值。基因是身体的组成部分，是建构生命最基本的物质；基因上编码着生命的奥秘和潜能，讲述和演绎着生命个体及其族群和同类的历史、未来、性状特征和生命过程的所有方面。基因和基因信息直接联结着人的个体性、独特性、多元性等人格价值最核心、最基本、最隐秘的部分，对基因和基因信息的不当操作、介预和利用必会对人之为人的尊严感及其在社会中所享受的自由和平等产生严重的伤害；因此，即使基因科技能够在分子水平上将人体裂化为功能性的细胞株和匿名的数据信息，即使细胞株和基因信息能够依市场机制转让和使用，基因上所负载的人格价值都不能被遮蔽、漠视和贬抑，基因资料提供者的人格权要受到比基因科技研发者的财产权更为优先和严格

---

① See Margaret Jane Radin, Market-Inalienability, *Harvard Law Review*, Vol. 100, No. 8 (1987), pp. 1849-1937.

② 参见谢晓尧：《商品化权：人格符号的利益扩张与衡平》，载《法商研究》2005年第3期，第81—86页；Lesley A. Sharp, The Commodification of the Body and Its Part, *Annual Review of Anthropology*, Vol. 29 (2000), pp. 303-311。

的保护。

其次，基因经济的发展已成为不可逆转的趋势，人体基因和基因信息经济价值的开发也已成为不可否认的事实。基因诊断、基因制药、基因治疗等创造了一个利润巨大的市场，已成为各国重点扶持的产业。为回报基因科技研发者的投入和激励基因经济的发展，知识产权越来越压退着生命伦理的边禁线、被授予越来越多的人体工程学项目。具有特殊功能的人体基因随之越来越具有经济价值，越来越成为基因产业勘探、搜捕和争抢的对象。在此情境下，若固守传统的伦理禁忌、断然否定基因资料提供者因其合作而获利的可能，则一方面有违基本的道德公平感、否认基因资料提供者对研发项目的贡献和价值进而削弱其参与科技进步事业的积极性，另一方面也会助长基因科技研发者进一步把供体工具化和非人化。尤其是在发达国家对基因资源丰富的欠发达国家、大型医疗机构和生物制药公司对病患者的"基因盗窃"、"基因掠夺"、"基因剥削"益愈猖獗的情况下，有限度地承认和适当保护基因资源提供者的经济利益，显得益愈必要。

再次，承认基因上的"人格性财产权"、以人格权和财产权的双重机制对其予以保护，为平衡人格价值和科技进步、经济发展之间的冲突提供了实用主义的通道。基因毕竟是人格法益与财产法益混交的介质，以人格权的保护机制确保供体对其基因材料和信息使用情况的控制和支配、以财产权的保护机制维护其对科技进步利益的合理分享，对于捍卫人格尊严、修复社会公平正义、对抗知识和资本的权力暴政、激励基因资源被高效配置，都很有助益。①

（3）基因上"人格性财产权"的保护——基本向度

A. 主要权能

由于基因上人格法益与财产法益的交融共存，对其人格法益予以保护的人格权机制要受到其财产性因素的变造，对其财产法益予以保护的财产权机制要受到人格性考虑的限制。

基于其财产性要素，基因上"人格性财产权"冲破人格权不可剥夺、转

---

① See Gary E. Marchant, Property Rights and Benefit-Sharing for DNA Donors?, *Jurimetrics*, 2005, Vol. 45, pp. 163-164.; Margaret Jane Radin, Market-Inalienability, *Harvard Law Review*, Vol. 100, No. 8 (1987), pp. 1849-1937.

让、经济化的窠臼，承认基因资料提供者捐赠、转让和获取回报的权利。

基于其人格性要素，基因上"人格性财产权"的行使受到"市场转让限制"规则的制约，基因资料不得商品化、不得为换取金钱而在市场上出卖和流通、不得立即（immediate）获利；同时，医院和基因科技的研发者采样、提取和利用基因资料和信息，必须获得基因资料提供者的知情同意，即使基因资料的提供者已为捐赠和转让行为，依然保有对其基因资料和信息的支配和控制权。[1]

B. 知情同意

知情同意是生命伦理的基本原则；知情同意权是病人、科学研究和实验等任何涉及人身操控行为的接受者所享有的基本权利，强调人身操控行为的接受者在充分获得和完全理解相关信息的基础上自愿、自由和自主地做出选择和决定，其意在防范专家暴政、保护病人和受试者对自己身体的控制和支配、进而维护人的尊严和自主性。

基因是人的"人格性财产"，人对其保有占有、支配、控制和获取回报的权利；但同时，基因也是生物科技产业所垂涎和觊觎的资源与财富，其对人体基因的提取、介预和利用都可能对供体的人格利益和财产利益造成伤害或侵犯。因此，在任何涉及人体基因收集、储存和使用的环节，都必须格外注重基因材料所有者"知情同意权"的保护。对此，人类基因组织（Human Genetic Organization）认为"理解研究的性质、风险和收益，以及其他任何可供选择的办法是很重要的，这种同意应该摆脱科学的、医学的或其他权威的强迫"，"参加者就从他们那里取得或获得的材料或信息的储存或其他用途做出的任何选择应该得到尊重，要知道或不要知道伴随的研究成果的选择也应得到尊重"[2]；联合国教科文组织（United Nations Educational, Scientific and Cultural Organization）也在其《关于人类基因组与人权问题的世界宣言》中提出"在任何情况下，均应征得当事人预先同意"，"通知当事人基因检测结果

---

[1] See Margaret Jane Radin, Market-Inalienability, *Harvard Law Review*, Vol. 100, No. 8 (1987), pp. 1849-1937.

[2] 参见人类基因组织：《关于研究正当行为的声明》，邱仁宗译，载《自然辩证法研究》1997年第7期，第55页。

与否应当由当事人自己决定,这一权利应当得到尊重"。①

按照多数国家的规定或实践,任何对基因材料和信息的收集、储存和使用,行为人都应与行为接受者签订知情同意书,书面告知基因资料和信息被采集后将会采取的保密措施、供体对其基因资料和信息可以控制和支配的程度、参加者能否退出研究、基因资料和信息将被储存的时间长度、参加者能否获取和其基因相关的信息以及将来可否将此信息用于医疗、基因资料和信息的二次使用与第三方使用等事项,并由行为接受者自主决定是否同意和参加相关操作。②

C. 利益分享

既然提供者对其基因物质和信息享有"人格性财产权",其基因物质和信息又是基因科技研发者据以获得知识产权的基因产品(或方法)的原材料(或对象),按照财产权所固含的受益权能及其对相关工程项目的贡献,基因资料的提供者当然享有分享成果利益的权利。

基于基因财产的人格性要素,财产权人的受益方式不采取直接、立即获得金钱的形式;正在探索中的模式主要包括:缔结利益分享契约时,约定分享预期利润的一定比例;成为预期专利权的权利人之一(除获取专利许可费外,可以控制对特定受益群体的低价许可);免费或低价享受所参与项目的产品或服务;在涉及族群基因使用的情形下,在技术或投资上帮助社区进行健康医疗建设等。③

2. 基因隐私权

(1) 合法性基础

隐私是指"与他人无关的私人事务和私人信息"。按其"私人性"的程度,隐私可类型化为"个人信息"、"个人私事"和"个人领域","一般情况

---

① 参见联合国教科文组织:《关于人类基因组与人权问题的世界宣言》,赵智译,载《医学与哲学》1998 年第 3 期,第 114 页。
② See Robert F. Weir and Jay R. Horton, DNA Banking and Informed Consent Part 2, *IRB*: *Ethics and Human Research*, Vol. 17, No. 5/6 (1995), pp. 1-8.
③ See Lori B. Andrews, Harnessing the Benefits of Biobanks, *Journal of Law, Medicine and Ethics*, Vol. 33, No. 1, (2005), pp. 22-30. ; Gary E. Marchant, Property Rights and Benefit-Sharing for DNA Donors?, *Jurimetrics*, Vol. 45 (2005), pp. 163-164.

下个人领域处于外层,个人私事次之,个人信息及个人数据属于核心层次"。①

相应地,隐私权是个人所享有的"对其个人的、与公共利益无关的个人信息、私人活动和私有领域进行支配的一种人格权"②。隐私权意在维护个人的尊严、自由和自治,越是靠近人的主体性核心的隐私,所受的法律保护就越周严。

基因信息恰恰处于个人隐私最密蔽、人格尊严最核心的位点上。基因上所编载的生命密码提示着有关人的历史未来、家庭族群关系、生理和心理倾向、生老病死的态势等几乎所有方面的基本信息,对于人的个体性和独特性具有高度的指示与辨识功能,几乎可以被视为人的"生物学身份证"。

正是由于基因和基因信息对人的独特性所具有的构成性意义和识别功能,基因隐私权的保护具有极为重要的社会意义。因为,人的基因具有多样性,每个人的基因上都同时既负载着这样那样的"优良"基因又包含着这样那样的"缺陷"基因,在基因决定论的错误观念下,对个人"致病"基因的信息披露可能导致"基因歧视"和社会对待的不公。另外,伴随基因科技和基因经济益愈发达,基因样本的采集和基因信息的搜罗越来越便易、越来越被用于商业目的,个人基因信息及其上所原本负载的人格法益和后来附加的财产法益也被置于了越来越危险的境地。因此,防范个人基因信息隐私不被非法采集和恶意利用、增强个人对其基因信息隐私的支配和控制,成为与基因技术有关的伦理、法律和社会研究中分量最重的课题之一。

(2)法理意涵

伴随信息经济、符号经济和消费经济的发展,原本仅具有人格法益的姓名、肖像、非人身性质的数据信息等隐私项目成为商业开发的对象、被附加了可以金钱度量的经济价值③;与之相应,隐私权的属性和法理意涵在经历着流变——由单独重视人的"尊严"转向注重人的"自由"和"自治",由强

---

① 参见王利明主编:《人格权法新论》,吉林人民出版社1994年版,第480—482页;刘大洪:《基因技术与隐私权的保护》,载《中国法学》2002年第6期,第75页。
② 参见王利明主编:《人格权法新论》,吉林人民出版社1994年版,第487页。
③ 由此甚至演化出了一个新的范畴"公开权"(right of publicity)。作为"隐私权"的同胞胎,如果说隐私权依然侧重静态性和消极性的内涵,那么"公开权"则确认和保护对"隐私"事项的动态、商业化利用。

调数据信息和符号的静态控制和不可获得①转向准许利用和自由支配,由纯粹的人格权属性转向有限度地吸纳财产权的某些特征。②

基因隐私权的法理意涵更是如此。基因上人格法益的突显是由财产法益的开发所激发的,是在反对商品逻辑向人身"殖民"的过程中提出的。但是,当基因科技和基因经济的发展已是不可阻挡、不可逆转的大势,各种生物银行(bio-bank)和生技公司对人类基因资源和信息的搜索采集已经无处不在、无孔不入时,唯一理性的选择就是有限度地接受基因信息财产化的现实,并在此框架之下构设最有利于基因资源和信息提供者人格与经济利益的制度和规范。③

由此,基因隐私权具有了双重的法理意涵:既有对人格性法益的捍卫,也有对财产性法益的保护;既强调基因信息的静态控制和不被刺探、未经允许不被获得和传播;又强调基因信息的动态利用以及提供者基于自由支配而获利的可能。

(3) 权能与保护

A. 保密权

由于基因信息关涉人的生命过程、关系和性状的一切方面,直击人的自由尊严、独特性和自我认同最隐秘、最核心的部分,一旦某些不利信息被泄露,则直接关系到人心理的不安和伤害,以及社会的歧视与不平等对待;所以个人对其基因信息享有受到严格保护的保密权。生物银行和生技产物部门在采集个人基因资源和信息时必须询问是否允许公开所得数据资料;若未得公开同意,则不得向除处于病患境况的家族成员之外的任何第三人披露,并遵守基因资源和信息提供者的保密要求对所得材料予以匿名化和不可辨识化

---

① "隐私权"作为一个明确的概念在美国首次提出时,只是被赋予"自在"和"不受干扰"的消极意义(the right to be alone),参见 Samuel D. Warren and Louis Brandies, The Right to Privacy, *Harvard Law Review*, Vol. IV, 1890, pp. 193-222.

② 参见王利明:《美国隐私权制度的发展及其对我国立法的启示》,http://www.govyi.com/lunwen/2007/200711/147433_5.shtml, 2010-3-5。

③ See Catherin M. Valerio Barrad, Genetic Information and Property Theory, *Northwestern University Law Review*, Vol. 87, No. 3 (1993), pp. 1037-1086; Margaret Everett, The "I" in the Gene: Divided Property, Fragmented Personhood and the Making of a Genetic Privacy Law, *American Ethnologist*, Vol. 34, No. 2 (2007), p. 375.

的处理。①

B. 知情同意权

基因资源和信息的提供者对与其基因有关的数据资料享有完全的支配权和控制权。是否接受基因检测、是否愿意知晓基因检测的结果、是否同意基因检测机构对其基因信息的使用、转让和传播以及使用、转让和传播的状况，都要使基因资源和信息的提供者知情，并忠实听取其意见和选择。②

C. 利益分享权

基因资源和信息的提供者对其基因信息享有财产权利，有权通过合同约定分享相关研究利益和商业利润的特定份额。③

D. 反歧视和不平等对待

这是基因隐私权保护中最隐痛的部分。④基因信息具有人类学的含义，当某些族群因其某些易于导致消极后果（例如暴力倾向、性格缺陷等）的基因片段而受到社会的歧视、排斥和不平等对待时，无论对于受到伤害的当事人、还是对于全体人类的人性尊严，都是一个悲剧，甚至会引发现实的仇恨和报复。在微观生活领域，基因歧视的案例已经真实地发生了：某些保险机构、雇工单位、学校等部门要求其客户或被招收者接受基因检测，并对携带某些致病基因的人群收取更多的保费，拒绝招录或者提高招录的条件。基因决定论的偏见和冷酷在此毕显无遗。⑤

---

① 1997年，在人类基因组图测绘完毕之前，联合国教科文组织即在《关于人类基因组和人权问题的世界宣言》中告诫"为研究或其他任何目的而与个人有关的或存储处理的数据均应依法保密。遗传学资料依法律要求应被保守秘密"，参见联合国教科文组织：《关于人类基因组与人权问题的世界宣言》，赵智译，载《医学与哲学》1998年第3期，第115页。

② 参见〔日〕佐藤孝弘：《论基因时代对隐私权的法律保护》，载《法学》2003年第12期，第100页。

③ See Margaret Everett, The "I" in the Gene: Divided Property, Fragmented Personhood and the Making of a Genetic Privacy Law, *American Ethnologist*, Vol. 34, No. 2 (2007), p. 375.

④ 同样，联合国教科文组织在《关于人类基因组和人权问题的世界宣言》中告诫"任何人不应因其基因特征受到歧视，否则将会侵害或具有侵犯人权、基本自由及人类尊严的作用"，参见联合国教科文组织：《关于人类基因组与人权问题的世界宣言》，赵智译，载《医学与哲学》1998年第3期，第115页。

⑤ See Pamela Jensen, Genetic Privacy: the Potential for Genetic Discrimination in Insurance, *Victoria U. Wellington Law Review*, Vol. 2 (1999), pp. 347-369; Pauline T. Kim, Genetic Discrimination, Genetic Privacy: Rethinking Employee Protections for a Brave New Workplace, *Northwestern University Law Review*, Vol. 96, No. 4 (2002), pp. 1497-1551.

其实，人的生命性状和过程并不单独地由基因来先天地决定，环境因素对功能基因的表达与否和表达方式有重大的影响，一些致病基因并不必然如基因学所预测的那样导致疾病的发生；况且，基因学和基因技术还远未成熟，其对人类基因和生命奥秘的解读还远未达到"真理"的程度，而人类基因的多样性又意味着在此种性状表达上失败的基因可能具有另外独特的性能和功用。因此，基因歧视是一种缺乏科学根据的偏见，据此对人予以不平等的对待是不公平的。

在具体的制度设计上，应该禁止保险、雇主、学校等要求相关人群进行基因检测，并严格保护个人的基因信息保密权、防范其基因信息从任何可能的渠道不正当地外泄和传播。

3. 农民权

作为现代资本主义四百年来发展模式的积累性后果，经济和科技发达的北半球国家生物多样性相对贫乏，而生物多样性丰富的南半球国家则经济和科技落后。由此所导致的现象就是，大型生物科技跨国公司和科研实验机构争相到曾长期与世隔绝故而保存了完好生物多样性的后发国家和社区进行基因资源和传统知识的勘探、采集、研发和商业化应用。他们"通过分析民族共同体提供的植物和其他生物样本，或者通过观察民族共同体传统工艺而获得知识并且使用这种知识，他们对源于民族共同体的材料进行研究、开发、复制，并当做产权的客体，最后投放到市场"；而处于生物多样性中心的社区和民族共同体限于知识、经验和谈判能力的不足，"虽然提供了这种知识，但是直到最近，他们并没有因为跨国公司和科研实验机构使用了这种知识而获得补偿"。①

被生物科技跨国公司和科研实验机构所"专利化"的基因资源或传统知识，凝聚了处于生物多样性中心的族群和社区祖祖辈辈所培育和发展的智慧与经验；当其被变本加厉地恣意汲取，大规模用于农业和医药等商业目的并为生物科技跨国公司和科研实验机构带来无尽的财富，而作为原权人和奠基性贡献者的族群和社区却非但得不到公平的回报，反而会若不交纳不菲的许

---

① 参见〔哥〕阿尔瓦罗·塞尔达—萨米恩托、克莱门特·弗雷罗—皮内达：《民族共同体知识的知识产权问题》，张大川译，载《国际社会科学杂志》（中文版）2003年第1期，第97页。

可费就失去对资源和知识的使用权时,后发国家和族群以及作为其代言人的国际或非政府组织①就被激怒了,在怒斥和声讨该类"基因海盗"、"基因剥削"和"基因帝国主义"恶行的同时,提出了与基因专利权相抗衡的"农民权"(farmer's right)。②

"农民权"的概念化旨在将基因资源和集体知识从被掠夺殆尽的"人类共同遗产"的飞地中解救出来③,捍卫处于生物多样性中心的原住民和社区对其培育和发展的基因资源或传统知识所理当享有的财产法益与人格法益。根据"农民权"目前所达到的制度化程度,其权利类型主要包括"种子权"和"集体知识权利";其权利内容主要涵括"知情同意权"、"利益分享权"和"研究及管理参与权"等权能。

就其权利类型,"种子权"主要是对科技产业"育种权"尤其是"基因保护技术"(又称"终结者技术")的反抗,意在维护农民对其所筛种、培育的种子进行收获和留用的权利。④"集体知识权利"是对民族共同体世代、集体所积累的涉及生物多样性知识的保护。"集体知识权利"突破了现代性知识产权制度个人主义的基调约束,是一种新型的知识产权形式。由于社群的每个成员都是相关知识体系或生活模式的继受者、践行者、使用者、发展者和贡献者,该集体性传统知识存在于族群的公共领域而不是任何成员个体的私产;因此,族群作为一个整体而非成员个人构成该知识权利的享有者、受益者和管理者。"集体知识权利"的确立,不仅是提供自卫的工具和武器,也有助于激励族群和社区更好地与生物技术公司和科研实验机构合作,并更有成效地发展和享受其知识利益。

---

① 这样的案例举不胜举,例如 W. R. Grace 公司专利印度农民使用尼姆树(Neem Tree)的传统方法;美国密西西比大学专利印度人用黄姜疗伤的方法等。
② 农民权最早源自 1979 年联合国粮食和农业组织内部的一场讨论,后在其 5 号决议中明确提出了农民权的概念;1992 年的《生物多样性公约》内罗毕最后文本和联合国"21 世纪议程行动计划"中都提出了实现农民权的问题,参见张文婷:《植物基因资源获取与惠益分享之农民权视角》,http://www.riel.whu.edu.cn/article.asp?id=27705,2010-1-5。
③ 在《生物多样性公约》之前,植物基因资源一直被国际公约界定为"人类共同遗产",比照公海、南极大陆等传统的"人类共同遗产"为平等、自由、无偿地使用。这导致了经济和科技大国掠夺后发国家生物资源的肆虐。《生物多样性公约》确定了各主权国家对其领土范围之内的植物基因资源享有主权。
④ 参见 R. A. B. 皮埃尔、法兰克·苏瑞特:《美丽的新种子——转基因作物对农民的威胁》,许云错译,商务印书馆 2005 年版,第 30—45 页。

就其权利内容，无论是针对种子等基因资源，还是针对与生物多样性有关的传统知识，"农民权"都竭力确认和保护原权利人从科技进步中公平获益，并着意增强其对资源的控制能力以及与技术资本的谈判能力。相应地，生物科技跨国公司和科研实验机构对基因资源或传统知识的采集、商业化开发和专利申请，不再是对"人类共同资源"自由、无偿的使用，而必须征得原权利人的知情同意，并依照约定以货币或非货币的方式实现其对专利利润或研究利益的分享，甚至允许其作为共同的专利权人而享有更多管理和控制的权利。①

4. 健康权

专利权昂贵的实施许可费阻碍了普通公众对特定药物、诊断和治疗的获得。专利权内设向公共领域和公共利益妥协的机制（例如授权的时间、地域、可专利主题、权利范围的限制，以及法定许可、强制许可、反向工程等），当公共健康迫切需要某种药物、诊断和治疗普遍可得时，基因专利权要向公众的健康权让步，国家有权强制许可或采取其他措施对其专利对象予以提供。尤其在国际贸易的层面上，针对《与贸易有关的知识产权协议（TRIPS）》对发达国家药品专利权霸权性的强保护，《多哈宣言》提出了专利药品强制实施许可制度，准许没有能力生产药品的发展中国家可以不考虑药品的知识产权问题，而获得治疗艾滋病、疟疾、肺结核等严重威胁人类健康疾病的廉价药品。

---

① See Rebecca L. Margulies, Protecting Biodiversity: International Intellectual Property Rights in Plant Genetic Resources, *Michigan Journal of International Law*, Vol. 14 (1993), pp. 323-356; Charles R. McManis, Intellectual Property, Genetic Resources and Traditional Knowledge Protection, *Cardozo Journal of International Law and Comprartive Law*, Vol. 11 (2003), pp. 547-580.

第 七 章

信息社会与权利理论面临的挑战

社会宏观进程引发的疑问不断调整权利理论的基调。传统权利理论中的一些基本认识在信息社会模式下遭遇了新的挑战。这些挑战以理论的形式表现出来，同时也对权利制度实践产生影响。信息权利研究以信息社会中权利理论的新发展作为理论资源，并试图将这些新的话语方式融入信息权利研究的过程中。只有深入理解信息社会中，社会基本结构转变引发的权利理论变化的趋势，才能体悟信息权利本身的法律地位和意义，才能找准信息权利制度的发展方向。

一、信息社会的网络化结构

传统社会结构中，受信息技术发展水平所限，信息的传播速度相对较慢、信息传播渠道有限。信息的采集、分析和传播需要借助专业机构和专门渠道来进行。信息作为一种重要的权力资源，其生成、采集、传播都受到权力中心的控制。信息传播形式在一定程度上参与形成了社会结构中的权力金字塔和管理体系中的科层制。由韦伯提出的科层制（即官僚制 Bureaucracy）则将人与按照严密等级排列的工作岗位联系起来，各尽其责，从而形成等级式的管理组织结构，当然这种结构中的信息流通仍是或上传或下达式的单向模式。信息的传达只能在逐个的等级之间进行。在权力中心的影响下，有权力者可以了解和控制更多的信息内容、控制更多信息传播渠道，从而左右视听、影响大众的社会选择；而权力末梢的大众，面对的则是经过权力者反复加工和筛选的信息，其信息来源局限于专业媒体，而且往往作为受众仅仅是单纯的信息接受者，很难参与实质的信息加工和传播过程，信息流通过程中缺乏互动。

随着信息技术的发展，尤其是网络技术的出现，信息的采集、发布和传播开始成为轻而易举之事。任何人，无须专门身份，都可以在网络上发布消息和新闻，借助论坛和邮件信息等非专门的传媒渠道大规模发布信息。信息技术改变了社会权力结构，通过垄断信息、控制信息传播渠道掌控权力资源的形式发生了变化。信息很难被封锁和垄断，信息的传播越来越便捷、透明和直接。通过掌控信息内容和传播渠道形成的权力中心和权威形式受到冲击，从而影响到社会结构的存在样貌。社会结构开始从以权力中心为原点、金字塔形的科层式结构转变为扁平化的、网络式结构。在扁平的管理组织形式中，人们可以绕过中间管理层直接参与高层对话、与管理对象和信息过程的其他参与者进行交流。

网络化是信息社会存在的基本样态。网络化使社会关系去等级而扁平，去中心而分散、去权威而多样、去中介而直接。由于信息技术为社会网络化提供了最好的物质平台，而网络化又特别适合日益复杂的社会结构，进而使网络化泛化为一种社会结构存在的新形式。在这种网络化的社会结构中，传统的、植根于社会权力结构的金字塔模式、组织管理的科层制权利理论面临着挑战。传统权利理论的核心在于通过权利实现人的平等和自由，其主要指向是可能影响和限制自由和平等实现的权力控制体系，试图预防和制止权力的介入和干涉，建立起普遍的人类自由和平等。信息社会的网络结构则冲击到传统权利理论的社会基础，既面临重塑权利神圣的价值认同危机，也面临在传统权力金字塔结构重组之际寻找新的目标指向的任务。具体而言，信息社会的网络化结构所带来的对传统权利理论的影响涉及：权利认同危机、正式规范、非正式规范与权利共同体主义、权利证明与权利论证、网络逻辑与关系性权利、信息方式与权利的主体性基础等几个方面。

二、权 利 认 同

(一) 信息社会的权利认同危机

网络化社会将权利理念的核心——自由与平等价值发扬光大,权利理念的个人主义传统也在欢呼去权威所带来的胜利。社会扁平化使权利主体摆脱了等级身份的约束,同时一日千里的信息技术也为权利行使提供了充分便利的条件。但也应该注意到,网络化所带来的不仅是权利的福音,还伴随着权利的危机。形成普遍良好的权利机制不仅需要个人强烈的权利意识,还需要各自独立的个人之间存在一定的权利共识。这种权利共识建立在一种共同的文化和道德认知基础上。哈特曾强调法律要建立在最低道德的基础上,权利的有效性当然要具备对权利本身的一致认同。"……,我一直意图确立这样一点,即拥有权利就必然包含拥有对限制他人自由以及决定他人应该如何做的道德证明。"① 一个只有权利拥有者本人认同的权利显然是没有任何效力的。而社会网络化、道德多样化使人们之间共识的达成越来越困难。② 因此"在一个普遍充斥着组织崩溃、制度丧失正当性、主要的社会运动消失无踪,以及文化表现朝生暮死的历史时期里,认同变成是主要的、有时甚至是唯一的意义来源。人群越来越不是按照他们的所作所为,而是按照他们是什么,或者相信他们是什么来组织意义。然而,在另一方面,工具性交换的全球性网络,按照能否满足网络所处理的目标,在策略性决策的无情流动中,选择性

---

① 〔英〕H. L. A. 哈特:《是否存在自然权利》,张志铭译,载夏勇主编:《公法》(第 1 卷),法律出版社 1999 年版,第 371 页。

② 权利从来都不是中立和纯粹的,权利中必然包含着价值预设。当这种价值预设在大多数的社会成员中能够引起共鸣,权利才是现实的。法律因其与国家、政治和意识形态的并生关系,无论法学家、伦理学家多么不情愿,法律往往都是权力的符号之一。尽管法学家找到了权利这一法律中蕴涵着最丰富的价值追求的符号来提升法律的道德地位,但权利的正当性同样需要证明。虽然有自然权利论及其后继者认为权利无须证明或者认为权利自证自明,但权利的正当性讨论并未因此而终结。如果放弃权利的正当性证明最终只有两种理论结果:要么是将权利诉诸人之不可靠的理性,要么将权利等同为一种道德。前一理论的问题在于,人从来就不是完全理性的。当一个人因为否认自然权利而为非作歹的时候,我们并不能就此将他等同于是超人或者流浪于人群之外的野兽;当一个人放弃自己的自然权利而甘愿为奴的时候,也无法将他在价值上等同于一头牛。而后一种理论的问题在于,如果权利是一种道德,那么只有当这种以权利为基础的道德作为一种共识深入人心之时,权利才能具有内在于人的效力,而这种道德共识的达成越来越困难。

的接通或者切断个体、群体、区域,甚至国家。这是抽象普遍的工具主义,以及有历史根源的排他性认同,两方之间根本分裂的结果。我们的社会逐渐依循网络与自我之间的两极对立而建造"①。自我一方面被紧紧吸入网络、嵌入关系,一方面个体之间愈加趋向独立、孤立。过多的自决,干扰了一致性的形成,相互之间的认同就成为一件难事。缺乏对权利价值基础、存在方式、合理界限的认同,权利的存在要么是毫不相关,要么是水火不容。这种矛盾的不同指向在网络效应中被放大,于是我们就有可能得到放大的冷漠和放大的冲突。

在网络化社会中保存权利的途径是重建对权利的认同。但重建认同不能依靠权威的命令和威慑、也不能依靠道德伦理的教化,一切问题的解决途径都在于建立有效的沟通和对话程序,即在沟通对话中重建共同的意义。可以说这种主张事实上是一种共同体主义。但往往共同体主义也无法完成重建认同的工作。认同过程并非总是一帆风顺,而小范围的过度极端认同甚至会走向社会的反面。当存在基本的权利观念的差别时,权利话语本身就不再有存在的必要,甚至会退化成冲突的借口。和塔利班讲妇女有受教育和工作的权利,和恐怖组织成员讲无辜平民的生命权利都是毫无意义的。网络化社会一方面导致相同意见迅速地、大规模地聚集;另一方面异质意见无法被纳入网络,信息贫乏者被无情的抛弃在网络之外。当这种被遗弃感足够强烈的时候,不可调和的冲突就会发生。"在功能与意义之间有结构性精神分裂症的状况下,社会沟通的模式日渐压力沉重。当沟通失败,或者不再沟通,连冲突性的沟通形式(如社会对抗或政治对立的情况)都没有时,社会群体与个体之间便疏离化,视他者为陌生人,最后变成威胁。在这个过程里,社会的片段化(fragmentation)愈加扩展,认同变得更为特殊,日渐难以分享。信息化社会就其全球展现而论也是奥姆真理教的世界,是美国民兵、伊斯兰/基督教神权政治的野心,以及胡图族/图西族相互灭种的世界。"②

---

① 〔美〕曼纽尔·卡斯特:《网络社会的崛起》,夏铸九、王志弘等译,社会科学文献出版社2001年版,第3—4页。
② 同上书,第4页。

（二）非正式规范与权利共同体主义

相比曼纽尔·卡斯特，日裔美国学者福山对信息社会的认同问题持比较乐观的态度。福山将信息作为一种社会资源来理解，论证了非正式规范在形成社会秩序中的重要意义。当这种以信息为基础的经济与社会结构摧毁了等级科层组织结构和理性化主导的韦伯式的官僚体系，信息流通增加了主体独立判断的能力，使规范的强制力受到质疑。"这种趋势说明，在西方社会中使人们团结在一起的那种社会联系和普遍价值观正在变弱。"① 在东方这一问题似乎更加严重。信息化进程对工业化以来的社会秩序产生创造性破坏所导致的一定程度的混乱被福山叫做"大分裂"（The Great Disruption）。这种大分裂曾发生在19世纪农业经济向工业经济转变时期礼俗社会向法理社会转变的过程中。而在今天，工业经济向信息经济的转变体现在西方国家的信任度降低、婚姻关系不稳定、犯罪率升高等方面。这个时期中，旧的秩序结构遭到破坏，而新的结构还没有形成。福山认为信息时代的国家所面临的最大挑战是既保持技术和经济的变革又能够维持社会秩序。工业化所代表的理性用法律和制度的透明框架取代道德的一致，"此种政治制度不要求人们具有德行，只是要他们具有理性，并为他们自己的利益遵纪守法"。② 即使在制度理性主导的工业化时代，正规化的法律也并不足以保证社会秩序，而信息社会中的信息资源与外在的正式规范（例如法律）之间的鸿沟有不断扩大的趋势。

解决信息社会中的价值认同问题，仍需要一致的美德基础和社会认同。"围绕信息而建立的社会往往会产生出自由和平等这两种在现代民主政治中人们最为珍视的东西。"③ 那些作为社会的基础的价值观念可以称为"社会资源"。一个社会，其社会资源越丰富，社会的融合度就越高，社会秩序就越容易实现。"在缺乏社会资本的情况下，通过运用各种各样正规的协调机制，比如合同、等级制度、宪法、法律制度、等等，形成成功的群体是完全可能的。但是，非正式的准则却大大降低了经济学家所标榜的交易成本，即监控、定

---

① 〔美〕弗朗西斯·福山：《大分裂——人类本性与社会秩序的重建》，刘榜离、王胜利译，中国社会科学出版社2002年版，第5页。
② 同上书，第11页。
③ 同上书，第4页。

约、裁决、执行正式协议的费用。在某种情况下，社会资本也会促进较高程度的个性和群体适应性。"① 福山的"社会资本"始终是与共同体相关的观念。②

福山阐释了信息社会的网络结构是社会共同体的形式，而在这种网络形式中，非正式规范对于达成认同能起到重要作用。福山认为网络是一种社会资本，是一种信任道德关系："网络即是一群个体行为人，他们除了共同具有市场交易的一般规则外，还共同具有非正式的规范或价值观"。③ 而网络所产生的秩序所依赖的并非是正式秩序，而是非正式的社会资本，这种秩序与等级科层组织产生的秩序是完全不同的。这种不同不仅来自信息条件，而且导致不同的信息结果。在等级科层组织制度中上层对下层的管理与监控需要掌握足够的知识和信息，但是随着现代社会的发展信息量不断增加，加之科层之间的信息失真问题，信息流动受阻影响秩序的形成。产生此类问题的根源在于：信息往往意味着权力，而在科层结构中隐瞒信息和篡改信息往往是权力斗争的结果。网络结构的扁平化使信息流通更加通畅，主体自治能力加强，使决定的做出在一个互动结构中完成。当然，并非单纯依赖网络结构就可以完全解决信息失真等问题，而是问题发生了变化。在科层制度中的问题是保证信息在效率条件下在各个科层之间流动而不失真，而网络结构中的问题是，信息的大规模流动造成了信息过滥、信息超载和信息冷漠，信息的搜集、整理和分析成为维持结构稳定的关键。如果说科层结构中强调的是科层的责任制度和正式的规则，在网络化结构中则更需要技术、专家和一致的价值认同。当然并非网络结构中就不存在权力斗争，而是技术在事实上控制了信息的流

---

① 〔美〕弗朗西斯·福山：《大分裂——人类本性与社会秩序的重建》，刘榜离、王胜利译，中国社会科学出版社2002年版，第20页。

② 这从福山提出的对社会资本的衡量标准可以看出。福山提出了从正面和负面衡量社会资本存量的标准，负面的包括犯罪率、离婚率、诉讼率等社会失调行为的多少和程度；正面的标准则完全是在共同体的基础上讨论的，比如共同体集体行为的性质、共同体成员之间的正面和负面的"外部性"。福山认为支持社会秩序的基础有两个："一个是生物学基础，人的类本性——人性；另一个是人的理性，即能自发产生解决社会合作问题的能力、进行自我组织的能力。"秩序的产生在任何时候都需要这两种基础，重建信息时代的社会秩序也不例外。但是，并非有了这两个基础，秩序就会天然存在，它们都需要由等级制权威来进行必要的补充。

③ 〔美〕弗朗西斯·福山：《大分裂——人类本性与社会秩序的重建》，刘榜离、王胜利译，中国社会科学出版社2002年版，第254页。

动，想利用信息作为权力斗争工具的成本和风险都大大地增加了。事实上，福山的网络也是一种价值认同基础上的共同体，在共同体中一致的观念将成员联系在一起，信息的共享是足够充分的。由于在不同的共同体之间存在开放的结构和分享价值的愿望，信息不仅能够在共同体内部流通而且可以在不同的共同体之间流通。这种网络结构十分适应当代技术的发展趋势，当一个网络化的共同体形成，成员之间的信息交流会更加充分。而对于创新环境而言能够分享信息是加速成功的因素之一。

三、权利证明与权利论证

信息社会的网络化结构为权利认同造成了危机，人们试图通过建立新的渠道和方式重新走到一起。但更加乐观的看法可能为这一问题的解决提供一种新的可能。从实用主义的角度看，人们不得不承认，虽然充分的资讯支持每一个人选择不同的价值指向，从而可能会使人们在价值问题上各执己见，但合作所带来的益处仍会将人们聚拢到一起。当然，此时人们之间的凝聚力可以不再是一致的价值目标，而是通过说服对方，并可能被对方所说服而达到的一种妥协。因此"法学的论证是一种证明的论证而不是论辩的论证"的论断需要重新思考。[①] 此时，最重要的权利理论不再是在预定准确的价值目标之下的权利证明，而是一种能够在沟通、商谈和交流中说服他人以达成一致的权利商谈技术。

权利商谈技术的必要性在当代哲学发展中能够得到一般性的证成。"在这个对话的时代，各种文化坐到了一起互相反思，这一境况改变了哲学。人们发现，原来各种事情都有可能完全不同地被解释。这个情况和原来那种同样理解方式内部的不同意见之间的争论完全不同。既然世界总能够被不同地解释，那么任何一种解释本身都不是问题；进一步说，既然事情总可以有不同的做法，那么任何一种做法本身也不是问题。一种解释或一种做法如何可能被他人接受才是问题。于是哲学的重心由主体性（Subjectivity）转向他者性

[①] 参见何柏生：《法律与作为西方理性精神核心的数学理性》，载《法制与社会发展》2003年第4期，第28页。

(The other-ness),由心智(Mind)转向心事(Heart)、由分析(Analysis)转向对话(Dialogue)。"① 对话是一种相互说服的过程。这个过程在主体间进行,旨在获得对话者之间在心灵上的认同。对话的过程是平等的,依靠的是理论和逻辑的力量,而不是权威的压迫和权力的征服。

权利论证发生在就权利观念达成一致的艰苦商谈之中,也发生在权利制度化的安排之中、发生在解决权利冲突的过程中,还发生在权利救济的操作中。论证是一个逻辑过程,它旨在说理,并通过说理说服人,使人在意识上达到与制度的协调。在传统权利理论中权利代表的自由价值观充当了达成认同的前提,而在信息社会的网络化结构中,利益的博弈和逻辑的论证成为达成认同的主要过程。权利认同解决的是权利的目的问题,而论证则解决权利在手段上的合理。虽然利益和逻辑并不能完全胜任这一角色,用利益和逻辑伪装起来的说服过程,不免要混杂价值因素,但至少利益和逻辑已经排在了价值的前面,成为人们首先考虑的因素。

在这个关于权利的商谈过程中,并不意味着价值的追求被消解掉了,也不代表法律权利成为价值中立或者价值无涉的。价值观念仍然被人们所坚持,只是价值可以更加多元,法律面对价值问题采取了更加宽容的态度。人们不再仅仅为了追求某种价值的一致而建立权利制度,而是将权利制度首先视为实现利益的手段。如果将权利的价值背景变得更加宽泛,人们就大可不必为了价值观的差异不欢而散,和谐和共赢才是人们追求的目标。当然,人们仍然可以进行价值宣传,努力让他人认同自己的观念,但当这些无法实现的时候,并不意味着商谈中的权利制度就必然破产。这种以商谈和论证为核心的新的权利建立过程为权力者提出了更高的要求。权利制度的有效需要建立在商谈的基础上,未经论证的权利是无效的。权力者的任意和随性将受到商谈对象的严格限制,恣意行为可能受到有效的控制。同时,这个商谈过程可以由自上而下的方式启动,也可以由自下而上的方式启动,给社会各个阶层以进入权利论证程序的可能。关键的问题在于,试图建立、变更权利制度的一方能够给出充分的论证,能否使用恰当的策略使对方接受自己的观点。

---

① 赵汀阳:《哲学的中国表达》,载赵汀阳主编:《论证2》,广西师范大学出版社2002年版,第101页。

四、信息方式与主体性

美国传媒学家马克·波斯特曾经在描述信息社会发生的人际交流方式的变化时提出了"信息方式"这一概念。"'信息方式（the mode of information）'这一术语借用了马克思的生产方式（the mode of production）理论。……我所谓的信息方式也同样暗示，历史可能按照符号交换情形中的结构变化被区分为不同时期，而且当今文化也使'信息'具有某种重要的拜物教意义。"① 每个时代所采用的符号交换形式都包含着意义的内部结构和外部结构，以及意义的手段和关系。信息方式的诸阶段可以试做如下标示：面对面的口头媒介的交换；印刷的书写媒介的交换；以及电子媒介交换。若说第一阶段的特点是符号的互应（symbolic correspondences），而第二阶段的特点是意符的再现（representation of sighs），那么第三阶段的特点则是信息的模拟（information simulation）。第一阶段自我是语音交流中的位置，在第二阶段中自我被构建成一个行为者（agent），处于理性/想象的自律中心，而在第三阶段中由于持续的不稳定性使自我去中心化、分散化和多元化。信息方式这一概念既是历史的又是先验的。② 这种去中心化的社会结构为法律权利理论带来根本性冲击，它直指权利理论的核心基础——人的主体性。

所谓主体性就是人作为主体的基本规定性，是人在同客体的相互作用中表现出的属性。它主要表现为：（1）主动性。在主客体关系中，主体的人是自己活动的主人，世界的主宰者，它总是从自己的愿望和需求出发，认识和改造客体，实现自己的目的和追求，以满足自身生存和发展的需要。（2）目的性。主体是有意识、有目的实体。目的作为一种内在动力支配着主体的一切活动，规定着主体的认识活动和实践活动的方式和进程。（3）选择性。主体总是根据需要，依据现实的条件和可能性对自己的活动方向等做出自我决定，选择客体，创造价值，满足自己的利益。（4）创造性。人不仅创造了客体世界，而且创造和发展了主体自身。创造性是主体最本质的特性，是主体

---

① 〔美〕马克·波斯特：《信息方式——后结构主义与社会语境》，范晓晔译，商务印书馆2000年版，第13页。
② 同上书，第13页。

自觉能动性的最高表现。① 西方自文艺复兴以降，法律文化始终以追求主体性为归依。在某种程度上权利被认为是主体实现自身的途径，而权利的终极目的也在于人的主体性的充分实现。这一点在西方发达的私法制度和私法文化中可见一斑。在权利的结构中，权利主体始终处于核心的地位，而权利客体和内容的存在是为了满足主体的正当利益。

在前信息社会中，主体往往具有明确的时空定义，人在同一个时间往往只存在于一个地点，并只能做一件事。主体的能动和选择受到时空的严格限制。主体的意志在同一时空中只能指向一个方向，否则那个意志就是不完整的。然而，信息社会改变了人所存在的信息环境，从而使人本身的主体性认知发生了变化。由于电子书写、数据库、互联网络等信息方式直接进入人们的日常生活，而这些以电子手段为媒介的信息方式是不稳定的，借助这些方式可以进一步实现身体与主体身份的分离。当我们的个人信息被储存于千里之外的数据库中、被用做我不知道的用途，我的意志选择受到了操控；当我可以在互联网上以恺撒或者撒旦或者随便什么名义出现时我的意志开始分裂为不同身份和人格为背景的不同内容；当我在家里能办公、在办公室能控制家里的锅做饭时，我事实上已经被无数支离破碎的时空关系碎片化了，回答"我是谁？我在哪儿？"这样看似简单的问题成为一个逻辑上的困难。这时，在现代观念和面对面信息方式、印刷书写信息方式时代的那个统一由理性支配的自我被肢解了，我的自我认同和他者认同这种主体性的基本条件已经受到严重威胁，我的主体性也不再是一个完整统一的概念。这种主体性的消失并不是以剥夺人们的能动性和选择权的方式实现的。而恰恰是通过无限放大能动性和选择空间，从而将主体的意志不断进行分裂、拉扯的方式达到的。主体在不断分裂的身份和不断增加的选择中迷失无踪。在这种主体的统一性受到威胁的情况下，权利的根基必然会动摇。如果回答不了"我是谁？"这个问题，又如何去回答"我的权利是什么？"这个问题呢？如果说权利不再服务于一个统一的主体意志，并能够同时服务于不同身份的主体意志的时候，权利似乎就只跟人的肉身有关系了。比如，在一个网络游戏（或者聊天室

---

① 关于主体性的概念，参见马克思主义研究网：http：//myy.cass.cn/file/200512177058.html，2010-4-8。

中，我是角色 A，当我被网络游戏（聊天室）中的角色 B 伤害时，我（真实的我）受到了严重的精神伤害，那么我是否有权主张 B 背后的玩家给予我补偿呢？而那个 B 背后的玩家是否能够以"B 不是我，只是个虚拟人物"来作为抗辩呢？

五、网络逻辑与关系性权利

权利的主体性问题与人们总是孤立地看待权利有关，而解决主体性危机也可能在这方面找到突破。传统的权利理论认为：权利，从其存在的意义上首先意指一种界分，是主体之间产生界限的标志和手段。借助权利，人们能够区分什么是我的、什么是你的，什么是他的，直至可以区分我、你、他不同的主体地位。权利使我、你、他从浑然一体的群体中分离出来，成为各自独立的人格。不同主体之间的关系建立在相互独立的基础上。

信息社会的基础结构将主体放置在平行的网络之中，通过信息流通和交换而紧密联系在一起。社会的宏观途径首先呈现为关系的网格，每个主体都是这个宏大网格的节点。在这一结构中，主体不得不首先考虑关系的重要性，通过在与他者建立关系的过程中完成自我的塑造，从而凸显出关系的重要性。这种网络结构强调独立的事物只有在关系中才有意义，脱离了事物之间的关联和网络，事物本身也就无法获得独立的意义，无法获得其独有的特征、名称和位置。在这种意义上，关系即事物，事物即关系。关系不仅在事物之间存在，还在构成事物的各个部分之间存在。关系存在于所有能够界分的事物之间，只要他们有自己的名字。

在网络化社会中，权利倾向于表征一种关系。关系的存在说明事物之间具有相互依赖、相互制约、相互渗透、相互转化的联系。世间的事物都是普遍联系而非孤立存在的，事实上认识事物也总是要以其他事物作为参照进行说明。因此，事物之间往往存在相互界定的关系。以往的权利概念更多的是在本体的意义上进行讨论，关注权利的本质，而忽略了在从本体上认识权利过程中所运用的关系模式，忽略了权利之间以及权利与其他社会现象之间的联系。传统的权利研究是一种向内的模式，而少有"间性"的分析和关系的分析。我们总是将权利作为各自独立的现象去认识，即以"知性"的角度、从"我"的角度去认识作为"他者"的权利问题，而缺乏将我放置在各种不同的权利之中，以一种"我的权利"和"你的权利"、"我的这种权利"与"我的那种权利"式的"间性"的分析。这种孤立分析模式在以网络化为特征的信息社会中显然是不够的。突破这种对象化和单一化的思维，意味着将权利界定为一种关系型概念，将权利放置在权利体系的关系网络中进行考察，将权利的"间性"分析作为一种方向。权利研究的中心在从独立的权利研究向"间性"的权利研究转换过程中，诸如权利冲突、权利竞合等问题将日益突出。研究者将花费大量的精力用于权利的辨析和清理，而权利研究者的宏观视角和综合能力将是研究的重要基础。

第三部分
知识经济与中国知识产权发展

  中国知识产权的现状已经进入了一个严重制约中国经济主动性发展的瓶颈阶段，我们在加入WTO签订《TRIPS协议》的时候，并没有清楚地认识到知识产权对我国有这么巨大的影响。如果这个问题不解决，中国经济的发展实际上是被西方发达国家以知识产权工具进行奴役和压制的表象，而本质上，在经济发展的同时，正是中国的原材料资源和人力资源默默被掠夺的过程。中国在被动接收协议内容的同时，必须发展自主的知识产权法律制度和应对技巧，才能变被动为主动。

  对于中国的知识产权发展，理论法学者能做出怎样的贡献？恐怕是寻找中医之道，分析中国社会的机理和症结本身之所在，得出良方，这是一个治标的尝试。而我们还需撇开制度本身的纠缠和迷惑，去寻找制度的源头，重新理顺制度的脉络，从而寻找对策。试图从一个全新的法理学和法哲学角度对中国知识产权进行理论反思，在当前的时代背景下，从指出中国知识产权所面临的种种困境入手，从对造成这些困境的原因进行剖析为前提，从知识产权本身的理论基础的探讨为根据，进而提出中国知识产权应当寻求自主性发展，同时在全球化的背景下，提倡尊重知识产权应当从尊重知识和尊重人为基础，呼吁要建立人类共享性知识产权文化，建立历史传承性知识产权文化，建立人文性而非经济性知识产权文化，建立全民性而非精英性知识产权文化。同时，以知识产权文化的重构为契机，大力发展现代知识产权并且保护及利用传统知识，以这种"一头双翼"的雄鹰模式，使中国的知识产权支撑和伴随中国知识经济的发展，开创一个全新的局面，建立世界知识产权文化共繁荣的格局。希冀能通过这种模式为当下中国知识产权所面临的困境提供一种解决思路和理论支持，为中国知识产权的发展找到一条适合中国自己的路径。

第三部分

环境大气中有害成气成分检测

第 八 章

中国知识产权发展的时代背景、困境及其成因

一、中国知识产权发展的时代背景

（一）中国知识产权发展的全球化背景

1. 中国知识产权制度体系建立过程及背景

已仙逝的中国著名知识产权法学家郑成思先生曾引用贺诗"紫丝竹断骢马小，家住钱塘东复东"来表明中国知识产权制度还有很长的路要走，时至今日，我们已经向前迈进得很远，不过这两句诗仍然适用。20世纪70年代之前，国际上"经济全球化"的进程基本没有开始，因而，也没有国家煞费苦心地关心中国国内的知识产权问题，而当经济全球化的推进，随着中国积极跻身于世界经济结构以及外国资本疯狂卷土重登中国国域，也将中国的知识产权问题纳入了全球化的洪流中来。

中国在古代就产生过知识产权保护的萌芽。目前许多外国知识产权事务所，都摆设着以中国宋代商标为图案的装饰品。中国宋代的版权保护，则更是不仅中国学者，而且外国学者及国际组织都从未忽略的。但近、现代的知识产权保护制度，主要是"舶来"的。中国现代知识产权系统研究（主要是在改革开放之后，即1979年之后），也首先是从国外引进的。①

---

① 参见郑成思：《知识产权法：新世纪初的若干研究重点》，法律出版社2003年版，绪论第2页。

中国的知识产权同许多发展中国家一样，走的是外发型道路。自清末开始，中国知识产权在资本侵略的过程中逐渐被迫在中国社会断断续续留下烙印；而真正意义上中国知识产权制度的建立起始于 1979 年新中国的改革开放，在与世界经济融合的同时，也被动地与世界知识产权融合。在此期间，中国知识产权发展历经三个历史性转折：19 世纪末 20 世纪初的清末新政，知识产权作为一个不太受欢迎但却颇具威力的新鲜事物出现在中国人民的生活中；20 世纪 70 年代末开始的改革开放，知识产权重新启开这个关闭了 30 年的新中国国门；21 世纪初中国加入 WTO 签订《TRIPS 协议》，知识产权作为经济发展中的一个重要话题被讨论，并从此带中国走向"让我欢喜让我忧"的知识产权不归路。

中国封建社会最后的王朝在资本主义开拓世界市场、进行全球化扩张的进程中被迫卷入了这个时代潮流，在强大的外力冲击下，古老中国内部的社会结构随之生变。中国封建社会以大一统强控制为特征的超稳定结构在历经两千多年的漫长盘旋后，终于在 20 世纪被打破，从而发生社会结构的变迁。[①]晚清的法制变革的直接原因在于消除治外法权。自鸦片战争始，英国等西方列强相继取得在华的领事裁判权。这种治外法权严重侵犯了中国的司法主权，清政府视之为心腹大患。西方列强要求治外法权的理由是中国没有完备公正的法律，不能对在华的外国人进行保护。经过谈判，西方国家终于作出了有条件放弃治外法权的承诺。在此背景下，清政府开始法制的全面改革，改革的方式是基本照搬西方法律，而随着西法东渐，知识产权作为一种私有财产权首次在中国产生。而在中国知识产权建立的整个过程中，外商起着首当其冲的推动作用。鸦片战争之后，随着西方经济在中国的膨胀，逐渐产生了侵害外商知识产权的行为——最早的表现形态为对商号权的侵害。随着侵害行为的增多，外商开始寻求法律的保护。当他们发现中国法不能给他们足够的救济时，他们便转向了本国政府在中国的代表。同时，外国传教士也开始在中国传播现代版权概念。特别是《辛丑条约》之后，美、英、日希冀中国建立一个可以从事国际商务的环境，他们希望中国制定相应的知识产权法律体系，并且承诺如果清廷作出这种妥协，他们会在治外法权问题上作出让步。

---

① 参见金海军：《知识产权私权论》，中国人民大学出版社 2004 年版，第 146 页。

1902年清政府与英国签订了《续议通商行船条约》，要保护英国人的商标权，其后美日与清政府签订的条约亦有保护知识产权的相关条款。1904年清政府商部奏称"据英、美、日各国驻京使臣先后照称，《续议通商行船条约》英约第七款载有互保贸易标牌一事，美约第九、第十、第十一各款，日约第五款，均载明保护商标及图书版权专利各项，请即设局开办注册事宜等情。并将总税务司赫德代拟商标注册章程抄送到部。"① 在外国政府的压力下，清政府继1898年光绪皇帝钦准《振兴工艺给奖章程》后，又于1904年颁布了我国历史上第一部商标法，即《商标注册试办章程》，1910年颁布我国历史上第一部著作权法，即《大清著作权律》。而在西方法制文化的逐渐渗透中，中国法制变革由最初的收回治外法权之目的，也附加了与国外通商交涉、国内奖励实业之意。清政府自此而至1911年灭亡时止，对刑法、商法、民法、诉讼法、宪法等领域进行了立法。这是中国法制史上的重大事件，不仅因为它处于"欧美法系入侵时代"，导致了传统中华法系的解体和消亡，而且，这种大规模引入西方法律的做法所带来的不仅是具体的规则制度，也有民主、法治的思想理念。② 由此看来，是知识产权最先开启了中国法律近代化的进程。

在北洋政府和国民党时期，我国知识产权法有一定程度的发展，在专利保护方面，1911年11月24日，北洋政府公布了《奖励工艺品暂行章程》，使专利保护制度得以延续发展；国民政府以后又对该章程进行过几次修订，直到1944年5月，我国历史上的第一部专利法才正式诞生；在商标保护方面，北洋政府以《商标注册试办章程》为基础，参照英国驻华使馆代拟条款，对该章程进行修订，公布了新的《商标法》及其实施细则。1930年、1935年和1938年，国民政府又颁布了自己的《商标法》及其实施细则；在著作权保护方面，1915年，北洋政府以《大清著作权律》为基础，制定了自己的著作权法，1928年，国民政府又颁布了新《著作权法》，并于1949年进行了修订。

中华人民共和国成立之初至改革开放以前，在知识产权制度方面，几乎是一片空白。尽管新中国建国后先后颁布过《保障发明与专利权暂行条例》

---

① 参见李茂堂：《商标法之理论与实务》，自版，1978年版，第382页，转引自曹世华：《后Trips时代知识产权前沿问题研究》，中国科学技术大学出版社2006年版，第52页。

② 参见金海军：《知识产权私权论》，中国人民大学出版社2004年版，第153页。

等五个发明奖励条例，对技术发明实行保护政策，但实际上当时的这种保护方法是对发明创造给予奖励而不是确认权利，发明的所有权属于国家，而且全国各单位都可以无偿利用。在20世纪50年代和60年代，中外交往中的知识产权矛盾初显，而在70年代这种矛盾已经相当尖锐。

改革开放之后，知识产权立法进程大大加快，用20年左右的时间建立了较高水平的知识产权法律体系，而且也基本上与国际接轨。同样，也是知识产权率先将中国法制与国际接轨，在改革开放进程中扮演着举足轻重的重要角色。刘春田教授这样比喻知识产权与改革开放的关系："它（知识产权）像是一只报春鸟，报道了改革开放和设计者在改革与抱残守缺的对弈中，一落子，就奠定了市场经济必将取代计划经济的最终胜局。"[①] 而今已是改革开放30年，在这30年中，中国发生了突飞猛进的变化，而在这一进程中，我国知识产权制度的"跨越式发展"大致经历了三个阶段：

第一阶段是在上个世纪70年代末至80年代。1973年，中国国际贸易促进会代表团首次出席了世界知识产权组织的领导机构会议，回国后，该代表团在报告中首次使用了"知识产权"这一术语，并建议在中国建立知识产权制度。1979年1月，中美签订《中美高能物理协议》，该《协议》规定双方在高能物理方面加强技术合作，同时也要求互相保护著作权。当时我国没有《著作权法》，美国提出中方要按《世界版权公约》标准保护。鉴于当时中方谈判代表对著作权的保护了解不多，在签订协议时，附加了一个条件：协议条款的实施需由双方专家再行谈判签订具体执行协议。1979年9月，美国商务部长访华，中美在上海签订《中美贸易关系协定》，该《协定》起草时，美方提出我国应考虑把专利、商标、版权纳入贸易协定之中，要对这些知识产权提供保护，否则美国不签订该协定。几经谈判，为了取得美国的贸易最惠国待遇，中国不得已才同意在签订中加以规定，最终中美双方签订了《中美贸易关系协定》。这极大地推动了中国《著作权法》及其他知识产权法律的产生。[②] 由于要履行签署的协定，当然根本上也是改革开放的需要，中国加

---

① 参见刘春田：《中国知识产权二十年的启示》，载刘春田主编：《中国知识产权二十年》，专利文献出版社1998年版，第14页。

② 参见张平：《知识产权法详论》，北京大学出版社1994年版，第326—327页，转引自曹世华：《后Trips时代知识产权前沿问题研究》，中国科学技术大学出版社2006年版，第55页。

快了知识产权的立法进程：1979年中央批准由国家出版局负责组织起草《著作权法》，1985年7月国务院批准成立版权局，而直到1990年才颁布了《著作权法》；1980年1月，国务院批准成立国家专利局，并开始起草新中国第一部《专利法》，1984年3月12日，第六届全国人大常委会第四次会议审议通过了《中华人民共和国专利法》；1982年8月23日，第五届全国人大常委会第24次会议通过《中华人民共和国商标法》；在第二阶段的1993年颁布了《反不正当竞争法》。至此，我国法制建设总框架中的知识产权保护体系基本形成。由上看出，中国知识产权制度构建启动的顺序是著作权、专利、商标和反不正当竞争法，而法律颁布的时间顺序却是商标法、专利法、著作权法和反不正当竞争法，这从一个侧面说明了中国知识产权制度建立过程中的外部压力和内部阻力。与此同时，我国也加快了与国际知识产权接轨的步伐，1980年3月3日，我国加入了《成立世界知识产权组织公约》，成为世界知识产权组织成员国，1984年12月19日我国向世界知识产权组织递交了《巴黎公约》的加入书，次年正式成为《巴黎公约》的成员国，1989年参加了《商标注册马德里协定》。

  第二个阶段是20世纪90年代初期。尽管中国的知识产权立法取得了前所未有的进步，但发达国家并不满意。1989年5月，美国将中国在内的8个国家列入"特别301条款"重点观察名单。"特别301条款"是美国贸易法在原"301条款"的基础上新增加的"1301节"。美国1984年的《贸易与关税法》第一次把"301条款"所辖的不公平贸易做法扩展到知识产权保护领域，而1988年的《综合贸易和竞争法》则系统地将知识产权保护问题纳入"301条款"体系之中。"特别301条款"原本是为美国贸易代表参加世界贸易组织新一轮谈判制定的原则与标准，同时以单边制裁为要挟，促使美国的贸易伙伴改进其对知识产权的保护。然而，自1988年美国《综合贸易和竞争法》公布之后，该法却大量用于双边贸易之中，该条款要求美国贸易代表确定哪些国家拒绝保护美国的知识产权以及拒绝依靠知识产权的美国公司进入其市场，进一步确定所谓"重点国家"，并发起6个月的快速调查，在调查结束时必须作出判断和是否给予报复的决定。1990年4月，美国对中国威胁说要经常进行审查。1991年4月，将中国正式列为"重点国家"。美国认为中国的知识产权保护还不完善，因此对中国加大了施压的力度。美国将中国列入重点国家以后,自 1991 年 4 月至 1992 年 1 月,两国代表进行谈判。起初 5 轮谈判双方各持己见,美方以贸易报复相威胁,中方申明将以同等的反报复相回应。美方调查期间届满前的最后一轮谈判中,经过几日艰苦的谈判至最后一刻,中国为了顾全中美关系的大局,为了避免由于贸易报复和反报复将在政治、外交、经济上产生的广泛影响,愿做一些让步。美国出于国内政治的需要,要求中国给予支持,同时也做了一点象征性的让步,双方才达成谅解备忘录。① 这轮与美国"特别 301 条款"相关的中美知识产权谈判从 20 世纪 80 年代末延续到 90 年代中期,曾几次成为全世界所关注的焦点。在 1989 年 5 月美国将中国列入"特别 301 条款"重点观察名单之后两年,中美知识产权谈判前夕,1990 年 9 月 7 日七届人大常委会第 15 次会议通过了新中国第一部《著作权法》。1991 年 6 月 4 日国务院颁布《计算机软件保护条例》。谈判结束后,根据谅解备忘录中在规定的期限内加入有关公约的承诺,1992 年 7 月,中国分别向世界知识产权组织和联合国教科文组织递交了《伯尔尼公约》和《世界著作权公约》的加入书,分别在 1993 年 10 月 15 日和 30 日成为这两个公约的成员国;1993 年 1 月向世界知识产权组织递交了《保护录音制品制作者防止未经许可复制其制品公约》,同年 4 月正式成为该公约成员国;1993 年 9 月向世界知识产权组织递交了《专利合作条约》加入书,次年 1 月成为该条约的成员国。此外,1992 年 9 月 4 日,第七届全国人大常委会第 27 次会议通过了《关于修改〈中华人民共和国专利法〉的决定》,对《专利法》进行了第一次重要的修订;1993 年 2 月 22 日,第七届全国人大常委会第 30 次会议通过了《关于修改〈中华人民共和国商标法〉的决定》,对《商标法》进行了第一次修订;1993 年 9 月 2 日,第八届全国人大常委会第 3 次会议通过了《反不正当竞争法》。在此阶段,国务院设立了"知识产权办公会",一些大专院校成立了"知识产权学院",一些研究单位成立了知识产权中心。"知识产权"真正开始在全国蔓延开来,中国知识产权研究也从"初步"逐步向"深入"过渡。

第三个阶段是本世纪初。这个阶段,美国继续以中国对知识产权保护不

---

① 参见杨翰辉、胡刚、陈三坤编:《WTO 与中国知识产权制度的冲突与规避》,中国城市出版社 2001 年版,第 288—291 页,转引自曹世华:《后 Trips 时代知识产权前沿问题研究》,中国科学技术大学出版社 2006 年版,第 56 页。

力为由对中国施加压力；同时为了"复关"和"入世"而进行的旷日持久的谈判也到了最为关键的阶段。在这种背景下，我国对知识产权法做了大幅度的修订：2001年10月27日，第九届全国人大常委会第24次会议通过了《关于修改〈中华人民共和国著作权法〉的决定》，对著作权法进行了自其颁布10年以来的第一次修订，也是一次较大的修订；2000年8月25日第九届全国人大常委会第17次会议通过了《关于修改〈中华人民共和国专利法〉的决定》，对《专利法》进行了第二次修订；2001年10月27日，第九届全国人大常委会第24次会议通过了《关于修改〈中华人民共和国商标法〉的决定》，对《商标法》进行了第二次修订。当然，这一阶段最重要事件还有2001年11月10日，世界贸易组织第四届部长级会议审议通过了中国加入世界贸易组织的决定，接纳中国成为世界贸易组织正式成员。中国的知识产权事业从此进入了后TRIPS时代。

2. TRIPS 的本质与实效

世界上绝大多数现有的、全球性的知识产权多边条约，均是由世界知识产权组织管理的。在世界知识产权组织管理的条约之外，最重要、又最具特色的，应属《与贸易有关的知识产权协议》，即《TRIPS协议》。《TRIPS协议》不是一个独立的协议，而是《世界贸易组织成立协议》的附件1.C。这个《协议》是在美国的强烈要求下缔结的，它反映了从1986年到1994年的GATT多边谈判的乌拉圭回合的成果。

世界贸易组织（WTO）正式建立于1995年1月1日，其前身为《关税与贸易总协定》（GATT）。关贸总协定的缔结与发展是通过多边多次谈判实现的，习惯上把各次谈判称为"回合"（即Round），也就是"一轮"谈判的意思，如果把缔结关贸总协定的1947年的第一轮谈判算作第一个"回合"的话，到1993年底已经经历了8个回合的谈判。在前几个回合的谈判中，仅仅以降低关税为谈判的主要目标，并不涉及知识产权。

1948年，也就是关贸总协定"临时适用议定书"刚刚生效时，即在法国安纳西举行的第二轮谈判（通称"安纳西回合"）；1950年9月至1951年4月在英国的托奎举行了第三轮谈判（通称"托奎回合"）；1956年1月至5月在日内瓦举行了第四轮谈判（通称"日内瓦回合"）；1960年到1961年在日内瓦举行了第五轮谈判（通称"迪龙回合"）。这几个回合均只涉及关税减让问题。其中，只是偶尔在第 12 条（3），第 18 条（10）及第 20 条（d）中提及"知识产权"。不过，这并不是在保护知识产权意义下，而是在"免责"的意义下提起的。

1964 年 5 月到 1967 年 6 月在日内瓦举行的第六轮谈判（通称"肯尼迪回合"）第一次在关税减让之外，涉及了反倾销问题。1973 年 9 月到 1979 年 7 月在东京发起，在日内瓦结束的第七轮谈判（通称"东京回合"，又称"尼克松回合"）还涉及非关税壁垒（主要是技术壁垒）问题。从那时起，关税与贸易总协定已开始超出关税范围，向其他领域扩展。

1978 年，在东京回合的谈判过程中，美国与欧共体代表联合提出了一份有关反假冒商品贸易的草案。这已经初步触及了知识产权问题。只是东京回合并未就该草案达成任何协议。

1985 年，美国又在关贸总协定的一次专家会议上，再次提出假冒商品贸易活动中的侵犯知识产权问题。这些成为乌拉圭回合谈判中正式提出知识产权议题的"序曲"。

乌拉圭回合始于 1986 年 9 月 15 日，于 1993 年 12 月 15 日在日内瓦结束。在乌拉圭的部长级会议上，瑞士等 20 个国家提出提案，要求把"服务贸易"、"投资保护"和"知识产权"作为三个新的议题纳入谈判范围。美国代表甚至提出"如果不将知识产权等问题作为新议题纳入，美国代表将拒绝参加第八轮谈判"。一些发展中国家则表示认为："知识产权等问题根本不属于关贸总协定规范和管理的内容，不应当纳入谈判。"

1988 年底，在加拿大的蒙特利尔举行了又一次乌拉圭回合的部长级会议，也未能对是否把知识产权保护问题纳入关贸总协定取得基本一致的意见。但是，如果不打破乌拉圭回合的僵局，多数国家在对外贸易的实践中都会受到不少影响。因此，在 1990 年底乌拉圭回合的布鲁塞尔部长级会议上，把知识产权问题纳入了关贸总协定基本成为定局。1991 年底，关贸总协定总干事邓克尔提出了乌拉圭回合的最后文本草案的框架，其中"与贸易（包括假冒商品贸易在内）有关的知识产权协议"基本获得通过。在知识产权问题上，绝大多数国家的意见已基本一致。①

1994年世界各国外交会议通过的《马拉喀什宣言》宣布了要成立一个"世界贸易组织"来代替"关贸总协定",1994年12月8日"世界贸易组织协定"的执行会议在日内瓦最后决定了世界贸易组织于1995年1月1日成立。而在此同时,1994年4月15日在摩洛哥Marrakesh召开的会议上,有125个参会政府中的多数部长签署了其中的TRIPS协议,它也同时于1995年1月1日生效。

《TRIPS协议》,即"与贸易有关的知识产权"中所说的"贸易",主要是指有形货物的买卖。服务贸易虽然也是一种贸易,但是从乌拉圭回合最后文件的分类来看,"与贸易有关的知识产权协议"中,并不涉及服务贸易。服务贸易问题由"服务贸易总协定"规范。而TRIPS协议中的"贸易",既包括合法的贸易,也包括假冒商品贸易,即不合法的贸易。在前一种贸易活动中,有时存在知识产权的保护问题,而在后一种贸易活动中,则始终存在打击假冒、保护知识产权的问题,因此TRIPS协议既要规范与一般贸易活动有关的知识产权,更要规范与假冒商品贸易有关的知识产权。

TRIPS协议首先涉及知识产权的范围。这个协议中所涉及的知识产权既非人们通常理解的狭义知识产权,也非"建立世界知识产权组织公约"中所定义的广义知识产权。其中只涉及与贸易有关的知识产权,而与贸易关系不大的科学发现、民间文学等有关的权利,是不涉及的。狭义知识产权中的实用技术专有权的一部分(如"实用新型"),该协议也未加规范。《TRIPS协议》所包含的知识产权的范围是:版权与邻接权(或有关权);商标权;地理标志权;工业品外观设计权;专利权;集成电路布图设计(即拓扑图)权;未披露国的信息专有权(即Know-How商业秘密)。这一范围,是由国际贸易实践中的需要,更确切地说,是由某个或某些经济大国在对外贸易中保护本国利益的实际需要而决定的。

另外,《TRIPS协议》还规定互惠原则、国民待遇原则以及最惠原则的适用;规定了知识产权保护的执法程序条款,主张不排斥行政程序进行民事救

---

① 参见南振兴、刘春霖:《知识产权学术前沿问题研究》,中国书籍出版社2003年版,第454—456页。

济；要求成员必须授权司法当局采取临时措施、授权司法或行政当局采取边境措施，以有效地制止侵犯知识产权的商品在市场上流通；还规定了其他程序条款，它包括权利的获得与维持程序、成员之间的争端解决程序、为适应知识产权保护水平较低的发展中国家与最不发达国家可延迟适用知识产权协议的过渡条款。

《TRIPS 协议》中之所以作为 WTO 的一项重要内容，是为了通过知识产权保护为商品的自由流通和服务的自由流动起保障作用。WTO 制定和实施的多边贸易规则同以往的或现存的其他国际公约，以及现在的国际法比较，非常不一样的一点在于：现有的大多数国际公约，只涉及成员国的立法问题，只对成员国的立法提出最低要求，而在 WTO 的《TRIPS 协议》中，不仅对成员国的立法提出具体要求，而且还对成员国的司法与行政执法提出要求，而且提得非常具体，这是以往的国际公约所没有的。

此外，《TRIPS 协议》规定了国内立法中知识产权权利保护的水平，作为一个基本前提，《TRIPS 协议》要求所有国家，无论是发达国家还是发展中国家都要采用知识产权权利保护的同一水平，即达到最低保护标准。实质上，是要达到知识产权立法的"一体化"或"国际化"，立法一体化的基础是国际法高于国内法，而立法一体化的结果是知识产权保护的高标准化，因为 TRIPS 协定所确定的最低保护标准体现了权利的高度扩张和高水平保护，更多地顾及和参照了发达国家的要求和做法，它在很多方面超越了发展中国家的科技、经济和社会发展的现实阶段。知识产权立法的一体化，实质上是由发达国家积极主导、发展中国家被动接受的制度安排。《TRIPS 协议》中的过渡条款貌似是对发展中国家和最不发达国家的宽限，但其中规定的发展中国家可从协议生效之日，即 1995 年 1 月 1 日，延迟五年适用，而不是该国家成为 WTO 成员之日起计算，这实际上无形中一方面督促发展中国家签订《TRIPS 协议》，一方面也吞噬或缩减了这种宽限期；而且，虽然 WTO 没有"发达"国家和"发展中"国家的定义，由成员国自己宣布是发达国家还是发展中国家，但其他成员国对一个成员国利用旨在帮助发展中国家条款的决定能够表示异议。美国就对我国列为"发展中国家"表示异议，而坚决要求将我国以"发达国家"对待。而过渡条款中的"技术合作"，以及有关鼓励发达国家向最不发达国家进行技术转让等条款并不是强制性的，不构成该协定的"最低要求"。这种表面上对发展中国家和最不发达国家的"抚慰",其实不过是一种欺骗性的诱惑。而在关贸总协定框架内解决知识产权问题,根本目的不是协调知识产权法,而是消除由于一些国家未能将其知识产权保护制度提高到国际标准而造成的贸易扭曲现象。① 显然,发达国家与发展中国家在知识产权方面享有的利益很不平衡,因而在国际磋商和对话中所持立场和既定目标也相距甚远。② 而与此同时,这种不平衡也造成了一系列的问题,如国际贸易领域的知识产权问题与国际政治领域的人权问题的冲突成为后TRIPS时代国际关系的热点问题。

而实际上,《TRIPS协议》的订立过程是发展中国家与发达国家两种政治力量较量的过程。开始,发展中国家对关贸总协定延伸至知识产权领域持强烈的反对态度。囿于自身科研能力和成果转化水平的低下,发展中国家反对严格的知识产权保护制度,不支持在世界知识产权组织之外再建立一个国际知识产权保护机制。将知识产权的保护与国际贸易相联系,将会赋予知识产权的权利人和持有人利用国际贸易的争端解决机制和制约机制自我保护的权利,这对发展中国家、尤其是经济对外依存度高的发展中国家的钳制非常有效。同时,出于保护本国利益的需要,发展中国家对关贸总协定权力范围的扩张怀有本能的警惕。发达国家则清楚地意识到,加强知识产权保护,不仅可以通过知识产权的转让和许可促进无形商品贸易,赚取利润,而且可以打击假冒产品,使含有知识产权的本国产品出口大幅度增长,维持他们在大多数领域的技术垄断地位和由此带来的垄断利益,因而强烈呼吁必须将知识产权的保护与国际贸易相联系,方可有效地维护权利人的合法利益。

因此,《TISPS协议》本质上并不是以促进人类文化的繁荣和发展为目的,或者说TRIPS协议并不是以保护知识产权为根本目的,而是利用《TRIPS协议》所规定的标准以及发达国家及发展中国家之间距离标准的差异,实现发达国家在国际贸易中的便利和优势,保障知识产权国在国际贸易中处于主导和有利地位。

而对于发展中国家,严格遵守《TRIPS协议》给发展中国家带来了每年

---

① 参见李小伟:《知识产权国际保护体制的变化及影响》,载《信报:财经月刊》1996年第3期,转引自吴汉东主编:《知识产权国际保护制度研究》,知识产权出版社2007年版,第5页。
② 参见吴汉东主编:《知识产权国际保护制度研究》,知识产权出版社2007年版,第5页。

600亿的巨额花费。他们不仅需要建立他们中的许多国家以前没有的工业产权登记机构,他们还必须遵守协议中大量的执行义务(41—61条),这包括边境措施(51—60条)和对盗版和假冒行为的刑事制裁(61条)。当然,这些国家是知识产权的纯进口国,这个事实加大了他们遵守协议的高额成本。然后,在硬通货条件下,遵守《TRIPS协议》引起了发展中国家的外汇流出。

那么,为什么发展中国家同意乌拉圭的这个TRIPS协议呢?

第一,在《TRIPS协议》谈判过程中,发展中国家通常不是美国和欧洲双边谈判的当事方,因此无法像那两个谈判方一样获得同样的信息。而且,所有的谈判方对TRIPS协议给信息市场可能造成的后果一无所知——对扩大知识产权全世界需真正付出的代价和它们对市场准入壁垒的影响根本一点都不清楚。在某种意义上,"TRIPS不是一种谈判,而更多的是一种'过程的集中(convergence of processes)'"。

第二,发展中国家和欠发达国家有一个对他们有利的比较长的遵守《TRIPS协议》的时间范围(65条第1款和66条第1款),且少有例外,最引人注目的就是有关专利的保护(65条第4款)。

第三,"为了使他们创造一个健全的和可行的技术基础"(66条第2款),TRIPS协议要求发达国家有义务对本国境内的企业和机构提供刺激已促进和鼓励对欠发达国家的技术转让。并且,发展中国家被说服相信有力的知识产权保护将导致外国投资的增加。不幸的是,例如,外国直接投资(FDI)的数据表明这种被夸大的利益还没有实现。①

第四,发达国家被命令以有利于发展中国家和欠发达国家的技术和金融合作的方式来帮助这些国家。但是这种合作的中心点很窄——它仅包括命名为"保护和执行知识产权以及防止知识产权滥用的法律法规建设方面的援助,还包括支持国内有关这些事务机构的建立和加强,包括人员培训方面的支持"(67条)因此由诸如世界贸易组织(WTO)自身和世界知识产权组织(WI-

---

① 外国直接投资,简要地说,是指在一经济体内,居于另一经济体的企业对于居于该经济体内的组织进行的涉及其管理控制的投资。外国直接投资涉及一种长期的关系,其反映了投资者对外国组织的持久利益。2000年外国直接投资增长了18%,但是预计在2001年将有所下降(联合国贸易和发展大会[UNCTAD]2001)。虽然流入发展中国家的外国直接投资增长到2400亿美元,但更为重要的是,这些国家在全球资本流入中的份额经过三年的持续下降,已降到1991年以来的最低点19%。流入欠发达国家的外国直接投资也在增长,但仅占全球总额的0.3%,这些资本流入可以忽略。

PO）提供的国际援助的焦点仅在于《TRIPS 协议》的履行。

第五，由于《TRIPS 协议》是作为国际贸易协议的一个组成部分磋商而成的，因而发展中国家也相信履行《TRIPS 协议》的成本通常会通过国际贸易中的收益来弥补。多哈部长级宣言也这样重申这种真实性，即"国际贸易能在促进经济发展和缓解贫穷方面发挥重要作用"（第 2 部分）。世界银行曾估计发展中国家日益增长的出口能在十多年间产生 1 万 5 千亿美元的额外收入，能使他们的年度国内生产总值增长 0.5%。[①] 不过，发展中国家要清除的一个主要障碍是，国际贸易壁垒正是在他们最难以渗透的经济部门中，那些部门是发展中国家在国际贸易中最富竞争力的，尤其是农业。在多哈部长级宣言中，世贸组织的成员国勉强承认他们受全面协商的约束，"不损害协商的成果"，提高市场的可进入性，减少对农产品的补贴以及其他破坏贸易的国内支持政策（第 13 部分）。那么，在可以预见的将来，发展中国家的农产品部门在世界市场有效竞争似乎是不可能的了。在这种情况下，他们能够在国际贸易中从传统上是他们强项的商品中获得收益以抵消执行《TRIPS 协议》的花费似乎也就不可能了。

第六，发展中国家被告知加强他们国内知识产权保护将有益于他们自己的创造者和发明家。[②]

可以看出，《TRIPS 协议》全球范围内的全面扩张是在经济全球化这个时代性浪潮的席卷下的产物，经济全球化将发达国家、发展中国家以及欠发达国家卷入同一个经济链条，而发达国家这些比较大的齿轮在这一经济链条中扮演了主导性角色，它势必带动世界经济模式朝着有利于它自己的方向发展，必然热衷于建立他们认为合适的国际贸易环境。而发展中国家和欠发达国家如果想继续发展本国经济，就不得不加入这个经济链条中来，也就不得不与发达国家妥协，按照发达国家制定的国际标准开展各项贸易活动，包括其中知识产权制度。

3. 全球化世界经济体系对中国的挑战与诱惑

新中国重建知识产权制度的理由，与其说是来自知识产权自身保护的需

---

① 参见世界银行 2002 数据分析报告。
② 参见 J. Michael Finger 等编：《穷人的知识：改善发展中国家的知识产权》，全先银等译，中国财政经济出版社 2004 年版，第 146 页。

要,毋宁说是由于外来经济和政治压力的结果,亨瑞·威东(Henry J. H. Weare)也认为"中国引进知识产权法的根本动机是来自对外开放政策的驱使,中国需要对外贸易,吸引外资以及从西方获取迫切需要的技术和设备"[①],从某种意义上讲,中国知识产权的兴起与发展,是被动且功利的,全球化世界经济体系对于每一个国家尤其是中国这样的贸易大国来讲具有极大的挑战与诱惑,全球化世界经济体系能够为国家开辟世界性的贸易市场,在WTO框架下,各国之间的贸易往来更少地受到来自主权国家各种关税壁垒的阻碍,国际投资和技术转让也变得更加的便捷和容易,只有加入到这种新的经济圈,才能实现国家经济的良性发展,才能通过频繁的对外经济交流刺激本国的商品经济、带动本国的工业发展、丰富本国的产品市场。正是基于这样一个诱惑,中国才会毅然打开国门,实行对外开放,促进对外贸易,大力引进外资,将中国的产品打出去,将外国的资本引进来。然而,在进入全球化世界经济体系的过程中,必然伴随着受制于以美国为首的经济强国这些全球化世界经济体系中的核心国家,而这些国家在面临着世界日益激烈的经济竞争中,也必然会采取一种有利于其本国的世界规则。而科学技术的飞速发展为这些处在后工业社会的资本主义强国开创出一个新的保持称霸的砝码,即知识产权,它们利用知识产权为本国的经济带来巨额财富,通过大力发展高科技,垄断产业核心技术,拉大其与其他发展中国家之间的数字鸿沟,以获取高额知识附加值,与此同时,知识产权已经超越其保护和促进知识的原本初衷而演变成一种经济竞争的手段。知识霸权是美国等西方国家软权力的基础,这是其建立世界经济新秩序的重要手段,美国哈佛大学教授、前助理国务卿 Joseph S. Nye 认为,"软权力和硬权力一样重要,如果一个国家可以使它的权力在别的国家眼里看来是正当的,其在实现预期愿望时阻力便会减少;如其文化与意识形态是有吸引力的,其他国家就会更愿意追随;如其可以建立与其他社会相一致的国际惯例,则此种国际惯例就不太可能被改变;如其可以建立一系列使其他国家希望开辟或限制它们的行为的组织,并且这

---

① 参见 Herry J. H. Weare, Lovell White Durrant, Intellectual Property: China's Unrewarded Efforts?, *China Law and Practice*, 1996. 转引自曲三强:《被动立法的百年轮回——谈中国知识产权保护的发展历程》,载《中外法学》1999 年第 2 期。

种方式也是占主导地位国家所希望的,硬权力运作的巨大成本就会被节省"①。由此可知,发达国家正是在通过知识产权法律控制发展中国家的各种资源与其发展进程,这确实并非是发展中国家为了抗拒一体适用的知识产权保护标准而对发达国家的凭空诬陷。②对这种知识产权战略攻势明显不敌的发展中国家必然会遭受到巨大的挑战,而面临这种挑战,如果无法摆脱现有的全球性世界经济体系,如果无法改变在竞争中的优劣势的差别对比而形成的控制和受控关系,则必须接受现有的国际规则,而图谋在现有的规则中通过顺应规则、强大实力到修改规则这一道路寻求自己的发展。而最终,在中国以矫健的姿态完全融入全球性世界经济体系之时,则中国知识产权必定可以摆脱西方国家的无理纠缠和困扰,而去追求自己符合中国人的文化传统的知识产权独立品格。

(二)中国建设创新型国家的发展战略背景

2005年7月1日,我国正式启动国家知识产权战略的制定工作。同年11月,《中共中央关于制定国民经济和社会发展第十一个五年规划的建议》提出建设创新型国家的宏伟目标,这个目标与国家知识产权战略的制定和实施是完全一致的。③

《建议》提出,制定"十一五"规划,要以邓小平理论和"三个代表"重要思想为指导,全面贯彻落实科学发展观。坚持发展是硬道理,坚持抓好发展这个党执政兴国的第一要务,坚持以经济建设为中心,坚持用发展和改革的办法解决前进中的问题。发展必须是科学发展,要坚持以人为本,转变发展观念、创新发展模式、提高发展质量,落实"五个统筹",把经济社会发展切实转入全面协调可持续发展的轨道。制定"十一五"规划,要坚持以下原则:必须保持经济平稳较快发展,必须加快转变经济增长方式,必须提高自主创新能力,必须促进城乡区域协调发展,必须加强和谐社会建设,必须

---

① Joseph S. Nye Jr., Soft Power, *Foreign Policy*, Vol. 167, No. 80 (1990), pp. 153-171. 转引自王冠玺、李筱苹:《我国知识产权法律与国家发展政策的整合》,载《法学研究》2005年第61期。
② 参见王冠玺、李筱苹:《我国知识产权法律与国家发展政策的整合》,载《法学研究》2005年第61期。
③ 参见李晓秋、宋宗宇、刘婧:《知识产权战略中的博弈》,载《电子知识产权》2006年第3期。

不断深化改革开放。

《建议》共分十个部分：全面建设小康社会的关键时期，全面贯彻落实科学发展观，建设社会主义新农村，推进产业结构优化升级，促进区域协调发展，建设资源节约型、环境友好型社会，深化体制改革和提高对外开放水平，深入实施科教兴国战略和人才强国战略，推进社会主义和谐社会建设，全党全国各族人民团结起来为实现"十一五"规划而奋斗。[①]

这恰恰是中国入世后，经过4年的努力，根据TRIPS协议及《中国入世议定书》所做出的大部分承诺已经兑现而顺利进入后过渡期之后，中国的知识产权由原来的与国际接轨转变为主动求发展的阶段。而中国此时将建设创新型国家作为发展战略是影响中国未来发展的重要举措。

什么是创新型国家？第二次世界大战结束后，和平与发展变为世界性时代主题，世界上众多国家都在各自不同的起点上，努力寻求实现工业化和现代化的道路。一些国家主要依靠自身丰富的自然资源增加国民财富，如中东产油国家；一些国家主要依附于发达国家的资本、市场和技术，如一些拉美国家；还有一些国家把科技创新作为基本战略，大幅度提高科技创新能力，形成日益强大的竞争优势，国际学术界把这一类国家称之为创新型国家。

目前世界上公认的创新型国家有20个左右，包括美国、日本、芬兰、韩国等。这些国家的共同特征是：创新综合指数明显高于其他国家，科技进步贡献率在70%以上，研发投入占GDP的比例一般在2%以上，对外技术依存度指标一般在30%以下。此外，这些国家所获得的三方专利（美国、欧洲和日本授权的专利）数占世界数量的绝大多数。

目前，我国科技创新能力较弱，根据有关研究报告，2004年我国科技创新能力在49个主要国家（占世界GDP的92%）中位居第24位，处于中等水平。

作为人口大国，中国的经济发展必然要抛弃传统的资源依赖型模式，而转向技术依赖型模式。中国在全面建设小康社会步入关键阶段之际，根据特定的国情和需求，提出要把科技进步和创新作为经济社会发展的首要推动力

---

① 参见"新华网"http：//news.xinhuanet.com/ziliao/2006-01/12/content_4043283.htm，2008-5-10。

量,把提高自主创新能力作为调整经济结构、转变增长方式、提高国家竞争力的中心环节,把建设创新型国家作为面向未来的重大战略。

为了实现进入创新型国家行列的奋斗目标,国家还制定了详细的战略方案:(1)实施正确的指导方针,努力走中国特色自主创新道路;(2)坚持把提高自主创新能力摆在突出位置,大幅度提高国家竞争力;(3)深化体制改革,加快推进国家创新体系建设;(4)创造良好环境,培养造就富有创新精神的人才队伍;(5)发展创新文化,努力培育全社会的创新精神。

国家主席胡锦涛于2006年1月9日在全国科技大会上的《坚持走中国特色自主创新道路为建设创新型国家而努力奋斗——在全国科学技术大会上的讲话》强调,党中央、国务院作出的建设创新型国家的决策,是事关社会主义现代化建设全局的重大战略决策。建设创新型国家,核心就是把增强自主创新能力作为发展科学技术的战略基点,走出中国特色自主创新道路,推动科学技术的跨越式发展;就是把增强自主创新能力作为调整产业结构、转变增长方式的中心环节,建设资源节约型、环境友好型社会,推动国民经济又快又好发展;就是把增强自主创新能力作为国家战略,贯穿到现代化建设各个方面,激发全民族创新精神,培养高水平创新人才,形成有利于自主创新的体制机制,大力推进理论创新、制度创新、科技创新,不断巩固和发展中国特色社会主义伟大事业。他还宣布中国未来15年科技发展的目标:2020年建成创新型国家,使科技发展成为经济社会发展的有力支撑。中国科技创新的基本指标是,到2020年,经济增长的科技进步贡献率要从39%提高到60%以上,全社会的研发投入占GDP比重要从1.35%提高到2.5%。此外,他还进一步阐明,我们要坚持走中国特色自主创新道路,发挥社会主义制度能够集中力量办大事的政治优势,加快建设国家创新体系,深化科技管理体制改革,认真落实国家中长期科学和技术发展规划纲要,加快组织实施国家重大科技专项,切实把增强自主创新能力贯彻到现代化建设的各个方面。要加大对自主创新的投入,激发创新活力,增强创新动力,大力推进原始创新、集成创新和引进消化吸收再创新,着力突破制约经济社会发展的关键技术,支持基础研究、前沿技术研究、社会公益性技术研究,在关键领域和若干科技发展前沿掌握一批核心技术和拥有一批自主知识产权。要加快建立以企业为主体、市场为导向、产学研相结合的技术创新体系,加快科技成果向现实生产力转化，努力提高我国企业的国际竞争力。①

温家宝总理《认真实施科技发展规划纲要、开创我国科技发展的新局面——在全国科学技术大会上的讲话》同时强调我们要坚定不移地贯彻落实科学发展观，坚定不移地实施科教兴国战略和人才强国战略，坚定不移地推进科技进步和创新，充分发挥科技第一生产力的作用，把我国经济社会发展切实转入科学发展的轨道……自主创新，就是从增强国家创新能力出发，加强原始创新、集成创新和在引进先进技术基础上的消化吸收再创新。加强自主创新是我国科学技术发展的战略基点。他重点解读了部署实施《国家中长期科学和技术发展规划纲要》的重要考虑。

《国家中长期科学和技术发展规划纲要（2006—2020）》确定，到2020年，全社会研究开发投入占国内生产总值的比重提高到2.5%以上，力争科技进步贡献率达到60%以上，对外技术依存度降低到30%以下，本国人发明专利年度授权量和国际科学论文被引用数均进入世界前5位。纲要指出，到2020年，中国科技发展的总体目标是：自主创新能力显著增强，科技促进经济社会发展和保障国家安全的能力显著增强，为全面建设小康社会提供强有力的支撑；基础科学和前沿技术研究综合实力显著增强，取得一批在世界具有重大影响的科技成果，进入创新型国家行列，为在本世纪中叶成为世界科技强国奠定基础。②

2008年6月5日国务院颁布《国家知识产权战略纲要》，决定实施知识产权战略。以"实施知识产权战略 建设创新型国家"为主题，将实施知识产权战略和建设创新型国家合为一体，共同促进。国家知识产权战略是我们经济发展的一项基础制度，我们现在处在知识经济和全球化的时代，同时也是在知识产权国际化的背景下来考虑知识产权问题的。中国作为一个制造业大国，也是有一定创新能力的大国，我们经济发展到这一阶段，提出自主创新，知识产权问题也就显得更加重要。

姜奇平先生认为，"成熟的知识产权战略一定是一种可以趋利避害的中性博弈工具"。国内的企业还需要学习这样的战略，而学习的对象，正是今天想

---

① 参见"新华网"http：//news.xinhuanet.com/ziliao/2006-01/12/content_4043283.htm，2008-6-25。

② 同上。

要从人家口袋里掏钱的人。①

全球化和中国建设创新型国家这两大背景为当前中国知识产权的发展提供足够的动力，中国知识产权发展进入一个全新而重要的阶段，它决定了中国未来的发展方向和中国的命运。中国知识产权发展的步伐虽然已经很快，但不容忽视的问题是，中国知识产权发展显露出潜在的危机，实际上是进入发展的瓶颈阶段，而在这个拐点，如果不能及时地发现中国知识产权发展所面临的实际困境，如果不能很好地分析造成这种实际困境的根本原因，如果不能很快地解决这种困境而扫除其发展的重要阻碍，则中国知识产权发展战略以及中国建设创新型国家的目标将很难实现或者至少是延长实现的时间。

二、中国知识产权发展的困境

（一）"中国"语境下的"知识产权"

中国知识产权发展有其独特的背景和规律，"知识产权"作为一项时髦而重要的时代权利，在《TRIPS 协议》的推动下，成为具有普遍共性的国际性法律制度。然而，在制度背后不得不考虑的是制度所赖以生存的社会环境，如果撇开制度生成和生长的社会环境，则是毫无意义的，因为所谓的制度不过变成一纸空文。

中国知识产权发展离不开"中国"，作为国际性法律制度，中国知识产权需与世界共谋，而中国知识产权的发展却也依赖于中国本身的力量，它决定中国知识产权发展是继续依附还是寻求自主。

1. 世界体系中的中国

从中国出发重思世界结构中的"中国"，不仅要求我们关注中国，也同样要求我们关注世界——它既要求我们根据对他者的理解来认识"中国"，也要求我们根据与他者的合作或冲突来认识中国，因为"国家利益的再定义，常常不是外部威胁和国内集团要求的结果，而是由国际共享的规范和价值所塑

---

① 时代周刊评论员：《令人堪忧的我国知识产权制度》，载《IT 时代周刊》2004 年 7 月 5 日。

造的"。①

中国是一个比较特殊的国家,有着广袤的疆土、众多的人口、善良的国民、悠久的历史和不屈的精神。中国经历过历史的辉煌、也经历过历史的耻辱,而今能够以比较平和的心态寻找大国重新崛起之路。一方面,中国开始逐步进入世界结构之中,成为"世界游戏"的参与者,由世界体系之内的局外人转变为世界结构之内的主角色;另一方面,中国人重新开始寻求有尊严地活着的道路,即邓正来先生所说"中国人能够按照他们愿意生活于其间的那种性质的社会秩序中生活"。②

(1) 中国在世界体系中的政治地位与经济地位

毋庸置疑,中国是一个大国,无论政治上还是经济上,中国都是一个举足轻重的国家,中国的发展将会影响世界的发展。

中国是世界体系中的政治大国。决定一国在世界政治中的地位的是综合国力,中国的综合国力在经过改革开放以来的全面发展,已经在各个方面保持着世界领先水平,尤其是中国强大的国防实力和中国牢固的政治结构,这都使中国能够在与各国进行外交中处于一种明显的优势地位。另外,中国一贯主张的和平外交政策以及其他国际公法上的人道主义关怀使中国能够赢得世界上较多国家的支持,这都为中国在世界上不断争取政治话语权奠定了基础。中国在世界体系中的政治地位不断巩固,中国是联合国少有的发展中国家常任理事国,这些特殊的砝码都为中国大国的崛起不断赢得筹码。同时,中国有五千年文明的奠基,在现代机器的打磨之下,这些深埋于流沙的国之瑰宝不断的重新现世,给中国添加上神秘、文明、令人向往的光环,而这些都能为中国在世界上赢得尊重,从而进一步提高中国的政治地位。

中国是世界体系中的经济大国。中国丰富的资源和众多的人口伴随着改革开放以来中国政府一系列科学的经济政策,使得虽然生产模式落后但仍然保持较高 GDP 和平稳快速发展的中国经济实力不断增强。中国的贸易额和贸

---

① 〔美〕玛莎·费丽莫:《国际社会中的国家利益》,袁正清译,浙江人民出版社 2001 年版,第 3 页,转引自邓正来:《中国法学向何处去——建构"中国法律理想图景"时代的论纲》,商务印书馆 2006 年版,第 9 页。

② 邓正来:《中国法学向何处去——建构"中国法律理想图景"时代的论纲》,商务印书馆 2006 年版,第 5 页。

易范围每年都在不断增长和扩张,中国的农业和工业飞快地发展,新兴产业也能够迅速跟上。在人口众多导致资源稀缺的国家,仍然能够保证人民的生活水平日新月异地提高,同时能将贫富差距降低到较小的水平,这都表明中国微观经济运转的良好环境和宏观经济指导的正确及时。这种经济大国的地位,一方面,要求中国必须积极参与到世界经济结构,从而为中国开辟更为广阔的世界市场;另一方面,也使中国能够在当前全球化世界经济结构中,以经济大国的角色担当着维持世界经济稳定与安全的重要任务。

(2) 中国的体制与中国的地位之间的差距

中国的地位在不断提升,而中国的体制仍然非常不健全。中国的体制包括经济体制、政治体制、法律体制以及社会体制等。中国的体制转型是采用建构性模式,而从改革开放以来,中国才逐渐开始这种由传统到现代的体制转型。中国发展的30年,是世界经济全球化迅速蔓延的30年,中国从一开始就为了赶上全球化的列车,加入世界政治体系和世界经济体系,进行不断的努力。而庞大的中国和有着几千年封建传统、资产阶级革命极不彻底的中国,在进行体制转型或制度转型时,不可能或来不及根据中国社会生活的需要,通过社会发展自身的力量去实现这种自然转型,中国势必是以"实现现代化"为口号和目标,疯狂地跟随、模仿西方的步伐,这种跟随、模仿的结果导致中国的体制发生扭曲,一方面,形式上的体制已经较为完备和先进,而另一方面,实质上的体制仍然在传统体制下蔓延,形式上的体制与实质上的体制发生脱节,使中国的体制既不传统也不现代,不能继受优良的传统,也无法吸收科学的现代。中国的体制转型在情势上看是有点太着急了,建构力量和进化力量在体制转型的过程中进行着方向相反的较量。因而,总体看来,中国的体制看上去是"有病"的,始终难以健康地发展,不时需要新的制度和政策去填补体制中的漏洞,则这种有病的体制对社会的推动作用很明显会大大降低,而决策者总是需要花费很多的精力去"治病",但也往往是"治标难以治本"。因此,同中国的地位相比,中国的体制还有相当大的差距,尤其是中国的法律体制,同世界上很多国家相比,中国的法律体制都非常不完善,法律对社会的调控作用还难以发挥应有的作用,往往是政治权力或者是其他权力,在解决和处理社会生活中的纠纷,而不是法律。这对于法制化要求颇高的全球化来讲,交流和对话因此受到影响,从而也影响中国在国际谈判中的结果。

（3）世界体系中的"主权性"中国与"主体性"中国

沃勒斯坦在20世纪90年代对世界体系理论进行总结时指出,世界体系理论有三个特征:一是它从法国年鉴学派处承继光大的长时段观念,它认为长时段是"世界体系"这一空间的时间项:正是一个"世界"的空间和一个"长时段"的时间,结合起来构成了种种会发生变化的特定的历史世界体系;二是它主张我们生活于其间的世界乃是一种源于16世纪的特定的资本主义世界经济体系;三是世界体系理论最为重要的特征乃在于它否定"民族国家"在任何意义上代表着一种经由时间而"发展的"相对自主的"社会",并且认为社会或社会行为的研究的恰当分析单位乃是一种"历史体系",或称历史的"世界体系"。①

立基于此,沃勒斯坦提出了世界体系理论中的著名假设,即人类社会变迁进程中存在着三个众所周知的历史体系的形成或变异,即所谓的"小体系"(minisystems)、世界帝国（world-empires）和世界经济。② 所谓"小体系",乃是指一种空间相对较小而且时间也可能相对较短的体系;更为重要的是,这种体系在文化的和支配性的结构方面具有高度的同质性（homogeneous）,其基本逻辑乃是一种在交换方面的"互惠"（reciprocity）逻辑。"世界帝国"乃是一种包含了多种"文化"模式的巨大的政治结构。这种体系的基本逻辑乃是中央从地方自治的直接生产者处榨取贡品。"世界经济"则是一维多元政治结构所肢解了的但又经过整合的生产结构的极为不平等的链条。它的基本逻辑是不平等地分配积累起来的剩余产品,当然,这是一种有助于那些能够在市场网络中实现各种暂时垄断权的国家或地区的"资本主义"逻辑。在世界体系的进程中存在着两重过程:即一是中心区的"中心化过程",即在世界经济体系中,一些强国利用世界范围的商品垄断和资本积累而实现利润最大化,逐渐以绝对强大的经济地位成为世界体系中的"核心国家";另一个是边

---

① 参见 I. Wallerstein, *Modern World System I*, Academic Press, 1974.;霍普金斯（Terence Hopkins）和沃勒斯坦:《近代世界体系的发展模式:理论与研究》,载《低度发展与发展》,第335—376页,萧新煌编,巨流图书公司1985年版,转引自邓正来:《中国法学向何处去——建构"中国法律理想图景"时代的论纲》,商务印书馆2006年版,第11页。

② 参见 I. Wallerstein, *Modern World System I*, Academic Press, 1974, pp. 37-38. 转引自邓正来:《中国法学向何处去——建构"中国法律理想图景"时代的论纲》,商务印书馆2006年版,第11页。

缘区的"边缘化过程",即在世界经济体系中,只能依靠低端使用大量劳动力和高消耗自然资源采用落后技术实现经济产出的国家只能在竞争中沦为"边缘国家"。经济的两极化导致政治的两极化,在中心区出现了强国,而在边缘区出现了弱国。①

在中心的国家与在边缘的国家之间的力量对比关系,也形成了依赖和被依赖、支配与被支配的关系,"主权性"国家之间并非是一种所谓的"平等"关系。中心的国家以各种方式对体系中的周边国家施以影响,并利用各种途径继续保持这种支配性地位。

中国既不处于中心,也不处于边缘,中国处在一个被捆缚其中但却有实力挣扎的"强大的落后国家"。作为一个参加者而非一个参与者,在世界体系中,中国只能算是"主权性"国家,而尚未成为"主体性"国家,在世界体系形成的过程中,中国没有话语权或者说是没有足够的话语权,无法将自己的意志和诉求纳入世界体系。

随着中国加入WTO,"中国经由承诺遵守世界结构的规则而进入了世界结构之中,成了'世界游戏'的一方。中国进入世界结构的根本意义乃在于,中国在承诺遵守世界结构规则的同时也获致了对这种世界结构的正当性或者那些所谓的普遍性价值进行发言的资格:亦即哈贝马斯意义上的'对话者'或罗尔斯意义上的'虚拟对话者'——'正派的国民'(decent peoples)。当然,更为重要的是,中国对遵守世界结构规则所做的承诺本身,已经隐含了中国亦由此获致了参与修改或参与制定世界结构规则的资格"。②

而这仅仅只是一个资格,这个资格为中国在"世界结构"的"圆桌"上摆设了嘉宾席位,而并未给予嘉宾话语权而表达自己意志的机会。中国仍然是处于受支配和去接受的"非主体性"状态。而西方中心国家支配中国的最温柔最厉害的武器是邓正来先生所谓的"现代化思维范式",这种现代化思维范式以具有绝对正当性的理据表象"合理"地控制和支配着中国的发展方向。

中国的被支配状态以中国加入WTO为界限分为两个阶段,可简称为前WTO阶段和后WTO阶段。在前WTO阶段,中国知识分子在这种"支配"过

---

① 参见邓正来:《中国法学向何处去——建构"中国法律理想图景"时代的论纲》,商务印书馆2006年版,第11页。
② 同上书,第10页。

程中与"支配者"共谋,对西方"现代化范式"表现出无批判意识或无反思性的"接受"。这种支配的实效乃在于受影响的中国与它的"共谋",这种支配是非结构性的和非强制性的,因为西方"现代化范式"对中国来说只具有一种示范性的意义,因为只要中国不与它进行"共谋",那么西方"现代化范式"就无力强制中国按照其规则行事并根据它进行未来的想象。与这种支配不尽相同,在后WTO阶段,当下世界结构支配的实效所依凭的却是被纳入这场"世界游戏"的中国对其所提供的规则或制度安排的承认。当下的世界结构的支配是结构性的或强制性的,这种强制性所依凭的并不是赤裸裸的暴力,而是中国就遵守当下世界结构所提供的规则或制度安排所做的承诺,而不论中国是否与之进行"共谋"。①

在欠缺"中国法律理想图景"的中国,世界结构性力量使其深受西方"现代化范式"的支配,使中国无法找到或者不能去找适合中国法制发展的道路,与此同时,这种占支配地位的"现代化范式"因无力解释和解决由其自身的作用而产生的各种问题,最终导致了中国法学总体性的"范式"危机。②中国法制体系中的知识产权制度尤为如此,"主权性"而并非"主体性"的中国,从一开始就背负着不断与国际接轨、与西方接轨的"非中国"道路,制度的建立只是疲于兑现加入世界结构的承诺,而这种制度对中国本身的贡献和意义,无从考虑也不容考虑。

2. 中国当前的知识产权制度

知识产权法是商品经济和科学技术发展到一定阶段后对知识产品资源进行最佳市场配置的制度。它通过授予知识产品创造者以专有权,或称垄断权,来鼓励和刺激创新,同时也保障知识、信息的广泛传播和利用,从而促进社会文明进步。③

知识产权是西方工业革命和技术革命下的产物,对西方经济和社会的发展影响深远。但中国长期处于自给自足的自然经济农业社会,同时由于处在东方大陆的地理位置和较为封闭的锁国政策,使得中国社会自身并没有生成

---

① 参见邓正来:《中国法学向何处去——建构"中国法律理想图景"时代的论纲》,商务印书馆2006年版,第14页。
② 同上书,第2—3页。
③ 参见冯晓青:《知识产权法利益平衡原理》,中国政法大学出版社2006年版,前言第1—2页。

知识产权制度，而在清末以前也没有受到西方知识产权革命浪潮的冲击。中国的知识产权是在中国融入世界结构后不断植入中国社会肌体的。

中国知识产权在当下仍然是一个备受争议的话题，国内甚至国外都对中国知识产权发展作出截然不同的主张。中国知识产权法学有两个极端：一是无反思的"与国际接轨"，对西方理论照单全收；二是情绪化的理论虚无，将知识产权理论贬为"策略"。这两种极端，只会孕育"知识产权法术"，不会产生知识产权法学。①

当我们面对西方知识产权扩张造成的不公平局面时，不能在愤怒之余又毫无反思地使用西方知识产权法学的范式。如果我们只有赤裸裸的愤怒，却无力建设一种合理的知识体系支持自己的诉求，是法学最大的失败。因此，在对中国知识产权开出适当的良方之前，有必要对中国知识产权制度进行简单的解读和界定。

（1）中国知识产权制度中的基本范畴

"知识产权"是个"外来语"，即德文中的 Geistiges Eigentum，英文中的 Intellectual Property。把这个外文辞译成汉语时，中国译为"知识产权"、中国香港译为"智力产权"、中国台湾译为"智慧财产权"。日本在使用汉字表达时，译为"无体财产权"。知识产权一般包含版权、专利权、商标权、禁止不正当竞争权。这最后一项，主要指的是商业秘密权以及商品样式、商品装潢等等的专用权。② 有学者考证，该词最早于17世纪中叶由法国学者卡普佐夫提出，后为比利时著名法学家皮卡第所发展。

1）知识与知识产权

知识产权是指公民、法人或者其他组织在科学技术方面或文化艺术方面，对创造性的劳动所完成的智力成果依法享有的专有权利。这个定义包括三点意思：

第一，知识产权的客体是人的智力成果，有人称为精神的（智慧的）产出物。这种产出物（智力成果）也属于一种无形财产或无体财产，但是它与那种属于物理的产物的无体财产（如电气）、与那种属于权利的无形财产

---

① 参见李琛：《论知识产权法的体系化》，北京大学出版社2005年版，前言第3页。
② 郑成思：《知识产权法：新世纪初的若干研究重点》，法律出版社2003年版，绪论第2—3页。

(如抵押权、商标权)不同,它是人的智力活动(大脑的活动)的直接产物。这种智力成果又不仅是思想,而是思想的表现。但它又与思想的载体不同。

第二,权利主体对智力成果为独占的、排他的利用,在这一点,有似于物权中的所有权,所以过去将之归入财产权。

第三,权利人从知识产权取得的利益既有经济性质的,也有非经济性的。这两方面结合在一起,不可分。因此,知识产权既与人格权亲属权(其利益主要是非经济的)不同,也与财产权(其利益主要是经济的)不同。

由此可见,"知识产权"概念中重要的是对"知识"的把握。"知识"的界定决定着"知识产权"的界定。

然而,长久以来,理论界就存在着知识产权的定义困境,即如何把基于创造性智力成果而依法产生的权利与基于工商业标记而依法产生的权利统一于同一个属概念之下,从而为知识产权求得一个更为妥适的内涵定义。这方面的探索也已形成一系列成果,主要有以下观点:① 信息说。知识产权法学界大多数人持此观点,并且,世界知识产权组织(WIPO)以及国外有关著述也多认为知识产权的对象就是某一类信息。经济法学派的分析尤其以此作为知识财产的属性。[①] 信息说的基础,是控制论创始人维纳于1948年提出一个著名论断:"信息就是信息,不是物质也不是能量"。[②] ② 信号说。无论是专利发明、商业标记还是作品,都体现为负载一定信息的信号集合。信号说强调信息与信号的区别。根据张俊浩的说法,信息是不能独立存在的东西,它必须负载于载体即信号之上才能存在。因此,作为知识产权对象的只能是信号,而不是信息。[③] ③ 符号说。德国哲学家恩斯特·卡西尔在论述人的本质是"符号的动物"时,恰恰道出了知识产权对象的本质也就是人所创造的符号。④ 知识说。此说认为,知识产权的对象顾名思义就是"知识",并且是其中的专有知识。知识是人类对认识的描述,其普遍存在方式或本体是形式,即知识的本质是"形式"。

---

① 参见〔美〕威廉·M. 兰德斯、理查德·A. 波斯纳:《知识产权法的经济结构》,金海军译,北京大学出版社2005年版,第10—11页。
② 〔美〕维纳:《控制论》,郝季仁译,科学出版社1963年版,第133页。
③ 参见张俊浩主编:《民法学原理》(修订版),中国政法大学出版社1997年版,第457页、第459页。

第八章　中国知识产权发展的时代背景、困境及其成因　253

　　尼科·斯特尔在构筑"知识社会"理论时将知识限定为一种社会行为的能力。知识连同对于行为的偶然环境的控制而能够让一个行为者使某物运转起来。① 斯特尔实际上给知识赋予了某种程度的能动性，从而使知识自身具有了一种对社会进行渗透的社会属性。他还对知识做出了一个"初步的大致区分"。他把知识划分为三类：生产性的知识、意义的知识和行为知识。②

　　生产性的知识是指可以被转化成直接占用自然现象的方式的知识，由自然科学中的大部分传统学科来生产。意义的知识主要是指影响社会成员的社会意识的知识，由大部分社会学科和人文学科来生产。行为知识指社会行为的一个直接形式，能够作为一种直接的生产力。斯特尔认为，行为知识乃是最为新进的知识形式。③

　　由此可见，知识产权中所说的"知识"并不是我们日常语汇中的知识或者是知识社会学中的知识，知识产权中所说"知识"从某种程度上主要指的是特定"信息"。

　　关于"信息"的界定，理论界也有众多观点。信息是人们在适应外部世界并且使这种适应反作用于外部世界过程中，同外部世界进行交换的内容的名称④；信息是能够用来消除不确定性的东西。信息就是负熵，是组织程度，有序程度，它能使系统的有序性增强，减少破坏、混乱和噪声⑤；信息是以物质能量在时空中某一均匀分布的整体形式所表达的物质运动状态反映的属

---

① 〔加〕尼科·斯特尔：《知识社会》，殷晓蓉译，上海译文出版社1998年版，第143页、第180页。转引自饶明辉：《当代西方知识产权理论的哲学反思》，吉林大学博士论文，2005年，正文第4页。
② 关于知识的种类，许多学者都做过划分。例如，英国哲学家罗素把知识分为关于事实的知识和关于事实之间的一般关联的知识。马克斯·舍勒把知识划分为七种类型，即神话和传奇、隐含在日常自然语言中的知识、宗教知识、神秘知识、哲学——形而上学的知识、实证知识以及技术方面的知识。弗·兹纳涅茨基则把知识区分为工艺知识和技术知识，参见〔英〕罗素：《人类的知识》，张金言译，商务印书馆1983年版，第502页；〔德〕马克斯·舍勒：《知识社会学问题》，艾彦译，华夏出版社2000年版，第71页；〔波兰〕弗·兹纳涅茨基：《知识人的社会角色》，郑斌祥译，译林出版社2000年版，第18页、第25页。转引自饶明辉：《当代西方知识产权理论的哲学反思》，吉林大学博士论文，2005年，正文第4页。
③ 〔加〕尼科·斯特尔：《知识社会》，殷晓蓉译，上海译文出版社1998年版，第151页。转引自饶明辉：《当代西方知识产权理论的哲学反思》，吉林大学博士论文，2005年，正文第4页。
④ 参见 N. Wienier, *The Human Use of Human Beings*: *Cyberbetics and Society*, Houghton Mifflin Company, 1950.
⑤ C. E. Shannon, Mathematical Theory of Communication, *Bell System Technical Journal*, 1948, p. 27.

性[①];信息是客观世界中各种事物的变化和特征的反映,是客观事物之间相互作用和联系的表征,是客观事物经过传递后的再现[②];信息同知识产品一样是被传递的知识与事实。[③] 信息是人们通过各种载体形式,利用各种传播渠道和传播方式,表现客观事物运动过程中的相互联系,反映客观事物的各种状态与特征,再现经过感知和认识后的客观事物的一种客观存在。它能够给人类带来经济效益或社会效益。[④]

按照利奥塔的分析,在后现代社会到来以前,信息和知识的关系可以归纳为四个方面:第一,信息是属于有关原始和未经加工的事实和数据的知识;第二,信息是知识形成过程中最初的观察活动的成果,属于感性认识的范畴;第三,信息更多地包含着技术性的经验和知识;第四,信息在某种意义上表现了各种科学性的观念和表象的部分内容和形式,成为科学理性知识中的一个组成部分。而后现代社会(当代社会)中知识则趋于信息化,其主要表现为知识的符号化或符码化。时代的改变,使信息和知识的关系发生了重大变化。信息原本从属于知识,仅仅是知识的一部分,是知识的一种媒介,而知识显然是本体,是由信息来表现的。知识是主动者,信息则是被动者。到了当代社会,知识反而被信息主导和支配,发生了向信息的位移运动,知识的本来意义被信息取代并填充。[⑤]

从上述分析可以看出,"知识产权"是指那些独立于某一特定物质载体而存在的思想、发明、发现、标记、图像、(言语、视觉、音乐、戏剧)表达性作品,或者简言之,任何具有潜在价值的人为产品(广义地说,即"信息"),而无论该产品是否已经在实际被"产权化",亦即被纳入一个财产权法律制度之中。[⑥] 知识产权之所以保护这些特定的"知识",主要在于这些独特的"信息"的产生要付出一定的成本和智慧并能为人类的福祉做出特有的

[①] 参见张守文、周庆山:《信息法学》,法律出版社1995年版,第97页。
[②] 参见刘昭东:《信息与信息化社会》,科学技术文献出版社1994年版,第56页。
[③] 参见阳东辉:《创设信息产权概念,构建信息法体系》,载《湘潭大学社会科学学报》2000年第4期。
[④] 参见黄瑞华主编:《信息法》,电子工业出版社2004年版,第2页。
[⑤] 参见高宣扬:《后现代论》,中国人民大学出版社2005年版,第153—154页。转引自饶明辉:《当代西方知识产权理论的哲学反思》,吉林大学博士论文,2005年,正文第6—7页。
[⑥] 参见〔美〕威廉·M.兰德斯、理查德·A.波斯纳:《知识产权法的经济结构》,金海军译,北京大学出版社2005年版,导论第1页。

贡献。

显然,在中国,信息并没有提升到让普通民众都有足够的警惕去保护和重视的程度,我们随意地将个人或者单位的重要信息进行无理由的披露,尚未养成保守秘密的良好品德;我们不会小心翼翼地将自己的创意先转化为权利而后用以谋取利益,我们习惯于首先将自己令人欣喜的成果与身边的人分享;我们不会特别尊重他人创造和提供的信息,我们心安理得地免费使用,并也愿意用自己的信息与他人的信息进行交换。在中国的语境下,知识产权中的"知识"或"信息"的专有权因此丧失了神圣性和天然性。

2)财产与知识产权

当仅仅在客体意义上使用"财产"概念时,可以对财产的范围作广、狭义的划分。梁慧星教授在整理英美法系财产法的立法体例,并探寻"property"一词的词源后指出,英美法系国家在给"财产权"下定义时,采用的是狭义"财产"概念,狭义财产相当于大陆法系的"物"(有体物)的概念。他同时指出,大陆法系国家,广泛采用的是广义财产概念,这一概念下,"财产"泛指一切能带来经济利益的事物。

在广义财产含义之下,财产随着人们认识能力的提高和商品经济的发展以及科学技术的进步,始终处于一个扩张的状态。无论是有体物还是无物体,都属于一般财产,而知识产品属于特殊财产。知识产权进入财产权的客体范畴后,由于既不同于罗马法意义上的有体物和无体物,也不同于近代社会中新产生的有形物品抽象化的有价证券,以及没有实物形态但依靠人的感觉器官可以直接感知的光、电等自然力,因此造成很大的困惑。吴汉东教授认为,知识形态的精神产品不同于一般意义上的物,但同物一样可以成为交换的标的;精神产品是精神内在的东西,但可以通过一定形式的表达而取得外部的定在,即精神产品可以有"直接性"和"外在"的载体;依照物与精神相分离的理论,精神产品属于内部的精神的东西,不能简单地归类于属于"定在"的外部领域的物。[①]

财产权是能够获得经济利益,并且具有一般等价性的权利。财产的必要属性即有用性、稀缺性和可界定性即相对确定性。知识产权并非传统意义上

[①] 参见吴汉东:《关于知识产权本体、主体与客体的重新认识》,载《法学评论》2000年第5期。

的"无形财产权",知识产权在本质上是对知识产品的垄断性经营权,在内容上是没有权利客体的权利型财产,在形式上是具有收益可能的准财产。在运行中具有知识产权的流失指的是稀缺性的降低的特点。① 知识产权制度与物权制度有着本质的差别,物权具有排他性(exclusive),知识产权具有禁止性(preventive)。物权排除他人对物的占有、使用,而知识产权并不排除他人的使用,而是可以禁止他人的模仿行为,禁止性是知识产权的独有特性。

3)知识产权的本质

知识产权是一个表面上明确具体但实质上模糊神秘的权利,关于知识产权,究竟什么样的智慧成果才能具有受知识产权保护的资格呢?理论上通常用创造性、新颖性、实用性的知识产权三性来确认知识产权。传统的知识产权主要包括版权、专利、商标、商业秘密和反不正当竞争。版权实践强调对文学、音乐和艺术作品的保护;专利和商业秘密实践强调对技术作品的保护;商标和反垄断实践强调对独立的商业活动方面的保护。版权与专利最大的不同在于"创新性"要求上,这是什么原因?为什么一段可能毫无任何价值的表达也能获得权利?而商标中则也不要求创新性价值,而仅在于一种标识,真正保护的是商标背后的商品,但实际上很多未实际使用的商标也获得权利,那又是保护什么呢?

知识产权在本质上是一种特定主体所专有的财产权。制度经济学家康芒斯曾指出:"财产是有权控制稀少的或者预期会稀少的自然资源,归自己使用或者是给别人使用,如果别人付出代价。可是,财产的权利是政府或其他机构的集体活动,给予一个人一种专享的权利,可以不让别人使用那种预期稀少、对于专用会造成冲突的东西。"②

由此看来,知识产权实际上保护的是知识产品背后的创造精神,保护这些具有创造精神的人能够通过从其所获得有限的专有权中获利的刺激而不断做出新的创新,葆有社会强大、持续的创造力,推动社会不断的进步和实现物质文化的繁荣。从这种意义上讲,知识产权属于一种政策。

另外,知识产权本质上属于私权,但对公权有强烈的依存性。知识产权

---

① 参见龙文懋:《知识产权法哲学初论》,人民出版社2003年版,第2页。
② 〔美〕R. 康芒斯:《制度经济学》(上),于树生译,商务印书馆1962年版,第357页。

虽然是私权，但其产生、内容、期限、救济与维持等都是由国家公权直接授予和作用的，其规范具有明显的公法色彩。知识产权作为私权，其存在和流转无时无刻不需以公权力为后盾来维持。权利人离开公权力就不可能实现对其权利的享有、利用和控制。因此，知识产权法中包含着大量的行政以及刑事等公法规范，这与一般民商法是绝对不同的。①

4）知识产权中的利益

追求利益是人类社会活动的动因，因而利益是人类社会历史变迁的根本动力。② 有学者认为，利益是主客体之间的一种关系，表现为社会发展规律作用于主体而产生的不同的需要和满足这些需要的措施，反映着人与周围世界中对其发展有意义的事物和现象的积极关系，它使人与世界的关系具有了目的性，构成人们行为的内在动力。③ 利益往往是隐藏在权利背后最根本的导因，所谓权利也即是对法律关系中双方利益关系的调整。

利益的构成包括多方面的因素，从而形成一个基础系统。

第一，利益构成的自然基础。利益根源于人们的需要，这种需要构成利益的自然基础。每个人都存在一定的物质和精神需要，其中首要的是物质生活条件的满足。正是在这一意义上，马克思、恩格斯指出："为了生活，首先就需要吃喝住穿以及其他一些东西。因此，第一个历史活动就是生产满足这些需要的资料，即生产物质生活本身。"④

第二，利益构成的社会基础。即社会关系。利益只能存在于一定的社会关系中。只有在一定的社会关系中，人们才能从事一定的社会实践活动，也才能使客观事物构成利益。利益是社会的原则，社会关系是利益的存在形式，而利益构成了社会关系的内容。

第三，利益构成的客观基础。利益是人们在社会实践中追求的目标，社会实践形成了利益的客观基础。利益是在一定的社会形式中由人的活动实现的满足主体需要的一定数量的客观现象。人们通过社会实践寻找和创造出需

---

① 参见冯文生：《知识产权国际私法基本问题研究》，载郑成思主编：《知识产权文丛》（第4卷），中国政法大学出版社2000年版，第234页。
② 参见冯晓青：《知识产权法利益平衡原理》，中国政法大学出版社2006年版，第1页。
③ 参见孙国华主编：《法理学教程》，中国人民大学出版社1994年版，第83页。
④ 《马克思恩格斯选集》（第1卷），人民出版社1995年版，第79页。

求对象，没有社会实践活动，利益的产生就缺乏客观基础。

第四，利益构成的主观基础。利益源于人们的需要，利益的主观基础是人的欲求，即人们对特定的物质和精神需要的认识、向往和追求。对利益的认识和追求首先需要有获得利益的动机。①

知识产权涉及的利益，主要是围绕发明者、作者等知识产品的创造者的知识产品的生产、传播和使用而产生的利益。这种利益既涉及知识产权人的私人利益，也涉及国家通过知识产权立法而需要实现的公共利益，特别是知识和信息的传播与使用中的社会公共利益，在国际层面上还涉及本国在知识产权国际保护中的利益。

知识产权法赋予知识产权人的专有权，在本质上是为了保护知识产权法需要承认和保护的利益。从法理学的角度说，知识财产成为知识产权法的调整对象除了商品经济和科学技术发展这两个前提条件外，只有当知识财产体现的社会利益为法律所认可并需要由法律加以保护和调整时，知识财产才成为知识产权的保护客体。在知识产权法制框架内，每一个利益主体，包括知识产权人、知识产品的使用者和传播者等，都有权在知识产权的范围内寻求和获得最大化的利益，并且有权在知识产权法的限度内保护自己的正当利益不受侵犯和妨碍。当然，各个利益主体追求的价值目标不一样，并因此而形成了利益追求的多样性。

知识产权各利益主体的利益冲突是引发知识产权矛盾和冲突的最本质和最核心的问题。而这需要在考量知识产权制度规则时能够比较公平地平衡各利益主体之间的利益，不平衡意味着不和谐，不和谐意味着不稳定，不稳定意味着法律无法实现，则法律作为社会调控工具的作用无法良好运转，这种法律就是失败的。

5）知识产权中的垄断

没有合法的垄断就不会有足够的信息生产出来，但是有了合法的垄断又不会有太多的信息被使用。②

知识产权独占权的合法性成为知识产品垄断的正当性支撑。垄断是知识

---

① 苏宏章：《利益论》，辽宁大学出版社1991年版，第21页。

② 转引自〔美〕罗伯特·考特、托马斯·尤伦：《法和经济学》，张军等译，上海三联书店1994年版，第185页。

产权中基于利益之上又一大争议焦点。垄断及其背后的经济利益诱使或刺激社会为了追逐更多的利益而从事创新性活动,而这种创新性活动恰恰是立法者所构想的能够极大地发挥人类的潜能,开发出更多的智慧成果,不断地为全人类创造更多卓越的物质产品和精神产品。但在实践中,结果往往超越或偏离了立法者的构想,资本追逐利益的迫切往往背离知识产权法律精神的初衷。垄断成为知识产权之善,也成为知识产权之恶。

(2)中国知识产权制度与国际知识产权制度之比较

1)与 WIPO 规定的知识产权制度之比较

WIPO 是联合国所属的 15 个专门机构之一,是专门管理知识产权的国际机构,负责管理二十多个知识产权国际条约。在《TRIPS 协议》生效之前,除了国际劳工组织、联合国教科文组织也参与某些知识产权事务管理之外,WIPO 几乎包揽了所有的知识产权国际管理。

在 1883 年,国际上缔结了《保护工业产权巴黎公约》,并形成了缔约国的"巴黎联盟";1886 年,又缔结了《保护文学艺术作品伯尔尼公约》,并形成"伯尔尼联盟"。此后,管理这两个公约的联盟分别形成了两个"国际局"。1893 年,两个国际局合并,形成后来的"保护知识产权联合国际局"。1967 年,在斯德哥尔摩修订上述两个公约的同时,缔结了《建立世界知识产权组织公约》。1970 年公约生效时,原"保护知识产权联合国际局"的全部职能转给了世界知识产权组织。1974 年,世界知识产权组织成为联合国系统中的一个专门机构。当今世界上,除个别国家外,绝大多数国家已经建立了知识产权保护制度,并已参加世界知识产权组织。[①] 在一个世纪左右的时间里,世界各国主要靠 WIPO 管理的这些多边国际条约来协调各国之间差距很大的知识产权制度,减少国际交往中的知识产权纠纷。

中国 1980 年加入了世界知识组织,1982 年颁布了《商标法》,1984 年颁布了《专利法》,1990 年颁布了《著作权法》,1993 年颁布了《反不正当竞争法》。至此,我国法制建设总框架中的知识产权保护体系基本形成。继参加世界知识产权组织之后,我国于 1985 年参加了《保护工业产权巴黎公约》,

---

① 参见郑成思:《20 世纪知识产权法学研究回顾》,载《河南省政法管理干部学院学报》2000 年第 1 期。

1989年参加了《商标注册马德里协定》，1992年参加了《保护文学艺术作品伯尔尼公约》、《世界版权公约》，1993年参加了《录音制品公约》、《专利合作条约》，1994年参加了《为商标注册而实行的商品国际分类尼斯协定》，1995年参加了《微生物备案布达佩斯条约》，1999年参加了《植物新品种保护国际公约》等等。

  WIPO扮演了中国知识产权制度启蒙老师的角色。中国是通过学习和参加WIPO管理的知识产权国际公约来逐步建立起自己的知识产权制度的。作为国际公约，它对于国内法并没有绝对的干预和控制作用，中国结合公约的规定与中国本国的国情，小心翼翼地建立起还比较简单的知识产权制度。中国知识产权制度一开始本身就不是从社会发展本身需求而建立的，并且中国的工业化和科技化进程同国际发达国家的水平还有很大差距，在这种情况下，在前TRIPS时代，主要是建立起一些商标权、专利权、著作权之类的传统知识产权权利制度，而对微生物和植物新品种等领域的制度比较缺失；而在后TRIPS时代，中国知识产权制度更多的是迎合《TRIPS协议》的要求，只是倾力于建设与《TRIPS协议》吻合的法律制度。

  2）与《TRIPS协议》的知识产权制度之比较

  可以说中国知识产权制度是根据TRIPS协议一条一条制定和修改的，在加入世界贸易组织过程中，我们对现有的知识产权法律进行了大量的"立"、"改"、"废"工作，已经初步使我国的知识产权制度符合《TRIPS协议》的要求，这是中国为兑现加入WTO时的承诺所必须进行的工作。中国知识产权的立法已经基本完备，与国际上大多数发展中国家相比，它也更先进一些。联合国世界知识产权组织历任总干事都称"中国知识产权立法是发展中国家的典范"。中国的知识产权立法在2001年底"入世"时，就已经完全达到了WTO中的《TRIPS协议》所要求的保护标准。有些立法，还不止于WTO的要求。例如2001年10月修订的《著作权法》与2006年5月颁布的《信息网络传播权保护条例》，已经不断与国际上发展了的数字技术对知识产权保护的新要求同步。在司法方面，中国知识产权法庭的法官素质，高于中国法官的总体平均水平。中国法院在知识产权领域的一些判决，水平也不低于发达国家、甚至美国法院。① 但与 TRIPS 相比，我国在立法和实践上还有一定的现实差距。

第一，知识产权立法的差距。首先，专利法存在的差异。我国的专利法在经过几次修改后，已经基本上符合《TRIPS 协议》的要求，可以说是"合格"的。但是，在专利可授予的范围方面，还存在着一些规定与 TRIPS 的要求不符。我们的专利法将科学发现、智力活动的规则和方法、疾病的诊断和治疗方法、动物和植物品种和用原子核变换方法获得的物质这五种作为可授予专利的例外，而《TRIPS 协议》却规定：微生物以及生产动植物的非生物方法和微生物方法不得排除在外，还要对植物新品种通过专利法或专门法或两个组合加以保护。另外在专利权例外和强制许可方面也存在着与协定要求不相符合的地方。其次，在《TRIPS 协议》中认定了专利权的权利人有禁止他人"平行进口"的权利。但是，这仅仅是在专利领域，承认了"权利穷竭"原则的地域性。而我国现有的立法，也仅仅在《专利法》中赋予了权利人以进口权，同时又承认"权利穷竭"原则。TRIPS 协定第 6 条允许各国自己决定如何对待与商标、版权有关的"权利穷竭"问题。而我国《商标法》及《著作权法》则对此未置可否。另外，《TRIPS 协议》第二部分第 8 节规定了"合同许可中反竞争行为的控制"。这个条款实际上是一个反垄断条款，也是 WTO 法律文件中为数不多的反垄断规定，即禁止滥用知识产权的垄断行为。制订反垄断法与知识产权保护法的目标并不冲突。现代反垄断法本来就是保护合法取得的垄断地位而制止维持或者滥用垄断地位行为的法律。与合法取得的经济地位同样，依照知识产权法获得垄断地位同样是合法的，是受法律保护的，而不是反垄断法要反对的对象。面对这些知识产权的滥用现象，我们却没有一部《反垄断法》对其进行合理的限制。我们只是在合同法和专利法中有一些对垄断行为的规定。

第二，知识产权执法的差距。首先，商标法在执法的程序和相应的救济手段方面还与《TRIPS 协议》有些差距，例如对于商标评审委员会对商标驳回、异议及撤销所做的终局裁定不提供当事人提交到司法复审的机会，这与该《协议》第 41 条第 4 款和第 62 条第 5 款的规定有出入；又如，没有提供司法当局或行政主管当局对侵犯商标专用权的行为采取临时措施的机会。其

---

① 参见郑成思：《国际知识产权保护和我国面临的挑战》，载《法制与社会发展》2006 年第 6 期。

次，在计算机软件著作权方面，我国著作权法虽将软件著作权"另类"处理，但在执法程序方面几乎套用了著作权法的有关规定。而且，我国对软件著作权实行登记制，即如果没有办理软件著作权登记，则既不能向著作权行政管理机构请求行政处理，也不能向人民法院提出诉讼。当然，这种登记制只适用于国人，不适用于外国人，这种规定还不甚科学。

第三，知识产权司法的差距。首先，民事救济手段单一；其次，我国知识产权法关于损害赔偿额的标准规定不统一，而且，按现行赔偿标准进行司法保护，实际结果是被侵权人的损失难以弥补，往往是赢了官司输了钱；再次，临时措施和边境措施不完善；最后，执法力度不够。

当然，中国知识产权制度仍旧需要按照中国的国情来制定，这些与TRIPS产生差距的方面是由中国的现实国情决定的，不能强求中国知识产权制度单方面的大跃进，那样即使制度与《TRIPS协议》一致，但中国知识产权的灵魂仍然是缺失的。

3）WIPO与TRIPS之间差异

由于世贸组织成立之前的关贸总协定，并不过问知识产权国际保护问题，与知识产权相关的公约，绝大多数当时都是由联合国世界知识产权组织，即WIPO，去管理。WTO把知识产权与货物买卖和服务贸易并列，并作为该组织的三大支柱之后，就有必要将TRIPS与WIPO所辖条约的关系搞清楚。

《TRIPS协议》是第一个涵盖了绝大多数知识产权类型的多边条约，既包括实体性规定，也包括程序性规定，这些规定构成了世界贸易组织成员必须达到的最低标准，除了在个别问题上允许最不发达国家延缓施行之外，所有成员均不得有任何保留。全方位地提高了全世界知识产权保护的水准。TRIPS也是第一个对知识产权执法标准及执法程序做出规范的条约，对侵犯知识产权行为的民事责任、刑事责任以及保护知识产权的边境措施、临时措施等都做了明确规定。最为重要的是，引入了世界贸易组织的争端解决机制，用于解决各成员国之间产生的知识产权纠纷。过去的知识产权条约对参加国在立法或执法上违反条约并无相应的制裁条款，《TRIPS协议》则将违反协议规定直接与单边及多边经济制裁挂钩。

TRIPS为国际知识产权法律制度添加了新的内容，由原来WIPO管理国际条约的单一模式，转变为二者同时调整甚至取代WIPO的地位，成为协调各国知识产权制度的最重要的标准。由于 TRIPS 是 WTO 所有成员必须遵守的多边规则，而 WTO 的成员越来越广泛，从而 TRIPS 能够对世界绝大多数国家产生重大影响。而且，由于 TRIPS 直接与贸易相联系，因而与 WIPO 相比，更容易得到各国的充分重视，而且在推动高标准、高水平的知识产权国际保护问题上，TRIPS 更有效、更直接、更有权威性。尽管 WTO 及其 TRIPS 不可能完全取代 WIPO 的作用，但是其成为各成员方协调知识产权制度的依据和开展合作、解决纠纷的主要场所却是毋庸置疑的事实。可以说，国际知识产权法律制度的重心已经从 WIPO 管理的众多国际条约转变为以 TRIPS 为核心。同时，TRIPS 调整了知识产权国际保护的理论，改变了知识产权国际保护与国内保护的两种保护方式的关系。在原有的知识产权国际保护理论体系中，程序性条款是必要的组成部分。TRIPS 则将详细的知识产权法律执行措施规定在这一部分，而这些内容过去都是由各国国内法来规定的。同时，对于成员方不履行 TRIPS 义务的行为，有关当事方有权通过磋商以及 WTO 争端解决机构寻求解决。对于违反 TRIPS 义务有拒不执行最终裁决或改进建议的成员方，有关当事方还可以要求获得授权对该成员方采取相应的报复措施。此外，根据《建立世界贸易组织马拉喀什协定》的要求，WTO 的成员方应当努力修改其国内法，以使其国内法的规定与 TRIPS 相符。这就增强了 TRIPS 所反映出来的上述变化，不仅使 TRIPS 在涉及知识产权问题的运作中实现了国际法优先于国内法，而且也使知识产权保护按照国内法实施的传统规则让位于按照国际法实施的新规则。[①] 世界贸易组织的"与贸易有关的知识产权协议理事会"负责管理 TRIPS 协议，近年来也在知识产权国际事务方面发挥着越来越重要的作用。

《TRIPS 协议》与 WIPO 规定最根本的区别在于，二者的意旨不同。《TRIPS 协议》之所以规范各国的知识产权意在于保护贸易，所谓"项庄舞剑，意在沛公"；而 WIPO 才是真正意义上是为了促进世界各国的知识产权事业发展和协调各国之间的知识产权矛盾。因此，《TRIPS 协议》所规定的知识产权只是与贸易有关的知识产权，而且不仅有实体的内容还有程序的内容；

[①] 参见曹志平：《TRIPS 与知识产权国际保护新体系》，载《世界知识产权》1998 年第 6 期，第 48 页，转引自曹世华：《后 Trips 时代知识产权前沿问题研究》，中国科学技术大学出版社 2006 年版，第 332 页。

而 WIPO 规定则包含比较全面的知识产权问题，而且也大部分只是在实体内容上作出规定。与此同时，导致二者的国际地位和影响力产生差异，《TRIPS 协议》打出贸易牌，对 WTO 成员国产生强制，它可以说抓住了各成员国的经济命脉或者是致命咽喉；而 WIPO 基于是各个分散的公约，每个国家有绝对的任选自由度，不存在实质上的强制性，从而其约束力也有限。

（二）中国知识产权的现状与挑战

中国知识产权发展的过程犹如"参加庙会"，被热闹的场面所吸引，却在一片嘈杂声中找不到自己的方向，而是被人推推搡搡地懵懂前进。中国知识产权发展最大的问题是没有自己的目的，从而也没有自己的方向。即使到今天，中国知识产权发展已经到了可喜的程度，但仍然是懵懂的，仍然是一片虚假繁荣。这种"头脑简单、四肢发达"的状态必然会存在各种问题。

1. 内在的问题：频繁立法与民众普遍众意性侵权的矛盾

中国知识产权内在的问题主要表现在：一方面，知识产权没能在中国形成普遍的法律共识，中国法制没有真正了解知识产权的本质，这使得知识产权成为外挂的一项摆设，从而不能形成知识产权自我发展的有效动力和渠道，使中国知识产权陷入始终跟随和受制于西方先进知识产权国家的局面，知识产权到底是不是中国所必需的一样东西，直至今日还是一个争论不休的问题。而另一方面，中国知识产权立法在不断地进行，而法律的实施却是艰难而又窘迫，民众普遍众意性侵权（违法）现象严重，严重影响中国法律的权威。

法律的制定和实施都是良法要素的必备之选。中国知识产权法律制度经过 30 年的发展已经相当完备，然而中国知识产权法律制度的实施却差强人意。

当前在中国，各种形式的知识产权侵权是所有类型的法律侵权中最严重的一类。根据知识产权法保护对象的不同，知识产权侵权大致分为盗版、剽窃、强链、滥载、仿冒等。并且这些行为具有广泛的侵权产品消费群体基础，这些知识产权侵权现象几乎发生在每一个人身上、发生在每一秒钟内。它不是个别行为，而是群体行为；不是过失行为，而是故意行为；不是"失范"行为，而是"正当"行为。民众中普遍存在着对盗版、剽窃、强链、滥载、仿冒等知识产权侵权行为的容忍态度以及大量存在的盗版制品和假冒商品的消费群体。而真正让这种侵权行为滋生、蔓延的不是制假售假而是买假用假。

据有关2005—2006年调查数据显示,有88.44%的人购买过盗版的书籍、影像制品或电脑软件,没有购买过的只有11.56%。购买盗版的原因:有12.45%是因为不知道是盗版而误买,72.54%因便宜且质量相当而购买,10.62%因购买方便,另有4.39%是由于其他原因;不购买的原因:有33.21%的人认为这样侵犯别人的知识产权,有35.04%的人是由于担心盗版的质量问题,也有7.30%回答不知道在哪里能购买到盗版制品,24.45%的人是由于其他原因。购买假冒名牌商品状况:买过的为57.88%,没有买过的为42.12%;购买假冒商品的原因:在购买过的人当中,有41.76%的人是由于上当受骗,有26.92%是由于便宜实惠,有23.49%是觉得质量相当,有7.83%是由于其他原因。对惩治侵权的态度:对买卖盗版和假冒商品侵权行为,认为应当严厉打击的有68.24%,认为应放任自流的有7.45%,有8.32%的人表示无所谓,有15.99%的人认为应适当整治。[①] 很显然,虽然近年我国在知识产权立法、执法和司法方面作出了很多努力,社会整体知识产权认知程度和自我保护意识也明显提升,但公众尊重知识产权方面却未见明显成效。

盗版、假冒等群体性知识产权侵权问题是一个具有世界共性的问题,它普遍发生于类似于中国这样技术产业不发达、迫切现代化的发展中国家,即使在一些发达国家也曾经或正在面临着这样的问题。

造成民众普遍众意性侵权的直接原因主要在于经济成本和性价比的考虑,另外,民众并不认为尊重他人的知识产权是一件重要的事情,而且知识霸权横行的社会背景下,知识产品定价畸高,忽视民众的承受能力,导致民众对知识产权产生一种逆反心理,公平的严重失衡造成的心理扭曲使民众对知识产权产生一种蔑视的态度。

国内有些观点主张盗版有助于我国经济的发展,打击盗版主要是保护外国。而郑成思先生反对这种主张,他认为盗版直接妨碍了我国经济的发展。第一,盗版者的非法收入,绝没有上缴国家,以用来发展经济,而且对这一

---

① 参见刘华、周莹、黄光辉:《我国公民知识产权意识调查报告》,载吴汉东主编:《中国知识产权蓝皮书》,北京大学出版社2007年版,第416页。

大笔非法收入是无法去收税的，从这里漏掉的税款，对国家就是个不小的损失。第二，盗版活动的主要受害者，是国内企业。仅仅以软件盗版为例，它是我国自己的软件产业发展不起来的直接原因。像微软这样的外国企业，它的视窗软件等行销全球的产品，即使在中国一盘也卖不出去，它仍旧可以靠英文原版产品，以及"韩化"、"日化"的产品在许多国家及美国本国的市场赚到钱。而我们自己企业开发的"中文之星"、"五笔汉字"等软件，如果在中国因为盗版猖獗而没有了市场，它们在国外的市场就非常有限了，这些中国软件企业就非倒闭不可。对音像制品、图书等的盗版如果不给予有力的打击，结果也是一样。因为这些汉字、汉语的文化产品的市场主要在中国。说到假冒商标等侵害知识产权的活动，就更是如此了。我国的许多名牌在国外的市场上，并不是被外国竞争者打垮的，反倒是被我们自己的冒牌货打倒的。①

我国目前解决群体性侵权的主要措施是依靠专项行动等行政执法，如在全国轰轰烈烈的"山鹰"行动等，该措施具有立竿见影的效果，但整治过后总是会死灰复燃，以致形成高成本而低效率的执法怪圈。

频繁立法和民众普遍众意性侵权犹似一边拼命砌墙和一边偷偷拆墙的对立双方，而这双方力量的对比是明显的，这种状况使中国知识产权发展陷入停滞不前甚至倒退的困境，这种境况的延续，不仅会挫伤知识产权维护者的信心，而且会形成对知识产权抵制者的默许暗示，而这都将会致命性摧毁中国知识产权发展的道路。

2. 外在的压力：全球知识霸权的压制与自有知识产权匮乏的矛盾

全球知识霸权的横行无疑是对中国知识产权发展的又一重大挑战。知识霸权随着国内知识产权体系的推广得以肆行，中国未能从中受益，反而成为受制的一个重要把柄，每年中国支付给外国高昂的知识产权费用，而中国的自有知识产权却因受到外国知识产权的无情打压而举步维艰。

全球知识霸权在全方位空间对中国进行监控，一方面严厉制裁中国的仿冒行为，另一方面着重压制中国的创新行为。同时，利用全球知识霸权的推行，实现其无形资本的扩张。

---

① 参见郑成思：《国际知识产权保护和我国面临的挑战》，载《法制与社会发展》2006年第6期。

这种全球知识霸权的推行主要得益于 TRIPS 的签订与实施。TRIPS 的生效与实施使得国际行为准则发生了前所未有的新变化，对于中国这样的发展中国家则面临更大的压力。

第一，国际知识产权法律制度本身存在着制度性缺陷。首先，TRIPS 的形成过程就是一个发达国家软硬兼施、发展中国家步步妥协的过程。以美国为代表的发达国家为了减少因为知识产权保护的不充分而给国际贸易带来的扭曲和障碍，力主把贸易和知识产权问题挂钩，坚持将知识产权列入关贸总协定乌拉圭回合谈判的议程中，以增强其在多边基础上对侵犯知识产权行为的报复能力。而发展中国家在一开始就持反对态度，因为制定知识产权的国际协调和保护规则，对发展中国家来说明显的是所得很少，所失很大。因此，在发起乌拉圭回合谈判的埃斯特角宣言中，对于知识产权保护就特别强调了"拟定关于国际假冒产品的多边规则"。直到 1990 年乌拉圭回合中期评审时，各方对于是否需要拟件，以在农产品和纺织品贸易上做出大幅让步，来换取并补偿发展中国家纳入知识产权而带来的损失，并接受了发展中国家"不把知识产权措施变成合法的贸易障碍"的主张。[①] 然而，从 WTO 解密并公布的 TRIPS 谈判过程中的一些文件来看，发达国家与发展中国家在农产品与纺织品贸易上进行谈判并由前者作出"让步"，实际上是发展中国家的一个重大战略失误。这些文件反映的情况实际上是发达国家的步步逼近和发展中国家的步步退让。[②] 这样，在发达国家的强硬坚持和巨大压力下，知识产权的国际协调和保护规则最终作为乌拉圭回合一揽子协议的一项内容，形成《与贸易有关的知识产权协议》。其次，TRIPS 的具体内容体现出了发达国家极力维护其强势地位的用心。比如，尽管 TRIPS 规定了"国民待遇原则"、"最惠国待遇原则"、"透明度原则"等诸多原则，但是却存在着不少问题。一是在 TRIPS 对发达国家和发展中国家的利益协调方面，TRIPS 的确对于发展中国家的利益要求给予了考虑，在一些条款中对发展中国家作出了适当照顾的规定，并努力寻求既注重发达国家利益、又注重发展中国家利益的协调和统一，以至

[①] 参见赵维田：《世贸组织（WTO）的法律制度》，吉林人民出版社 2000 年版，第 397 页，转引自曹世华：《后 Trips 时代知识产权前沿问题研究》，中国科学技术大学出版社 2006 年版，第 334 页。

[②] 参见王火灿：《WTO 与知识产权争端》，上海人民出版社 2001 年版，第 244—250 页，转引自曹世华：《后 Trips 时代知识产权前沿问题研究》，中国科学技术大学出版社 2006 年版，第 334 页。

于被发达国家的一些学者赞许为"乌拉圭回合最令人惊喜的成功之一"①,但是更多的还是反映了发达国家的愿望和要求。很多发展中国家的知识产权制度则面临 TRIPS 的巨大挑战,表现出极大的不适应。二是在 TRIPS 的执行方面,虽然 TRIPS 在执行时间上给予了发展中国家一定的推迟,但是发展中国家并不可能在数年内就可以从经济技术上赶上发达国家。由于 TRIPS 缺乏 GATT 中所具有的对发展中国家的优惠待遇,从而会形成一种发达国家与发展中国家竞争甚至对立的局面。而发达国家在经济全球化进程中倚仗技术垄断地位、在国际技术转让中向发展中国家提出一系列限制性商业条款和不合理要求等诸如此类的滥用知识产权的行为,TRIPS 也几乎没有什么实质性的约束力。三是在争端解决方面,从 WTO 体系内二十余个有关知识产权的案件情况来看,无一不与美国有关,而且同样是发达国家占据了绝对的优势地位,发展中国家则一直处于被动的状态。

第二,由发达国家掌握国际知识产权规则"话语权"的格局没有改变。发达国家和发展中国家在国家经济、科技发展水平方面的不平衡,是导致知识产权法律意识及其制度规范产生差异的根源。而这种差异必然会进一步扩大经济、科技发展水平的差距,从而转变为国家之间现实利益的全方位冲突。当今世界,从总体上来看,90% 的知识产权属于发达国家,高新科技、特别是能够转化为生产力的高新科技仍然主要掌握在发达国家手中;发展中国家掌握的知识产权则很少,特别是核心技术就更少。对于拥有绝大多数知识产权的发达国家来说,如果其知识产权得不到保护或得不到充分保护,必然是对其国家利益的重大损害;而对于拥有较少知识产权的发展中国家而言,如果其所保护的主要是外国的知识产权,同样也是在维护外国的权益。然而,知识产权在发达国家与发展中国家之间的严重不均衡性,决定了发达国家必然会利用其在经济、科技方面的优势,力求在制定知识产权制度的国际协调和保护规则方面占据主导地位,以有效维护其国家利益。国际知识产权法律制度体系在规则正义上就表现出合理性的渐行渐远,发生"异化",其注重的是对知识产权的垄断而不是传播,其根本目的已经不再是鼓励创新,而是维

---

① 参见〔美〕约翰·H. 杰克逊:《世界贸易体制》,张乃根译,复旦大学出版社 2001 年版,第 339 页,转引自曹世华:《后 Trips 时代知识产权前沿问题研究》,中国科学技术大学出版社 2006 年版,第 335 页。

护发达国家尤其是其跨国公司对知识的垄断权利。用表面上民主、平等的谈判和协商，暗地里通过经济霸权相威胁的手段将发达国家的标准强加给发展中国家，造成实质上的不平等。以牺牲发展中国家的发展和参与全球竞争的能力为代价最大谋求发达国家自身的暴利。只要发达国家在制定知识产权国际协调和保护规则上的"话语权"优势不被根本性动摇、发展中国家的利益没有可靠保障的局面得不到改善，那么国际知识产权法律制度的发展前景将不会是令人鼓舞的。

第三，发达国家利用知识产权制度这一手段推行强权政治的趋向越来越明显。以知识产权制度为砝码，推行强权政治的趋向实际上在20世纪的六七十年代已经有了端倪。当时，发达国家对未实施专利法的国家降低或撤销贸易优惠、进行严厉的强制性制裁的做法，引起了发展中国家的极大不满。为此，以巴西、印度为代表的发展中国家于1961年在联合国大会上首次提出了修订《巴黎公约》的建议，以修订和"软化"知识产权的国际条约体制。之后，又以联合国贸发会议为媒介，要求审议技术转移方面的基本准则。在此期间，发达国家与发展中国家的外交活动和多边交涉十分频繁，斗争也非常激烈。终于在1976年，由WIPO和巴黎联盟批准成立的"修订《巴黎公约》特别专家小组"通过了《修订巴黎公约目标宣言》。该宣言为修订《巴黎公约》确定了六项目标，其中包括：促进发展中国家的科技发展，并在公正合理的条件下改善技术转让的条件；保证各种形式的工业产权的主旨都是促进经济发展，保证不同工业产权保护制度的国家间的合作；等等。根据该宣言，WIPO总干事还起草了修订《巴黎公约》的修正案和新的建议条款。然而，由于以美国为首的一些发达国家的阻挠，加之发达国家与发展中国家之间的分歧难以消除，发展中国家修订《巴黎公约》的努力最终搁浅。之后，美国等发达国家即开始把知识产权纳入到乌拉圭回合的谈判当中。到了20世纪90年代，以美国为典型的少数发达国家更是利用经济乃至军事优势，用其国内法对发展中国家横加干涉和制裁。以中国为例，仅仅在20世纪90年代，中国就与美国发生了三次知识产权保护方面的冲突。中国与美国之间在社会制度、意识形态以及经济与科技发展方面的差异，使得两国在知识产权保护的问题上自然会存在着分歧和争议。但是，美国不顾中国在知识产权保护方面已经取得的明显进展和中国作为发展中国家的事实，根据"特别301条款"，于1991年4月26日单方面将中国列为没有对美国知识产权提供充分有效保护的"重点国家"。美国指责中国的专利法不保护药品和化学品;对计算机软件、音像制品的版权保护不力,每年给美国造成巨额损失,并宣布于当年的11月26日决定是否进行贸易报复。在随后进行的艰难的中美知识产区谈判中,我国坚持摆事实、讲道理,同时做了必要的让步,也使美国做了一些让步,最终在1992年1月17日达成了《中美知识产权谅解备忘录》。在备忘录达成两年以后的1994年2月,美国再次以中国"保护知识产权不力,侵权行为失控"为由,又威胁进行贸易报复,甚至在同年的12月31日公布了对华贸易报复清单。针对美国方面的强横和无理,中国也同时公布了对美反报复清单,中美贸易大战一触即发。1996年4月30日,美国又以中国对知识产权保护不力为由,将中国列为该年度唯一的"重点国家",双方又面临着贸易大战的威胁。最终,这两次知识产权保护的冲突仍是通过两国的谈判得到解决。显而易见,中美的三次知识产权冲突,都是美国蓄意挑起贸易争端、推行强权政治的后果,充分暴露了美国意图在中国获取更多更大的经济和政治利益的用心。此类举措,也给包括中国在内的广大发展中国家带来了更深的伤害。然而,要让美国不再使用"效果"如此之好的"特别301条款"、放弃单边贸易制裁的"大棒",没有多种制约机制的作用,在短期内是无法实现的。今后,对于以美国为代表的发达国家在全世界范围内推行知识产权领域的强权政治这一动向,更应当保持必要的关注和警惕。

  第四,国际知识产权法律制度更多地偏向私人垄断利益和较少地关注全球普遍利益。随着经济全球化的进程和科学技术的迅猛发展,知识产权成为各国参与市场竞争的"本钱"和目标,知识产权国际保护的标准也日益提高,主要表现为知识产权的国际保护已经开始考虑更多的权利客体和保护内容。比如,在计算机程序上适用版权保护和专利保护,对药品给予专利保护,以及不断创设植物新品种权、集成电路布图设计权等新的权利。归根结底,这些变化反映了国际知识产权法律制度在其动态发展过程中,知识产权私人垄断利益的日益扩张和知识产权制度的日益强化。但是,这种扩张和强化的最大受益者并不是占世界绝大多数的发展中国家和不发达国家,而是少数的发达国家,包括其跨国公司。同时,发达国家还强调,知识产权人行使其权利的自由和对利益的享有不应受到任何限制,并通过不断提高保护标准有意将其发展成为一种绝对至上的权利。这种权利的行使可以无视全人类的公共利益，即使尸横遍野、饿殍满地也不能对知识产权人享有的私权有任何减损。以追逐私益为重心的功利主义或许正是国际知识产权法律制度会产生这种状况的主要原因，它已经偏离了制度设计者们所追求的理想状态，而成为私益追逐者的有力工具。① 由此，国际知识产权法律制度在实现知识产权国际保护的过程中，就突显出其与经济全球化条件下产生的全球普遍利益（特别是发展权利、生态权利、环境权利等）之间越来越多的冲突，与其他权利之间的矛盾难以调解。特别是在经济全球化的今天，知识产权制度设计日益细密，知识产权的国际保护与人权、可持续发展等问题之间的关系已经成为相关学科的前沿研究议题。

由此看出，全球知识霸权实际上是发达国家凭借其经济、科技实力上的优势，将符合自身利益的知识产权制度纳入知识产权国际条约，并强加给全世界，并处处压制其他国家知识产权的发展。所谓敦促发展中国家知识产权发展不过是敦促发展中国家以更完备的知识产权保护制度去保护发达国家的知识产权，而却暗地里处处压制发展中国家开发、申请自有的知识产权，通过向发展中国家进行技术转让从而获得高附加值。我国作为发展中国家，目前还无法与发达国家进行全方位的特别是经济实力上的抗衡，我国在将知识产权国际条约规定的义务与我国的实际情况相结合，完善自身的相关法律制度中，常常陷入被动与弱势的地位。也就是说，我国始终处在追赶知识产权国际保护标准的地位和巨大的压力之中，这种状况既有可能对我国的具体国情与相关国际义务的"兼容性"缺乏细致、充分的考察，难以实现趋利避害；又有可能使我国的知识产权法律制度无法自主地按照我国实践的需要，在协调各方面利益和关系的基础上，走循序渐进发展的道路，在相当长的时期内，我国在此领域的弱势地位难以根本扭转。从推进我国知识产权法律制度的艰巨性角度而言，或许，这就是最大的困难因素。②

---

① 参见冯洁涵：《全球公共健康危机、知识产权国际保护与WTO多哈宣言》，载《法学评论》2003年第2期，转引自曹世华：《后Trips时代知识产权前沿问题研究》，中国科学技术大学出版社2006年版，第339页。

② 参见黄真伟：《论经济全球化进程中的国际行为准则新变化与中国"入世"后知识产权法律制度建设》，华东师范大学博士论文，2005年，转引自曹世华：《后Trips时代知识产权前沿问题研究》，中国科学技术大学出版社2006年版，第339页。

除了利用《TRIPS 协议》外，美、欧、日等国继续利用 WIPO 推动各国知识产权制度进一步协调、统一，使其向发达国家的标准看齐。世界知识产权组织于 1996 年缔结了两个互联网版权条约，以强化数字时代的版权保护；于 2000 年缔结了《专利法条约》，以统一各国授予专利权的形式和程序性条件，2006 年又进行《实体专利法条约》的制定，以统一各国授予专利权的实质性条件。进一步强化知识产权保护，压缩 TRIPS 协议留给各国的自由选择空间。

另外，发达国家正在加紧推动"世界专利"的进程，逐渐吞噬各国独立授予专利权的自由，消解各国针对同样的发明可以自行决定是否授予专利权以及授予具体何种保护范围的专利权的决定权。"世界专利"欲由一个国际组织或某几个国家的专利局统一授予专利权，在世界各国均能生效，各国不再进行审批，这种"世界专利"制度显然对发展中国家不利。早在 20 世纪末，有学者就提出了建立全球性专利制度的新设想：以三大专利局（美国专利局、欧洲专利局、日本特许厅）为基础，建立专利网络即 WEB 网站，建立协作检索审查制，其他专利局充分承认它们的审批结果，从而使专利制度的用户费用降低、专利授权质量改进、专利信息的传播进一步改善、专利审批的周期缩短。[①] 日本特许厅在其"2005 年专利政策"之"知识产权全球化政策"中亦明确了通向"世界专利"的三个步骤：签订专利条约，实现实质性和程序性要求的协调；促进与发展中国家的合作，帮助发展中国家切实保护知识产权；促进专利申请的全球化。这些方案在近几年已经有了实质性推进。[②] 而如果这样的"世界专利"一旦推行，则我国将更如被卸了闸门，外国的知识产权必然会如蝗虫群般呼啸而来，在知识经济时代最为重要的高新技术领域，20 年的专利保护期限已超过技术生命周期，这让国内的自有知识产权发展没有任何空间和余地。

而在全球知识霸权横行的境况之下，我国的自有知识产权也呈现出疲软匮乏的状态。我国大部分企业没有自己的知识产权，一部分企业在进行仿冒制假，一部分企业在进行贴牌生产，一部分企业花费巨额资金购买外国可能已经落后的技术，只有一小部分企业在默默和偷偷研发自己的知识产权却还

[①] 参见〔美〕沃伦·鲍威：《世界经济自由化及一体化与知识产权国际化的关系》，载《面向 21 世纪知识产权保护制度国际研讨会文集》，1998 年 10 月，北京。

[②] 参见刘华：《知识产权制度的理性与绩效分析》，中国社会科学出版社 2004 年版，第 90 页。

被外国行业巨头扼杀在摇篮里。在 2004 年 5 月 26 日进行的第七届科博会"知识产权论坛"上,有专家指出:"一个缺少专利、没有专利战略的企业乃至国家工业,就如同坐在一个暂时沉默的活火山上,危机随时都可能爆发"。

我国自有知识产权保护力度不够,也是我国自有知识产权匮乏的另一个原因。我国的发明虽然浩如烟海,但是专利申请却寥若晨星,很多成果被外国人抢先注册。

3. 发展的迷茫:依附国际标准与知识产权社会自塑性发展的矛盾

中国的知识产权发展必须首先依附国际标准,这是个不得不面对的问题。因为知识产权的国际保护的发展,使国际标准成为中国标准。

知识产权的国际保护,首先是指参加了知识产权国际公约或缔结了知识产权双边条约的国家,如何以国家的"公"行为(如立法等)去履行自己参加或缔结的国际条约义务。这首先要使本国国内法至少达到国际条约的"最低要求"。这完全是国际公法问题。有人不承认"国际标准"存在的主要原因,是他们错误地把知识产权国际公约中的一切,当成"国际标准",甚至认为某个大国所要求的,就是人们常说的"国际标准"。这是一种误解。国际公约的条文分为实体和行政两部分,实体部分又分为"最低要求"条款、"可选择条款"。行政条款是与公约国必须承认的。实体条款中,只有"最低要求条款"才属于知识产权保护的"国际标准"。当然,也有个别人主张连最低要求,我们也没有必要去照办。按这种主张,我们就根本没必要参加任何知识产权国际公约(参加了,又不执行最低要求,岂不是直接违反国际法的起码原则)。实际也是主张回到改革开放之前去了。这将不被大多数国人所接受。① 当然《TRIPS 协议》的签订和实施实际上将国际标准无可选择地强加和拔高了。

问题的症结不在于知识产权制度要不要,而是由于这一带有国际标准性质的制度被在这个问题上比较具有优势的国家所利用,而成为其钳制劣势国家的工具。

然而,知识产权同时也在进行社会自塑性发展。这一方面体现在,知识产权诞生之初,有着当时的时代背景,然而由于其本身的发展和社会外因的

---

① 参见郑成思:《知识产权论》,法律出版社 2001 年版,第 433 页。

影响，其本身已突破原有的本质，知识产权出现变异的危险，本来是为了鼓励知识的增长，但现在却出现阻碍知识增长的趋势，这种由于资本无限积累和扩张造成知识产权社会自塑性发展成为世界各国开始质疑知识产权本质及意义的导因。另一方面，进入21世纪，社会的发展速度已经超出了人类的控制和预期，各种新的情况不断产生，如各种新的"知识产权性"客体不断涌现、各种新的知识产权"时髦元素"不断产生，而且如地域性特征明显的"地理标志"和"传统知识"这些知识产权诉求的扩张，导致知识产权发展迅速冲破国际标准，有迫切需要个性发展的需求。

我国也同样有这样一种矛盾冲突存在，是老老实实地按照国际标准，按部就班地与国际标准接轨，还是遵循知识产权社会自塑性发展的规律，走一条自己的道路，这成为困惑知识产权发展道路的一个矛盾。

4. 理论的空虚：知识产权研究热门与基础理论欠缺的矛盾

从清末开始，知识产权就作为一个"热门"话题，在中国学界被广泛讨论。

在20世纪曾经掀起3次知识产权研究"热"：第一次是1979年中国首次与美国签订《中美高能物理协定》及《中美贸易协定》后，中国学界开始琢磨这个陌生的新鲜事物。第二次"知识产权热"是1991—1992年中美知识产权谈判后，不仅中国学界而且中国国家领导层都开始普遍重视知识产权问题。第三次"知识产权热"是1995—1996年中美知识产权谈判中及谈判后。中国学界在这个阶段都是在进行补课。

而至21世纪，中国学界对知识产权已不陌生，而且开始进行中国知识产权战略分析以及知识产权基础理论方面的研究。也分别出现两次高潮：第一次是2001年中国加入WTO签订《TRIPS协议》之前后，第二次是中国2005年中国知识产权战略的制定和建设创新型国家的提出。

知识产权已经明显成为社会科学中的显学，研究者众、研究成果巨，从查询中国国内比较权威和完备的中国期刊网统计数据来看，也能证明这样一个结论：以知识产权为主题进行研究的作品非常繁多，从资料搜集的过程中发现，2003年共1124篇，2004年共1218篇，论文讨论的问题集中在中国入世后，如何应对TRIPS协议；2005年是知识产权理论界最热闹的一年，共1626篇文章，而且多是从知识产权整体的宏观角度所进行的研究；而在2006

年和2007年，对于知识产权的研究开始转向具体的知识产权尤其是新兴知识产权的研究上，如非物质文化遗产的知识产权，计算机软件方面的知识产权，植物新品种、医药等方面的知识产权问题，还有就是数字化时代知识产权的保护问题，2006年共2000篇，截至2007年7月统计共366篇。从1999年到2007年以"知识产权"为主题的硕博士论文共1424篇。但从1994年到2007年，以"知识产权法哲学"为相关主题的论文仅42篇。所以，中国的知识产权研究只处于初级阶段，而中国的知识产权法哲学研究只处于起步阶段。中国知识产权法学研究领域研究热门但论题重复且基础理论欠缺的现象十分严重。当然，也有不少学者开始转向对知识产权基础理论做根本上的研究，其中包括经济学家，也包括法学家等。也有不少学者试图从法哲学的角度来探讨和解决这一问题，如冯晓青教授的知识产权利益平衡理论，吴汉东教授以法哲学家的眼光对知识产权所做的分析，曹新明教授以重构知识产权为视角对知识产权进行的法哲学反思，李扬教授对知识产权的合理性问题进行的比较系统的分析等。但是相对来说，中国知识产权基础理论研究还太少，而且还比较幼稚和基础，这种毫无反思地对制度本身进行的研究不能说毫无意义，但至少不是在从根本上解决中国知识产权内在的问题，这种理论空虚的状态必定不能为中国知识产权发展提供有效的理论支撑。

正如李琛教授所言，"知识产权法学是这样一门奇怪的学科：充斥着有关基础概念的争议，甚至连'知识产权'本身的定义都众说纷纭；知识产权的民事权利之身份得到承认，却一直游离于民法学的研究视野之外；基础理论极为贫弱，细节研究却异常繁荣，多数学者都沉醉于技术发展、国际协调带来的热点问题。我们看不到知识产权法学的存在，只有知识产权法。没有概念与逻辑体系的支撑，何来'法学'？……知识产权学者只剩下一件事情可做：等待与国际接轨"。①

中国知识产权发展到了要深刻反思的时候了，如果我们不进行反思地盲目发展，我们将不知道发展的方向，如果我们不了解中国知识产权发展的困境，我们就不会去找到导致困境的原因，而如果我们不了解造成中国知识产权发展的困境的原因，我们就不能找到解决困境的正确方法。正如邓正来先

---

① 参见李琛：《论知识产权法的体系化》，北京大学出版社2005年版，前言第1页。

生所说:"我认为,不知道目的地,选择走哪条路或确定如何走某条路都是无甚意义的;然而,不知道目的地的性质,无论选择哪条路还是确定如何走某条路,却都有可能把我们引向深渊。"①

三、中国知识产权发展困境的原因分析

(一)法律移植与中国知识产权文化土壤的缺失

在中国的文化中,不是缺少培育发明的土壤,而是缺少发明与资本结合的土壤。所以,火药在西方启动了枪炮霸权的航程,而在中国则开创了烟花绚烂的盛世。

作为舶来品的中国知识产权是法律移植的产物,而中国缺乏知识产权发展的本土文化土壤,中国的知识产权制度和现实文化土壤存在着严重的冲突和力量的博弈。它有点类似于旧社会的包办婚姻,媳妇不是自己愿意娶得,那么自然会爱理不理、百般排斥,这种没有爱情的婚姻自然也不会有幸福可言。同样,这种没有文化土壤的中国知识产权制度也必定会岌岌可危、形容可怜。

自近代,中国的知识产权制度就是一种受外国力量主导而被迫建立的外生制度,这种外生制度与原有制度及主流价值发生极大冲突,没有任何本土化的理论基础。当时,关于版权问题,中国国内也形成两派观点,反对论者以官方的张百熙和民间的蔡元培为代表,他们认为若保护版权必定使书价上涨,穷苦的人会因此而读不起书,不利于中国文明的发展。赞成论者以严复为代表,认为作品的创作花费了作者的智力劳动,如果不保护著作权,西方进步的书籍将不会进入中国市场,不利于中国民智的开启,从而影响中国现代化的进程。在列强以武力相威胁的谈判桌上,中国的谈判官员通过努力将版权保护的作品限制在"专供华人之用"的范围。②

---

① 参见邓正来:《中国法学向何处去——建构"中国法律理想图景"时代的论纲》,商务印书馆2006年版,第1页。

② 参见李雨峰:《思想控制与权利保护》,2003年西南政法大学博士论文,第4—5页,转引自曹世华:《后Trips时代知识产权前沿问题研究》,中国科学技术大学出版社2006年版,第52页。

可见，不论有利于中国与否，中国知识产权的建立和发展势在必行。中国也是在不断谋求这种"外国人的洋玩意儿"的知识产权能对中国的百姓有些丝益处。当知识产权让老百姓吃尽苦头的时候，民众普遍众意性侵权违法导致的前提存在着对知识产权正当性的质疑。

梁漱溟在《东西文化及其哲学》中曾将中西方文化归结为两条不同方向的道路，"假使西方文化不同我们接触，中国是完全闭关与外间不通风的，就是再走三百年、五百年、一千年也断不会有这些轮船、火车、飞行艇、科学方法和'德谟克拉西'精神产生出来。这句话就是说：中国人不是同西方人走同一条路线。因为走得慢，比人家慢了几十里路。若是同一路线而少走些路，那么，慢慢地走终究有一天赶上的；若是各自走到别的路线上去，别一方向上去，那么，无论走多久，也不会走到那西方人所达到地点上去的"！①

汤因比指出："某一文明在向外扩散或发射光辉的时候，外族文化首先要受到它的经济因素的影响；其次是政治因素的影响；第三才是文化因素。"②

余时英在论及中国近代化这一历史变迁过程时也曾指出："中国文化与现代生活不是两个互相排斥的实体。中国文化在现代发生了前所未有的剧烈变动，而西方现代文化的冲击则是这一变动的根本原因……非常粗疏地说，文化变迁可以分成很多层：首先是物质层次，其次是制度层次，再其次是风俗习惯层次，最后是思想与价值层次。大体而言，物质的、有形的变迁较易，无形的、精神的变迁则甚难。"③

1. 中国民众对知识的认识

中国人重视知识，这是毋庸置疑的，中国五千年的文明可以证明中国人不仅重视知识而且擅长创造。然而中国人不认为知识可以独占，不认为知识是财产权，不认为学习和借鉴他人知识是冒犯他人的行为，也不认为他人学习和借鉴自己的知识是对自己的侮辱和侵犯，反而自鸣得意，中国自古做文章擅好"引经据典"由此得以传承传统经典文化，中国自古喜欢无偿传授自己的先进文化并引以为豪。

---

① 转引自梁治平编：《法律的文化解释》，生活·读书·新知三联书店1994年版，第35页。
② 〔英〕汤因比：《历史研究》（下），上海人民出版社1986年版，第462页。
③ 参见余英时：《从价值系统看中国文化的现代意义——中国文化与现代生活总论》，载《文化：中国与世界》（第1辑），生活·读书·新知三联书店1987年版，第88页。

不说中国，单说知识。如果说创造是人类社会不断推陈出新的源泉，则模仿是人类社会持续稳定发展的根本。从人类产生之初，就是通过不断地模仿，从而实现人类社会的生存和进化。从根本上说，模仿是人的天性，人本身从婴孩成长成人，即是从模仿开始，如果杜绝模仿，则人无从成人。正是有了人类文明的不断传播和模仿，才有了而今如此大的进步。中国人就是这样认为的，只有模仿，才有创造。知识应当给予人类这种充分共享的自由。

2. 中国民众对知识产权的认识

中国知识产权在中国的建立，只是在官方、企业和理论界产生了较大的影响，而对中国民众，中国知识产权制度形同虚设，老百姓既不了解也不想去了解，知识产权成为精英们的事情，无关乎老百姓。

对于老百姓而言，知识产权盗版运动，掀起了"全民潮流文化运动"。人们的世界名著阅读量空前、人们的电脑知识普及率迅速、人们手机拥有率达到世界前列、人们品牌认识达到妇孺皆知"LV"的程度，人们得意和得益于盗版。这从一个侧面说明知识产权的垄断导致文化资源的垄断，造成无形的价格歧视，将民众阻挡在新文化之门外。

同时，文化平民化运动，代替了传统的传播方式，以p2p形式形成知识传播的新渠道，这无疑使传统的控制着传播权的机构产生巨大的冲击，而在此期间，知识产权人并非没有从中受益，网络歌手、草根明星不断涌现也正是这场新文化运动的产物。假名牌也同样增加了普通民众的幸福感。

人们眼中只有充斥眼球的知识产品，而没有呼天抢地的知识产权。经济成本和性价比是造成侵权的主要原因，一些知识产品的价格定位过高，忽视消费者的承受能力，一味地强调公众的侵权损害，却无视公众的合理利益要求。从而导致部分民众对知识产权产生反感和矛盾心理，并直接导致民众普遍众意性侵权的发生。

此外，民众的知识产权常识严重缺乏。由于知识产权的法律常识普及不够，人们对知识产权的性质和基本特点，缺乏应有的理解。作为知识产权的侵权者，因对行为的违法性质缺乏认识，心理上也就不会存在自我道德谴责；作为知识产权的权利人，自我保护意识也相对淡漠，不懂得利用法律手段积极主张和维护自己的权利。这些问题的存在，不仅容易诱发侵害行为产生，而且一旦发生侵害之后,也难以进行有效的查处。①

为什么财产权能得到普遍认同并最先确立,然而知识产权却经历了漫长的过程?其中的原因是什么?这势必存在一个心理认同的问题,证明在中国及中国之外民众心中普遍存在着不承认知识产权权利性的观念。

而中国知识产权体系建立的过程:商标法(1982)——专利法(1984)——著作权法(1990),也反映了中国对每项权利的认知程度。中国民众显然认为商标法最为有理,中华自古"老字号"传统可见对商标还是有很大认同度的。而专利,一方面是因为我国专利领域太贫瘠,而且搞不懂发明为什么要申请专利,中国四大发明都白白给你们用了,今天怎么对我讲专利?!而著作权就更不可思议了,文化最重要的就是传播,如果版权控制得那么严,谁有那么多钱去买书看?!

有太多中国民众想不通的,然而知识产权就是这么样就来了,没有办法,只好"上有政策,下有对策"、"明修栈道、暗度陈仓"。

3. 中国的传统文化观念

(1)家族式和分享式文化观念

中国自古是个宗族社会和熟人社会,这造就了中国的家族式和分享式文化观念。在家族内部毫不吝惜地分享和奉献自己的一切。

而中国传统的家族分享文化造成了对知识的占有欲不强。个人领域与公共领域、私域与公域界限模糊,利他行为盛行,如好请客、隐私权不重视都是一个侧面的说明。中国的"你—我"观念不像西方那么根深蒂固,"私"在中国并不是一个非常神圣和界定明确的词语或观念。所以,在中国,私权是罕见的、私法是空白的,而知识产权作为一种私权,也从未进入中国民众的思维和道德范畴。

同时,中国的传统知识文化是注重精神利益和集体主义精神。知识创造者往往看重的是创造知识所带来的名,而并不强求创造知识能带来利,注重知识创造所带来的精神利益,同时希望自己创造的知识能为社会或国家做出贡献。

---

① 参见赵秉志、张远煌:《我国侵犯知识产权违法犯罪的现状、原因及对策思考》,载吴汉东主编:《中国知识产权蓝皮书》,北京大学出版社2007年版,第282页。

由于传统上中国对知识的基本理解是：知识私有是错误的，因为知识本属于劳动大众，应该将知识奉献于人民。由此，无偿宣传、传播知识，在道德上被视为一种美德。基于这样的传统心理，国人习惯于知识的共享，而对智力成果的私有和自由使用的限制则感到不可理解。有了这种心理基础，"借用"或模仿他人的专利或商标，就缺乏应有的违法性认识。这样一来，只能是政府高喊保护知识产权，而民众依然我行我素。

(2) 中庸型和保守型文化观念

中国固守传统的文化观念也是造成中国知识产权发展缓慢的原因。中国人深受老子"无为"思想的影响，崇尚中庸和保守，不愿意革新，喜欢遵循先例。因循守旧的趋同心理根深蒂固。因而，中国自古对科技发明之类并不十分推崇和鼓励，而是更愿意采用祖宗传下来的方法进行生产和生活。知识产权所体现的社会的精细分工和独创精神，而传统的强调趋同、贬斥独创性的趋同心理，对知识产权保护具有严重的销蚀作用。而且中国古代一以贯之的"重农抑商"政策，使能够产生技术革新的土壤无法生成。这种中庸型和保守型的文化观念也是民众对知识产权排斥的一个原因。

另外，儒家大一统思想，自诩"自我中心"，崇尚以己为尊、蔑视和抵制西学，不像日本则是典型的拿来主义。日本的依田熹家指出，日本的文化形态是并存型的（什么都可以），中国的文化形态则是非并存型的（非什么不可），因此，在摄取文化的形态上，就相应地表现为，日本是全面摄取型，而中国则是部分摄取型。①

(3) 从众型和求同型文化观念

"患寡而不患均"的平等观念在中国非常牢固，中国人喜欢从众和求同。而结果均等的传统文化观念并没有随着市场经济的推进而发生根本改变。这种均等心理与以优胜劣汰为法则、以获取最大利润为导向的市场经济相结合，很容易产生畸形的搅局心理。一些企业只要看到其他企业因招牌好、技术先进、产品畅销而获得丰厚利润，就跟风而进，使凝结着巨大智力劳动的知名品牌、先进技术和工艺被普遍地冒用或盗用。这种侵权行为，又不时在"促

---

① 参见〔日〕依田熹家：《日中两国现代化比较研究》，卞立强等译，北京大学出版社 1997 年版，第 49 页。

进地方经济发展"的旗帜下,得到某些地方政府的容忍甚至纵容。在这种背景下,再好的知识产权保护制度也难以真正发挥其效能。

从企业自身来看,一是存在非理性的同业竞争。其典型的形式就是:相同或相似的产品扎堆前进,相互交叉,最后只好拼价格。胜者得以继续前行,败者要么退出市场,要么"傍"名牌、偷技术以苟且偷生。二是企业因视野短浅而抵制新技术,拱手将市场让给造假者。在市场这支无形之手的干预下,政府颁布的禁止盗版的规定也就形同虚设。

从管理层面来说,领先技术,往往一时难以被确立为行业标准。相关职能部门优先考虑的不是技术或工艺的先进性,而是同类企业的共同生存问题。这种保护落后、挤压先进的管理观念与体制,成为制约企业自主创新动力、催生和强化冒用他人品牌、盗用他人技术心理的制度性因素。

中国的传统文化观念造成了中国民众对知识和知识产权有着与知识产权本身相悖的认识,这是造成中国民众普遍众意性侵权的根本原因。

(二) 知识产权自身的内部矛盾

作为一个人造物,知识产权本身是一个矛盾的集合体,它可能在制度创制和实施之初能够与当时的时代背景相适应从而对社会起到比较大的作用,而在当前全球化和信息化的时代,这些矛盾冲突变得不可调和,知识产权有一个异化的危险,它在促使知识创造不断繁荣的同时,可能会突破制度本身原有的初衷,而变成难以为制度制定者控制的具有侵害性的东西。从当前阶段分析,知识产权自身有着如下这些内部矛盾,而这些矛盾可能是造成中国民众对知识产权不支持、不信任、不尊重的原因。

1. 知识产权与公共利益的冲突

"公共利益"是一个古老的法律概念。在古希腊特殊城邦制度中即存在着一种整体国家观,与国家整体观相联系的是具有整体性和一致性的公共利益。公共利益被视为一个社会存在所必需的意愿的抽象价值,是全社会成员的公共目标。公共利益可以看成是不特定的个人可以同时享有的一种利益,是一个特定的社会存在和发展所需的、该社会群体中不确定的个人都可以享有的社会价值。①

公共利益与个人利益有一种辩证统一关系。马克思指出:"共同利益恰恰是只存在于双方、多方以及存在于各方的独立之中。""共同利益就是自私利益的交换。"②"公共利益这种良好愿望本身就包含着这样一种含义,即多数人的利益高于个人利益,任何一个公民都应当为了全社会的共同利益而放弃个人私利。"③

知识产权制度的初衷是通过个人利益的刺激来实现公共利益,如《美国宪法》的知识产权条款"通过确保作者和发明者对其创作和发明的有限期的保护来促进科学和有用艺术的进步",知识产权所服务的共同目标是促进科学和有用艺术的进步以及促进思想有效、自由的流动,这实际上反映了知识产权立法作为制定法的创造,它是实现公共利益政策目标的手段。然而知识产权中的基本矛盾却是知识产权的专有性与社会公众对知识产品的合理需求的公共利益之间的矛盾。知识产权从一个特定的阶段开始,对这个阶段之后创造知识产品的人赋予专有权,即垄断权,别人使用其知识产品或别人使用自己的与知识产权人相似的知识产品,都是要付费的,而且,随着知识产权的扩张,知识产权的覆盖面和法域力在不断地加大,几乎遍及人们生活的每一个角落。然而人们对知识的需求如同对空气的需求一般,可能随到之处,都会触及到别人的知识产权,那么人们有能力支付这么多的费用吗?回答当然是否定的;那人们可以不用这些知识产权吗?回答依然是否定的,因为人们迫切需要。

需要指出的是,知识产权是少数人的权利,因为能创造和拥有知识产权的人少数,而在知识产权资本化之后,只有拥有资本的人有能力去创造"社会认可"的知识产权,也只有拥有资本的人有权利控制和引导那些被"社会认可"的知识产权,因为实际上,它在控制着消费群体的消费取向。例如,它说永和豆浆没有技术含量,而肯德基拥有绝密配方,结果大人小孩都热衷于手持汉堡和可乐并依赖于这种消费模式;它说三鹿奶粉有三聚氰胺,而雅培奶粉营养丰富,结果中国奶粉业一夜之间轰然倒塌,人们立即转向价格高昂的外国奶粉;它说传统知识不具备知识产权性、而专利是人的智慧创造神

---

① 参见麻宝斌:《公共利益与公共悖论》,载《江苏社会科学》2002 年第 1 期。
② 《马克思恩格斯全集》(第 46 卷 上),人民出版社 1974 年版,第 197 页。
③ 参见吉利恩·达维斯:《权利集体管理中的公共利益》,载《版权参考资料》1990 年第 2 期。

圣不可侵犯。当然，这种控制是通过潜移默化的文化渲染而进行的。

知识产权与公共利益的冲突，能否内部纠正？姜奇平先生提出了他的看法：如果知识产权法只有经过"外科手术"，即通过垄断法、反不正当竞争法、信息公开法、消费者保护法和一系列政策与之制衡、纠偏，才能维护社会公正。那它就没法作为一个独立的法，用来判断是非了。

能不能通过对知识产权施以"内科手术"解决它与公共利益的冲突呢？我们可以探讨一下这个问题。

首先，知识产权的法哲学基础，需要重新审视。

现有的知识产权，它的法哲学基础，还是传统的亚当·斯密式自由竞争哲学。它从法理的根子上，是从个人利益这个单一维度，向公共利益的方向上推。但没有为公共利益设计一个独立的维度。

正如杨明在《知识产权与反不正当竞争中的利益衡量》中指出的："虽然知识产权的取得意味着权利人获得一定程度之垄断地位，但这是社会公共利益所做出的让步，以鼓励技术创新，权利人在行使权利时仍要注意与社会公众之间实现利益平衡。"

我们发现，解决办法是，从自由这一个维度，调整为加上秩序这个维度。

艾哈德将社会市场经济归结为"自由"+"秩序"，他说："社会市场经济建立在自由和秩序的原则基础之上，它们结成一个不可分割的整体；因为，自由不可能存在于那些没有稳定秩序的地方，在那里，自由有堕入混乱的危险，而秩序也不可能存在于那些没有自由的地方，在那里很容易导致残暴的强制"。

其次，知识产权要建立在私人利益与公共利益的相互制衡基础之上。

杨明提出在知识产权法内部设立"权利滥用禁止请求权"来解决矛盾。具体来说，所谓内部限制，我们认为是指，当发生知识产权滥用的行为时，通过在民事权利体系中（知识产权当属民事权利无疑）为该行为之受害者设置"权利滥用禁止请求权"，在知识产权法内部即对受害者的利益进行救济，同时也达到限制权利滥用这一不正当竞争行为的目的。而且，从欧洲各国的反不正当竞争立法实践来看，"在制止不正当行为中，有关市场参与人的个人控告不可或缺"。知识产权滥用行为的发生，使得权利人与被许可人、从事相关技术开发的竞争对手，以及社会公众之间发生利益冲突；由于知识产权人是对其垄断地位的违法利用，利益衡量的结果是，法律应当偏向后面这三类主体的利益。作为知识产权滥用的受害者，他们的利益要受到法律保护，当然应赋予这些利益以法律支配力（这正是权利本质的必然要求）。这样，二者的结合即产生了权利——"权利滥用禁止请求权"。可以说，为知识产权滥用之受害者设置该项请求权，正是利益衡量的结果。

"权利滥用禁止请求权"，实质是把反垄断法和反不正当竞争法的原则，引入知识产权法内部，仍不能从根本上解决创新的问题。也就是说，解决不了知识生产整体效率与个人效率相矛盾带来的问题。除非用一种更积极的办法，从扩大"合理使用范围"，来补救这个问题。但现实是，知识产权界主流的意见，是向相反的方向修改。因而，知识产权法自我完善，理论上可能，实际上不可能。唯有对它采取"外科手术"一途。①

2. 知识产品本身的非排他性与知识产权垄断的排他性之间的矛盾

知识产品本身的非排他性存在两重含义：其一，同一知识产品可以由很多人同时使用，相互并不受影响；其二，同一知识产品可以由很多人同时或不同时创造，相互并不需互通。

但是，知识产权垄断的排他性阻滞了知识产品本身的非排他性。首先，它授权知识产权权利人唯一的占有、使用、许可其知识产品，如果他人要与其分享这些知识产品必须得到其许可及向其支付费用。其次，它授权知识产权权利人禁止他人再创造和使用与其相同或相似的知识产品，保有其垄断地位。人类思维同自然和社会一样存在着规律性和连续性，而且依赖于思维所处的社会环境，那么同时代人类思维所创造的知识产品必然带有许多同质性，不同时代人类思维所创造的知识产品必然带有许多同迹性。这种垄断从某种意义上是一种无理的专横。如果龟兔赛跑，兔子抢先占据赛道，而因此禁止乌龟使用该赛道，则乌龟不得不寻找其他可能更加崎岖或者临时开辟出一条新赛道，那么乌龟就永远也追不上兔子。

这种矛盾还因为保护期的尴尬而加剧。知识产品同普通商品一样有折旧率，存在着边际效用，同时知识产品也存在等级，而等级以效用价值为衡量。保护期表面上看是对知识产权的限制，然而在时代发展速度日新月异的今天，

---

① 参见姜奇平：《知识产权与公共利益的冲突》，http://www.law-thinker.com，2010-2-17。

过了保护期的知识产权,尤其是专利,已经无多少价值,而是被更先进的技术所取代。已经过时的知识产品其用途有限,所谓的超过保护期而进入公共领域自由使用的知识产权限制其实也被相当长的保护期如"化骨绵掌"般化去了。

3. 知识产权个人享受与知识产权责任社会承担之间的矛盾

任何权利总是伴随着一定的义务而存在的。在创设知识产权机制的时候,我们同样没有忘记给权利人苟以一定的责任。促使知识产品的广泛传播就是其中之一。

我们知道,知识产品本身是可共享的,只是出于保护知识产权人投资的需要,我们才人为地制造了对知识产权接近的稀缺,通过赋予权利人对知识产品接近的垄断权以使权利人得以向使用者收取比边际成本高很多的费用。但是,这种费用的收取不是没有界限的,它在满足权利人收回投资并获得合理回报的同时,还应满足在促进知识产权最大化传播的前提下以对其给出一个合理的定价。否则,知识产品若费用太高而使公众无力购买,则知识产权设立的终极目的,即公众对知识产品最大化消费需求的愿望就无法实现。知识产权的整体目标也将归于落空。因此,对知识产品进行合理定价就构成了权利人与社会公众之间利益平衡的一个重要内容。

知识产品的非排他性,决定了知识产品的公共产品特征。由此决定了两个特点:一是私人部门生产公共产品。过去,公共产品都是由政府通过税收来提供,在知识经济中,出现了由私人部门有权利生产公共产品的新情况。由此带来的新问题就是,与产品公共性对应的公共责任,应当由谁来承担。私人部门如果敢于承担公共责任,才能享有相关垄断利益。但现有知识产权法律,把权利授出去了,但没有规定相应社会义务,导致这块公共利益的维护没有保障,个人创新高效率常常导致社会创新低效率。正是由于知识产权法的市场失灵,带来了政府干预的法律制衡问题,如出台反垄断法等,否则无法全面保障公共利益。二是知识产品研发生产阶段的公共性,与销售服务阶段公共性不同。知识产权对应、涉及了多少公共利益,往往取决于社会对它的认可,而这在授权时是不确定的。事实标准在授权时公共性低,而授权变成事实标准后,公共性提高,甚至造成公众依赖,厂商牟取超额垄断利润,带来社会福利成本的提高。① 这体现出了知识产权个人享有与知识产权责任社会承担之间的矛盾。

自 19 世纪末 20 世纪初以来，在美国等国家，随着新古典经济学派的不断兴起，知识产品被完全当做了商品来看待，它整个地属于了市场，并在根本上服从于了市场分配的效率。在该学派的推动下，知识产权成了对现有知识产品进行直接投资的工具而远非是引导创新和传播的重要手段。在这些古典主义者眼中，它们关注的不是使用者与知识产品创造者之间的动态平衡，而是有买主的创造性知识产品的市场完善。② 这就导致本来是建立在激励主义基础上被视为有限制授权的知识产权，却成为一个服从于分配效率的享有广泛性财产权利的体制。在市场分配效率的要求下，知识产品的价格日益高涨，它已完全超出了公众有支付能力的需求，使得知识产权机制保护权利的目的根本性地落在了满足公众对知识产品最大消费的愿望之外。这种做法同样不能不说是非理性的。在服从于人类至善目的下，尤其是为服务于人类生命延续的需要，知识产权人是完全有责任放弃部分权利以维持人类共同体的持续的，其原因就在于在不同权利的价值序列中生命的尊贵总是要大于财产的显贵的。③ 然而，同样是在知识产权财产权主义的驱动下，美国境内的一大批知识产权人完全背叛了这样的责任和价值精神。1996 年，巴西在面临着艾滋病泛滥的情况下试图通过制定对药品专利的强制许可修正法案以使其国民可获得价格较低廉的相关药品，这不仅遭到了美国药品专利权人的极力反对，而且在制药商的游说下，美国政府甚至提起了对巴西的诉讼，要求宣布巴西修正法案为非法。④ 权利人这种只顾权利的享有而逃避公共责任的做法绝对没有正当可言。

知识产权法给予了知识产权人充分的自由度，而在承担哪些社会责任、如何承担社会责任方面却是不置可否，这些社会责任实际上是社会公众默默承担了，而权利人只是躲在后面偷偷地数钱。

---

① 参见姜奇平：《知识产权与公共利益的冲突》，http://www.it.sohu.com, 2010-3-23。
② 参见李雨峰：《版权扩张：一种合法性反思》，载《现代法学》2001 年第 5 期。
③ 参见黄汇：《知识产权非理性扩张的法哲学解读——基于知识产权与所有权理念差异的视角》，载《西南民族大学学报》（人文社科版）2006 年第 6 期。
④ 参见林秀芹：《专利当地实施要求的法律思考》，载《法学研究》2003 年第 5 期。

4. 知识产权对知识发展兼具激励性和抑制性的冲突

知识产权的发展引导知识创造以追逐利益为唯一目标，以实用主义为主导的知识产权破坏了知识系统的均衡发展，使人类认识世界和改造世界的路径变得短视、狭窄和扭曲，而无法从表达思想和人性发展本身来开发人类的智慧，这有点类似于分数对于教育的影响，本来分数是为了激励学生努力学习，但最后学生被分数所奴役。

知识产权一方面通过以刺激来促使更多知识产品被创造和利用，但另一方面又因垄断导致不能有足够多的人可以有能力通过接触、学习、汲取旧知识而不断创造出新知识，同时旧知识为了保证其"新"也会抑制新知识被创造，至少是抑制他人新知识的创造。这引发知识产权的效益的整体性问题。

如学者欧阳明程指出的："所谓效益的整体性，是指法律把个别主体行为的评价视角从行为主体延展到整个社会，换言之，即将个别主体行为置于整个社会利益中加以认识而得到的肯定的评价。在传统的私有权神圣的法律理念的支配下，法律对个别主体的财产权及其派生的行为保护过于宽泛，以至于较少考虑个别主体的外部性，亦不理会个别主体损害资源的财产权滥用行为。然而，在社会整体利益至上的情况下，这些个别主体行为则被法律给予否定评价，受到限制或被纠正。"①

可见，知识产权一方面对知识发展进行刺激，一方面又不自主地陷入抑制知识产权的困境，这种刺激和抑制的冲突影响了知识产权效益的整体性。

5. 知识产权权利的享有的表象与资本控制和垄断知识资源的本质的矛盾

在知识产权的背后是资本对知识资源的控制和垄断，而并非是知识的创造者。

表面上看，知识产权是知识产权权利人享有权利并保护知识创造者从中获得利益，而本质上是资本控制和垄断着知识资源，资本控制着知识产品的产生领域、控制着知识产品的市场定价、控制着知识产品的更新速度、控制着知识产品发展的未来走向等。这产生知识产权权利享有的表象与资本控制和垄断知识资源的本质之间的矛盾。资本通过对知识控制，控制着世界。资

---

① 参见欧阳明程：《整体效益：市场经济条件下经济法的主导价值》，载《法商研究》1997 年第 1 期。

本的扩张本性让人厌恶，而资本的隐藏技巧又不得不让人莫名其妙。资本以控制和垄断物质资源转变为控制和垄断知识资源继续嗜血。而谁拥有资本，谁就能拥有财富，拥有权力，拥有世界。

正如马克思的经典论述：

"资产阶级，由于开拓了世界市场，使一切国家的生产和消费都成为世界性的了。使反动派大为惋惜的是，资产阶级挖掉了工业脚下的民族基础。古老的民族工业被消灭了，并且每天都还在被消灭。它们被新的工业排挤掉了，新的工业的建立已经成为一切文明民族的生死攸关的问题；这些工业所加工的，已经不是本地的原料，而是来自极其遥远的地区的原料；它们的产品不仅供本国消费，而且同时供世界各地消费。旧的、靠国内产品来满足的需要，被新的、要靠极其遥远的国家和地带的产品来满足的需要所代替了。过去那种地方的和民族的自给自足和闭关自守状态，被各民族的各方面的互相往来和各方面的互相依赖所代替了。物质的生产是如此，精神的生产也是如此。各民族的精神产品成了公共的财产。民族的片面性和局限性日益成为不可能，于是由许多民族和地方的文学形成了一种世界的文学。

资产阶级，由于一切生产工具的迅速改进，由于交通的极其便利，把一切民族甚至最野蛮的民族都卷到文明中来了。它的商品的低廉价格，是它用来摧毁一切万里长城、征服野蛮人最顽强的仇外心理的重炮。它迫使一切民族——如果它们不想灭亡的话——采用资产阶级的生产方式；它迫使它们在自己那里推行所谓的文明，即变成资产者。一句话，它按照自己的面貌为自己创造出一个世界。"[①]

而知识产权权利的享有的表象与资本控制和垄断知识资源的本质的矛盾来源于知识产品的商品化、市场化，这是否意味着这是激励更多知识被创造的最佳途径？而以市场来控制知识生产是否恰当？这可能是一个问题。从某种程度上讲，应当保持知识生产机构的某种意义上的独立性。然而，这是否可行以及如何操作？这则可能又是一个问题。

---

① 《马克思恩格斯选集》（第1卷），人民出版社1995年版，第276页。

6. 知识产权权利和义务的悬殊不对等的纰漏

当前知识产权所带来的非正义问题主要在于知识产权诞生之初"促进知识传播"的初衷被抛弃了，权利人因为可以自由控制知识是否可以传播、怎样传播，因而使传播的义务没有强制性，导致知识产权人限制知识的传播，以此途径垄断知识产品市场，获得高额垄断利润。

这不能不说是知识产权的一个重大纰漏，但也是一个不容易解决的纰漏。知识产权权利和义务对等才是合乎公平正义的。

7. 知识的创造者与知识的利用者的分离的隐患

从某种意义上讲，知识创作者在"为他人做嫁衣裳"，往往主要是因为，商家才可以方便地成为"新娘"，而知识创作者不具备这种条件，因为其不具备"姣好的容貌"（资本），在知识产权中，不能忽视资本的角色作用，资本可以轻易地控制知识，形成垄断，因为资本就是知识创造激励的幕后提供者，而资本运用极低成本换取的知识专有权以获得更大的利润。知识创造者可能既考虑知识创造的经济收益又考虑知识创造的非经济收益，而知识的利用者只考虑经济收益。知识的创造者与知识的利用者的分离必然可能会导致知识的本来意图、性质和功能扭曲的隐患。

笔者用一个可能不是非常恰当的比喻来形容知识的创造者与知识的利用者之间的关系：人类的共同福祉是不断转动的磨，知识创造者是驴，则推动驴不断拉磨的引诱便是经济利益（知识产权及转让对价收益），而农夫，即知识的利用者，他看重的不是磨转动，而是磨下溢出的豆浆，不要误把因知识而产生的所有收益都当作是知识创造者的收益，知识创造者并不必然地享有收益，而知识产权收益中仅是一小部分归于知识创造者，由知识产品转化为知识商品，在这个过程实现由知识产权向物权的一个转化，而转化在此的增值功能被过度放大了，然而这却是个实质性的转化，因为知识产品不能使民众直接受惠，而知识商品才能使直接民众受惠，因此这一转化在某种程度上被掩盖了，用知识的高价值性掩盖了低成本转化的商品的低价值性，从而为商家从中牟利找到合适的籍口和掩盖，即实际上，民众都被骗了，包括知识创造者本身，就像明星的经纪人比明星更害怕明星被传绯闻一样。知识产权是知识到利润，或从作者到商家之间最恰当的媒介。

当然，驴本能地也会拉磨，但如果加点刺激，则会把磨拉得更快，这是制度的作用。

8. 知识产权中的国家权力与私人权利并行的本质

知识产权是一种私权,然而随着知识产权对国家经济利益的影响,知识产权不断有公权化的趋势,很多国家都开始将实施知识产权战略上升到国家层面。知识产权权利之争实际上是被私权掩盖的国家利益之争,知识产权成为发达国家经济霸权和政治霸权的有力工具。私权本不应受到国家干涉,而一旦私权拥有了国家权力的强大后盾,则对世界民众利益的影响是深远且巨大的。知识产权中国家权力与私人权利并行的本质,使得在某种程度上中国民众对知识产权抵制表达着一种对某些欺世盗名、雄霸于世的大国的抵制。

9. 知识的主观性与相对客观性的矛盾以及无限性与相对有限性的矛盾

知识产权的对象,即知识属于无体物,是由不依赖于物质载体的词句所传达出来的"虚在"(subsistence),但由于物质化为词句并渗入人的头脑中且经由文化的力量,形成可以改变客观世界的一种因素。

知识是人类通过大脑的思维功能所创造出的,因而其带有明显的主观性。然而,从某种意义上讲,知识只是对客观的一种表达,表达很多时候是对客观世界的描述,客观世界的客观性决定了表达的相似可能性。正是由于人的智力和生活背景的类似性,以及客观世界的客观性,导致知识是相对客观的,那么这种客观的知识本身就存在着相似可能性和相对单一性,从而在知识产权背景下也造成知识资源世界的一种稀缺,从而在某一个时间段是相对有限的,知识并不是绝对无限的。

我们不得不承认,知识的多元性与知识的相对一元性,知识的主观性与知识的相对客观性,知识的无限性与相对有限性,知识的特殊性与知识的相对普遍性。从而进一步探讨,知识发现或创造因在先性而获得垄断是否合理?如,数学测试中,同一道题目,其解决方法往往只有一种,如果垄断这种解决方法,则对其他测试者是否是一种极大的不公?这显然,应当给予肯定的回答。

10. 知识产权交易价格的随意性和垄断性的危害

知识产权垄断的排他性,对于非排他的知识产品来说,带来了知识产权制度交易费用上的独特特点。

知识产品创作中智慧的成本无法正确估量,因为知识产品本身不具备稀缺性，无法定价，无法受供求关系影响，往往由于缺少市场定价和创造者的弱势地位而并没有以适当的估值来进行转让，成为利用者的知识产权。而知识产权及其知识商品却因其专有性而产生垄断价格，造成定价的随意性。知识存在价值衡量问题，对于很多快餐式文化模式来讲，应当区分知识的等级，这样才能相应地公平合理地估算成本和收益，但知识的等级如何评估，由谁来评估则是另一个更为棘手的问题。况且，往往是快餐文化定价却远远高于具有深远意义的基础文化，因为快餐文化决定了知识的保值期太短，因而往往以超过其本身很多倍的价格出售。同时，由于民众对知识需求的普遍性，导致对知识商品的需求量非常大，而每个消费者为知识商品支付的单价往往并不低廉，这可能造成知识产权人"一本万利"的后果，其成本与收益之间严重不成正比，造成消费者心理的不平衡。因而也正是由于知识产权使用费高昂和知识商品售价畸高，导致民众只好偷技术、买仿品这种恶性循环的产生。因此，知识产权在获取财产利益上不应当是通过倚靠对知识的垄断从而依赖高价来完成，而是应当通过以较低的价格出让给更多的用户来完成的。但同时也存在一个矛盾是，如果没有技术门槛和技术垄断，能否吸引人们来购买技术？

此外，知识产权的制度交易成本，高于物权的制度交易成本。鉴于交易成本内在地构成知识产权合法性的基础。因此，知识产权在一个国家所能实现的程度，在不同国家和不同情况下，是不同的，要取决于许多实际因素。确定知识产权的保护范围和程度，也不是越高越好。对发展中国家，应扩大合理使用范围。

11. 知识产权与正义的冲突

从以上分析可以看出，知识产权存在与正义的冲突，这种正义不是知识产权人或知识产权强国的正义，而是知识产权相对人或知识产权弱国的正义。

任何知识产品都是依赖前人的智慧创作而成，知识产权授予权利人对这种依赖他人智慧而创作的产物以专有和垄断，这本身就是一种非正义。况且，知识产权是后来的产物、是人造的产物、是西方资本主义发达国家的产物，当其利用完中国等文明古国的智慧之后，却弄出知识产权这个东西禁止这些国家使用其"偷过去"的"中国创造"。这是一个讥讽，是一个极大的非正义，这种伎俩让中国人民瞠目结舌并难以接受。

同时，知识产权存在信息、权力、地位的不对称。由于信息不对称，拥有信息较多的一方拥有对他人的权力优势和地位优势，特别是当这种知识是必需的知识或不可缺少的知识的情况下，上述优势就更具有绝对的效力。

这显然存在着一种正义与非正义的问题，而非正义一旦过度，则会引发制度本身合理性的问题。

规则的非正义源于制定规则主体博弈力量的不均衡，在丧失无知之幕的情况下，只有让规则所有主体参与制定规则，才能保证有公平的角逐。看起来公平的奥运会同样也隐藏着不公平，如比赛项目的类别和比赛项目的要求是否是各参赛选手共同协商的结果？是不是只有那些规则制定者擅长的项目才会被纳入规则，而不擅长的项目则会排除在规则之外呢？而像中国这样顽强的国家在这种游戏中经过多年的打拼才有今天这样的成绩，在欢呼雀跃之时而从未思考过规则本身的问题？或者这本身就是一种无法逆转的强者天下的规律，那么在这种意义上，和平与和谐又有什么意义呢？

12. 知识产权与自由的冲突

知识产权产生的权利人对知识的垄断实际上侵犯了相对人的表达和创造自由。在某种意义上，思想是人的一部分，我们应当尊重每一个人的这种思想，尊重思想表达的自由，如果没有明确证据证明是盗用，则应当允许这种表达的自由，知识产权实际上是无条件地将这种举证责任转嫁给相对人。

13. 地域性与全球性的冲突

知识产权作为一种专有权在空间上的效力并不是无限的，而是受到地域的限制，即具有严格的领土性，其效力只限于本国境内。知识产权的这一特点有别于有形财产权。一般来说，对所有权的保护原则上没有地域性的限制，无论是公民从一国移居另一国的财产，还是法人因投资、贸易从一国转入另一国的财产，都照样归权利人所有，不会发生财产所有权失去法律效力的问题。而无形财产权则不同，按照一国法律获得承认和保护的知识产权，只能在该国发生法律效力。除签有国际公约或双边互惠协定的以外，知识产权没有域外效力，其他国家对这种权利没有保护的义务，任何人均可在自己的国家内自由使用该智力成果，既无须取得权利人的同意，也不必向权利人支付报酬。

所有人都知道知识产权具有"地域性"，但几乎没有人解释知识产权诞生之初为什么会设置"地域性",而知识产权"地域性"特点的产生和突破的原因又是什么?

知识产权制度起源于封建社会,而封建社会很多国家都是采用地方分权的模式,特权属性是授权方必须考虑自己的权限而设定特权的地域效力,而另一方面也是出于不能让这种特权影响过大的考虑。这个传统在资本主义社会被保留。并且因为当时社会的商品经济仍不发达,商品贸易以国内交易为主,国际间的经济交流相对较少,各国法律在调整社会经济关系时以调整国内关系为重点。在这种背景下,对知识产权的保护具有严格的地域性也就在情理之中了;另一方面,因为当时科学技术发展相对较为缓慢,各国(尤其是较发达国家)为了更好地利用国外的先进技术为本国的社会经济服务,也不愿意在立法上设立保护国外知识产权的条款。正是在这种背景之下,19世纪以前,即垄断资本主义形成之前,各国在知识产权的保护方面均遵守严格的地域性保护。

这在那个特殊的历史时期,严格地域性的保护正好适应了当时知识产权保护的要求:一方面,使知识产权的所有人的利益在一个适当的范围内得到了有效保护,使科技发明因奖励而迅速发展。因为各国都在奉行严格地域性的价值取向,加之国内立法的相对完善,也就使得知识产权权益人的合法权益受到一个相对的公平保护。另一方面,由于受地域性的限制,使得知识产权在域外的权益无法得到保护。这在一定程度上虽然有损于权利人的合法利益,但由于一国在利用另一国的先进科技成果时成本颇低,这就在一定程度上促进了科技发明向社会生产的转化速度,有利于世界经济的全面、快速发展。

随着世界文化和科学技术交流的不断加强和发展,资产阶级为了在激烈的商品竞争中求自下而上、求发展,攫取高额利润,就需要大量地采用新技术,用先进的科技、文化换取巨大的经济效益和社会效益。而科学技术的不断进步,使科学技术研究的广泛性、复杂性及难度日益增加。特别是资本主义进入垄断时期以后,随着世界经济的一体化,人们在一个国家或地区所取得的专利、商标和著作的专有权,也迫切需要在其他国家或地区得到同等的保护。①

在经济全球化时代,在知识越来越成为影响一国经济利益的重要参数的知识经济时代,知识产权日益在突破其地域性,成为全球性的知识产权,这一方面扩大了对知识产权人的保护范围,但另一方面却压缩了知识产权相对人的创造空间,给知识产权添加了至上的无限权威,给后发展国家的知识产权事业的发展带来严重的影响。

14. 民族性与世界性的冲突

知识在转化为经济因素的同时,还有另一个更为重要的任务,就是塑造、积淀和传承民族性的独特文化。在知识产权产生以前,甚或是知识产权突破地域性而实现全球性以前,知识在东西方各国塑造着不同的文化,这些多元的文化造就了风俗各异和彰显异彩的民族国家,民族国家的多元文化给人类无限的新鲜感和探索欲望,增强人类的福祉,激发人类的创作灵感。从系统结构发展来看,多元也同样有利于系统的稳定。

而知识产权国际化之后,民族性逐渐为世界性所吞噬,多元性逐渐被一元性所替代,知识产权及其扩张在扮演着文化同化和被同化的主导角色,最终成为戕杀民族性的刽子手。

这种民族性与世界性的冲突,不仅反映了知识产权法律层面的表面问题,也透视出全球性结构中大国角逐的政治层面的深层问题。

(三) 社会价值多元化与社会价值变迁

在上述结构、解构及再结构之外,仍然存在着社会价值多元化与社会价值变迁的趋势。社会价值多元化是指知识产权在国际化进程中,一方面在统一各国的知识产权,使其同质,确立着统一的社会价值,但另一方面,社会价值自身却在向着多元方向发展,以摆脱一元模式的控制。如,西方知识产权价值观强调"专利"、"商标"的重要作用,彰显着工业社会的价值观,而在广大发展国家却崭露出"传统文化"和"生物多样化"新的价值端倪;社会价值变迁是指当前所推崇和推广的社会价值有着正在向另一种社会价值变

---

① 参见西颂:《试论知识产权的地域性》,"天涯社区"http://www.tianya.cn/publicforum/Content/culture/1/107706.shtml,2008-5-18。

迁的趋势，如前所说，可以预料的是新的"传统文化"的社会价值必然会取代而今"现代元素"的社会价值的地位。

1. 传统与现代价值主导的互易

正是如此，虽然当下还是现代价值的天下，各发展中国家正在努力进行着所谓的"现代化"，但是传统价值已经彰显出其博大精深和源远流长的魅力和动力，一种复古以及传统新元素的潮流正在暗流涌动，传统与现代价值的主导地位某种程度上正在发生渐进性的互易。

2. 文明与落后的对立与转化

人类的思维有两大特征，那就是宏观思维和微观思维。两种思维构成了两种不同特征的文化体系，那就是东方文化体系和西方文化体系。她们各有其独到之处，但也各有其局限性，如果将两种文化融合起来，人类的思维就更加全面起来。[①] 而在当下，东方文化被鄙为封建落后文化，而西方文化则尊称现代文明文化。

东方文化是人类文化的发源地，而在后来没落了，封藏了，西方文化横扫千军。

一个民族，真正有力量的，是她的文化。西方社会之所以发达，那是源于现代实证科学。西方的实证科学是以研究物质的微观世界为前提的。实际上它是明显地带有微观思维特征的文化。它缺乏对世界宏观规律的研究和认识。我们知道宇宙是由宏观世界和微观世界所构成的，宏观是宇宙的整体，微观是宇宙的局部，整体和局部是物质世界的一个对立统一体，它们互相依存不能独立存在，因此对宇宙物质世界的认识，也要从两方面去认识才是正确的。西方的实证科学主要是对物质微观世界的研究，而忽略了对宏观世界的规律的研究和认识，因此有理由说：西方的实证科学，是有其局限性的，她已经达到了一个极端。她所带来的诸多弊端已经是有目共睹的事实了。[②] 而世界正在酝酿一场东方文化的复新。

某些被抛弃了的"旧"知识而今挖掘出新价值，某些被珍视着的"新"知识正在丧失其新颖性，审美疲劳使消费者开始转向从旧知识中寻找消费刺

[①] 参考百度民族文化贴吧文章《未来世界的文化中心在东方，一个东方文化重新崛起和辉煌的时代》，http://tieba.baidu.com/f?kz=287388631，2008-5-20。

[②] 同上。

激,这也使文明与落后出现了对立和转化。文明的国家正在丧失其优越性,而落后的国家正在寻找其突破点。历史本来就是一个循环的过程,在落后与文明之间,在知识与文化结合的过程中,被尊奉和被遗弃出现了困惑与博弈。

3. 知识产权自身纵向和横向的社会性发展同时生衍

知识产权自身的纵向发展指的是知识产权高级阶段辐射知识产权低级阶段,引导各个国家尤其是知识产权落后国家从知识产权的低水平向高水平转化。而知识产权自身的横向发展指的是在知识产权因其自身生长因素在不断的自然演化。就中国而言,知识产权自身纵向和横向的社会性发展同时衍生指的是:一方面,既有的西方先进知识产权制度在输灌进中国的社会肌体;而另一方面,已经在中国落地生根的这种既有的西方先进知识产权制度自己在生枝发蔓,不自觉地改变原有的既有的西方先进知识产权制度。这种同时衍生,为中国知识产权摆脱西方控制提供了某种可能性,这也是中国不肯就范于所谓的"西方既有的先进知识产权制度"的原因之一。

(四)中国法制普遍媚西化的体制性问题与批判性精神的欠缺

1. 中国法制的泛西化模式

现代中国法制基本上整体上都是移植西方法制,形成中国法制的泛西化模式,凡是中国需要什么、世界流行什么,就会从西方体制中照搬过来,这是"西方现代化思维范式"绵延多达一个世纪的强力下的产物。中国法学也在这种"西法东渐"运动中起着推波助澜、高唱赞歌的重要角色,导致邓正来先生所说"中国法学的根本问题就是未能为评价、批判和指引中国法制/法律发展提供作为理论判准和方向的'中国法律理想图景'",继而"作为应当提供中国自己的法律理想图景的中国法学为什么没有完成这项使命?""中国法学之所以无力为评价、批判和指引中国法制/法律发展提供一幅作为理论判准和方向的'中国法律图景',进而无力引领中国法制/法律朝向一种可欲的方向发展,实是因为中国法学深受一种我所谓的西方'现代化范式'的支配,而这种范式不仅间接地为中国法制/法律发展提供了一幅'西方法律理想图景',而且还致使中国法学论者意识不到他们所提供的并不是中国自己的'法律理想图景'。与此同时,这种占支配地位的'现代化范式'因无力解释和解决由其自身作用而产生的各种问题,最终导致了中国法学总体性的'范失'危机。"①

正是在这种整体性"范失"的影响,中国知识产权法学也难以独善其身,必然会"理所应当"地走上"泛西化模式",而并不曾也不敢对西方所提供的模式有任何的质疑和批评,也不曾考虑西方所提供的模式不假思索、不加修改地引入中国是否合适,是否会产生不良反应、是否可以有其他途径加以避免这种不良反应?

2. 中国知识产权在中国法制体系建立过程中的特殊性

除了中国法制整体性"泛西化模式"之外,中国知识产权似乎比别的法律制度更没有反思和改良的机会。中国知识产权在中国法制体系建立过程中基本是强制的多、自由的少,虽然也并不能产生充分的理由证明中国知识产权法学就应当对这种制度安排逆来顺受、毫无反思,一股脑地扎堆于对这种制度的基本概况做毫无建树的重复性研究而并不对这种制度的根本原理做深入的批判性反思研究,但是至少可以证明,中国知识产权法学出现现在表面繁荣、根基薄弱的现状是自然而然和可以想象的。

3. 中国知识产权法学研究的薄弱和狭隘

中国知识产权法学研究的薄弱和狭隘既是一个结果,又是一个原因。正是因为研究的薄弱和狭隘才会导致理论的空虚,而正是因为理论的空虚才会导致研究不能更加深入、更加透彻。

这其实不唯独是中国知识产权法学研究的问题,这也更不唯独是中国法学研究的问题,这是中国学界的一个通病。学术浮躁、学术寄生、学术空泛、学术觅捷是一个通病,这一方面由于中国经济发展和社会变革的速度太快,另一方面是由于中国学者难以脱俗而不断"被名利奴化"。

---

① 参见邓正来:《中国法学向何处去——建构"中国法律理想图景"时代的论纲》,商务印书馆2006年版,第2—3页。

第 九 章
知识产权理论基础的重构

现代思想的主要特征之一就是对于那些基于暴力和权威而产生的观点的拒斥。现代人，至少在其理智行动的时候，不会因权力的盲目操纵而浑然忘我；我们探索并需要理由来支持我们身在其中并一直信仰的法律、经济和社会制度，考虑我们是否有充分的理由继续遵循它们。尽管这些理由或因素可能动摇社会生活参与者的自由理解但却有助于对制度存在的合理性的辩护。

由于可能有的理由不止一个，所以，当人们问："我们有什么理由接受这个制度"时，关于这一问题的争论很容易导致另一个问题——"接受一个制度的合理理由是什么？"我们需要问所有理由是否都同等有效，以及是否以同样的方式有效。根据权威接受一个信念显然不同于经过证明以后再接受它。如果我们发现我们有充分理由，那么我们可以继续持有这些信念，但如今有了理性的保证，而不是未经思考的接受。如果我们发现我们没有充分的理由，那么我们或者暂停做出判断，或者寻找新的"替代"。

一、当代西方知识产权理论述评

在古希腊时期，雅典哲学家意识到了物质资源所有权的道德和政治维度，并在其论述理想城邦的著作中，提出了财产管理和法律规制的途径。首先应强调的是，他们不认为财产权利是人的自然权利。柏拉图描绘了一个"理想国"："朋友之间真诚地共享财产"最大限度地普及到整个城邦。在这样一个国家里，"私有财产"的观念是千方百计地从生活中彻底根除了。每一种可能的东西都是共有之物。每一个人都对相同的东西感觉到欢乐和痛苦,所以他们做出的褒贬就完全一致。但是,柏拉图也承认,实在法绝对不可能制造出一种绝对完善的法律来实现这个理想的王国,所以,人们只好追求"第二等"好的国家。这个国家虽然将所有现有的土地分割成尽可能相同的小块分配给各公民,然而,人们不能以自由拥有者的身份带着防范性的所有权的态度来看待这些土地;分配的过程伴随着这样的想法,"每一个得到一份土地的男人必须把这份土地看做整个国家的公共财产"①。虽然,他认为应该限制"粗俗不堪"的商业活动,但柏拉图还是愿意看到私有财产受到尊重,他自己也承认反对他人干涉对私有财产的自由使用是普通人的本能。

亚里士多德对待财产权的态度远较上述柏拉图的观点更为实用和审慎。他认为,财产是家庭的一部分,是"谋生所用的一件工具"。他指责了柏拉图所谓的公产制度。他认为,柏拉图师承苏格拉底在《理想国》中所描绘的"子女归公育,妻子归公有,财产归公管"的理想制度是不切实际的。因为均一化的公有会销蚀勤奋精神,使得共同体财产的管理没有效率,"凡是属于最多数人的公共事物常常是最少受人照顾的事物,人们关怀着自己的所有,而忽视公共的事物;对于公共的一切,他至多只留心到其中对他个人多少有些相关的事物。"② 因此,他认为,柏拉图在《法律篇》中所论及的"产业私有而财物公用"是比较妥善的财产制度。

在古罗马时期的盖尤斯《法学阶梯》和优士丁尼的《法学阶梯》中都涉及私有财产制度的问题,但是与私有财产理论有关的论述,我们只能找到相当少的资料。西塞罗的财产观念因此更具重要意义,他认为,"不存在任何天然形成的个人所有,它或是由于古远的占有,……或是由于胜利,……",因此,"本来属公共所有的东西现在已成为个人所有,那就让每个人拥有已经分配给他的东西;如果有人企图从他人那里攫取什么,那他就会破坏人类社会的法权"。为了保护这种法权,"一个将要管理国家事务的人首先应该关心的

---

① 〔古希腊〕柏拉图:《法律篇》,张智仁、何勤华译,上海人民出版社2001年版,第148—157页。

② 〔古希腊〕亚里士多德:《政治学》,吴寿彭译,商务印书馆1965年版,第48页。

是使每个人拥有自己的财产,并且使私人财产不会从国家方面遭受损失"。①

早期的基督教教义并没有涉及任何财产理论,早期的神父们也对财产理论避而不谈,但明确认为财富共享较之私己之贪婪在道德上更为可取。直到中世纪早期的基督教教义才承认私有财产是一种自然权利,但关注的是获致财产的通常手段和"正当使用"。至于财产制度的起源和正当性,基督教的观点是在世界的原初状态,所有的东西都是人类的共同财产,只有到了施行人类法(神父们并没有遣责法律)的时候,个人才在尘世之物的分配中取得了自己的财产权。圣安布罗斯说,私有财产并不符合自然,因为自然向所有的人奉献自己的丰饶;但是,时间和习惯创设了自然权利。圣格列高里一世认为,财产的正当性取决于个人怎样使用其财产。②

直到托马斯·阿奎那,我们才第一次看到了对私有财产权的正面论述。他认为,私有权起源于人法,是自然法之外的人的实在法将这一制度合法化了。"公有制可以归因于自然法,这并不是说,自然法规定一切东西都应公有,不准有私有权存在,而是说,并没有自然法为根据的所有权之分,只有通过人们的协议才有这种区别;而像我们已经指出的那样,人们的协议是属于实在法的。由此可见,私有权并不违背自然法,它只是人类根据人类的理性所提出的对于自然法的一项补充而已"。亚里士多德认为"占有有形的东西,对人来说是很自然的"。阿奎那表达了相似的观点,人对有形的东西具有自然控制权,即取得和处置的权力。他指出对有形物的私人占有是基于三方面理由被准许的:第一,因为每个人对于获得仅与自身有关的东西的关心,胜过对于所有的人或许多别人的共同事务的关心。各人在避免额外劳动时,总把共同的工作留给第二个人;像我们在官吏过多的情况下看到的那样。第二,因为当各人有他自己的业务需要照料时,人世间的事务就处理得更有条理。如果每个人什么事情都想插一手,就会弄得一团糟。第三,如果各人都对自己的处境感到满意的话,人类将处于一种比较和平的境地。所以我们看到,只有在那些联合地和共同地占有某种东西的人们中间,才往往最容易发

---

① 〔古罗马〕西塞罗:《论义务》,王焕生译,中国政法大学出版社1999年版,第21页、第229页。
② 参见小磊译:《西方历史上的财产理论》之三,http://www.law-thinker.com,2010-1-18。说明:在该网站上并未列出该文的原作者和出处。

生纠纷。①

由于西方14世纪晚期和15世纪的社会动荡大多是富人对穷人的压迫引致的，所以财产权的滥用就成了改革者所指责的对象。出于对天主教的忠诚而殉教的托马斯·莫尔描述了一个名为乌托邦的理想世界，在那里"一切归全民所有"，"私有财产不存在，人们就认真关心公事"，而且能够"达到普遍幸福的唯一道路是一切平均享有"，"如不彻底废除私有制，产品不可能公平分配，人类不可能获得幸福。私有制存在一天，人类中绝大的一部分也是最优秀的一部分将始终背上沉重而甩不掉的贫困灾难担子"。但是，莫尔也看出了乌托邦可能存在的问题，"一切东西共有共享，人生就没有乐趣了。如果大家都不从事生产劳动，物资供应如何会充足？因为一个人缺乏亲身利益作为动力，他就好逸恶劳，只指望别人辛苦操作。"这是"一切人的事务即是无人去做的事务"这个谚语的另一种说法。而且，"当人们为贫困所驱使，而保持个人自己所得又成为非法，这不是必然会惹起经常的流血和暴乱吗？"② 于是，人性迫使人生活在与乌托邦迥然不同的世界里。

从上述对于西方早期财产理论的梳理中我们可以看到，私有财产权并非自始被视为"自然权利"，以神学观念为主的意识形态，鄙视私有财产，主张财产的私有共享，贬低商业地位，从观念上制约着私人财产权利及其行使的自由。在基督教社会中，私有财产制度的地位也始终是遮遮掩掩的（直到19世纪晚期，才作为自然法的一部分被天主教会完全接受）。此外，由于土地丰饶、人口稀少等原因，当时社会的财产主要是由"有形的东西"构成，如土地、房屋等，并不包括"知识产品"，但是，和那些简单的宣示"知识产权为私权"、或以强力推行"知识产权为私有"的观念的方法相比，上述对于私有权的论述理由虽然不是论证知识产权正当性的直接论据，但是依然可以成为对知识产权正当性论证的有益借鉴。

私人财产权利体系发展的根本动力是个人对财富的不可遏制的追求。这一体系的发展，与整个社会政治、经济、观念诸因素的长期演变相交织。直到近代（1600—1900）西方才确立了一个以私人财产权利为核心的观念和制

---

① 〔意〕托马斯·阿奎那：《阿奎那政治著作选》，马清槐译，商务印书馆1963年版，第141—142页。

② 〔英〕托马斯·莫尔：《乌托邦》，戴镏龄译，商务印书馆1959年版，第115、44、45页。

度体系,即绝对私人所有权、私人财产神圣不可侵犯原则和行使私人财产权利的自由或经济自由的三位一体。① 理论界的充分论证是这一体系得以最终确立的根本保证之一。② 自近代以来,先后出现过洛克的劳动理论、边沁的功利主义理论、格劳秀斯和康德的先占理论、黑格尔的人格理论、马克思主义的剩余价值理论、波斯纳等人的经济学理论以及各种社会学理论,等等。

根据 William Fisher 的概括,当代西方知识产权理论中占据主导地位的有四种理论路径,即:功利论(Utilitarianism)、劳动论(Labor Theory)、人格论(Personality Theory)和社会规划论(Social Planning Theory)。③ 每一条路径均有其历史渊源及当代的代表。不仅如此,每一条路径的优势与不足之处也都是并存的。通过对知识产权诸理论进行较为全面的分析,这些理论完成其基本使命(即论证知识产权的合理性)的情况如何便会一目了然。

(一)功利论

知识产权功利论的基本思想可以表述为:知识产权的授予,为知识产权的创造者带来了巨大的激励,促使其愿意投入到知识产品的创造活动中去,努力为社会创造出丰富而有价值的知识产品,从而使社会公众能够充分利用

---

① 赵文洪:《私人财产权利体系的发展:西方市场经济和资本主义的起源问题研究》,中国社会科学出版社 1998 年版,第 31 页。

② 除了在理论上的论证,还有法律上的保证:法国《人权宣言》第一次明确宣告"财产是神圣不可侵犯的",英、美等国的宪法也同样确立了这一原则;在政治制度上的保证:首先是专制王权的被剥夺;其次是纳税人代表掌握立法权力的制度的确立;最后是财产作为权力的基础、富人控制最高权力的政治制度的确立。详见赵文洪:《私人财产权利体系的发展:西方市场经济和资本主义的起源问题研究》,中国社会科学出版社 1998 年版,第 36 页。

③ William Fisher, *Theories of Intellectual Property*, in Munzer (ed.), New Essays in the Legal and Political Theory of Property, Cambridge University Press, 2001, pp. 168-199. 除了本书所述述的这四种理论之外,当代西方知识产权理论里尚有一些不占主导地位的证成路径。例如,以自我中心观念机制(idea egocentricity)为主要内容的心理学路径、理性(rationality)机制(即认为运用知识产权保护便是理性的)、以及模范化机制(指其他公司模仿成功公司),参见 Peter Drahos, *Intellectual Property*, Dartmouth Publishing Company Limited, 1999, Introduction, p. XXVII. 关于心理学路径,国内学者徐瑄在解释知识产权归属观念的来源问题时采用了该路径。她把这一观念的来源归结为"个人的心灵结构",参见徐瑄:《智慧财产权构建如何可能?——以现代自然法为分析方法对 WTO 框架下"知识产权"的解读》,载郑胜利主编:《北大知识产权评论》(第 2 卷),法律出版社 2004 年版,第 67—89 页。需要补充说明的是,有论者将知识产权理论概括为诸如增强竞争论、利益平衡论、对价论等等类型,参见曹新明:《知识产权法哲学理论反思——以重构知识产权制度为视角》,载《法制与社会发展》2004 年第 6 期,第 60—71 页。依笔者之见,以理论所依循的根本路径作为划分知识产权理论的标准,更具有代表性和涵括性。因而,本书采纳的是费舍尔的概括方法。

这些知识产品，进而促进社会总福利或社会净福利的最大化，最终造就整个社会的繁荣与进步。对于知识产权做出的这一安排，就是有效率的，就是能够满足社会收益率的最大化实现的。因而，知识产权便是正当的。

从来源来看，知识产权功利论来自于功利主义学者对于功利主义思想的阐述。古典经济学家或思想家亚当·斯密、杰里米·边沁、约翰·密尔，福利经济学家庇古（Pigou）、陶西格（Taussig）、阿诺德·普兰特（Arnold Plant），发展经济学家约瑟夫·熊彼特，以及制度经济学家康芒斯、哈罗德·德姆塞茨、T. W. 舒尔茨等，为知识产权功利论做了良好的理论铺垫。它们促成了该论在20世纪70年代的成熟。在其后的发展中，法律经济学将功利主义思想运用在法律领域，使功利主义在法律领域闪耀出夺目的光彩。知识产权法的经济分析就是其中的一个范例。

在当代西方，人们通常会把知识产权功利论分解为激励论（incentive theory）和新古典经济学证成（neo-classical economic justification）。[①]

激励论认为，知识产权的目的是要通过激励创造来促进学习、创新和知识等公共利益。创造的激励会导致创造性作品和创造性发明等知识产品的最大可能的生产和传播。摩尔（Adam D. Moore）对激励论做了规范的概括：首先，社会应当采纳一种体系或制度当且仅当该制度产生出或在最理想的条件下，预计产生出社会整体效用的最大化；其次，一种将有限权利授予作者和发明人的制度，有望为知识产品的生产提供激励；再次，促进知识产品的创造和传播，导致了最优量的社会进步。因此，其结论便是应当采纳知识产权制度。[②] 作为奠定美国知识产权制度的核心人物，托马斯·杰斐逊（Thomas

---

[①] 新古典主义经济学在两个方面明显不同于古典主义经济学。在研究范围方面，古典主义经济学研究的是如何才能增加资本存量、扩大市场以提高劳动生产率，从而提高福利水平，而新古典主义经济学则研究通过竞争合理配置给定数量的稀缺资源，从而获得最优结果；在研究方法方面，新古典主义经济学引进了边际分析，即边际成本与边际效用分析方法。总的来看，新古典主义经济学的最显著特征是它密切关注任何考察范围内存量的细微升降所带来的变化，参见〔美〕威廉·布雷特、罗杰·L. 兰塞姆：《经济学家的学术思想》（第3版），孙琳等译，中国人民大学、北京大学出版社2004年版，第8—12页。

[②] Adam D. Moore, Intellectual Property and Information Control, Transaction Publisher, 2001. 有论者还指出，从长远来看，通过不断刺激好的创意和发明转化为商品，会使潜在的市场竞争者的数量越来越多，而且行业分布越来越广。因此，鼓励创新与促进竞争之间又存在着某种正相关关系，参见彼得·F. 考利、M. 玛格丽特·麦基翁：《新世界信息秩序的预见》，载美国信息经济研究所编：《知识经济：21世纪的信息本质》，王亦楠译，江西教育出版社1999年版，第139页。

Jefferson)说:"专利垄断的创设并非是确保发明人对于他所做发现享有自然权利。恰恰相反,它是作为一种回报或激励,以产生出新的知识。"① 将控制权授予知识财产的作者和发明人,因为该种控制权的授予提供了为社会进步所必需的激励。

新古典经济学论证是近年来产生的一种知识产权理论。它认为,从经济视角来看,财产权制度的基本目标是要确保资源能够在其最高价值的使用水平上进行分配,具体到知识产权方面,当市场将知识产权引导至其最高价值的使用时,知识产权便提供了对知识产品的恰当性保护程度。② 实际上,新古典经济学论证的核心思想便是:依照古典经济学原理,市场会将资源最有效率地进行配置,知识产权制度能够最有价值地分配知识产品,因而,知识产权具有正当性。

总体来看,传统激励论是要在知识产品的使用与激励之间进行平衡,而新古典经济学论证则是要创造出并完善关于知识产品的所有潜在市场。③ 无论是传统激励论,还是新古典经济学论证,它们都体现了知识产权功利论在当代的最显著特色,即把经济学的理论和方法娴熟地运用于知识产权问题的分析。从二者的实质来看,对于社会总福利的最大化追求,是传统激励论和新古典经济学论证共有的品性。它们均属于功利主义的论证路径。尽管如此,它们还是有着一些区别:首先,它们的关注点有所不同。激励论强调的是政府为实现社会福利的最大化,满足公共利益的需要,把知识产权赋予知识产品的创造者,让其为社会创造出可供社会公众使用的知识产品。而新古典经济学证成则把关注点放在了知识产品在市场中的最优化配置上面。该论者认为,社会需要的是有价值的知识产品,因此政府不是一味激励任何知识产品的创造,而是应当为最有效地分配知识产品创造条件,知识产权制度就能够最有效率地配置知识产品,使知识产品的创造所需要的市场资源流入相关的市场主体那里,从而使知识产品的价值在市场中获得最佳的实现。其次,它们在导向上有着重大的差别。传统激励论由于要在知识产品的使用与激励创

---

① Adam D. Moore, *Intellectual Property and Information Control*, Transaction Publisher, 2001, p. 38.
② Maureen Ryan, Cyberspace as Public Space: a Public Trust Paradigm for Copyright In a Digital World, *Oregon Law Review*, Vol. 79 (2000), pp. 647-720.
③ Ibid.

造之间保持平衡,因此,传统激励论将趋向于对知识产权的扩张加以限制。而古典经济学论证则是要创造并完善知识产品的所有潜在市场。知识产品的生产由市场中的消费者需求来引导。只要有消费者需求,顺应该需求的知识产品就会被生产出来,从而将知识产品生产所需要的一切资源配置给知识产品的创造者,进而把知识产品的利益分配给创造者,也即以知识产权的形式赋予创造者。换句话说,知识产权的授予是符合古典经济学原理的。它意在开发出有价值的知识产品的一切潜在市场,要求知识产品的创造者必须拥有广泛的独占权利,以扩展至每一种可能的有价值使用。所以在导向上,该经济学论证自然会要求对知识产权予以扩张性地保护。

依循功利主义的路线对知识产权进行最系统论证的当属兰德斯(William Landes)和波斯纳(Richard Posner)。他们从法律经济学的崭新视角出发对于知识产权的合理性做出了强有力的论述。他们认为,大多数知识产品的显著特征在于它们易于复制且某个人对它们的使用并不妨碍他人对其的使用。这便造成了一种风险,即:知识产品的创造者将无法回收其"表达成本",因为复制者们降低了这些知识产品的价格。在意识到该风险之后,创造者就不会去首先从事具有社会价值的知识产品的创造。为此,通过把制作其作品复制本的排他性权利在一定期限内分配给创造者,我们就能避免这一在经济上无效的产出。所以,作者应当享有著作权。专利法的标准解释在于它是一种有效方法,使得研究与开发的收益获得了内部化,从而促进了创新和技术进步。他们还把专利法作为对商业秘密与市场结构所固有的经济难题的一种回应。[①]专利制度的社会成本包括:专利权人的私人成本、他人使用专利支付的成本、保护专利权的司法成本以及消费者的利益损失。专利制度的社会收益则是指专利技术的应用对整个社会的经济发展和技术进步所带来的好处。专利的社会成本与社会收益是一种此消彼长的关系,一方的增加意味着另一方的减少。[②]专利制度的设计就是以最小的社会成本获取最大的社会收益(社会总福利)。而商标则能够减少消费者购买商品的搜寻成本。商标在降低消费者搜寻成本上的收益,是以法律保护为前提的,因为仿制他人商标的成本是很小

[①] 〔美〕威廉·M. 兰德斯、理查德·A. 波斯纳:《知识产权法的经济结构》,金海军译,北京大学出版社 2005 年版,第 374 页。

[②] 参见杨为国、于华伟:《专利制度合理性的经济学分析》,载《经济师》2005 年第 6 期。

的，在没有法律障碍的情况下，越是强势商标，引发该成本的激励就会越大。如果法律对此不予禁止，则搭便车的行为就可能损害在一个商标上所体现出来的信息资本，而且发生搭便车的可能性将因此而消除了尽早开发出一个有价值商标的激励。[①] 他们还声称，商标具有某种辅助的社会效益：它们改善了我们语言的质量。总之，授予作者和发明人以排他性的知识产权，能够刺激知识产品的创造，为社会提供更多更优的知识产品。用经济学家道格拉斯·诺思的话来说，知识产权制度使得知识产品的个人收益率与社会收益率近乎相等，该制度环境便是理想的。[②] 很显然，知识产权制度最终有利于实现社会福利最大化的目标。

就功利论而言，作为知识产权的正当性理论，它具有许多优势：

（1）功利论使知识产权关系明晰化、确定化。知识产权功利论的前提假设之一在于知识产权的界定须明晰、确定。通过功利论，我们看到，知识产权把市场的基本要素特别是知识产品的需求和知识产品供给，都考虑了进去，市场的激励机制和消费者需求杠杆都在其间发挥着基础性作用。知识产权功利论把成本——收益的分析方法融入其中，使得知识产品的生产和使用变得明晰起来，而不像其他知识产权理论（如人格论、社会规划论）那样具有太大的不确定性和模糊性。

（2）功利论具有广泛的适应性和渗透力。和劳动论、人格论、社会规划论相比，功利论或许是当代西方知识产权理论中最具适应性也最具渗透力的理论。所谓"最具适应性"，指的是它最能适应时代的需求，能够依循时代的变化和发展而自主地做出相应的调适，以持续性地证明知识产权的正当性。所谓渗透力，指的是知识产权功利论能够渗透到关于知识产权正当性的其他理论之中去，并自觉或不自觉地被其他理论加以运用。功利论将社会总福利作为其核心，无疑会随着社会总福利的具体内涵的变化而变化。因此，它总是能够适应时代的发展，为知识产权的正当性提供证明。

知识产权功利论固然具有诸多的优势，而且在立法和司法实践中运用广

---

① 〔美〕威廉·M. 兰德斯、理查德·A. 波斯纳：《知识产权法的经济结构》，金海军译，北京大学出版社2005年版，第217页。

② 〔美〕道格拉斯·诺思、罗伯特·托马斯：《西方世界的兴起》，厉以平、蔡磊译，华夏出版社1999年版，第7页。

泛，但是，其不足与缺陷却同样不可小视。某些缺陷甚至导致功利论走向证成知识产权的反面——批判知识产权。

（1）为了追求社会福利而可能牺牲掉个人福利。我们知道，知识产权功利论的基本思想在于知识产权的授予将会实现社会总福利或社会净福利的最大化。社会总福利或社会净福利是与个人福利相对而言的。它们并不等同，而且有时常常存在着冲突。尽管可以认为社会福利是由个人福利的总和构成的，但是，社会福利往往取决于政府的决策。通过加总人与人之间的效用，功利主义是把人们作为整个社会有机体的细胞而不是作为个体来对待的。[①] 由政府来确定社会福利，可能造成以社会福利之名义牺牲掉个体福利的结果。

（2）以知识产权的授予作为激励方式，存在替代品。知识产品的创造增进了社会效用，促进了公共利益，因而功利论主张对知识产品的创造者给予激励，使其愿意从事创造活动，其刺激方式便是把知识产权授予知识产品的创造者。然而，从创造者的价值需要角度来说，创造者的价值需求是多元化的而非单一的经济价值需求。知识产品创造者在获得经济利益的同时抱有其他的价值需求，如荣誉感、受尊重感以及名声感。单纯以效用最大化来证成知识产权，便会忽略掉知识产品创造者的其他价值追求。而这些价值追求未必要通过赋予创造者以排他性权利的方式才能实现。

（3）功利论缺乏足够的经验信息。功利论要求进行功利主义的测算。边沁认为："当一项政府措施之增大共同体幸福的倾向大于它减小这一幸福的倾向时，它就可以说是符合或服从功利原理。"[②] 按照边沁的功利原理，要论证知识产权的正当性，我们首先必须度量出知识产权的授予增大共同体幸福（社会福利）的数量与它减少共同体幸福（社会福利）的数量。然后，我们把计算出的社会福利增大量与减小量进行比较。如果知识产权的授予增进社会福利的数量比它减少社会福利的数量要大（也即社会净福利是正的）。那么，我们就可以说，知识产权的授予便具有正当性。社会福利增加量和社会福利减少量怎样才能计算出来呢？这显然要求功利论者必须具备足够的经验数据，同时必须量化出若干个具体的指标。但是，要在现实中满足该要求，

---

① 〔美〕理查德·A. 波斯纳：《法律理论的前沿》，武欣、凌斌译，中国政法大学出版社2003年版，第101页。

② 〔英〕边沁：《道德与立法原理导论》，时殷弘译，商务印书馆2000年版，第59页。

的确非常困难。

（4）功利论无法对作者的精神权利作出解释。作者的精神权利是作者享有的著作权中的一项重要内容，一般包括署名权、发表权、修改权和保护作品完整权。由于功利论关注的是社会总福利和公众利益，个体福利并不占据重要地位，因而包含作者的创造性人格在内的个体福利便如前述被忽视掉。这样一来，诉诸功利论的论证路径就无暇顾及对作者的精神权利作出解释。功利论抛开精神权利来谈著作权的合理性，其可信度值得怀疑。加拿大学者菲沃（David Fewer）就批评说，功利主义体系不能供给出现于《加拿大著作权法》里的精神权利制度。[1]

（二）劳动论

劳动论也可称为"知识产权自然法理论"或者"劳动应得理论"（labour desert）。其基本思想是，知识财产（知识产品）是经由发明家、作家、音乐家等创造者在付出大量的智力劳动（如成百上千次的实验策划与推行，对文章的结构与遣词造句进行的反复揣摩与设计，对曲风、曲调、歌词的研磨与筛选等等）后才被创造出来的，因而，这些创造者的艰苦卓绝劳动，在道德上应当获得回报，而回报的方式便是为他们赋予对于那些知识财产的独占性权利——知识产权。

对于劳动论，人们最熟悉的便是英国哲学家洛克的经典论述。他的《政府论》（两篇）堪称劳动论的范本。在洛克看来，对资源施加了劳动的人就对他（她）的劳动成果享有某种自然财产权，而且国家有义务对那一自然权利给予尊重并付诸实施。他给出的一个重要理据是，每一个人对于他（她）的身体都拥有一种所有权，除他（她）以外，任何人都没有这种权利。洛克首先确立了人人都享有身体所有权。既然人们对自己的身体享有所有权，那么，他（她）的身体所从事的劳动和他（她）的双手所进行的工作，我们可以说，是正当地属于他（她）的。劳动权利也就很自然地归属于身体所有权者。"所以只要他使任何东西脱离自然所提供的和那个东西所处的状态，他就

---

[1] David Fewer, Constitutionalizing Copyright: Freedom of Expression and the Limits of Copyright, in *Canada University of Toronto Faculty of law Review*, Vol. 55 (1997).

已经掺进他的劳动，在这上面掺加他自己所有的某些东西，因而使它成为他的财产。"① 这样，对于他（她）的劳动成果也就享有某种权利。

洛克劳动论使证成知识产权的传统理论，为许多知识产权学者所信奉。迄至当代，西方知识产权学者对洛克劳动论进行深入的演绎和拓展，从而形成了颇具特色的当代劳动论。

知识产权劳动论，或者知识产权自然法理论，是自然法思想在知识产权法领域的具体运用。由于自然法思想包容度甚广，知识产权学者们容易从中找到知识产权的合理性依据（基础）。学者们发现，无论是规范性劳动论还是工具性劳动论，无论是应得劳动论还是价值增加的劳动论，它们都在论证知识产权合理性方面具有诸多优势。

（1）劳动论能够克服功利论带来的对个体利益的倾轧。前已述及，功利论注重的是知识产权有利于社会净福利的最大化实现。社会福利与公共福利，在功利论那里始终占据主导地位。虽然知识产品的创造是创造者的个人行为，关于创造者的个体性存在也仍然会被否定掉。因此，功利论容易造成对个体利益的倾轧。与功利论恰恰相反，劳动论却是以个人为中心的，能够克服功利论带来的对个人利益的吞噬危险。劳动论认为，人们有着根本性的利益，这些利益为公共利益所吞噬，社会的整体福利不应凌驾于这些利益之上。对这些利益加以保护，被认为是维持个人的自主、独立与安全的关键所在。② 可见，劳动论的本质在于维护个人的自主、独立与安全。个体利益处于劳动论的核心地位。劳动论不是去倾轧个体利益，而是要捍卫个体利益，从根本上说就是要维护个人自由。因此，知识产权劳动论显然是要倡导个体利益和个体价值。相对功利论来说，劳动论无疑是进步得多。

（2）劳动论启发人们去探索与知识产权有关的正义问题。在当代劳动理论中，人们更加关注于知识产品与知识共有物的关系以及洛克先决条件。这两大关注点往往引发出知识产权的代际正义问题、矫正正义问题等。例如，知识产品的创造是潜在的知识共有物向现实的知识共有物发生的一种历史变迁。前代与后代之间对于知识产权均存在某种需求。这有一个代际正义问题。

---

① 〔英〕洛克：《政府论》（下篇），叶启芳、瞿菊农译，商务印书馆1964年版，第19页。
② Orit Fischman Afori, Human Rights and Copyright: The Introduction of Natural Law Considerations into American Copyright Law, *Fordham Intellectual Property, Media & Entertainment Law Journal*, Vol. 14 (2004).

虽然知识产品是由创造者个人独自创造出来的，但是它利用了知识共有物，或者说是以知识共有物作为创造的基础，而知识共有物却为我们全体人类所建立、维护和利用。将独占利益赋予知识产品的创造者，除创造者之外的其他主体都无法平等地使用知识共有物。而知识共有物则是由全体人类所共同创造的。当知识产品的创造者依凭其创造性劳动享有知识产权时，人类全体对于知识共有物所做出的贡献似乎未能得到合理补偿。但是，按照劳动论，既然人类全体对于知识共有物做出了贡献，那么，社会公众同样应当获得合理补偿，如同知识产品创造者获得知识产权的回报一样。类似的情形未能得到类似的处理。知识产权的正义性问题因而被学者们提了出来并获得研究。

(3) 劳动论为解决知识产品创造者的知识产权与社会公众的共有权之间的冲突奠定基本原则。劳动论在当代的发展之一便是洛克先决条件的深入解读。把洛克的先决条件适用于劳动者财产权和公众共有权之间的冲突就会确定：在冲突存在的地方没有义务（因而没有权利）产生。任何一方都不能使用自然法来限制另一方，而且双方都享有使用自由。①

此外，劳动论无须经验事实的收集，省去了较多麻烦。功利论要求有足够多的经验数据的支撑，这样才能进行社会成本与社会收益这两个指标的衡量与比较。而劳动论诉诸于自然法，带有强烈的道德直觉主义色彩，并不需要经验事实的佐证。它使许多人确信，劳动具有价值，对劳动成果的权利诉求本身构成人们进行劳动的一个重要取向。时至今日，劳动论业已得到普遍流行，在知识产权正当性理论方面具有普遍性。

如同赞成劳动论的阵营那么强大一样，反对或批判劳动论的阵营也是那么庞大。批判者指出，劳动论存在的不足是如此之多，以致劳动论终将走向论证知识产权的反面：反对知识产权。

(1) 劳动论将可能导致创造者权利的无原则扩张，从而违反自由价值。知识产权使知识产品的创造者享有某种对于知识产品的独占权。该独占权排除了社会公众对知识产品的接近和利用，而知识产品又是思想发展的基础性条件，因而知识产权便限制了思想的自由拓展，思想得不到拓展，作为公共

---

① Wendy J. Gordon, A Property Right in Self-Expression: Equality and Individualism in The Natural Law Of Intellectual Property, *Yale Law Journal*, Vol. 102 (1993).

利益的社会进步就会受到损害。不仅如此，知识产权导致的垄断权往往使知识产品创造者以外的其他人为了使用该知识产品而被迫屈从于创造者提出的种种要求。这形成了其他人依赖创造者的倾向。由此，其他人对其自身身体的所有权（自我所有权）便受到侵犯。

（2）劳动者对于劳动产品的身份依赖，可能使知识产权不正当地危及创造者之外的其他劳动者。关于劳动者对于劳动产品的身份依赖，贝克尔（Lawrence Becker）解释道，劳动者有时候以与他们作为人的身份相关的一种方式而依赖于他们的劳动产品，以便使劳动产品的福利直接和他们的心理完整性或者作为人的福利相关。这种关系就称为"身份依赖"（identity-dependence）。人们在劳动产品上的身份依赖构成对于那些产品的福利从而拥有某种基本的人格需要。人们在智力劳动产品上的身份依赖由社会规范产生并维持，该社会规范以著作者资格、原创性和唯一性以及激励产品的作者确认的东西来确证人的杰出。① 不过，也正是身份依赖的存在，才使得知识产权面临一个难题。我们知道，创造者得依凭其知识产品而确立自己的身份和存在。假如没有知识产品，创造者是否就无法存在？也就是说，以身份依赖来论证知识产权将产生出某种不正当的危险：创造者自身无足轻重，重要的是知识产品以及创造出知识产品的那一智力劳动。如此来理解知识产权，创造者的主体性便会在不知不觉间被消解掉。没有了创造者，知识产权还可能具有正当性吗？

（3）洛克劳动论的前提假设与先决条件和知识产权的现实不符，无法说明知识产权的诸多现象。洛克劳动论有一个前提假设：知识产品为一切人所共有，这也就是对"原初知识共有物"的假设。洛克说："只要假定世界原来是给予人类子孙所共有，我们就能看到劳动怎样使人们对世界的若干小块土地，为了他们个人的用途，享有明确的产权，……"② 可见，洛克劳动论是以该共有状态的假设为出发点的或论证始基的。这种共有状态是一种自然法状态下的共有。在该状态中，完全没有人类劳动生产过的痕迹。在有形财产世界，人类之初也许存在过这样一个状态，但在无形的知识产品世界里，

---

① Lawrence C. Becker, Deserving to Own Intellectual Property, *Chicago-Kent Law Review*, Vol. 68 (1993).

② 〔英〕洛克：《政府论》（下篇），叶启芳、瞿菊农译，商务印书馆1964年版，第27页。

从来就不存在也不可能存在这样一个自然共有状态。① 不仅如此，洛克劳动论的"先决条件"更是和知识产权的现实不符。"先决条件"提出，创造者对于其知识产品（通过智力劳动生产的劳动成果）享有知识产权，当且仅当他为其他人留下了足够多的同样好的知识共有物。尽管人类的思想是取之不尽、用之不竭的，但是，在某一特定时空下，限于各方面因素的限制，人类创造出的思想总是有一个量的边界，而不可能无比丰富。否则，人类社会就无须向前发展。这样，知识财产的有限性否定了劳动论的"先决条件"。一旦先决条件缺乏成立的基础，知识产权的合理性论证也就失去了主要的依托。②

（三）人格论

人格是人之为人所必须具备的内在要素之一，是人的主体性的集中体现。而知识产权与人格之间存在着密切联系，这种勾连性本身可以说是知识产权的一个固有特征。根据人格论的思想，以对知识产权的授予来保护知识产品，这实质上是要保护知识产品中的人格，确切些说是要捍卫知识产品创造者自身的人格。正是这一点，让知识产权的合理性获得彰显。人格论在欧洲大陆影响极大，成为法国、德国等国知识产权法确立精神权利（moral rights）的理论基础。它在现代立法实践中的运用也屡见不鲜。典型例证为法国《1957年文学艺术财产权法》。该法明确指出，文学艺术作品的作者享有的精神权利是"永久性的、不可分割的、不可限定的"。第32条还特别规定："无论作者的使用权是否发生转移，作者甚至在其作品出版之后均享有通过其受让人进行修改的权利或予以取回的权利。"③ 近年来发生的一个有趣的现象是，美国立法者对人格理论也表示出了越来越浓厚的兴趣。美国各州艺术保护制度的大量出台以及近来通过的《联邦视觉艺术家权利法案》均不同程度地吸收了欧洲著作权法的"精神权利"内容，表现出了对精神权利赖以存在的人格理

---

① 参见李扬：《再评洛克财产权劳动理论——兼与易继明博士商榷》，载《现代法学》2004年第1期。
② 同上。
③ Tom G. Palmer, *Are Patents and Copyrights Morally Justified*? in *Copy Fights: the Future of Intellectual Property in the Information age*, edited by Adam Thierer and Wayne Crews, Cato Institute, 2002.

论的重视。①

最早对人格做出系统论述的或许是康德。他提出，人不是手段而是客观的目的本身。对于人格，人们要做的便是维护和增进人的人格，从而最终实现人这一目的。他明确提出，把在我意志的自由行使范围内的一切对象，看做客观上可能是"我的或你的"，乃是实践理性的一个先验假设。这样，康德就把财产和自由意志联系起来，明确肯认这是实践理性的先验性要求。而实践理性规定自由意志是绝对神圣性的，是不可侵犯的。因而，财产和自由意志（也即主体人）的关系是如此密切，以致如果任何他人未曾得到我的同意而使用它，他就是对我的损害或侵犯。占有便成为使用任何东西的主要条件。德国古典自由主义者洪堡（Wilhelm von Humboldt）将康德所谓"人是目的而非手段"的观点加以具体化，即把人的目的具体化为人的各种能力得到全面、一致的发展，人的真正目的乃是把人的能力发展成为一种最高的、真正和谐的整体。在洪堡看来，人应当通过教育而达到自我实现、自我发展。他强调，在人的发展当中，人的自发性、主动性应当居于首要的地位，人的创造力是最可贵的。因而，人的创造力理应受到尊重。而作为人的自我发展，实际上是将人的各种潜能发掘出来。这就需要一系列条件。自由是其中的一个根本性的条件。此外，那些与自由密切相关的条件，即环境的多样性，同样是自我发展的必要条件。② 财产既是自由的保障，又构成自我发展所面临的环境。

如果说洪堡强调的是财产权对于人的潜能发展所具有的关键意义，那么，黑格尔则将财产权不仅视为人格发展的一个必要条件而且视为人格发展的自我展现。他说："所有权所以合乎理性不在于满足需要，而在于扬弃人格的纯

---

① William Fisher, Theories of Intellectual Property, in Munzer (ed.), *New Essays in the Legal and Political Theory of Property*, Cambridge University Press, 2001, pp. 168-199.
② 参见李梅：《国家行动范围的勘定者：威廉·冯·洪堡与德国的另一传统》，载刘军宁等编：《市场逻辑与国家观念》，生活·读书·新知三联书店1995年版，第258—273页。有必要交代的是，洪堡既是18世纪德国哲学家、教育家，也是当时的外交家和政治活动家。他主要的学术贡献在于语言方面，是这个领域的先驱之一。尽管如此，他对德国自由主义传统做出的贡献同样是杰出的。其名著《国家行为的限度》在自由主义思想史上占有重要地位，对于约翰·密尔的思想有直接影响，有些学者认为它可能是首次提出了有关自由的一些主要论点，参见李梅：《国家行动范围的勘定者：威廉·冯·洪堡与德国的另一传统》，载刘军宁等编：《市场逻辑与国家观念》，生活·读书·新知三联书店1995年版，第258—260页。

粹主观性。人唯有在所有权中才是作为理性而存在的。"① 黑格尔指出了所有权的合理性根据是所有权把人格的主观性加以扬弃，而在主观性的基础上增加了客观精神的内容，从而使人成为理性主体。能够成为所有权客体的"物"，则有可能包括学问、科学知识、才能等无形物。因为它们"固然是自由精神所持有的，是精神的内在的东西，而不是外在的东西，但是精神同样可以通过表达而给它们以外部的定在，而且把它们转让"②。绝对精神借助于表达的形式而将科学知识等精神性的东西加以外化，使它们转化为外在物。但是，它们必然包含人的主体性人格，是人格的外化形式或者说"外部的定在"。"主体性人格"，也就是人的意志。在黑格尔看来，"人有权把他的意志体现在任何物中，因而使该物成为我的东西；人具有这种权利作为他的实体性的目的，因为物在其自身中不具有这种目的，而是从我的意志中获得它的规定和灵魂的。这就是人对一切物据为己有的绝对权利"③。黑格尔提出了财产权的合理性乃是在于财产体现了人的意志，而意志对于每一个体的存在乃是根本性的，所以，在这个意义上，这种财产权利便具有绝对性。人是私有权（private rights）的载体，因为他本质上是理性意志的中介。他自身应该受到尊重。而且，人是肉体的存在，为了生存，他必须与客观世界打交道；他必须筹划一些东西并且享用它们。这一事实是有价值的，因为人是理性或精神的实现的基本中介。这等于说人是有意志的。所以，人的筹划被看做本体论根据之意图的达成。它是极其值得重视的东西。实际筹划过程成为法律上的财产权。④

　　后世思想家们把人格理论应用到了知识产权领域，并且发现知识产权和人格的联系表现得异常明显。德国法学家盖雷斯（Karl Gareis）复苏了关于人格的观念。他在1877年发表的一篇论文中审视了19世纪法律学者给出的关于"人格权"术语的不同解释范例，并从诸多观念和不可胜数的分类中提出一个形式标准：这些权利的客体是权利本身的人格。他确立了自由组建个人生活的权利、对于个人姓名的权利、对于商业名称和商标的权利、对于人格

---

① 〔德〕黑格尔：《法哲学原理》，范扬、张企泰译，商务印书馆1961年版，第50页。
② 同上书，第51—52页。
③ 同上书，第52页。
④ 〔加拿大〕查尔斯·泰勒：《黑格尔》，张国清、朱进东译，译林出版社2002年版，第658页。

尊严的权利以及对于文学艺术作品和发明的权利。① 虽然他所确立的人格权范围广泛，但对于文学艺术作品和发明的权利以及对于商业名称和商标的权利，这些权利和知识产权制度中的著作权、发明权以及商标权很接近。从人格权的角度对知识产权进行阐释，无疑对知识产权的人格性进行了积极的肯定。有"著作权人格主义理论之父"称号的基尔克（Otto Friedrich von Gierke）区分了人格权和人格权的实施。他强调的事实是：作品乃是作者人格的产品，因为作者将经济利益从属于作者人格。由于人格权不可交换，基尔克通过对人格权本身和人格权的实施加以区分而赋予出版合同以合理性。② 将人格权和人格权的实施抽象地分割开来，他实际上解释了知识产权的转让问题。正是人格权的实施，才使得知识产权得以发生转让。否则，严格遵循知识产权的人格性，知识产权的转让是不可能发生的。新黑格尔主义法学创立者科勒（Joself Kohler）更是明确地指出，保持作品完整性的要求与其说是对于作者自己的作品予以支配，不如说是对于作者的人格予以支配。而对于作者的人格予以支配就赋予作者一项权利，即作者有权要求任何人不得分享作者的人格并不得让作者说出他未曾说过的话。③ 科勒的观点极大地增强了人格论的说服力。和其他理论家不同的是，他提出了著作权的二元理论（dualist theory）。在肯定作品的人格性的同时，他还认为作品具有财产性，即具有经济价值。不过，作品的人格性是首要价值，作品的财产性必须依附于作品的人格性。在人格权之下，人们（作者）可以要求对其内在的最本真的感受予以关注。法国法学家莫里洛特（Andre Morillot）第一个在技术层面使用术语"droit moral"（精神权利）。他在解释著作权的二元性时指出，著作权拥有"完全的人格自主性"，它禁止违背作者意志的所有发表行为。④ 人格论从而构成知识产权正当性论证路径的一脉。

人格论从根本上说可以归并于广义自然法范畴。它带有目的论倾向。关

---

① Edward J. Damich, The Right of Personality: a Common-Law Basis For The Protection of the Moral Rights of Authors, *Georgia Law Review*, Vol. 23 (1988).

② Ibid.

③ Tom G. Palmer, *Are Patents and Copyrights Morally Justified?*, in Adam Thierer & Wayne Crews, *Copy Fights: the Future of Intellectual Property in the Information Age*, Cato Institute, 2002.

④ Edward J. Damich, The Right of Personality: a Common-Law Basis for the Protection of the Moral Rghts of Authors, *Georgia Law Review*, Vol. 23 (1988).

于权利的自然主义性质,或者说自然权利,爱夫瑞(Orit Fischman Afori)解释道,它并不是说人们与生俱来便享有该权利,而是说,其他人(社会)在道德上或理性上认可了该权利,即使尚未存在确立该权利的实证规范。很显然,自然权利最终要回到人的本性上去。[1] 劳动论诉诸劳动者的自我所有权,人格论诉诸人的人格展现,它们均以人类本性为依归,以个人为中心。因此,人格论和劳动论一样,归属于广义自然法理论。同样地,人格论也具有道德上的可接受性。人格论在证成知识产权方面,具有如下优势:

(1)人格论特别适合于证成知识产权的让渡。知识产权的转让也许会使知识产权人格论面临危机。知识产权的转让使作者或发明人与作品或发明的人格关联被切割掉。而一旦这种人格勾连丧失殆尽,知识产权享有者还能够继续享有知识产权吗?不过,在黑格尔那里,知识产权的全部让渡是被绝对禁止的,也是错误的,这种让渡行为在道德上类似于奴隶制或自杀,因为它把自我的"普遍性"都放弃掉了。黑格尔指出,割让人格的实例有奴隶制、农奴制、无取得财产的能力、没有行使所有权的自由等。[2] 既然人格不可割让,那么,知识产权人格论对于知识产权的转让似乎就不能理解为是对作者人格的转让,而应当认为,即使创作者认为他放弃了知识产品,但他或许仍然是以该知识产品来确证自身的,以致他足以反对将该知识产品加以特定地使用。[3] 因而,人格论为知识产权的让渡、尤其为复制品的让渡,提供了一种更佳的、更为直接的证成。[4]

(2)人格论有助于弥补劳动论的局限。知识产权劳动论有一个缺陷:劳动者对于劳动产品的身份依赖可能会不正当地危及劳动者本人和其他劳动者。尽管人格论赞同知识产品是创造者的一个身份确证,但人格论更加注重人格对于知识产品的主宰。和劳动论强调劳动者对于劳动产品的依赖不同,人格论强调的是知识产品对于创造者人格的依赖。在人格论那里,创造者的人格展现乃是根本主题。缺乏创造者的人格,知识产品本身便不可能被赋予知识

---

[1] Orit Fischman Afori, Human Rights and Copyright: the Introduction of Natural Law Considerations into American Copyright Law, *Fordham Intellectual Property, Media&Entertainment Law Journal*, Vol. 14 (2004).

[2] 〔德〕黑格尔:《法哲学原理》,范扬、张企泰译,商务印书馆1961年版,第74页。

[3] Justin Hughes, The Philosophy of Intellectual Property, *Georgetown Law Journal*, Vol. 77 (1988).

[4] Ibid.

产权。由此，创造者的人格成为知识产权正当性的主导因素，知识产品必须依附于并服从于这一主导因素，也就是必须体现创造者的人格。这是知识产权人格论的根本要求。从知识产品来看，一切知识产品，甚至是最具技术性的知识产品，似乎皆导源于人的思维过程。[①] 知识产品人格性的普遍存在，顺应了知识产权人格论的要求。可以认为，人格论捍卫的正是知识产品创造者的个体性存在。就这一意义而言，知识产权人格论弥补了知识产权劳动论的某些缺陷。

尽管具有理论上的优势，但人格论的理论局限也是显而易见的：

（1）人格论混淆了两种意义的依赖，即艺术作品对创造出它的主体人的依赖和同一件艺术作品对维持它继续存在的主体人的依赖。Palmer 指出，尽管一件艺术作品在创造出来时明显地依赖于主体人，从而是人的自由向某种外在界域的转化，但它一旦被创造出来便具有了自身的客观性和独立性。它们独立于其创造者。不过，它们仍然要为了其继续存在而依赖于某一主体人。该主体则变成了观众和听众。[②] 读者、听众和观众成为作品意义的创造者，作者原先对于作品的主宰局面被完全改变。通过比较创作之前的作品和创造之后的作品对于维续其生命存在的主体，人格论的局限便暴露出来。人格论主张，无论作品在创作之前还是在创作以后，它都体现着作者的人格。因而，基于人格的需要，作者对于其作品享有知识产权。可是，上述的分析却表明，作品的产生和存续分别依赖于两个不同的主体：作者和读者。作品由此也体现出两种不同主体的人格。所以，将知识产权仅仅授予作者，在实质上违背了人格论的本意。知识产权人格论成为自身的羁绊。

（2）人格论需要克服作者死后其人格依然存在的原因问题。现在，著作权立法一般都有一个期限的规定：即著作权的保护期为作者有生之年加死后 50 年。这便引出一个问题：既然人格论赋予作者享有知识产权的正当性，那么，在作者死亡后，法律仍然对作者给予知识产权保护，这一立法是否意味着作者死亡后仍然享有人格？如果事实是如此，那么，它将有违我们的常识与常理。作者业已死亡，与之同存的人格同一性因而也随之消灭，毕竟

[①] Justin Hughes, The Philosophy of Intellectual Property, *Georgetown Law Journal*, Vol. 77 (1988).

[②] Tom G. Palmer, *Are Patents and Copyrights Morally Justified?*, in Adam Thierer & Wayne Crews, *Copy Fights: the Future of Intellectual Property in the Information Age*, Cato institute, 2002.

人格是作者的人格而不是别的什么人的人格。换句话说，作者死后，对于著作权的保护则没有主体的依托。在此情况下，作者的人格为什么仍然能够存在下去？这让人们难以理解。对此，Sterk 指出，假如财产的地位在于填充个体的人格，那么，从黑格尔那里来论证著作权保护应当延长至作者死亡后，便会特别困难。① 知识产权人格论要完全站得住，必须克服这一问题。

（3）要使人格论更有说服力，人格论者需要对人性做出进一步研究。人格论在论证知识产权合理性的理论中是尤其关注人的主体性存在与知识财产关系的一种理论。尽管人格论者在努力探求康德、黑格尔等经典人格主张的意蕴，但是，就目前研究状况来看，财产权人格论在很大程度上被搬到了知识产权上面，对知识产权的独特本质却未给予足够关注。归根结底，人格论者对于人性的研究得有重大推进。② 惟其如此，知识产权人格论也才能给知识产权的正当性提供强有力的论证。

（四）社会规划论

知识产权的社会规划论是直到晚近才发展起来并形成相对独立的一条论证路径的。社会规划论主张，包括著作权、商标权和专利权等在内的知识产权能够而且应当加以型构，不但它们为社会带来的知识产品会使人们达致一种优良的生活，而且它们自身的架构会成为构筑理想社会的要素，从而把人们带入到一个公正的、有吸引力的理想社会。③ 值得注意的是，社会规划论的产生，有其特定的时代背景。社会规划论者大都是在讨论网络（数字）环境下的知识产权法时提出其社会规划论的。例如，奈特尼尔（Neil Weinstock Netanel）在《著作权和一个民主的市民社会》一文中就明确地指出，数字技术的威胁，致使著作权法难以提供对于私人所有的公共利用。数字技术的未

---

① Steward E. Sterk, Rhetoric and Reality in Copyright Law, *Michigan Law Review*, Vol. 94, (1996).
② William Fisher, Theories of Intellectual Property, in Munzer (ed.), *New Essays in the Legal and Political Theory of Property*, Cambridge University Press, 2001, pp. 168-199.
③ Ibid.

知潜力引发一场有关我们进入数字时代后著作权的目的与范围的激烈论战。①可见,数字技术的特点促使这些论者联想到知识产权的民主特质。人们一般认为,数字技术具有民主性、自由性等特点。这让为数字技术提供法律保障的知识产权也无形中裹挟着民主性等特点。而且,数字时代开辟了人们进入某种理想社会的可能性。这更让学者们会去思考知识产权和理想社会的勾连。因而,一句话,数字技术的蓬勃发展,数字环境的日益推进,催生了知识产权的社会规划论。

可以认为,社会规划论在目前尚处于兴起阶段。明确阐述这一路径的,或许是奈特尼尔和费舍尔。此外,爱尔金—科伦(Niva Elkin-Koren)、奥奇(Keith Aoki)、博伊尔(James Boyle)、达沃豪斯以及迪隆(James V. Delong)等都对该论做过某种程度的揭示或颇有价值的研究。②

社会规划论的论证路线虽然在实际使用时被冠以"社会规划论"之名,但在许多国家乃至国际知识产权立法中可以见到。日本1986年修订的《著作权法》第1条规定:"本法目的在于确定与作品、表演、唱片、广播有关的作者权利及其邻接权,关注上述文化成果的公正使用,保护作者等人的权利,促进文化的繁荣与发展。"我国《著作权法》第1条规定:"为保护文学、艺术和科学作品作者的著作权,以及与著作权有关的权益,鼓励有益于社会主义精神文明、物质文明建设的作品的创作和传播,促进社会主义文化和科学事业的发展与繁荣,根据宪法制定本法。"文化的发展与繁荣,成为许多知识产

---

① Neil Weinstock Netanel, Copyright and a democratic civil society, *Yale Law Journal* 106 (1996). 在这里,笔者将"civil society"翻译成"市民社会"。该译法不同于黄海峰的翻译。他把该词译为"公民社会",参见威廉·费歇尔:《知识产权的理论》,黄海峰译,载刘春田主编:《中国知识产权评论》(第1卷),商务印书馆2002年版,第1—43页。从奈特尼尔在其论文《版权和一个民主的市民社会》中对"civil society"的使用来看,他提到,和市民社会的许多制度一样,著作权处于市场之中但不隶属于市场。如果译成"公民社会",此处的"市场"便无法理解。而且,他还多次提及"市场"、"著作权市场"等概念。他声明,民主范式的著作权本质上是一种用市场制度来增进市民社会民主特质的国家手段。故笔者认为"市民社会"的译法较为合宜。

② Niva Elkin-Koren, *Copyright Law and Social Dialogue on The Information Superhighway: the Case Against Copyright Liability of Bulletin Board Operators*, Cardozo Arts & Entertainment Law Journal, Vol. 13 (1995); Keith Aoki, *Intellectual Property and Sovereignty: Notes Toward a Cultural Geography of Authorship*, Stanford Law Review, Vol. 48 (1996); James Boyle, *A Politics of Intellectual Property: Environmentalism for the Net?*, Duke Law Journal, Vol. 47 (1997); Peter Drahos, *A philosophy of Intellectual Property*, Dartmouth Publishing Company Limited, 1996; James V. Delong, *Defending Intellectual Property*, in *Copy Fights: the Future of Intellectual Property in the Information Age*, edited by Adam Thierer & Wayne Crews, Cato Institute, 2002.

权立法的目的之一。而文化的发展与繁荣,实际上将给社会带来深远影响。正如戴维斯(Gillian Davies)从文化产业以及文化影响力的角度所认识的那样,著作权的保护导致了民族文化遗产的日益丰富,保护水平越高,就有越多的作者受到鼓励去从事创作,进而扩展其各自国家的文学和艺术影响力。而智力创造物越多,娱乐产业、图书出版业和音像业等建设与发展的程度就越高。这些产业均是作者的主要合作伙伴。① 因此,将知识产权保护赋予文学、科学和艺术作品,将不断增加一个民族的文化遗产,从而逐渐增强一个国家在文学、科学和艺术方面的影响力,这将在某种程度上影响其他国家的文学、科学和艺术发展方向,进而在一定程度上引导其他国家和本国在理想社会图景方面的趋同化。也就是说,知识产权是推进某种优良社会的必备条件。从这些立法目的中,我们可以认为,尽管知识产权立法并没有言明该立法将推进什么类型的理想社会,但"文化的发展与繁荣"这些相似的表述足以使人们相信该立法的最终目标是要去推进那一充满繁荣文化的理想社会。因此,社会规划论在当今知识产权立法中得到了广泛的运用。

知识产权社会规划论者实际上都有着自己对于理想社会图景的设计。这也是社会规划论未能足够成熟以致为人们所普遍接受的一个主要原因。不过,在知识产权正当性论证理论中,它仍然能够成为占据支配地位的理论之一。在笔者看来,社会规划论开辟了一条不同于功利论、劳动论和人格论的崭新路径,的确把我们对于知识产权合理性的认识向前推进了一步。

(1)社会规划论吸收了功利论、劳动论、人格论的合理内核,使知识产权的正当性有了更为合理的基础。社会规划论的路径因其目的论导向而类似于功利主义。但不同的是,社会规划论所意图展开的可欲社会图景要比功利主义者运用的"社会福利"概念更加丰富。② 借鉴了劳动论的核心思想,社会规划论将包括知识产权在内的财产权视作为政治权力分散化的主要手段,特别是把知识产权当作某种民主制度的结构化机制,让知识产权充当公民表达自由权的捍卫者、自由市场的坚固堡垒以及反对国家干预有力的武器,将知识产品方面的利益分配给知识产权的创造者,便符合分配正义原则。此外,

---

① Gillian Davies, *Copyright and Public Interest*, Sweet & Maxwell, 2002, p. 17.
② William Fisher, Theories of Intellectual Property, in Munzer (ed.), *New Essays in the Legal and Political Theory of Property*, Cambridge University Press, 2001, pp. 168-199.

知识产权人格论的基本思想是作品即作者，尊重作品即是尊重作者；作品反映作者的人格，是作者人格的外化形式，对于该外化形式，作者必须拥有某种控制的权利，也即知识产权。受人格论启发，社会规划论将知识产品创造过程理解为从事一场社会对话。各种社会主体在不间断地构造意义的过程。经由这一过程，社会主体把意义赋予了客观世界并确证了其自身的存在。[1] 正是在对功利论、劳动论和人格论之合理内核加以吸纳的基础上，知识产权社会规划论才得以在视域方面变得宽广起来，社会规划论者所描绘的理想社会图景才得以具有充分的说服力和可信度。

（2）社会规划论使知识产权与民主政治勾连起来，第一次引导人们去探索知识产权的政治功能。学者们提出的社会规划论，在论证知识产权存在合法性的同时，为我们展示了知识产权的政治功能。知识产权社会规划论者试图引导人们去思考知识产权的政治性质和政治功能。针对网络时代的知识产权法，博伊尔指出，正是知识产权而不是网络规范，才为财富、权力和使用资格在信息社会中的传播/分配提供了枢纽。知识产权制度可以构建也可以打破网络领域内教育的、政治的、科学的以及文化的命运。它是在信息决策方面进行最重要决策的核心。它深刻地影响着对数字环境下的政治与经济力量所做出的分配。它还影响着从教育到表述自由等多方面的问题。所以，博伊尔呼吁，我们应该建立一门新的政治学，即知识产权政治学。[2] 过去人们往往更多地关注于知识产权带来的经济效益。知识产权在经济、贸易方面的作用一直为国家和企业、团体所强调。社会规划论者则试图打破人们的这一认识局限，把关注的焦点放在政治层面。这标志着知识产权在研究视角上的转移。政治学视角让学者们寻找到了一条论证知识产权合法性的有效路径。不仅如此，学者们似乎要重新建构知识产权。他们所表达的"知识产权公共领域重构合理使用原则"的改革主张，反映出他们重构知识产权的愿望和努力。

当然，社会规划论的局限也体现在以下几个方面：

---

[1] Niva Elkin-Koren, Copyright Law and Social Dialogue on the Information Superhighway: the Case Against Copyright Liability of Bulletin Board Operators, *Cardozo Arts & Entertainment Law Journal*, Vol. 13 (1995).

[2] James Boyle, A Politics of Intellectual Property: Environmentalism for the Net?, *Duke Law Journal*, Vol. 47 (1997).

（1）社会规划论带有明显的目的论指向和家长制色彩。社会规划论者大多是依据知识产权具有什么样的功能或目的来论证知识产权正当性的。他们或者认为知识产权能够实现知识产品利益的分配正义，或者认为知识产权凭借其生产功能和结构功能为民主的市民社会做出推动，或者认为知识产权具有意识形态功能，是在阶级社会中由统治阶级进行阶级统治的工具。他们更多地侧重于借知识产权的目的或意图来对知识产权的合理性加以解释。据此，我们可以认为，社会规划论的确带有明显的目的论指向。同时，社会规划论者在很大程度上希望为社会所有成员设立一个优良生活的模板。这显然带有浓厚的家长主义色彩（paternalism）。费舍尔在对于学者批判家长制法律做出的回应中分析道，关于优良生活预设图景的要素之一乃是某种特定的自决观念（a particular conception of self-determination）。就家长制法律对人们选择与塑造其地位、关系、工作以及团体的能力与倾向而言，家长制法律是由该自决观念支配的而非孕育该自决观念的。某项规范会对人们的选择产生绝对不利的影响。① 知识产权社会规划论也因此而被认为是"非自由主义的"。

（2）社会规划论为知识产权做出的论证具有不确定性。社会规划论的前提假设在于某一特定的文化图景。对于理想的社会图景，不同的人有不同的看法。尽管可以为该理想社会图景设计丰富的构成要素，也就是把尽可能多的构成要素都包容进去，但是，不管学者们如何皓首穷经，如何殚精竭虑，理想社会始终是某种乌托邦式的。人们同样可以不把诸如民主和公正之类的东西放进理想社会之中去。一旦它们被排除于理想图景之内，知识产权是否还能够以其民主政治功能而获得证成？这的确是知识产权社会规划论者们需要解决的问题。此外，即使认可学者们所设计的那样一幅公正的、有吸引力的文化图景，然而，该图景中的分配主义等构成要素历来是政治哲学家们争论不休的问题。社会规划论者试图将这些极具争议性的问题融于知识产权体制之内加以解决，其可能性令人生疑。② 即使我们能够较为一致地赞同某种公正的、有吸引力的理想社会图景，但是这一图景中的各个构成要素也并非都

---

① William Fisher, Reconstructing the Fair Use Doctrine, *Harvard Law Review*, Vol. 101 (1988).

② William Fisher, Theories of Intellectual Property, in Munzer (ed.), *New Essays in the Legal and Political Theory of Property*, Cambridge University Press, 2001, pp. 168-199.

是赞成知识产权保护的。这样一来，知识产权社会规划论便具有了非常大的不确定性。它为知识产权的合理性提供的论证便会在效力上显得微弱。

二、当代西方知识产权理论的本质

作为论证知识产权合理性的路径而言，功利论、劳动论、人格论和社会规划论的确存在很大的不同。这也是学者们就知识产权问题争论得如此激烈的原因之一。然而，应当牢记的是，它们始终围绕知识产权的合理性问题。问题的同一性决定了它们内在的关联性。分析其关联性或共性，实际上是在深化我们对于当代西方知识产权理论的认识，寻找诸理论的共同本质，为我们正确对待并重塑知识产权理论确立某种前提和基础。①

（一）知识产权理论：财产权理论的一个延伸

通过知识产权诸理论所使用的概念、范畴和原则，我们可以明显地感觉到这些理论对于财产权理论的关注程度，它们甚至在极大程度上直接把财产权的一般理论适用于知识产权。可以说，知识产品套上了一层财产权的光环。对照各种知识产权理论，我们发现，知识产权理论家们都存有一个共同假定：和有形财产一样，知识财产也属于财产这个大家族。既然都是财产，那么，论证财产权的理论在知识产权那里便是理所当然可以成立的。也就是说，知识产权和财产权沟通的中介正是知识财产。众所周知，财产权是西方社会文明的一个极其重要的组成部分，财产权理论则当然地成为西方思想领域的一个重要阵地。由于知识产权被纳入到财产权范畴，知识产权理论似乎顺理成章地构成财产权理论的一个部分，而且是一个越来越重要的部分。在此发展模式下，财产权的话语便如"润物细无声"般地推动了知识产权的发展。

---

① 一般地，西方学者较少论及该问题。不过，胡夫斯在比较各路径的差异时提到了劳动论和人格论的关联。参见 Justin Hughes, The Philosophy of Intellectual Property, *Georgetown Law Journal*, vol. 77 (1988).

可以认为，知识产权理论系依托财产权理论而建构起来的。① 这种建构理论的方式给知识产权带来了相当深刻的影响。其具体表现：（1）它为知识产权的建立创造了便利，使知识产权迅速建立起来。（2）它为知识产权保护确立基调，有助于扫除观念上的障碍。（3）它使知识产权不断扩张以至步入某种特权式的垄断格局。

从知识产权理论自身的内容来看，作为一种特别的财产权理论，知识产权理论在受到财产权理论的深刻影响时，又为财产权理论贡献了自身独特的力量。（1）它为财产权理论贡献出一个优秀的范例。劳动理论和人格理论本是财产权理论的两大基本内容。当它们被适用于知识产权领域时，它们的理论论证力量显示得尤为强大。正是知识产权，才为劳动理论和人格理论贡献了优秀的范例。在知识产权那里，劳动理论和人格理论真正有了用武之地。其理论上的妥适性、恰当性，是其他财产权所无法比拟的。（2）当代知识产权理论符合时代特征，知识产权的当代发展回应了时代的需求。知识经济时代、网络时代、信息时代的到来，为知识产权的发展和知识产权理论的繁荣，创造了极佳的时代背景。知识、信息成为第一位的生产要素。知识产权法律的勃兴，使知识产权理论繁荣起来。知识产权的日益繁荣，既是财产权理论发展的一个具体表现，又使人们有机会去更多地思考知识产权理论和财产权理论的关系问题，寻找知识产权理论的发展模式。（3）它丰富了财产权理论与民主的勾连。知识产权理论家们在研究过程中提出了知识产权社会规划理论，以其宏观的视野展现了知识产权与民主的内在勾连。这在传统财产权理论那里是不多见的。这种颇有价值的探索，为财产权理论增添了新的活力，使财产权理论更加丰满。

---

① 在财产权较为发达的17世纪中叶，法国学者卡普佐夫将一切来自知识活动领域的权利概称为"知识产权"，后来比利时法学家皮卡第将"知识产权"概括为"使用知识产品的权利"，专利权被列入其中。在此基础上，法国学者创制了工业产权论。直到20世纪60年代末期，斯德哥尔摩《建立世界知识产权组织公约》签订后，"知识产权"才逐渐为国际社会所承认。现如今，知识产权已经成为表达科学技术、文化艺术和产业领域中智力劳动成果权利的通用名词，并为相关的国际条约、双边协定、国际技术贸易以及国内立法所广泛接受，参见〔苏〕E. A. 鲍加特赫等：《资本主义国家和发展中国家的专利法》，转引自吴汉东、胡开忠：《无形财产权制度研究》，法律出版社2001年版，第349页；曲三强：《知识产权法原理》，中国检察出版社2004年版；郑成思主编：《知识产权：应用法学和基本理论》，人民出版社2005年版。

(二) 知识产权理论与当代西方政治哲学

乍看上去，将知识产权理论与当代西方政治哲学放在一起加以讨论，这似乎有点牵强附会，令人不可思议。毕竟，知识产权理论是部门法学理论的一个具体部门，而且技术性颇为浓厚。而当代西方政治哲学却拥有截然不同的研究范畴（如自由、平等、民主等），和知识产权理论的距离甚为遥远。其实，知识产权理论并非和当代西方政治哲学毫无瓜葛，恰恰相反，它们有着紧密的联系。知识产权理论在很大程度上运用了当代西方政治哲学的研究成果，当代西方政治哲学在一定程度上构成知识产权理论的重要语言和基础。[①]可以认为，当代西方知识产权理论就是当代西方政治哲学争论的一个缩影。正如费舍尔所言，在讨论知识产权问题时，"理论家们是戴着政治哲学的眼镜来看待法律的。在当代哲学争论中，自然法理论、功利主义理论以及关于善的理论通常被视为是不可调和的观点。无怪乎，那些熟知这些争论的法律理论家们把有关知识产权的思想主张分割成与之大致相似的类别"[②]。费舍尔从知识产权理论的分类下手，把知识产权理论类型和当代政治哲学理论类型联系起来，认为它们存在对应关系，而这种对应正反映出知识产权理论受到当代政治哲学影响的程度之深。知识产权理论普遍地打上了当代西方政治哲学的烙印。

在知识产权理论中，我们可以看到，许多学者都谙熟当代政治哲学，在政治哲学的指导下，有意识地将当代政治哲学的研究成果运用到知识产权合理性论证方面去。例如，胡夫斯把罗尔斯的代际正义理论融入到对知识共有物的研究从而推论出知识产权的合理性及其终将消亡的结论。政治哲学中的矫正正义理论和分配正义理论被瓦尔登和戈登用于分析知识产权的相关问题，从而引导人们去思考知识产权的正义问题。知识产权理论之所以能和政治哲学如此广泛地结合起来，主要是因为知识产权既是财产权的一大门类又是财产权的一个异类。既然知识产权是财产权的一大门类，有关财产权的诸多论

[①] Henry E. Smith, *The Language of Property: Form, Context, and Audience*, Stanford Law Review, Vol. 55（2003）.

[②] William Fisher, Theories of Intellectual Property, in Munzer（ed.）, New Essays in the Legal and Political Theory of Property, Cambridge University Press, 2001, pp. 168-199.

证理论便可适用于知识产权。而财产权和资本主义民主政治的关系,甚为密切。

(三)知识产权理论与当代西方世界的价值观

如果说知识产权理论和财产权理论以及当代西方政治哲学之间所具有的关联是从知识产权的外部展开分析的话,那么,从知识产权理论内部、尤其是其内含的价值观进行分析,则会将我们对于知识产权诸理论的本质引入更深层次。倘使我们把财产权理论、当代西方政治哲学以及接下来要讨论的当代西方世界的价值观联系起来,我们就会发现,这一探讨本身又是前文对于知识产权理论和财产权理论、当代西方政治哲学的某种延伸。需要交代的是,笔者所选取讨论的西方世界之价值观,仅仅是西方世界价值观的一部分而已,并非是对该题域的全部讨论。①

1. 知识产权理论和个人主义

个人主义长期以来就是西方的一个典型价值观念。其基本含义为个人在人类社会的经济生活、政治生活和伦理生活等方面占据着核心地位和相对于群体与整体的优先地位。② 个体是人类社会价值观的核心。当个体利益和社会整体利益发生冲突时,个体利益的优先地位仍然不可动摇,即使为了公共利益的需要而对个体利益施加一定的限制,这种限制仍然需要正当的理由,而且应当把对个体利益的限制与损害维持在最低限度。

从整体上看,知识产权理论渗透出一股个人主义的价值观。这主要表现在:其一,知识产权理论中功利论以"原子式"的个人为分析单位,它存在一个基本假设:在市场中从事知识产品生产与交易活动的创造者(主体)均是自身利益的最佳判断者。他(她)具有市场理性,是"经济人"。功利论以"经济人"为分析单位,必然走向个人主义。其二,知识产权理论中劳动论以自我所有权为始基,以智力劳动为轴心,为劳动价值赋权。知识产权劳动论所谓的"劳动"只可能是个体性的劳动,劳动论的轴心也只能是个体性的智力劳动者。在劳动论之下,知识产权仍然是个人主义性质的权利。劳

---

① 有论者对知识产权法的效率价值问题做出了较为详细的研究,参见于宁:《知识产权制度的分析与反思》,吉林大学博士论文,2003年。

② 根据学者史蒂文·卢克斯的研究,个人主义蕴涵人的尊严、自主、隐私和自我发展等价值。

论因而含有个人主义的价值意蕴。其三，人格论倡扬知识产品创造者的"人格"，"人格"的唯一性必然寻求个人主义的价值依归。相对于功利论、劳动论和社会规划论，人格论的个人主义价值观应该算是最为强烈的。其四，社会规划论以个人的优良生活观作为理论基础之一，在建构优良社会观中彰显个人主义的价值。诚然，优良社会，就其形式而言，是以社会整体形态出现的。但就其内容来看，优良社会必须以个体的优良生活为中心。只有个体的优良生活得到了满足，由个体构成的社会所呈现出的质量才可能是优良的。在这个意义上，知识产权社会规划论其实是以个人主义为依归的，它主张在优良社会中彰显个人主义。

2. 知识产权理论和自由

自由是人类追求的一个普遍价值，更是西方世界最为崇尚的价值观念。知识产权理论在论证知识产权合理性的过程中，尤其关注知识产权之于自由的关系，它成为知识产权理论领域争论的一个焦点。从学者们对于这一争论的广泛参与，我们便可窥见知识产权理论背后的自由争执之一斑。

其一，功利论并不否认自由，而是着眼于知识产权实现最大多数人的最大自由。它可以解释为：知识产权增进最大多数人的最大自由，或者说，知识产权能够增进以自由为内容的社会总福利的最大化。其二，劳动论对于知识产权和自由的关系所展开的探讨在四种理论路径当中是最为广泛的。劳动论者一般把洛克劳动论的依据归结为智力劳动者的自我所有权。智力劳动者的自我所有权，在本质上就是智力劳动者对自身拥有绝对的支配自由。其三，知识产权人格论者主张创造者的意志自由，认为知识产权是人格自由的需要。知识产权人格论者大多围绕人的意志自由展开论证。其四，知识产权社会规划论以自由和知识产权的关系展开社会理想图景。社会规划论者均要预设一幅理想社会图景。指导并支配该幅图景的观念必定含有以表达自由、出版自由、言论自由、经济自由等为内容的自由观念。社会规划论者设定的理想社会是一个自由民主社会。在该社会里，民主与自由是密切联系着的。

3. 知识产权理论和公平

公平，是西方社会的基本价值。众所周知，法律以追求公平为使命。知识产权法也不例外。它所创制的知识产权是确保了公平抑或损害了公平，这一问题常常成为学者们在论证知识产权合理性问题时必须面对并加以回答的一个重要问题。对此,知识产权诸理论的支持者们给出了"知识产权符合公平价值"的回答。

其一,功利论以社会福利最大化来统摄社会正义,其理论之分支——激励论充分体现出平等的价值内涵。其二,劳动论主张对于增加的价值给予回报,知识共有物观念带来的代际正义以及学者从复制者和创造者两方面论证知识产权的合理性,这些思想都体现了劳动论的公平性。其三,知识产权人格论主张创造者在人格上的平等性。知识产权人格论以人格的实施和展现为中心,把知识产品归属于创造者的人格。为了维持人格同一性(personal identity)①,将知识产权授予该创造者就成为必要。人格同一性,在每一个人那里都存在着而且是平等地存在着。换句话说,每一个人的人格在本质上都是平等的。其四,知识产权社会规划论主张分配正义,明确要求建构公正的文化与社会。社会规划论者在其构想的理想社会图景中都不会忘记把公正放置进去。假如理想社会连公正都保障不了,该理想社会也就不具有多少吸引力,其理论在吸引力方面也将大为削弱。知识产权法作为理想社会中的制度之一,必须遵循公正的价值规范,以知识产品利益方面的分配正义来推进公正的理想社会与文化。

4. 知识产权理论和理性主义

知识产权诸理论还拥有一个共同的属性,那就是理性主义(rationalism)。从哲学分析的角度而言,理性可以作多种理解。总体来说,理性是指人们在信念上应追求使现实逐渐趋向合理的目标,相信人类主体的理智、认识能力和道德良知,坚持人类的行为和社会的进步应以科学知识为参考,顾及整体利益和未来目标,慎重行事,拒绝盲目冲动。② 所谓"理性主义",一般指这样一种思想,即认为人类的理性是人类社会一切生活的决定因素,人类社会一切规则、制度、习俗等皆来自人的理性,只要是人的理性设计,就会确定地出现人们预料的结果。作为其中一个重要分支,建构论理性主义相信,社会、语言、法律及各种制度都是由人创造的,可以通过对人类生活的理性设

---

① 人格同一性问题在哲学上的解释是,说此时的这个人与彼时的那个人是同一个人意指什么。人格同一性是哲学家们普遍坚守的一个信念,参见〔英〕安东尼·弗卢主编:《新哲学词典》(修订第二版),黄颂杰等译,上海译文出版社1992年版,第381页。

② 参见韩震:《重建理性主义》,北京出版社1998年版,第14—17页。

计而重构或者彻底改变它们。① 理性主义的思想进路，长期以来支配着世界发展的进程，在人类思想史上长期占据着支配地位。

学者们在解释知识产权合理性时，无一不是走理性主义的道路。功利论运用了较多的经济理性。最典型的例子莫过于理性经济人的假设。激励论使用的是激励理性，即通过赋予创造者知识产权来诱发更多的有益于社会福利增加的创造。劳动论由于在性质上属于自然法理论，而理性是自然法的核心，故理性主义贯穿其中便毋庸置疑。人格论则直接宣称，知识产权是创造者作为人的理性发展之必然要求。人格论者大多都是理性主义的主要代表者，如康德、黑格尔、洪堡等。社会规划论把人的理性提升到了极致。社会规划论者勾勒出的理想社会图景，最大程度地依靠了并运用了人类的理性。该论者持有一个前提假设：人类可以用理性来建构未来理想社会，在建构过程中，只要知识产权制度设计得足够合乎理性，知识产权便能为理想社会的到来创造某些基础性条件。从这个意义上，我们可以认为，社会规划论充满了理性建构主义的味道。

简言之，知识产权功利论、劳动论、人格论和社会规划论尽管有着冲突，但在理性主义这一方面却是完全一致的。它们都肯定了理性主义，并且以理性主义为指导，积极运用它来论证知识产权的合法性。

（四）需要注意的问题

知识产权诸理论在价值观和意识形态上是一致的。它们突出地表现了个人主义、自由、公平、理性主义的价值观念和自由主义意识形态。这些价值观念和意识形态代表了当代西方世界的主流思潮。这一点，是我们在认识知识产权诸理论时必须加以辨识的。特别是当知识产权迈入全球化而且成为当今世界经济和政治论坛主流话语之一的时候，我们更应该多一分清醒，多一些理智。正如国内学者郑胜利先生指出，不管这些西方的理念是不是充满着"欧洲中心论"或殖民主义的色彩，我们都必须努力去了解它，因为只有透彻地理解知识产权法律制度背后的哲学与文化理念，我们才能够理解类似的制度在中国的现实状况，以及它的发展趋势，对中国知识产权法律制度的发展

---

① 参见张文显：《二十世纪西方法哲学思潮研究》，法律出版社1996年版，第249页。

方向有符合中国国情的看法,而不总是步西方社会的后尘。① 因此,我们必须同时警惕"西方中心主义"的理论倾向。比较妥帖的方法在于,深入挖掘知识产权理论,剖析知识产权问题,寻找知识产权和知识产权理论中的某些一般性的东西,重构符合中国国情的知识产权理论。

三、知识产权新思潮的冲击

可以看出,知识产权本没有自己的理论,而是从财产权理论基础之上推演出来的。后世的学者通过反复的论证,逐渐演变成知识产权的发展理论,根据曹新明教授的总结,主要是以下几种:

知识产权精神道德理论。人们的共识是法律应当为智力劳动者的创造性成果(智慧创作物)提供保护,禁止其他人盗用。此种哲学理论认为,智力劳动者对其投入时间和精力创作的成果应享有权利,并有权从中获得相应的利益。该理论源自于人权理念。这样的理念,一方面表现为"自然权利主张权",另一方面表现为"获得报酬主张权"。知识产权自然权利是基于自然法原则产生并受保护的权利。在此意义上,任何人的思想都是一种自然权利。

经济激励理论。知识产权制度的基础是"政治私利"(political expediency)而不是人权理论,因此,建立知识产权制度就是通过经济利益激励人们的创造热情。从制度经济学角度讲,制度变迁涉及两个重要因素:一个是制度,另一个是技术。而重大的技术变革必然与制度相关,其间最根本的问题就是建立一个机制,激励智力劳动者积极进行智力创造活动。激励机制的效用在于它能激励人们的创造热情。如果没有这样的激励机制,人们就不愿意将大量的时间和精力用于创造活动;另一方面,经济激励的效用还在于给人们施惠的每一种激励在整体上都将为社会带来某种利益。给智慧创作物提供知识产权保护为社会所带来的利益就是为社会全体成员增添精神和物质两方面的财富。

增强竞争理论。这也是一项"政治私利"理论,是指通过建立知识产权制度来增强竞争,促进工业发展,增加社会福利。知识的联合消费与廉价再

---

① 参见郑胜利主编:《北大知识产权评论》(第1卷),法律出版社2002年版,"主编语"。

生之事实意味着它具有某种公共产品属性,这种公共产品通常被称为"可扩张的"或者"非竞争的"公共产品。然而这种公共产品与普通的公共产品不同,思想的创作者可以借助知识产权排除他人为生产经营目的使用其思想。人们相信,附载于产品或者服务上的思想的竞争性能够激励智力劳动者更有效地利用稀缺资源,或者开发新产品,使竞争更加富有成效。

利益补偿论。该理论认为,创作作品的发起人、作品的创作者需要为作品的创作进行投资,要承担相应的经济风险,因此,授予他们对其创作和经营的作品一定期限的独占权,使他们有机会收回其投资,并获得相应的利益回报。该理论成立的基础是:给作品的创作者授予一定期限的独占权,就是对他们投资和付出的一种利益补偿,他们才会有动力和热情冒着经济风险,进行这种投资。假如法律不能为投资者和作品的创作者对其通过投资所产生的成果授予独占权,那么根据自然人的趋利避害本能,将不会有人甘愿冒此风险进行这样的投资,从而可能导致智力开发市场之源的枯竭。一旦出现这种现象,就会导致两种结果:一是剽窃者可能获得不当利益(这种不当利益有时可能非常巨大);二是投资者或者创作者进行类似投资的激情受到严重伤害,使公众失去获得更多好作品的机会。[①]

这四种理论除了第一种理论发展于劳动和人格理论的自然权利理论之外,其他几种理论基本都是从功利主义和实用主义的角度所做出的理论,这从某一个侧面反映了越来越多地认识到知识产权并不像有形财产权那样具有天赋人权的神圣性,而更多地作为一种政策调控工具,而发挥着促进社会经济和文化发展的作用。

正是因为知识产权丧失了神圣性的光环,最重要的是近年来由于知识产权在全球范围内的全面扩张,知识产权保护已经达到非常严重的过度程度,从而对人类幸福生活产生了负面的冲击和干扰,同时知识产权所引发的冲突不仅是个人之间的甚至演变为国家之间的,正是这样的背景下,理论界不断涌现出反对知识产权的新思潮,冲击和危机着知识产权的理论基础。

[①] 参见曹新明:《知识产权法哲学理论反思——以重构知识产权制度为视角》,载《法制与社会发展》2006年第6期,第61页。

1. 知识产权怀疑论

以美国的 Anatoly Volynets 为代表的"知识产权怀疑论"学者,对知识产权制度提出了十大疑问,认为现在的知识产权保护不是对社会、经济、文化、科技等产生了促进作用,而是相反地产生了障碍效应,这与建立知识产权制度的初衷大相径庭;因为知识产权的扩张使知识产权越来越多地侵占公共领域的知识资源,限制和缩减人们对公共领域资源的利用,自己获得严重超过知识创造而付出的成本获得高额回报,相反却产生巨大的社会成本而转嫁到公众身上。同时,知识产权为了保证自己的专有权能够继续获利,压制对其具有替代性的新的知识的产生。[①]

2. 反知识产权论

以美国的 Richard Stallman 为代表的学者提出了限制甚至废除知识产权制度的主张,他认为美国的知识产权保护到了无孔不入的地步,公众为此所付出的代价越来越大,版权保护期一延再延,如果这样无休止地延长下去,知识产权不仅会突破地域性,甚至连时间性都给突破了。同时,知识产权制度加剧了社会的分配不公,扭曲了正常运行的社会秩序,在国际层面,如果要求发展中国家或者不发达国家与发达国家按同样的标准来保护智慧创作物,其唯一可能的结果就是它们将永远处于发达国家的掠夺之下。他的主张引起了强烈的社会反响,形成了一股反知识产权思潮。此外,创作资源所具有的社会公共性已成为反知识产权理论的最强劲依据。该理论认为,一切智慧创作物的完成对智力劳动者个人能力的依赖性都比较小,更多的是依赖无以数计的先行者对社会进步所做出的贡献;另一方面,许许多多的智力劳动者常常可能在某些研究项目上撞车。对此情况,该理论认为,知识产权制度与其说给智力劳动者带来了利益,还不如说给智力劳动者造成了损失,因为在某个人就某一主题的智慧创作物获得知识产权后,其他智力劳动者只有向知识产权所有人支付使用费才能使用与之具有相同主题的智慧创作物,无论该智慧创作物是否为该发明人自己独立开发出来的。这样的制度虽然有其合理性,但的确也存在许多问题。例如,关于智慧创作物的可知识产权条件和程序的

---

① 参见曹新明:《知识产权法哲学理论反思——以重构知识产权制度为视角》,载《法制与社会发展》2006 年第 6 期,第 61 页。

设计，既有是否科学、合理、公平的问题，也有可适用性和操作性的问题，同时还有社会成本的问题。

Taussig 和 Pigou 认为，专利制度是多余的，而且也是不必要的。其基本观点是，没有专利制度，人们照样会进行发明创造活动，因为人类的创造禀赋是与生俱来的，而且是偶然的，与专利制度的激励没有必然的联系。中世纪以前，虽然没有任何知识产权制度，但人类从未停止过智力创造活动，而且所产生的创造性成果也是令人称赞的。

由财产法在土地上建立的财产权制度非常有用，使得稀缺资源能够得到更加合理的利用；而由智慧创作物产生的知识产权与由土地产生的财产权有很大的不同。知识产权制度的目的不在于保护稀缺资源或者促进稀缺资源的有效利用，而在于精心设计一种创造稀缺资源的制度。在这种意义上，知识产权法就不能与土地财产法相提并论。另一方面，使智慧创作物成为稀缺资源不仅需要巨大的社会成本，而且这还会造成资源的浪费或者无效益的使用。

3. 知识产权僵化论

以加拿大的 Daniel J. Gervais 为代表的学者，在研究传统知识保护过程中，他发现，作为最有创造性的传统知识依据现有法律却不能获得知识产权，因为，首先传统知识不能成为知识产权客体，因为它们基本不符合取得知识产权的实质条件；其次，传统知识的主体为某个土著民族、部落、区域或者某一部分不具有严密组织结构的土著人，不能满足知识产权的主体要求。但一旦有人对传统知识加以利用，开发出符合知识产权条件的智慧创作物，该开发者却能够取得相应的知识产权，反过来禁止或限制该传统知识所有者对其传统的正常利用。因而，现在的知识产权制度过于僵化，难以适应现实社会的客观需要，应当对现行知识产权制度进行改造。

四、知识产权制度的分析基础

以洛克的基于劳动的财产理论和法经济学的财产理论作为论证知识产权法律制度正当性的依据体现了伦理学中证明行为或制度正当性的两种不同方法，即道义论和目的论。前者表明了知识产权制度有助于加强在其授权范围内行动的人的权利；后者表明知识产权制度的运行带来了有价值的结果，换句话说，选择知识产权制度是以追求某种价值作为目的的。

道义论的思想体系最早肇端于自然法理论。在希腊的政治结构和社会结构瓦解、城邦国家衰落的时期出现了斯多葛学派，该学派主张，自然法就是理性法，它构成了现实法和正义的基础，人人都应遵循同一的自然或世界理性，这是人的自然义务。它还主张，一切人都是平等的，即使人们的地位、天赋和财富等方面不可避免地存在着差异，但人人至少都有要求人的尊严的起码权利，正义要求法律应当认可这些权利并保护这些权利。到了近代，当自然法从意味着自然义务转化为意味着自然权利时，道义论所蕴含的革命性便彰显出来。"天赋人权"的思想为国家行为设定了界限，它为美国的《独立宣言》和《宪法》、法国的《人权和公民权利宣言》和《法国民法典》等世界法律史上具有里程碑意义的法案奠定了理论基石。

古希腊的思想家乐于思考关于人生的目的、社会的目的等问题，所以，那个时候目的论的思想非常发达。伊壁鸠鲁学派认为，人的本性就是追求快乐和避免痛苦，用感触上的快乐与否来判断善恶。近代以来，由于社会的世俗化和资本主义的兴起，使人际伦理取代人生伦理成为人们主要思考的对象，对规则的需求超过了对美德的需求，我们应该做什么的问题压倒了我们应该成为什么样的人的问题，行为正当和制度正义的问题突显出来，而对内在心性品德和完善的思索相形之下不那么重要了。① 社会急需建立规范原则以调节日益增加的人们行为上的权利和义务关系。自19世纪以来，功利主义几乎成了目的论的唯一形式，它长期支配伦理、政治、法律和经济思想领域。它的核心命题是：权利和一切社会利益的分配必须依据最大多数人的最大幸福的原则。这种以最大利益作为规范人们权利和义务的最高原则，使行为正当性由最大利益来决定，其结果必然是，它容许侵犯一些人的自由或权利，只要这一侵犯能给大多数人带来更大的利益。

按照Sandel的分析，道义论与目的论的区分可以是两种层面的：其一是方法论的，即道德上的"正当"与现实生活的"善"谁是基础，应当由谁推出另一个？认为由"正当"推出"善"的是道义论，反之，是目的论；另一

---

① 周枫：《西方伦理学中的道义论和目的论》，http://wenku.baidu.com/view/4a66b78271fe910ef12df80a.html，2010-06-13。

种是价值论的,即"正当"与"善"哪一个价值更高?相信"正当"高于"善"的,是道义论,反之,是目的论。① 但是,无论在哪个层面上,道义论和目的论都没有融合和妥协的迹象,它们在不断完善自身,此消彼长的态势下留给人们的是艰难的选择。知识产权制度的价值目标的选择就是在这两种理论支撑下的左右摇摆。

(一) 知识产权制度的价值基础:效率与正义

马克思主义认为:"'价值'这个普遍的概念是从人们对待满足他们需要的外界物的关系中产生的"。② 所以,价值既是一个表征关系的范畴,它反映的是人(主体)与外界物——自然、社会(客体)的关系,揭示的是人的实践活动的动机和目的;价值又是一个表征意义的范畴,是用以表示事物所具有的对主体有意义的、可以满足主体需要的功能和属性的概念。法的价值问题一直是西方法哲学的核心问题,自20世纪80年代中期以来,也受到我国学者的广泛关注。正如美国社会学法学家庞德曾经指出的那样,价值问题虽然是一个困难的问题,但它却是法律科学所不能回避的。"在法律史的各个经典时期,无论在古代和近代世界里,对价值准则的论证、批判或合乎逻辑的适用,都曾经是法学家的主要活动",因为,"即使是最粗糙、最草率的或最反复无常的关系调整或行为安排,在其背后总有对各种互相冲突和互相重叠的利益进行评价的某种准则"。③

从根本上讲,人所做的一切努力都与他的利益有关。庞德在论述法的作用和任务时曾这样来界定利益,它是人类个别地或在集团社会中谋求得到满足的一种欲望或要求,因此人们在调整人与人之间的关系和安排人类行为时,必须考虑到这种欲望或要求。④ 因此,利益作为人与外部世界、人与人之间的

---

① M. Sandel, *Liberalism and the Limits of Justice*, 参见沈兴漾:《那些末世的哲学家们——斯多葛派和伊壁鸠鲁派伦理学模式》, http://www.newsmth.net/bbsanc.php?path=%2Fgroups%2Fliteral.faq%2FPhilosophy%2Fworld%2Fethics%2FM.1030465488.z0, 2010-06-13。
② 《马克思恩格斯全集》第19卷, 人民出版社1963年版, 第406页。
③ 〔美〕罗·庞德:《通过法律的社会控制·法律的任务》, 沈宗灵等译, 商务印书馆1984年版, 第55页。
④ 参见〔美〕罗·庞德:《通过法律的社会控制·法律的任务》, 沈宗灵等译, 商务印书馆1984年版, 第35页。他说,"我想将利益规定为人们个别地或通过集团、联合或亲属关系, 谋求满足的一种需求或愿望, 因而在安排各种人们关系和人们行为时必须将其估计进去"。

本质关系，更直接地、具体地表现为多层次、多方面的需要。利益可以分为三大类①：一是个人利益，它"直接包含在个人生活中并以这种生活的名义而提出的各种要求、需要或愿望"；二是公共利益，即"包含在一个政治组织社会生活中并基于这一组织的地位而提出的各种要求、需要或愿望"；三是社会利益，是指"包含在文明社会的社会生活中并基于这种生活的地位而提出的各种要求、需要或愿望"。所以需要是利益的基础和始因，正是人们一定的需要形成人们的利益。而利益还包括满足需要这种必然要求的措施和手段。在现代社会中，法律制度即是协调和实现利益的必要的和有效的手段，它通过承认、确定、实现和保护各种利益，或者说以最小限度的浪费和阻碍，来协调和平衡各种相互冲突的利益。通过"法的实现"满足着人们对秩序、正义和效率等的需要。在诸多的价值中，效率与正义是知识产权制度目标中，两项最重要的价值，同时，也是存在最多争议的问题。

1. 效率

古典功利主义的"最大多数人的最大幸福"原则是对合理、普遍利益导向的立法的情感需求，但是，在具体问题的操作过程中却遇到了难题；相比之下，法经济学所追求的"效率"目标更加科学和精确。效率最基本的含义就是以最少的资源消耗取得同样多的效果，或以同样的资源消耗取得最大的效果。这也就是经济学家常说的"财富最大化"或"以财富最大化的方式配置和使用资源"。由此我们可以引申出效率的高级或深层次的衡量标准意味着根据预期目的对社会资源配置和利用的最终结果作出的评价。当社会生活进入平稳发展的时期、当对自然法的讨论淹没于经济理论的大潮中的时候，人们不再那么热衷于发明者的"自然权利"、作者们的创造性努力、或者人类基于本性的对自然、宇宙的探索。对效率的追求形成了普遍的、具有时代特征的功利主义精神，它影响着著作权、专利和商业秘密等规范知识产权的法律、立法原则、行政规则和其他制度安排。

（1）效率是知识产权制度的工具性目标

按照传统理论，"看不见的手"是整个社会经济生活最好的协调和组织

---

① 〔美〕罗·庞德：《通过法律的社会控制·法律的任务》，沈宗灵等译，商务印书馆1984年版，第37页。

者。完全竞争的存在和价格的导向作用将使资源能够被最有效率的配置和使用，个人追求利益最大化的结果也将使整个社会的利益最大化。就是在这样的分析逻辑的指导下，制度和组织被置于无足轻重的地位，或者是被视为已知的、既定的或将制度因素作为"外生变量"，不直接影响经济的运行。但是，科斯的交易成本理论向人们展示了法律等制度的设计将影响甚至决定经济的效率；反过来也可以说，法律等制度的设计原则应该是效率。诺思认为，"制度是一系列被指定出来的规则、守法程序和行为的道德伦理规范，它旨在约束追求主体福利或效用最大化的个人行为"。[①] 可见他所说的制度不仅仅包括正式约束（formal constraints），也包括非正式约束（informal constraints），还包括实施机制（enforcement）。其中，宪法、法律、规章、契约等属于有形的并在国家强制力作用下的正式制度；价值观念、伦理秩序、道德规范、风俗习惯和意识形态等则属于非正式的、无形的制度；实施机制是指通过一定的程序对违反规则（制度）的人作出相应的否定性评价（惩罚）或对守法者给予肯定性评价（奖励），从而使这些制度目标得以有效实现的条件和手段的总称。在所有这些规范中，法律规范是一种最权威、最典型的制度，也是对经济影响最大的制度。

根据产权理论，在现存技术、信息成本和未来不确定因素的约束下，在充满稀缺和竞争的世界中，解决问题的成本最小的制度形式将是有效率的。诺思和托马斯在对西方经济发展史的分析中提出："有效率的经济组织是经济增长的关键；一个有效率的经济组织在西欧的发展正是西方兴起的原因所在"。他进一步指出，"有效率的组织需要在制度上作出安排和确立所有权以便造成一种刺激，将个人的经济努力变成私人收益率接近社会收益率的活动"。[②] 由于这种对制度的分析理论越来越被社会所接受，知识产权制度也随之被视为公共政策的工具。作为一个长期的激励机制，它有助于刺激人们创作和创造的热情，减少经济行为的外部性，抑制人的机会主义行为倾向，提供人们行为的合理预期，降低交易成本，有效地促进经济增长。这种以追求

---

① 〔美〕道格拉斯·C. 诺思：《经济史中的结构与变迁》，柴宁译，上海三联书店、上海人民出版社1994年版，第225—226页。

② 〔美〕道格拉斯·诺思、罗伯斯·托马斯：《西方世界的兴起》，厉以平、蔡磊译，华夏出版社1999年版，第5页。

效率为己任的知识产权制度体现了一种工具主义而不是独占主义的哲学观。

所谓独占主义（Proprietarianism），按照 Peter Drahos 的解释，其主要特点就是财产权被赋予凌驾于其他权利与利益之上的优先地位[①]，这就使得财产利益不断地获得一种道德上至高无上的尊严。在独占主义信条和观念的支持下，知识产权就不是消极权利，而是可以干涉他人行为的权利，尽管它可能将作者和发明者的权利置于权利保护的核心地位，但是，它却极有可能不利于对他人基本人权的保护和尊重，同时，这也有悖于知识产权产生、发展所需要维护的利益平衡机理。

工具主义（Instrumentalism）是美国实用主义哲学家杜威的哲学认识论学说。其核心观点是把认识当做行动的工具，而不是当做对客观世界的反映。任何概念、理论、学说不是对客观事物的摹写，而是为了获得预期、结论等的实用性手段。以工具主义理念为基础构建的知识产权制度将有选择地保护那些为其目标服务的垄断特权，也就是说，它使创设特权的初始目标得以实现具有了最大的可能性。一旦该特权的实现方式和行使该特权的行为效果阻碍了目标的实现，它将面临矫正或拒斥。可以说，工具主义理念为知识产权制度创设的垄断特权设定了"义务"。

（2）效率也为现行的知识产权制度设定了评价标准

知识产权制度的一个主要功能就是引导人们实现将外部性较大地内在化的激励。但是，这并不意味着可以不计成本、不计制度的交易费用来设计知识产权制度，因为实施这种制度的结果，一定是执行难，其制度目标能否实现不容乐观。如果出现一种制度"法不责众"了，执行效率低时，一定要考虑制度设计是否从实际出发了，是否考虑制度的交易费用这个问题了。因为在一个交易成本非零的经济世界，对于纠纷的解决，法律救济是私人谈判的唯一替代品。但是界定和履行产权之后可能导致成本高昂的私人谈判和法律诉讼，因为私有产权给了权利人诉诸谈判或者诉讼的积极预期。这就容易产生法律不经济现象。[②] 这种情况下，应该限制私有产权适用的范围，排除费用

[①] Peter Drahos, *A Philosophy of Intellectual Property*, Dartmouth Publishing Company Limited, 1996, p. 200.

[②] 参见魏衍亮：《论抽象物私有化原则——对搜索引擎有关之知识产权问题的评论》，载郑胜利主编：《北大知识产权评论》（第 1 卷），法律出版社 2002 年版，第 135 页。

高昂的私人谈判和法律诉讼。

1999年11月,"微软"起诉"亚都"使用未经授权软件一案,在中国引起巨大的反响。尽管该案最终因"微软无充分证据证明亚都科技集团就是侵权行为人,北京亚都科技集团不是本案的被告,因而裁定驳回原告起诉",但是,此案影响深远,因为它涉及中国使用计算机软件的所有最终用户。1981年世界上第一台真正的PC(个人电脑)由IBM公司发布,此后的二十多年里,中国的计算机软件保护立法从最初的"看守者"角色①,逐渐发展到对外国软件提供"超国民待遇",甚至今天的计算机最终用户的法律责任问题的"超世界水平"。当人们还在争论1991年《计算机软件保护条例》(以下简称《软件条例》)中的第21条、第30条第6项和第32条该如何解释,是否能够作为追究最终用户法律责任的依据的时候,2002年1月1日开始施行的新《软件条例》将中国所有千千万万的个人用户、学校、图书馆、社会机构还有国家机关,在一夜之间从著作权法保护下的合理使用者变成了软件著作权的侵权者。因为新《软件条例》不仅完全杜绝了中国所有单位在任何情况下对软件的一切可能的合理使用,同时也完全杜绝了社会公众即个人对软件的合理使用,仅仅给特定的专业技术人员留下了微不足道的合理使用空间。② 新条例删去了原条例中既符合中国现实国情也符合"入世"要求的一些条款,特别是原《软件条例》第22条规定的"因课堂教学、科学研究、国家机关执行公务等非商业性目的的需要对软件进行少量的复制,可以不经软件著作权人或者其合法受让者的同意,不向其支付报酬"的内容,取而代之的是将合理使用范围缩小到"为了学习和研究软件内含的设计思想和原理"的规定。同时,新《条例》出现了根本不在中国《著作权法》规定范围内的"软件装机权",这个权利出现在新《软件条例》的第16条,权利拥有人是"软件合法复制品所有人",也就是说,所有使用"盗版"的用户都因此成为了侵权者。

我们暂且不说知识产权制度的基点应该是:"以符合社会发展的现实需要

---

① 参与1991年《计算机软件保护条例》起草的邹忭曾经坦言:"在当时对软件保护进行立法,首先考虑的只能是如何保护国家的利益以及当时的实际情况,不可能做过分超前的考虑",参见王以超:《新〈计算机软件保护条例〉的背后》,载《财经》2001年1月。

② 参见寿步:《新软件保护条例给中国人带来了什么?》,http://it.sohu.com/02/78/article15947802.shtml,2010-04-28。

为前提,在权利人利益和社会公众利益之间维持恰如其分的平衡"这个问题①,我们仅举一个真实的案例,说明在司法实践中实际上根本无法按照"超世界水平"的立法进行处理。

1995年北京市两级法院审理了某电脑开发部诉某著名电脑学习机生产厂商的软件著作权侵权案。在该电脑学习机中,非法复制了原告的引导程序。据估计,含有此项侵权软件的该电脑学习机的销售量至少在200万台以上。法院认定被告的行为构成侵权,应承担相应的民事责任。试问,法院如何对这200万以上的最终用户进行处理?如果原告要求这200万以上的最终用户销毁其电脑学习机中含有侵权软件的"硬卡"(集成电路板),这又如何实施?不用说,会计算的人都知道它很难实施,即使实施了那种高昂的成本都足以让人望而却步。试想这样一个缺乏效率的法律或者判决,其价值又何在呢?

2. 正义

正义是一个古老而又常新的概念。在中文中,正义即公正、公平、公道。人们可能会根据经验说出正义与不正义,但是,真正想要给正义下一个定义却很难很难。然而,"正是正义观念,把我们的注意力转到了作为规范大厦组成部分的规则、原则和标准的公正性与合理性之上",所以,尽管"正义有着一张普洛透斯似的脸,变幻无常,随时可呈现不同形状并具有极不相同的面貌"②,它还是会吸引古往今来那么多思想家的关注与热爱。③

追求效率的法经济学理论由于与功利主义有千丝万缕的联系,所以它也承载了诸多对功利主义的批判。其中最主要的担忧就是:追求效率的结果可能导致正义的丧失。因为,以牺牲少数人的利益换取大多数人的利益有可能违背人们最坚持的道德原则,如平等原则和人权原则。但是,由于效率原则

---

① 德国知识产权研究专家迪兹教授应中国国家版权局的要求对中国著作权法修改进行评论时指出:"应考虑中国经济和社会的实际发展情况,这些众多的情况可能不允许中国实行国际上出现的最高水平的著作权保护"。〔德〕阿道夫·迪兹:《迪兹教授关于修改中国著作权法的报告草案——应中华人民共和国国家版权局的要求所做的详细评论》,许超译,载唐广良主编:《知识产权研究》(第10卷),中国方正出版社1999年版,第190页。

② 〔美〕E.博登海默:《法理学:法律哲学与法律方法》,邓正来译,中国政法大学出版社1999年版,第252页。

③ 张文显教授将有关正义问题的理论分为:相对正义论、形式正义论、社会正义论和资格正义论,参见张文显:《二十世纪西方法哲学思潮研究》,法律出版社1996年版,第572—589页。

本身的重要性，以及长期以来确实没有一个系统的、有充分说服力的理论可以替代它，目的论的分配理论在实践中仍然具有广泛的影响力。直到第二次世界大战以后，以罗尔斯为首的一些学者使追求正义的道义论发扬光大，它才重新回到了人们的视野中。但是，罗尔斯也指出，"正义与否的问题只涉及现实的并且被公平有效地管理着的制度。至于作为一个抽象目标的制度的正义与否，则是指它的实现将是正义的或不正义的而言"。[①] 知识产权制度引起人们普遍关注的就是它的有关自由的正义和有关平等的正义问题。

(1) 有关自由的正义

任何人都有渴求自由、痛恨奴役的本性，因此，自由在人的需要中具有最本质的价值属性，它成为所有正义的法律制度必须予以充分考虑的问题，也因此成为人们对知识产权制度考察和指责最多的问题。毫无疑问，无论知识产权制度对自由的确认和保护面临着多么巨大的困难，对自由不懈追求的脚步都不应该停歇。

正义的自由观应当首先是指："每个人对与其他人所拥有的最广泛的基本自由体系相容的类似自由体系都应有一种平等的权利。"[②] 这个"自由的平等"原则是罗尔斯正义理论的首要原则。它意味着，每个公民在正义的社会中都拥有同样的最基本的自由，即政治上的自由及言论和集会的自由；良心的自由和思想的自由；个人的自由和保障个人财产的权利；依法不受任意逮捕和剥夺财产的自由。知识产权法律制度不能以任何理由剥夺或者限制公民的这些基本自由和权利，同时，也不能因财富、地位和权力的差别而限制人们从事创作（创造）和使用知识产品的自由。目前，我们不应该过分热衷于那种祛除了知识产权就可以解决知识产品和不平等之间联系的想法，因为，没有了知识产权，知识产品可能会更加容易地被拥有财富和权力的集团控制。此外，从发展的观点来看，社会的发展依赖于人的创造力的极大发挥，而创造从来就是在自由的思想氛围、自由的制度框架内实现的。没有人们的自由的交流、自由的表达、自由的实验，创新是不可能的，或是成本极大的，所以，知识产权制度不应该仅仅把眼光聚焦于国民生产总值的增长、或个人收

[①] 〔美〕约翰·罗尔斯：《正义论》，何怀宏等译，中国社会科学出版社1988年版，第55页。
[②] 同上书，第60页。

入的增长、或工业化、或技术进步、或社会现代化等等,而应该以扩展人们的实质自由,即以个人的可行能力的提高为表现的实质自由的实现程度,这才是衡量发展状态的标准。在这个意义上的自由具有建构性的作用,它对提升人的有品味的生活质量和社会可持续的进步和发展非常重要。

其次,知识产权法律制度应当保护人们获得和实施知识产权的自由。诺齐克与罗尔斯虽然进行了多年的论战,但是他们在自由与过程的公正这一点上具有共同的底线,亦即他们都关注自由问题,不同点在于罗尔斯注重社会资源的"分配正义",而诺齐克更注重"持有正义"。按照诺齐克的观点,在一个自由的社会中,不同的个人控制着不同的资源,人们是否有资格持有该资源要看他的原始取得方式是否清白,新的持有是否来自于人们自愿的交换和馈赠,否则,应当予以矫正。如果某医生配制出一个治疗疾病的药方,其药品都是非常容易获得的,而他却声称自己对该药方享有排他性权利,以此限制其他人的使用,那么他的这种持有就是不正义的。而如果该医生新研发出一种药,可以治疗诸如 SARS(非典)这种疾病,那么他就有权利获得一项专利权。因为如果不是他的发现,这种药品不会存在。也可能一段时间以后会有人发现该药,所以,这也可以用来解释为什么专利权的保护是有期限的。各国有关知识产权的立法中几乎都规定了知识产权取得的方式和程序,关键就在于如何切实地保护人们自由地获得这种资格。

合法地获得知识产权后必然涉及实施的问题。从权利的主体来看,一般可以分为主体自己实施的自由和交由他人实施的自由。虽然在现实生活中,有许多知识产权人选择自己实施其权利,但是,随着社会的进步,分工越来越细,实施知识产权所需要的资金以及制造、经营、销售的知识、技能使知识产权人不那么容易使自己的权利价值发挥到最大,所以,我们看到将知识产权转让给他人实施的情况越来越多地出现。除"强制实施"和"征用"的情况外,知识产权法律制度应当保障出让人和受让人在"意思自治(由)"的基础上就转让知识产权或权利的实施订立契约的自由。由于知识产权客体的非排他性,权利人原则上可以自由决定是否将其权利全部出让给他人,或者不愿意买断仅仅是允许他人使用一段时间,或者只是将权利的一部分交由他人实施,同时,权利人可以基于约定获得相应的报酬。

再次,知识产权法律制度所推进的自由并非不受限制。在知识产权法律制度中,自由意味着"主体","主体免受限制的程度"和"主体的自主行为"三位一体的关系。① 应当将这三者结合起来思考。在知识产权领域对主体的限制主要来自两个方面:一是主体的自由应当受到主要来自于宪法和法律的限制,这构成了对主体的积极的约束;二是由于人们天赋的差异或者由于缺乏资金、力量、技能或者知识,人们无法从事他所欲求的事情,这构成了对主体的消极约束。除此之外应当是法律保障的人们自由伸展的空间。对于知识产权制度来说,他不应当仅以划分人们自由行动的空间为目的,而应当以如何有效地促进人们自由行动为己任。知识产权人也不应一味地整天机警地巡视是否有人侵犯了他的权利,他应该常常问自己:为这个权利做了什么,是否可以做得更多?

(2) 有关平等的正义

一般地,在人们所追求的抽象的理想的意义上,平等和自由是可以兼容的与和谐的。这一点尤其是体现在政治、思想等领域,平等与自由可以统一,可以看成是一回事。而在动态的意义上看,由于人们之间自然力量(智力和体力)的不平等,更由于人为的和社会的不平等,自由行动的结果可能导致更大的不平等,这一点在经济、利益分配的领域尤为突出。罗尔斯通过特别关照处境最差的群体而表现出对平等的强调,他的第二个正义原则是"差异原则",即"社会的和经济的不平等应该这样安排,使它们① 被合理地期望适合于每一个人的利益;并且② 依系于地位和职务向所有人开放"。② 这一原则大致适用于收入和财富的分配,以及对那些利用权力、责任方面的不相等或权力链条上的差距的组织机构的设计。虽然财富和收入的分配可能无法做到平等,但它必须合乎每个人的利益,同时,权力地位和领导性职务必须是平等地对所有人开放。可见罗尔斯的正义理论反映了现代福利国家的正义观。而诺齐克则与之不同,他毫不含糊地把自由优先、权利至上的原则继续贯彻于社会和经济利益分配的领域。因此,诺齐克的正义观代表着自由市场经济

---

① 英国牛津大学的柏林(Isaiah Berlin)教授将自由分为消极自由和积极自由。他指出,消极自由指个人不受他人控制而独立地作出选择和活动,即"免于……的自由";积极自由就是做自己想做的事,即"从事……的自由"。由于柏林从唯心主义的角度出发,所以,他认为无论是精神避难还是自我实现都无法拒斥人的意志的软弱性,所以他认为只有消极自由才是真实的。这种观点割裂了对自由追求的外部控制的范围问题和控制的内部来源问题。

② 〔美〕约翰·罗尔斯:《正义论》,何怀宏等译,中国社会科学出版社1988年版,第61页。

的自由观。他们的正义理论在知识产权领域均有不同程度的体现。

在比较各国知识产权法律制度的时候，人们会发现，虽然在授予发明专利权、承认著作权等相关制度方面几乎都是相同的，但是，由于知识产权制度的历史价值观不同，导致各国的法律自身和法律运用有明显的不同。这种价值观的差异最主要的就是来自于对平等的理解。一般来说可以分为美国、英国为代表的盎格鲁撒克逊型和法国、德国为代表的莱茵型。①

盎格鲁撒克逊型强调"机会均等"，认为在具有同样机会的情况下，由于胜利者和失败者能力的不同，难免会出现一方富有，一方贫穷。美国在其有关知识产权的对外贸易中最常用的借口就是强调公正和机会均等，这与美国作为一个纯粹的资本主义国家不无关系，说它纯粹是因为它的历史短暂，不具有任何遗留的封建传统和世袭的身份限制，它提供给每个人的机会都是均等的，不管谁都有可能基于努力获得成功。有成功必然就会有失败，应当允许社会存在这种差别，而不是必须保持一致。英国的情况在于它主张产生现代知识产权制度的前提就是"机会均等"，从事创作（创造）的机会对于每个人来说都是平等的。而莱茵型主张的是"结果平等"，即强者成功地获得了市场，必须给弱者以继续生存的权利，其方法就是对成功的果实（利益）进行平等的分配，以保护共同体的利益。《法国民法典》确立了绝对的个人所有权，但在第一次世界大战后，为了适应所有权社会化的趋势，法国陆续颁布了许多规范性法令来限制所有权的自由。德国是残存着封建色彩浓厚的国家，如果一味强调机会平等，可能会使一些企业破产，从而增加社会问题，所以德国的知识产权制度更加注重的是利益的平衡和分享。《德国民法典》对所有权权能的行使比《法国民法典》规定了更多的限制，其第 226 条规定："权利的行使不得专以加害他人为目的"，开了"禁止权利滥用"立法的先河。不仅如此，《德国民法》还确立了"所有权的合宪性解释"和"所有权的社会义务"两项原则。此外，在法院的司法实践中，还创立了个人特殊牺牲理论、情势限制性理论，限制所有权人权能的行使。这一点在魏玛共和国后更加受到重视。德国 1931 年《魏玛宪法》第 153 条第 1 项规定，所有权的行使应服

---

① 参见〔日〕富田彻男：《市场竞争中的知识产权》，廖正衡等译，商务印书馆 2000 年版，第 47—52 页。

从公共福利。

以英美和欧洲大陆在著作权制度上的明显差异为例。英美制度更加强调投资保护，常常有意如此，以至于损害了作者和表演者的利益，而欧洲大陆则致力于在这两方面建立一种平衡的制度，使作者、表演者的天赋权利和制作的投资者的利益都受到保护。在欧洲大陆，著作权不仅服务于作者的利益，而且也通过为个人和社会的创作活动提供最佳条件，服务于文化产业和公共利益。

由此可见，知识产权制度对平等的追求和诠释是与各个国家不同的历史价值观和公共政策相联系的。这样的差异也使知识产权制度所追求的价值目标之间的冲突摆在了我们的面前，正如道义论和目的论历经几个世纪难以融合的状态一样，机会平等与结果平等，自由与平等，平等与效率也很难在同一个知识产权制度中无差别的显现出来。正如 A. 奥肯所说："平等和效率之间的〔冲突〕〔是〕我们最大的社会经济选择，它使我们在社会政策的众多方面遇到了麻烦。我们无法既得到市场效率的蛋糕又公平地分享它"。①

如何将它们协调起来？我认为，除了进行价值排序这种方法以外，还可以在知识产权制度本身的不同层次上追求效率和正义价值。具体而言，以效率目标作为设计整个"制度结构"的标准，而以正义原则作为对每一个具体主体权利和义务进行调整和关注的标准。因为，一方面，它在目的论的基础上建立了一个与社会创造和革新需要相联系的合理的制度结构；另一方面，在承认作者和发明者作为由制度结构赋予的权利的持有者的基础上，它统合了每一个由道义论支持的可能的变量。对知识产权法律制度的选择影响最大的变量就是：人、科学技术和（国家）政府。

（二）知识产权制度的分析变量一：知识产权视野里的人

在以往考察知识产权制度的理论中，人们更加注重的是财富、地位对知识产权法律制度产生的影响，但是，它却忽视了把人的多样性的特征作为对象合理地进行考量。人是世界上最高的存在，是自然、社会、自身的主体，

---

① 转引自〔美〕保罗·A. 萨缪尔森、威廉·D. 诺德豪斯：《经济学》第 12 版（下），高鸿业等译，中国发展出版社 1992 年版，第 1247 页。

是价值形态中的最高主体。任何制度的设计都是以人作为终极关怀，以满足人的生存和发展需要为目的，人的自然的、社会的差异和人的能力的多样性又直接影响着制度的选择和目标的实现。所以，"任何法律制度总是有意无意地仰赖一种法学理论，而任何法学理论又总是仰赖关于人的理论"。[①] 在知识产权的视野里，人是有理性的，具有"能够选择什么样的生活"的能力，具有追求秩序化的倾向，同时，人又受到所选择制度的保护和制约。

1. 知识产权制度是人的理性选择的结果

知识产权制度的外表是一种理性工具，但在这种工具的背后起支持作用的则是我们想要追求的价值。因而，价值和理性是我们开发知识产权制度评价指标的主要依据。理性之所以能作用于知识产权制度的实现，是缘于理性的功能。理性是人类经过漫长的历程发展起来的人的本质属性。理性意味着一种能力，一种逻辑地认知世界、直觉地把握事物和深入地进行独立研究并进行判断和选择的能力。理性追求的是普遍有效性和事物的完整性、合理性。

韦伯把人的行为中的理性划分为目的合理性（或称工具合理性）和价值合理性。按照他的定义，"根据目的、手段和附带后果来做行为的取向，而且同时既把手段与目的，也把目的与附带后果，以及最后把各种可能的目的相比较，作出合乎理性的权衡，这就是目的合乎理性的行为；也就是说，既不是情绪的（尤其不是感情的），也不是传统的"。相比之下，"价值合乎理性的行为，总是一种根据行为者向自己提出的'戒律'或'要求'而发生的行为"。韦伯还特别强调"行为，尤其是社会行为，仅仅以一种方式或者另一种方式为取向，是极为罕见的。"[②] 也就是说，这两种"合理性"在制度选择的过程中都可能作用于人的行为。

经济学有关理性的探讨较之那些抽象的概念更具有现实性，更注重目的合理性对人的行为影响，古典经济学提出"人是自我利益最大化者"。与此相适应的理性选择理论的核心思想是：经济行为人具有完全的充分有序的偏好、完备的信息和无懈可击的计算能力和记忆能力，能够比较各种可能行动方案的成本与受益，从中选择那个净收益最大的行动方案。"在既定的合适法律和

[①] Iredell Jenkins, *Law and the Image of Man*，转引自谢鸿飞：《现代民法中的"人"》，载《北大法律评论》（第3卷·第2辑），法律出版社2001年版，第254页。

[②] 〔德〕马克斯·韦伯：《经济与社会》，林荣远译，商务印书馆1998年版，第57页。

制度结构下，会无意中造成有利于全'社会'利益的结果"。①

实践证明，这个理论假设的前提存在着严重的缺陷：这种理性最大化行为所面临的约束仅仅是来自于资源的有限性，即稀缺性。它认为，（1）个人理性最大化行为必然导致社会最优结果；（2）信息是完备的；（3）市场环境是完全竞争的。但是它并未考虑到：人的理性是有限的，行为人并不总能实现最大化，甚至也不追求最大化，因为人具有复杂性，每个人的习惯、传统、嗜好、生理欲望都是不同的，这使人在有关什么是"好"的观念上存在歧异性，人在知识、能力方面也有巨大差别；信息不完全是现实世界的常态，而且，每个人所获得的信息也是不对称的；市场结构是复杂多样的，几乎不存在完全竞争的市场，市场参与者之间存在着一定的垄断力量。而且由于人类所处环境的约束和人类自身计算能力的限制，他们也不可能把所有的价值都综合分析和考虑进去，也没有能力精确计算出所有备选方案的实施后果。在这种情况下有的人就可能利用他人的"不完全理性"（有限理性）以及信息的不充分，采取机会主义行动——借助不正当的手段谋取自身利益的行为。人的理性是有限度的，并非完备的，这就促使人们为了减少机会主义和不确定因素而选择对个人控制各种资源的范围做出界定的规则体系：制度为人们提供了一个行为的基本规范，提供了一个对未来预期的可能性。法律制度因其所具有的普遍性、可预测性、明确性和稳定性等特征成为最令人信服的制度。但是，这依然是一个通过试错法进行缓慢选择的结果，然而它却造成一种奇怪的状况。那些可能对各种财产形式的合理性和有效性持有怀疑态度的人，尤其是知识分子，因为必须同譬如说文字产品和技术发明打交道，却变成了知识产权制度最热心的支持者。人对自我利益的追求也许更能解释他们态度的这种转变吧。

也正是因为人是追求自我利益的理性的最大化者，所以，人会对"激励"作出积极的反应，他会随着制度环境的变化，调整自己的行为以增加他自身的满足感，但是人类有永不满足的欲望，人对利益的追求是没有限度和永无止境的，这会导致选择项的增加，更何况人也在不断发展的过程中进行着理

---

① 〔美〕詹姆斯·M. 布坎南：《自由、市场与国家——80 年代的政治经济学》，平新乔、莫扶民译，上海三联书店 1989 年版，第 36 页。

性对自身的反思和追问,并以此为基础重新审视和调整对制度的选择。当然,过多的可选择项也会使个人消耗精力、时间去考虑、去斟酌,有时却会得到不利的结果,所以,理性选择又是把双刃剑。

2. 知识产权制度满足了人对秩序化的需求

应该明确的是,我们假定"理性人"是以追求个人利益为主要行为动机,这并不意味着把所有的人都刻板地描绘成自私自利的人,因为一个人的需要与自我满足可能还包含着他人的幸福。更何况,人们除了自利的倾向外,还有一种"有序化"倾向,它也是源于人的本性、根植于人的精神之中的。人并不是受相互灭绝的愿望所支配的恶魔,人也并不是天使,他们只是介于二者之间的一个群体,这一事实使得相互克制的制度既有必要又有可能。就天使来说,因其绝对不会伤害别人,要求克制的规则将是没有必要的;就恶魔来说,他们准备毁灭而不顾他们自己要付出什么代价,这就更不可能有什么规则了。① 人的本质是人的真正的社会联系。它包括人类共同生活中的相互依存性、人际关系中的社会交往性、人在伦理关系中表现出来的道德性、生产关系中的劳动和合作性等基本内涵。人的社会生活,之所以可能,乃是因为个体依照某些规则行事。J. Ortegay Gasset认为,"秩序并非一种从外部强加给社会的压力,而是一种从内部建立起来的平衡"。②

知识产权制度是具有理性的人在多样的现实可能性之间做的一种选择,正是这种兼顾了历史、现时和未来的时空因素的选择反映了现实的人的一种生活方式和人生态度。在未有知识产权制度之前,那种"天下文章一大抄,你抄我来我抄他"的状态被身在其中的人们所接受,并且变得熟视无睹,而文人们可能以文章被抄袭的频率和数量作为炫耀自己文采和能力的依据。但是,随着大量"复制"行为的出现,以及伴随而来的经济利益的权衡打破了人们原有的"为文而文"的生活状态,代之以明晰产权、重新界定权利和义务的新的秩序。新的秩序和生活方式并不是那么容易地被人们所接受和习惯,

---

① 参见〔英〕哈特:《法律的概念》,张文显等译,中国大百科全书出版社1996年版,第191页。
② 转引自〔英〕弗里德利希·冯·哈耶克:《自由秩序原理》,邓正来译,生活·读书·新知三联书店1997年版,第183页。

因为,"人具有重复在过去被认为是令人满意的经验或安排的先见取向"①,所以,在新制度、新秩序建立之初,人们还是会习惯性地对以往生活方式进行无限的追思和怀念,直到有一天,他能够自觉地融入到现有制度中。这也是为什么人们可以不问理由地信仰一个制度,这一方面是基于习惯,另一方面也是基于人们的惰性。

3. 知识产权制度是推动人类智慧的最有力量的原动力

美国著名政治家和思想家杰斐逊曾经主张,为了给予人类的创造力以充分的鼓励,"阳光下人造的任何东西"都可以申请专利,这一思想已经逐渐被世界各国所接受。②但是,知识产权制度发展的历史告诉我们,人并不是一开始就是这种从事专门创造性活动的人。初始状态的人,只是一种自然存在,还没有摆脱单纯地征服自然的能力。那时候人天生的脆弱性使人不具有独立性,其生命活动或者接受所在群体的主宰,或者依赖于自然的支配。他们只不过是"一定的狭隘人群的附属物"而已。这个时期一切以群体为重,压抑着同一群体中个性的展示。人们的创造性成果或者来自于偶然的灵光乍现,或者出于闲暇时的好奇,或者是人们经过长期观察而对自然认识的经验总结,或者是对简单生产工具的发明和改造。

以"文艺复兴"为肇端,人文主义启蒙者发出了"天赋人权"、"人生而平等"等承认人之为人的主体性最强音。人的生活倾向从依赖变为独立,当法律将人视作独立权利主体的同时,人的深层特性倾向于发展、分化以及与其他人合作,法律也正是突破了以单纯自然人为主体的僵硬模式,赋予了那些以自己名义从事经济、日常交往等活动的团体同自然人一样的人格。这种对人的独立的主体性资格的承认拓展了人及其利益延伸的共同体的生存和发展的空间。人开始有意识地追求"成为一个人真正所有的自我"。③也就是说,人们逐渐意识到人的多样性和差异性,并以"实现自我"作为一个人生活的目标。自我实现不是为了达到某一个固定的目标,或者成为某种固定不

---

① 〔美〕E. 博登海默:《法理学:法律哲学与法律方法》,邓正来译,中国政法大学出版社2001年版,第226页。
② 张乃根、陆飞主编:《知识经济与知识产权法》,复旦大学出版社2000年版,第14页。
③ Carl R. Rogers, *On Becoming a Person*, 转引自姚大志:《人的形象——心理学与道德哲学》,吉林教育出版社1999年版,第131页。

变的人，它是一个过程，一种流变的样态。知识产权制度使人们的创造性活动从个性压抑的境况中解脱出来，发展至今，知识产权主体已经普遍化、平等化，权利依法取得，知识的生产者、消费者和传播者不论身份、地位平等地受到保护，以此作为人们创造性活动持续不断的激励和稳定的回报。在此基础上，人倾向于完善和提高自己以及人类，推动人类进一步进化。由此可见，知识产权制度对人的主体性的承认是推动人类智慧最主要的原动力。同时，人类自身的发展也推进着知识产权制度内涵的丰富和外延的拓展。

（三）知识产权制度的分析变量二：科学技术

在历史上科学与技术是长期分离的两个概念，科学一般是以系统地理解世界为目的的，是人类知识的一种系统的整理和思考；技术是人类在制造工具的过程中产生的，往往以便利作为目的，尽管人们获得的技术可能符合科学原理，却与科学理论没有直接关系。只是到了近代以后，由于商业制造业的发展，由于信息交流的增加，科学与技术的关系才密切起来，技术逐渐以现代科学实验和科学理论为基础发展起来。进入20世纪下半叶，科学技术已经有了高度的发展，这两者的关系日益紧密。今天，人们一般认为科学是以实验观察为基础的、以系统地发现因果关系为目的的社会实践，侧重以认识世界为目的；而技术则是人类改变或控制客观环境的手段或活动，以改造世界为目的。①

1. 知识产权制度是生产力和科学技术发展的产物

科技进步与创新是经济发展、社会进步的决定因素和主导力量，科技进步与创新不是原有科技水平的重复、翻版，是新的科学发现和技术发明，是科技水平的提高。因此，科技进步与创新就是发展和提高。一个国家，一个民族，如果缺乏创新精神和创新能力，就不会有科学的进步与创新，也就不能获得持续稳定的发展，就失去了生机和希望。

科技进步是需要一定环境的。稳定的政治环境是科技进步的必要前提，优越的经济环境是科技进步的基础条件，而良好的法律环境则是科技进步的可靠保障。知识产权法律制度是伴随着商品经济的产生而开始萌芽的，是在

---

① 参见朱苏力：《法律与科学问题的法理学重构》，载《中国社会科学》1999年5月号。

工业革命的孕育下成长和成熟起来的,可以说,知识产权制度是适应生产力和科学技术发展的产物,在其由兴起到发展至今的三四百年时间里,它已经逐渐成为了直接保护科技创新活动的基本制度。可以说,知识产权法律制度历经了从工业革命到信息革命的不同时期,它是基于科技革命而生,由于科技革命而变,其制度史本身就是一个法律制度创新与科技创新相互作用、相互促进的过程。①

人类历史上每次重大的科学技术的创新、经济形式的变化,知识产权法律制度都要进行调整,才能与之相适应。这是因为:(1)科技创新的优先地位及其所带来的超额利润需要知识产权法律制度的确认。知识产权法律制度确认科技活动主体科学研究、发明创造的自由,为科技活动创造了自由、宽松、安定的制度环境,同时,它通过合理地配置权利和义务为科技进步和创新活动注入了"利益之柴薪"和"生命之水",发明创造者的现实利益得到了法律的承认。(2)科技进步所引至的利益失衡和新的社会关系需要知识产权法律制度调整。"科技进步表现为知识总量的增值、知识生产能力的增长以及知识经济和社会发展中的应用等方面"。② 在知识产权所要关注的复杂的利益和社会关系中,最主要的是平衡和协调知识共享与知识专有、知识的生产者与知识的消费者、个人利益与社会利益(经济利益与社会责任)、发达国家(地区)与发展中国家(地区)之间的关系。(3)国际间科学技术的竞争与合作需要知识产权法律制度的保障。在意识形态的主导下,国际间没有一个畅通的科技合作与交流的渠道,有关科技信息往往通过"间谍"活动获取,为了促进科学技术的全球共享和高效能运用,以及为了人类的共同进步,国际间的科技竞争与合作是不可避免的,知识产权法律制度为此提供了制度保障。(4)科学技术的非道德使用可能带来的危害需要知识产权法律制度加以防范。爱因斯坦曾经说过:"科学是一种强有力的工具。怎样用它,究竟给人类带来幸福,还是带来灾难,全取决于人类自己"。③ 可见科技本身是无罪的,关键是使用它的人。对科技成果的误用、滥用、非道德的使用,可能危

---

① 参见吴汉东、胡开忠等:《走向知识经济时代的知识产权法》,法律出版社 2002 年版,第 26—27 页。
② 罗玉中主编:《知识经济与法律》,北京大学出版社 2001 年版,第 27 页。
③ 转引自罗玉中主编:《知识经济与法律》,北京大学出版社 2001 年版,第 33 页。

害着生态的平衡和社会的安全。所以，在知识产权法律制度确认受保护的知识产品的类型，或对知识产品的使用方案作出规定时，应当合理地预测该知识产品可能给社会带来的后果，决不能以知识产权助长不利后果的产生或者成为其帮凶。

2. 科学技术的发展为知识产权制度提出了新的课题

技术的进步最终是依赖于科学的系统发展，如果没有科学的发展人类没有办法在成本不变的条件下进一步扩大资源的增长，以解决人口增长的压力和满足人们不断增长的物质和文化需求。科学家和社会学家认为，人类近代史上发生了三次科学革命和与之相伴生的技术革命。第一次科学革命发生在16世纪40年代到17世纪末，诞生了以实验为基础的近代科学，受此影响，18世纪中叶到19世纪初期，发生了第一次技术革命，它始发于英国，以欧洲为中心，迅速波及了欧美。第一次技术革命是以纺织机械的革新为起点，以蒸汽机的发明和应用为标志。在此时期，英、法、荷、德、美等国出现了早期的知识产权制度，尽管它的体系还不完善、保护的范围也相对较小，但是，它依然有力地推动了纺织、采矿、交通、机械加工等产业的迅速发展，在不到一百年的时间里，其创造的财富超过了以往历史的总和。第二次科学革命发生在19世纪中叶，它以热力学、电磁学、化学、生物学为代表，此后发生于19世纪和20世纪之交的第二次技术革命是以电力技术为代表的一系列新技术的使用，它使美国迅速成为了头号资本主义强国。科技的发展使国际间的交往和贸易不断扩大，知识产权保护的国际化趋势初见端倪。签订了《保护工业产权巴黎公约》（1883）、《保护文学艺术作品伯尔尼公约》（1886）等一系列国际公约。第三次科学革命是以19世纪末的物理学革命为先导，20世纪40年代以后发生的，以现代宇宙学、分子生物学、系统科学、软科学为主要内容，以学科交叉为主要特征的科学革命，几乎同步发生的技术革命是以前期的核技术、计算机技术、空间通讯技术的应用和后期的微电子技术、生物工程技术和新材料技术为标志的。在这个时期随着知识产品的丰富和变化多样，知识产权制度保护的范围和权利的种类不断扩大，它已经成为一个十分庞大的法律体系，是一切在工业、科学、文学或艺术领域由于智力活动所产生的权利制度的总和。

当我们梳理不远的科技创新与知识产权制度发展的历史的时候，我们一直习惯地用一个词，那就是"革命"。似乎这就是一种科技与产业等的突变，但是，在诺思教授看来，则是一系列制度方面的变化给产业革命这一根本性的变革铺平了道路，那就是："市场规模的扩大引起了专业化和劳动分工，进而引起交易费用的增加。交易费用的增加引起经济组织的变迁，这反过来又降低了技术变化的费用，加速了经济增长"。① 这段话极为有力地说明了科技进步与知识产权制度的良性互动导致了科技与制度渐进式变迁的结果。

我们现在正经历的是"信息革命"，是从工业经济进入知识经济的时代，是建立在信息技术和微电子技术基础之上的网络技术、数据库、电子商务技术，以及现代生物工程技术等；以微电子技术和信息技术为核心的半导体集成电路及计算机软硬件的飞速发展，引发了信息产业质的飞跃。以互联网为代表的网络环境的形成，引发了信息处理、存储、传输、利用等信息技术的质的飞跃和电子数据库、电子商务的高速发展。随着基因工程的实施，现代生物工程技术也在飞速发展，并将成为经济的支柱。这些高新技术的发展，带来了一系列法律问题，也带来了一系列知识产权保护的问题。它不仅仅是技术难题，也是法律难题和伦理道德的难题。

有人说，不应当用适合于工业社会的知识产权制度来规范信息社会的生产力和生产关系，也有人说，知识经济时代的到来代表着"知识的爆炸"②，充足的信息资源使共享成为可能，所以，知识经济时代将不再有知识产权制度。我们应该看到，一方面，从整个社会来看，知识仍然是稀缺资源，由于从事知识创造的人还是很少，这意味着人们还不太情愿争先恐后自发地去做"无利可图"的工作，所以人们依然需要知识产权制度作为促进信息生产力发展的激励机制；另一方面，从个人角度来看，人有生存、发展和自我实现三层需要。如果说农业社会满足了人的生存需要、工业社会满足了人发展的需要，那么信息社会应当满足的就是人自我实现的需要，在转型时期，知识产权制度与这种需要的满足并不矛盾。

---

① 〔美〕道格拉斯·C. 诺思：《经济史中的结构与变迁》，陈郁、罗华平等译，上海三联书店、上海人民出版社1994年版，第74页。
② 据联合国教科文组织的统计，人类近30年来所积累的科学知识占有史以来积累的科学知识总量的90%，而在此之前的几千年中所积累的科学知识只占10%。英国技术预测专家詹姆斯·马丁的测算结果也表明了同样的趋势：人类的知识在19世纪是每50年翻一番，20世纪初是每10年翻一番，70年代是每5年翻一番，而近10年大约每3年翻一番。

3. 知识产权制度促使技术的产业化和商品化

新技术的商品化和市场化，是技术创新活动的一个关键环节，也是技术创新的根本目的。美国的发展史中有一个值得回味的地方，那就是它在科学、技术与生产三者关系的转换上所表现出的新的特征。过去，它们之间的关系明显呈现出"生产→技术→科学"的轨迹，即社会的需求推动着技术发明，而科学在生产中的任务则是对技术的成败得失进行总结。现在，"科学→技术→生产"的新模式出现了，这将预示着科学及技术对于生产力发展的作用将更加强大，邓小平科技思想的精髓就是"科学技术是第一生产力"。科学技术是知识形态的生产力，如果新技术完成后就被束之高阁，不能进入生产过程，它就无法转化成现实的、直接的生产力。这主要是不重视市场、不重视创新技术的产业化和商品化的结果。

从对知识产权制度的功能分析中我们已经意识到，知识产权制度（尤其是专利权制度）有助于技术创新的转化和扩散，而这种扩散是以信息方式进行的。专利制度的发起人之一美国著名发明家本杰明·富兰克林曾经指出，专利的目的之一是为了减少重复性研究，并造福于广大民众。① 首先，知识产权制度以信息公开作为授予专利权的前提条件，这有助于人们在共享信息基础上的合作，同时也加强了信息流动的速度，有效地促进了竞争。其次，对于发明人的奖励与回报，以该发明创造的产业化程度作为参照，创造的效益越大，其获得的报酬也就越多。再次，应当促进新兴产业的发展。过去我们常常听说以钢铁、汽车或者石油工业作为一个国家的支柱性产业，而据有关方面的调查统计，1993年美国就业岗位的78%是与信息服务业有关，显示出信息产业在整个国民经济中起着非常重要的作用。当人们从知识产权的商品化和产业化中获利的时候，这将激励他投入到新一轮的科学研究和技术创新的工作中。由此可见，知识产权制度在极大程度上促使技术创新活动形成了良性循环。

（四）知识产权制度的分析变量三：（国家）政府

当我们关注个人的理性和发展，分析科学技术的创新与进步对知识产权

---

① 转引自杨武：《技术创新产权》，清华大学出版社1999年版，第239页。

制度的影响的时候，我们却不能忽视制度的最大提供者——国家。因为当个人主义自发的秩序扩展到一定规模时，特别是当人与人之间的交往行动的范围和频率迅速扩大和提升时，一系列自发的组织——如公司和社团——的活动就要求有另一个更大的具有包容性的组织做出安排。诺思认为："国家可视为在暴力方面具有比较优势的组织，……产权的本质是一种排他性的权利，在暴力方面具有比较优势的组织出于界定和行使产权的地位"。可见，国家与产权是紧密联系在一起的，政府是具体界定和实施产权的单位。

有关国家的理论一直是政治学和社会学等学科所关注的，他们探讨的焦点就在于"合法性"（Legitimacy）问题，即"某种政治秩序被认可的价值"[①]，因为谁都不能否认，在不求助于自身合法化的情况下，没有一种政治系统能成功地保证大众的持久的忠诚，即保证其成员意志的服从。在这里，我们不准备对国家的合法性问题做深入的探讨，只研究国家及其执行形态的政府对知识产权制度的影响。

1. 知识产权制度所要求的国家（政府）定位

"古典经济学家认为，市场是一部运作精巧、成本低廉、效益最佳的机器，有效地调节着经济运行和各个经济主体的活动。"[②] 正是基于这种对市场的信任，亚当·斯密提出了自由放任理论和政府不干预经济事物的理论，用市场取代了政府成为推动社会经济发展、进行社会资源配置的"看不见的手"，为了保证充分的经济自由，政府只能是"守夜人"的角色。社会奉行"管的最少的政府是最好的政府"。但是政府完全不干预的市场却无法摆脱自身发展存在的问题：自由竞争不受限制而产生了不利于经济发展的垄断；"外部效应"的存在增加了社会的成本，导致了分配不公等社会问题；揩油者的存在使"公共产品"的供给出现不足；信息的不充分和不对称可能瓦解通过自愿交换所能达成的全社会的最适度状态。市场无法自动达成帕雷托最优状态，却可能使经济陷入混乱。于是就不得不借助政府力量予以矫正和弥补，这就为政府干预提供了理由。

但是，政府对经济的干预"不是用理想的政府去替代不完善的市场，也

---

① 〔德〕哈贝马斯：《交往与社会进化》，张博树译，重庆出版社1989年版，第184页。
② 参见曹沛霖：《政府与市场》，浙江人民出版社1998年版，第233页。

不是要用理想的市场来代替不完善的政府,而是要在不完善的现实政府和不完善的现实市场之间,建立一种有效的选择和协调机制,使人们能够根据资源优化配置的经济合理性原则和交易成本最小化原则,努力探寻政府和市场的均衡点"。① 但是,均衡点的寻找是十分困难的,它既容易导致自由放任的社会混乱更容易回到强政府的计划经济老路上。由于知识产权制度是私法领域里政府参与最多的一个制度设计,以至于有人希望将其归为公法领域,或者公私合法领域,所以,我们必须对知识产权领域里的政府行为给以定位。

政府首先应当是一个"有限政府"。政府的干预并不是一定能够解决市场失灵的问题,因为,政府并不总是完美的代表着公共利益;政府的能力和所采用的方式方法也是有限度的;政府干预市场的成本扩张以及政府机构及其官员的寻租与腐败等因素存在;政府的行为可能还受到国家体制和意识形态等因素的影响。"有效的政府虽然是发展所必需的,但是国家在经济与社会发展中的中心地位,不是作为增长的直接提供者,而是作为合作者、催化剂和促进者体现出来的。政府通过国家行为直接提供商品和服务以及改善人民福利的做法注定是要失败的,政府只能依靠市场,为市场提供条件,并通过有效的公共政策支持市场运作,这样才能实现真正的发展和繁荣,并改善人民福利。"② 所以,当知识产权法律制度在国家的经济生活中运行的时候,政府的权力是受到限制的,它所能做的就是保证法律所确定的正当利益能够真正的实现,以宏观调控(主要是税收)的方式实现利益的有效分配。政府应当是"掌舵人",而导航的最重要、最有力的方法就是开辟并指引"市场航线",即创立激励机制以引导人们向社会所欲达到的方向行进,同时把大量的无数的具体决策留给市场参与主体作出。

其次,政府应当是一个"法治政府"。这一点在知识产权领域里尤为重要。因为,专利权、商标权等知识产权的原始取得,是以创造者(人)的身份资格为基础,以国家认可或授予为条件。国家机关的授权行为是权利主体资格最终得以确认的必经程序。③ 而且,政府往往承担着遏制企业的限制竞争、控制市场的垄断行为,它不仅要对此展开调查,可能还要进行必要的诉

---

① 参见陈富良:《放松规制与强化规制》,上海三联书店 2001 年版,第 133 页。
② 参见毛寿龙:《西方政府的治道变革》,中国人民大学出版社 1998 年版,第 1 页。
③ 参见吴汉东、胡开忠:《无形财产权制度研究》,法律出版社 2001 年版,第 66—67 页。

讼，以此来维持公平竞争的市场秩序。此外，在一些情况下，政府要采取必要的措施实现知识产权的商品化和产业化，它还可能对知识产权实行国家征用，这一切的政府行为中都意味着政府权力贯穿始终。法治社会的精髓就是制约和监督国家机关及其工作人员，所以要求国家权力的行使被限定在宪法和法律的范围内，公民的权利非经正当的法律程序和充分证据不受剥夺，一切非法的侵害都能得到公正、合理、及时的补偿。知识产权法律制度应当提供政府行为所需依据的必要的法律、法规，做到有法可依。政府也应当依法办事，平等地对待每一个公民，成为一个法律之下的政府。

再次，政府应当是一个"信用政府"。在我国古汉语中，信用有两种含义：其一是指以诚信用人，信任使用。据《左传·宣公十二年》记载："其君能下人，必能信用其民矣。"其二是遵守诺言，实践成约，从而取得别人对他人的信任。《论语·学而》写到："与朋友交而不信乎？"法律中最早使用信用一词的是罗马法"相信他人会给自己以保护或某种保障，它既可以涉及从属关系，也可以涉及平等关系"。① 我们借用这个词来给知识产权制度中的"政府"定位，一方面是要求政府具有可信赖性，只有一个可以信赖的政府，才会使民众相信，才会使公开的信息具有可信度，人们才可以在它所实行的政策下选择各自的行为；另一方面是要求政府诚实守信，如果说前者是一个静态的"德性"要求，那么，这是对政府行为动态的"实践性"要求，它意味着政府在与个人或其他政府交往的时候，能够信守自己的承诺（国际经济法中要求诚实守信，就是"信守条约"），并勇于承担责任。具体而言，就是：（1）国家干部、公务员在执行公务中必须实事求是，在工作中讲真话，不急功近利，不追求所谓的政绩；（2）政府要摆正位置，不越位、不错位、不失位，公平地维护市场竞争秩序，不以权力干涉市场；（3）打击地方保护主义，不充当失信的保护伞；（4）严格兑现作出的承诺，言必信，行必果，特别应注意保持政策的连续性，避免朝令夕改；（5）建立和完善责任追究制度和监督机制，确保政令畅通；（6）完善政务公开制度和听证制度，拓宽联系群众的渠道；（7）推行"责任行政"的理念，防止权力与责任脱节，使政府行政权力的运作始终置于法定责任的轨道；（8）增加政务活动的透明度，

---

① 转引自吴汉东：《论信用权》，载《法学》2001年第1期，第41页。

增强人民群众参政议政的积极性。所以，当我们说，加入 WTO 不仅是"经济入世"，也是"政府入世"，就是要求政府是一个"信用政府"、"责任政府"，履行自己在谈判中所做的承诺，努力完善本国的知识产权立法，为他国知识产品提供必要的保护。

2. 国家利益是政府行为的内在驱动力

国家利益是一种无形的客观存在，我们常常能够从边界纠纷、市场争夺、人权观念的辩论、国家结盟与断交等国际行为中，体会到国家利益之所在。我们也常常能从国家的宪法、法律中看到"国家利益"的身影，《中华人民共和国宪法》第 54 条规定了公民有维护祖国的安全、荣誉和利益的义务，不得有危害祖国的安全、荣誉和利益的行为。《中华人民共和国专利法》第 14 条第 1 款规定：国有企业事业单位的发明专利，对国家利益或者公共利益具有重大意义的，国务院有关主管部门和省、自治区、直辖市人民政府报经国务院批准，可以决定在批准的范围内推广应用，允许指定的单位实施，由实施单位按照国家规定向专利权人支付使用费。

那么，究竟什么是国家利益呢？阎学通教授认为，它是指一切满足民族国家全体人民物质与精神需要的东西。在物质上，国家需要安全与发展，在精神上，国家需要国际社会尊重与承认。① 具有双重含义：一是 national interest，指一个民族国家的利益，与之相对的是集团利益、国际利益、世界利益；另一个是 interest of state，指的是政府利益或政府所代表的全国性利益，与之相对应的是地方利益、集体利益、个人利益。阿尔弗雷德·马汉（Alfred T. Mahan）提出"自身利益不仅是国家政策合法的而且是根本的原因，它不需要虚伪的外衣。尽管适当地将它运用于一个具体的事件需要解释，但作为一个原则它是不需要什么宏大说明来证明其合理性的。华盛顿所说的话在今天并不是每句都像他当初说的时候那么正确，但是有一句话是永久的真理，那就是除了国家利益别指望政府能在任何其他的基础上不断地采取行动。作为机构而非原则，政府无权那样做"②。可见，在政府行为所要考量的因素中，国家利益是多么重要。

---

① 参见阎学通：《中国国家利益分析》，天津人民出版社 1997 年版，第 10 页。
② Alfred T. Mahan, *The Problem of Asia*，转引自阎学通：《中国国家利益分析》，天津人民出版社 1997 年版，第 19 页。

一般来说，政府所要考虑的国家利益的内容主要包括：政治利益、安全利益、经济利益和文化利益。国家的政治利益是各种利益的集中表现，其核心是国家主权；安全利益是国家利益的基础；经济利益是最经常性的，也是最根本利益和最终利益；文化利益是国家利益中最难实现的精神方面的利益。

首先，看一下安全利益，应该说只有安全利益得到一定程度的满足，才能保证其他利益的实现。以微软在全球推出的"政府安全项目"为例，微软对该项目的解释为"一项旨在全球范围内帮助各国政府在有限控制下获得微软 Windows 操作系统源代码以及相关技术信息的承诺，用以帮助政府确信微软 Windows 平台的安全性"。中国刚刚加入了这个项目，在此之前，中国政府办公软件中选择了支持 Linux，之所以放弃微软是因为：

"作为一款完全屏蔽源代码的终端软件来说，Windows 使得其用户对于其自身的安全漏洞或者不完善的地方一无所知。显然，这样的产品透明度和安全可信度不能满足作为政府办公平台的需要。如果蓄意利用系统缺陷进行一些破坏性的操作，这很可能在军事和经济领域对国家安全造成威胁。从这个角度讲，完全自主产权的操作系统才是政府办公的首选软件。"

现在中国加入了这个项目，中国军方的喜好可能也不会受到影响。可见，政府往往是把安全利益置于其他利用之前，即使为此会增加支出。

其次，我们看一下国家的经济利益，从宏观上来说，政府也是一个具有福利或效用最大化的"经济人"。它通过界定产权结构、制定竞争与合作的基本规则，承诺提供"保护"和"公正"，来使政府的租金最大化；它通过界定产权降低交易费用以使社会产出最大化，从而使国家税收增加；在对外经济交往过程中，它通过谈判、协商最大限度地维护本国的经济利益。从微观角度看，政府通过人才培养、科技创新、市场开拓等方法增强知识产权的国际竞争力。

最后，看一下文化利益，国际关系中认为文化利益是较之安全和经济利益次要的国家利益，因为文化是一个国家相对稳定的、不是短期可以改变的。但是，在知识产权制度的形成和发展中，却不能忽视它的重要性。因为，一方面文化代表着一个国家在本质上的独特与差异，它是区分各民族国家的标志之一；另一方面文化也标志着国家对其传统的继承和延续。知识产权制度所确认和凝固的正是这种文化的差异性和延续性，同时，它也承担着推动文化创新的重任。"一个社会的文化创新体系最主要的功能是,转化一个属于个人的文化产品,成为属于社会的文化产品。因此,其社会意义是使一个原先具'个性'的创新转化成为具'群性'的创新,并且使之合法化,为社会中的成员普遍接受,而用来代表该社会的意义典范"。[①]

综上所述,知识产权制度是人的有限理性选择的结果,是人为追求一定的价值目标所选择的,与科学技术发展水平相适应的,受政府行为等因素影响的制度安排。应该强调的是,知识产权的制度分析是作为一种实践性的制度分析的理论,更注重的是制度的实践性、过程性和动态性特征,所以,无论是作为分析对象的制度,还是作为分析基础的要素,都是在随着社会历史的发展而变化。而且,以工具主义引导制度选择的方向往往存在一定的局限性,那就是可能过分注重效率,而忽视了正义。因此,当我们一方面做一种相对意义上的分析的时候,另一方面,也应该努力在效率与正义之间寻求一个均衡点。

五、知识产权价值的合理定位

知识产权在当下社会的变异使得传统知识产权理论面临着不能解释、不够证明知识产权正当性的有利依据,因此,有必要依据当下的社会形式,对知识产权价值进行合理定位。

(一)"知识"的私人性与社会性

"知识"是人通过特有的思维劳动产生的,每一种由特定人所创造的知识,从某种意义上将都属于这一特定人,是私人性的。然而,"知识"并不是独立的纯粹的碎片,"知识"是连续性的,人类所有的知识都是在他人的基础上创造的,知识是人类共同创造的,知识也是连续人类的一个历史符号。因此,从这种意义上讲,知识只能是社会性的。任何将知识纯粹归属于私人的看法和做法,都是对全人类最大的欺骗和掠夺。

---

① 参见吴嘉生:《智慧财产权之理论与应用》,台湾五南图书出版有限公司1999年版,第43页。

(二)作为"私益"的"知识产权"与作为"公益"的"知识"

追求利益是人类社会活动的动因,因而利益是人类社会历史变迁的根本动力。权利最直接地体现为利益,利益被认为是法律背后的实质性因素。法律中的权利,实质上反映着法律所调整和确认的各种利益;义务的履行既是为了使权利得到保障,也是获取利益的要求。[①] 然而,"利益就其本性说是盲目的、无止境的、片面的,一句话,它具有不法的功能"[②]。

知识产权保护的适度与合理始终是围绕着"私益"和"公益"之间的平衡,是知识产权法的一个关键性问题。[③]

撇开知识产权最初设立的目的不谈,"知识产权"是维护"私益"的,当它将专有权授予知识产权人的那一刻起,它就为知识产权人开辟"私益"之路打开了城门,知识产权运动的一个主轴线还是围绕着"私益"的。

然而"知识"是纯属于"公益"的。与其说"知识产权"是人格不可缺少的部分,毋宁说"知识"是人格不可缺少的部分。"知识"成为人之所以为人的最根本的标识,"知识"决定着人的定在,决定着人的历史和未来,没有了知识,人无法生存,至少是无法像"人"那样生存。从这种意义上,"知识"如空气一般对于人不可缺少,如果因为人为的因素将人排除在"知识"之外,则这种行为无异于"谋杀"。

"知识产权"正是在控制和垄断着这种"知识",而知识产权的扩张正在剥夺着某些人的生存权。如果我们认识不到这一点,我们就无法了解当下这种变异的知识产权是多么的恐怖和危险。

(三)作为"权利"的知识产权与作为"政策"的知识产权

在知识产权理论里面其实对知识产权的性质有两种界定:一种是"权利"或者说"自然权利";而另一种是"政策"或"建构权利"。

作为"权利"的知识产权认为知识产权具有某种天赋性,这种权利与生俱来,与财产权和人格权一样神圣不可侵犯。而作为"政策"的知识产权认

[①] 参见冯晓青:《知识产权法利益平衡原理》,中国政法大学出版社 2006 年版,第 1 页。
[②] 参见《马克思恩格斯全集》(第 1 卷),人民出版社 1956 年版,第 179 页。
[③] 参见冯晓青:《知识产权法利益平衡原理》,中国政法大学出版社 2006 年版,第 64 页。

为,知识产权的设立只不过是国家为了刺激技术革新、促进经济发展、增加人类福祉而采取的一种策略。这两种理论会给知识产权带来不同的命运,前者会使知识产权被膜拜而尊于永恒,而后者会使知识产权沦为一种简单的工具从而具有偶然性和阶段性。

关于这两种理论,笔者采取综合的方法看待。知识由人创造因而知识产权天然与人具有某种联系,然而,由于其中的"专有和垄断"并不是天然的而是法律赋予的,因此它也是与政策结合的产物。因而常常说知识产权是"公权化"的私权。知识产权之所以具有所谓的"公法性",不过是因为国家干预,因为垄断本身不具有合法性,即知识产权在尚未达成共识之前,必须有国家干预才能正常运行,而对于物权和债权,很显然已不存在任何分歧,故摆脱了国家干预的色彩,成为毫无疑问的私权,而这种共识形成的基础便是潜移默化的文化,这种文化的形成花了上千年,而知识产权只不过是仍在路上。

知识产权包含两种使命:其一是尊重知识创作者的劳动和人格;其二是提供一种激励效应的促进物质文化和精神文化的繁荣,以达到人类共同"善"的福祉,在这其中,知识产权包含了政策性法律和公理性法律双重角色。

(四)作为"人格"的知识产权与作为"财产"的知识产权

通常讲,知识产权既是人格权,又是财产权,这种观点多半是"人格"理论和"劳动"理论结合和演化的产物。然而,知识产权的视角过度地集中在财产权方面,而非在人格权方面,人格权只是作为财产权的一个基础而已。这种理论是有害的,知识产权应当首先是"人格权",其次才是"财产权"。

法学是人学,法学的发展路径不能脱离人性的基础与人类智慧的限度。

由此,我们可以找到知识产权设置的一个漏洞,那就是对于"科学发现",不授予知识产权。这是从根本上只看到了知识产权中的"财产权",而忽略了知识产权中的"人格权"。知识产权在剥夺了"科学发现"者的"财产权"资格后,顺便也剥夺了其"人格权"资格。这是极大的一个讽刺。科学发现可以说是人类创造中最为艰难、成本最高、风险最大、价值最突出的一种创造;然而,在知识产权那里,科学发现变得一文不名。与此相同,知识产权错误地将已超过期限的专利权当成丧失全部知识产权,而精神权利应当无期限。

这有点类似于我国对于"无过错责任"和"过错责任"认识的一个误区。实际上,"过错"的有无,是确认可否(并非一定)免除赔偿责任的前提,而不是认定侵权的前提,也就是说无论是"过错行为"还是"无过错行为",只要发生了某种损害结果,都会构成侵权,只是赔偿与否,就要看有无过错和过错大小罢了。

(五)作为"独占特权"的知识产权与作为"自然财产权"的知识产权

如果仅仅从知识产权是一种天赋的"自然财产权"来看的话,知识产权就没有法律上正义凛然的独占权,因为每个人都可以利用自己的天然禀赋去做出并利用自己的创造,而不需要理会是否这种创造与他人已经获得了知识产权的类似创造相冲突,除非有证据证明这种创造完全是"偷窃"他人的智慧而做出的。

由此看来,知识产权也是一种"独占特权"。知识产权设立之初,是以"坏蛋理论"模式建立的,因为它把知识创作者周围的人都看成是模仿和剽窃的可能危险人物,因而,设立一种独占特权,以法律手段有效排除他人的模仿和剽窃。然而,这中间,又有一部分人的利益被忽略了,那就是善良、勤奋的其他创造者。知识的创造过程不是一个偶然,而是一个必然,因为自然是有规律的、社会是有规律、人的思维是有规律的,而知识的创造也必然是一个规律性的发展道路,就像中国与英国在没有商量的前提下都由原始社会、到奴隶制社会、到封建社会、再到资本主义社会,而中国人和英国人即使相互之间没有沟通和交流也同样会先发明火、再发明电、再发明电灯、再发明电话、再发明电视,只是时间上的早晚罢了。而知识产权一个独占,就封杀了其他人的创造性灵魂和成功的喜悦,这从某种程度上来说,同样是剥夺了他人的"自然财产权",是一个"暴徒"的行为。

因而,在把握作为"独占特权"的知识产权与作为"自然财产权"的知识产权时就不得不将二者结合和对照起来考虑,站在"独占特权"一方的知识产权不得借"天赋权利"来为自己笼罩上神圣不可侵犯的光环,而更多地考虑到正是由于如此多人的牺牲,才换的自己的这种"特权",要有感恩图报之心。

（六）知识产权与知识权利

知识权利的含义要远远超过知识产权，知识产权只是众多知识权利的一种。因此，在对待"知识"问题的时候，我们决不能仅仅看到的是知识产权，决不能仅仅看到的是知识产权人的利益。

我们应该更全面地看待知识权利，这种知识权利包括创造知识的权利、接触知识的权利、认识知识的权利和学习知识的权利、改造知识的权利，如果我们仅仅狭隘地用知识产权代替知识权利，则我们的世界里就只有知识的专横，没有知识的和平，只有知识的浅薄，没有知识的宏大，只有知识的瓜分，没有知识的共享。

（七）关于正义

知识产权的正义在哪里？通过如上的分析，我们可以看出知识产权的正义是真正能够懂得知识产权的"权利之源"，能够以冷静平和的心态去对待围绕"知识"周边的各种利益群体，并能够主动、有效、公正地去平衡这些利益群体之间的利益，才是知识产权的正义。

这就要正确把握知识产权人与知识消费者之间的正义。知识产权人实际上不仅在剥夺他人使用知识的权利，而且在剥夺他人创造知识的权利。那么在剥夺的同时，适当地予以回馈和弥补，才能实现正义。

这就是要把握知识产权国与知识进口国之间的正义。知识产权国与知识进口国之间制定的国际条约实际上是一个社会契约，根据社会契约，知识进口国承认知识产权国对知识的专有和垄断权，那么从契约对价的角度讲，知识产权国是否也应当给予适当的回报，给予知识进口国某些实际的实惠呢？只有有对价的契约，才能实现正义。

这就是要把握知识产权所涉各利益主体应当由矛盾与对立转向和谐与共享。只有和谐与共享才能真正制造出一个完整的"知识结构"，而矛盾与对立只能让知识的发展片面、扭曲和阻滞。只有和谐与共享，才能实现正义。

知识产权肩负了人类太多的责任与期望。知识产权本身包含这多元目的和终极目的。

知识产权多元目的中最突出的就是保护创作者能够从自己的创作中收回

成本、获取收益；保护创作者的创作不受他人模仿和剽窃；促进知识的传播，使国民能够受到良好的教育；促进技术的革新，刺激经济快速发展；丰富社会文化，满足人们的需要等等。

例如，著作权法增进知识和学习的公共利益目标的实现，其中重要的方面是保障对作品的接近。著作权法通过鼓励新作品的创作和传播而促进公共知识与学习。在现实中，有些作者创作并不一定存在很明显的经济上的动机。像学者著述学术性的作品旨在表达他们自己的思想、提高自己的学术声望，而主要不是为了直接获得经济上的报酬——他们希望自己的作品广为流传。在这个意义上，一些作者甚至欢迎一个没有著作权的可以任意复制的制度。但是，由于学者的作品通常不能依靠个人的力量传播，他们必须借助于出版者等传播者传播其作品。然而作品传播者传播作品是有成本的，在没有著作权保护而可以任意复制的情况下，传播者将很难收回自己投入的成本。此时，传播者将缺乏传播作品的动力，进而导致作品的传播受到影响，作者的著作权的实现、公众通过接近作品而增进知识和学习的目的都将难以实现。著作权法增进知识和学习目的的基本机制是激励创作和传播。对新作品的创作和传播的激励则主要是使用市场的经济回报手段来实现的。在市场经济回报层面上，激励作品的商业化则是关键性步骤。

1790年1月美国总统华盛顿就著作权立法向国会发表的讲话："没有什么比促进科学和文化值得你们去保护了。在每一个国家，知识都是人们幸福的源泉。如果一个国家的政策措施迅速地收到了效果，那么知识转移占有重要比例。为了捍卫自由宪章，知识以各种方式做出贡献……"

而知识产权的终极目的是通过人们无限度的创作，促进知识和文化的繁荣以及全世界人民的福祉，使人们有更好的物质享受和精神享受（物质产品服务的是人的身体和情感，精神产品则服务的是人的思想），如商标权也是为了激励能有更好的产品和服务的提供，商标权保护的是商标背后所代表商品上综合智慧，其中包括经营管理理念和技术，在此种意义上出现了与专利的竞合。科学发现等智力成果因作为文化继承物的物质而不受保护是合理的，因为至少应赋予精神权利，因共有领域的需要，只是不能有专有权。

在这种意义上，物权、债权、知识产权是一个体系，物权是一种静态的权属确认，债权是动态的交换，而知识产权是动态的生产，从一种模式上来讲：

知识产权→无形知识→无形知识转化成有形物→物权→债权→物权

知识产权积蓄着有形物产生的能量。在这种意义上，物权、债权、知识产权达成了统一，通过这种方式达成了财产权三大结构的流动和闭合。

虽然，不满意现有的知识产权理论，但是要想提出知识产权新的理论基础支撑也是难上加难。这里只是作者一点浅显的认识。

知识产权是自然权利和独占特权的结合体。作为自然权利的知识产权不具有排他性，但具有永久性；作为独占特权的知识产权具有排他性，但具有期限性。当独占特权因期限而消失时，仍享有自然权利。而当独占权过大影响他人的利益时，这种独占权就应当免除。同样与特权相对的豁免，也是应当加入到考虑范围。同时，特权应当是由国家权力赋予。

知识产权的重点在于性质的确定，独占权应当只是政策性权利，应当逐渐退出历史舞台，而保留知识产权的财产权自然性质。

第 十 章

中国知识产权的发展路径

一、中国知识产权的发展意义

尽管中国知识产权面临重重挑战，不断陷入困境，而导致陷入困境的原因又是短期内难以克服的，但需要说明的是，对于知识产权，中国唯一的道路就是克服困难、转败为胜。中国在历届奥运会的艰辛与奋斗、光荣与梦想也可以为中国知识产权发展预设一个比较光明的前景，大国的崛起，不仅仅在奥运会上。中国知识产权发展对中国来说，可能是一个决定成败的棋子。弃棋则局败，用棋才有可能胜局。应当说，知识产权在整个人类历史的发展中都起着不可替代的作用，对于中国，更是如此。

（一）知识产权在世界发展史中的角色与功绩

1. 知识产权促进工业社会的大发展

新制度学派认为：知识产权决定了工业革命的发生。工业革命的最明显特征是经济的持续增长，而经济持续增长的原因则是技术创新，从而把技术创新作为工业革命发生，甚至是西方世界兴起的原因。进一步分析则是，真正的原因是有效率的经济组织，而有效率的经济组织需要在制度上做出安排和确立所有权以便造成一种刺激，将个人的经济努力变成私人收益率接近社会收益率的活动。① 为此必须确立所有权,而知识产权的确立则有着更为重要的作用。因此,可以说,知识产权作为财产权的确立是工业革命乃至西方世界兴起的重要原因,正是知识产权决定了工业革命的发生②,促进工业社会的大发展,加快了人类社会发展的进程。尽管恩格斯和马克思不赞成新制度学派的主张,认为社会经济技术进步的速度是由人类社会在探索自然奥秘和生产实践中世世代代积累起来的科学和技术知识存量以及既存的社会制度能够为科学和技术知识在经济活动中的应用提供可能性空间这双重作用决定的,因而工业革命是英国经济结构即生产关系的作用的结果,那么,至少他们都赞成知识产权在引发工业革命、促进工业社会的大发展起着不可替代的主导作用。

2. 知识产权加速了人类文化的繁荣与趋同

知识产权的激励作用引发了全民性的创造运动,极大地加速了人类文化的繁荣。人们为了从自己的创作中获取收益,投入了更多的精力去进行创作,社会中的各种创作成果明显比知识产权确立之前呈几何速度增长。

但需要指出的是,这种繁荣的同时也隐藏着另一种危机。因为积淀不够而导致质量不高。社会上充斥着各种没有传承价值的快餐文化,不仅在吞噬着底蕴文化的市场,而且在吞噬着创造底蕴文化的精神。

知识产权也同时加速了文化的趋同。知识产权对文化的影响是通过商业化运动而进行的,它通过充斥和主导全世界市场来推行其单一的文化,无形中替代其他传统文化,从而最终导致世界文化的不断趋同。

3. 知识产权加强了发达国家对发展中国家的控制

发达国家对发展中国家的控制是通过经济控制和政治控制的相互补足而来实现的。通过政治控制为其经济开辟道路,而又通过经济控制来稳固其政治控制。而每个阶段的控制都是资本与一种武器结合。以中国为例,在早期,发达国家对中国的控制是通过资本与枪炮和鸦片结合来实现的,通过枪炮控制其身体、通过鸦片糜烂其精神、通过资本瓦解其经济;到后来,发达国家对中国的控制是通过资本与机器结合来实现的,在合资合作阶段,通过向中

---

① 参见〔美〕道格拉斯·诺思、罗伯特·托马斯:《西方世界的兴起》,厉以平、蔡磊译,华夏出版社1999年版,第5页。

② 参见金海军:《知识产权私权论》,中国人民大学出版社2004年版,第63页。

国输送大量陈旧机器,而控制中国的工厂和工人,掠夺巨额的财富;现而今,发达国家对中国的控制是通过资本与知识产权的结合来实现的,转让和控制一个不需要任何成本的垃圾知识产权就能点住中国的命门。知识产权加强了发达国家对发展中国家的控制,这一点随着知识产权国际化的加强而加强。

4. 知识产权加快了世界的融合

经济全球化推动了知识产权国际化,而知识产权国际化又反过来推动了经济全球化。知识的传播与趋同,知识产权的国际化与标准化,迫使世界各国不得不全方位地研究和学习各自的经验与特色,从而在相互认识和理解中接触和吸取对方的文化,世界的融合加强。当下,几乎没有几个国家还在闭关锁国、闭门造车,世界体系中越来越多的国家开始跻入世界结构之中,成为结构中一员。世界出现前所未有的大融合、大集结,虽然其间可能因为国家利益仍然是暗流涌动、冲突不断。各国基本上都认识到知识产权对世界和对本国发展的意义,因此,基本上都是从最初的消极抵制转向积极转化。

(二)知识产权对于中国的现实意义与长远意义

1. 知识产权是中国当前发展最重要的命脉

我国的发展离不开知识产权,知识产权正在成为国际贸易中竞争优势的基础和最有价值的财产形式。但是经过二十多年的知识产权保护的"奔跑",知识产权在我国的经济腾飞中是否起到了所说的巨大作用?我们的确感受到了知识产权的重要性,但是,在此起彼伏的知识产权涉外诉讼中、在我国的企业交付了高额的"学习成本"中,也体会出知识产权制度带给我们的不仅是入世的"通行证",还是高昂的"利益代价"。即使今天我们已经有与世界完全接轨的知识产权制度,在知识产权保护意识和利用上还有巨大差距。一个结构完整的法律文本、一套可以与国际最新最高标准接轨的知识产权制度并不足以成为衡量一国知识产权有效实施的标准,而只有让市场主体学会如何利用这一制度才能实现真正意义上的知识产权保护。目前我国由于缺乏具有自有知识产权的核心技术,产业发展存在"技术空心化"的危险。2003年,国外在我国申请的发明专利已占全国总申请量的69%,我国高新技术领域创新空间被挤压。在合资合作中,一些外国公司对我国企业原有商标采取搁置、淡化、收购策略,使我国部分企业高知名度商标正在逐步淡出市场。

我国以软件版权为核心的高科技版权产业较晚，研发能力不强。在加入世界贸易组织的新形势下，由于技术性贸易壁垒等引发的纠纷越来越多，国内企业出口贸易频频受阻。① 这些都是前所未有的挑战。

有专家指出，我国在实施知识产权战略方面存在如下忧患：一是专利创新资源的流失；二是"泡沫专利"；三是品牌丢失；四是网络版权领域中的不利地位；五是知识产权人才的匮乏。

中国当前发展最重要的命脉就是要重视知识产权、发展知识产权，让知识产权这个舶来品成为中国战略制胜的法宝，如果中国不能利用这个契机，如果中国仅仅是消极抵制，则中国只会从世界结构中被挤出，中国只能蜷缩在原来的落后状态自怨自艾。从这一点上看，正验证了"师夷长技以制夷"的亘古不变的至理名言。

2. 知识产权是中国未来发展最重要的核心竞争力

何谓核心竞争力？核心竞争力的概念是 1990 年美国密西根大学商学院教授普拉哈拉德（C. K. Prahalad）和伦敦商学院教授加里·哈默尔（Gary Hamel）在其合著的《公司核心竞争力》（The Core Competence of the Corporation）一书中首先提出来的。他们对核心竞争力的定义是："在一个组织内部经过整合了的知识和技能，尤其是关于怎样协调多种生产技能和整合不同技术的知识和技能"。从与产品或服务的关系角度来看，核心竞争力实际上是隐含在公司核心产品或服务里面的知识和技能，或者知识和技能的集合体。

在普拉哈拉德和哈默尔看来，核心竞争力首先应该有助于公司进入不同的市场，它应成为公司扩大经营的能力基础。其次，核心竞争力对创造公司最终产品和服务的顾客价值贡献巨大，它的贡献在于实现顾客最为关注的、核心的、根本的利益，而不仅仅是一些普通的、短期的好处。最后，公司的核心竞争力应该是难以被竞争对手所复制和模仿的。正如海尔集团总裁张瑞敏所说的那样："创新（能力）是海尔真正的核心竞争力，因为它不易或无法被竞争对手所模仿。"

核心竞争力是一个企业（人才，国家或者参与竞争的个体）能够长期获得竞争优势的能力。是企业所特有的、能够经得起时间考验的、具有延展性，

---

① 参见《上海知识产权战略纲要》（2004—2010 年）。

并且是竞争对手难以模仿的技术或能力。指的是组织具备的应对变革与激烈的外部竞争，并且取胜于竞争对手的能力的集合。

核心竞争力对于中国的企业至关重要，而对于中国更是至关重要。核心竞争力含义本身就包含着知识产权的因素，因而，知识产权是中国未来经济发展最重要的核心竞争力。

同时，中国被世界寄予厚望，有专家称随着欧美企业大量进入亚洲，世界的重心已经从西方转移到东方，中国有能力在国际舞台扮演重要的角色。这证明资本在中国的聚集正在进行并且有加速的趋势，而资本聚集的地方是能够产生利益的地方，只有中国知识产权发展，中国才能真正从资本中获取利益，而并不是眼睁睁地看着资本流向国外，而所有这些都决定着中国未来的发展态势，"中国威胁论"或者"大国的崛起"到底是一个噱头，还是一个意料之中的事实，还是由中国自己决定的。

（三）西方主导模式的知识产权对中国的影响

1. 当前的世界知识产权权利分布模式

当前的世界知识产权权利分布模式是西方发达国家权利数量巨大，而中国等发展中国家权利拥有极少的模式。发展中国家同西方发达国家的知识产权在数量和质量上差距悬殊。世界专利的97%掌握在发达国家手中，在发展中国家能够享用到这些人类文明成果之前，他们已经被发达国家越抛越远。

知识产权制度是按照西方模式建立和推广，它势必首先是西方的优势，其次必然会由西方引导始终向着西方的方向发展。而发展中国家一方面本国的经济基础薄弱、技术创新能力欠缺，另一方面本国的知识产权申请和保护意识尚未跟上，因而，在知识产权拥有的数量和质量上都明显不足。

2. 当前的世界知识产权模式的非正义

西方主导的知识产权实际上扮演了"文化殖民"的帮凶，不断逼迫着发展中国家为其开辟"文化殖民"的便捷通道，实现西方模式的推进，这种不管发展中国家人民意愿和不顾发展中国家人民利益的行为，是一种"非正义"行为。有人甚至过激地将知识产权看成是"富国的养料和穷国的毒药"。

因为西方主导的知识产权利用知识产权工具，在发达国家和发展中国家之间建立一种不公平的分配机制。发达国家和发展中国家之间本来就存在着经济对比上的差距，而知识产权更是利用这种经济上的差距继续拉大差距，使得富国愈富、穷国愈穷。在影响发展中国家的发展权之余，甚至影响到发展中国家的生存权。

西方主导的知识产权加剧了南北差距。知识产权的垄断会成为经济垄断的关键因素。技术、经济都远远落后于发达国家的发展中国家之所以实行知识产权制度，除了为提高本国的技术创新能力外，主要目的在于吸收发达国家的新技术，将知识产权应用于本国的产业实践，促进本国的经济发展。而发达国家则希望通过在发展中国家申请知识产权保护本国知识产权并向发展中国家输出技术来控制发展中国家的技术发展，继而控制发展中国家的经济。所以，发达国家虽然积极在发展中国家取得知识产权，却往往并不愿意在专利授予国实施专利。另外，发达国家以优厚的待遇吸纳世界各国的高技术人才，用雄厚的资金建立起较完备的技术体系。具有人才和资金优势的发达国家，显然在科学技术方面发展得很快，相对更容易取得科技新成就，并利用知识产权制度获得更多的利润。从全球范围来看，知识产权首先是对发达国家有利，而对发展中国家来说，有时则恰恰相反。由于资金匮乏造成科技体系不健全，且科研人员的待遇相对较低，导致科研人员人心不稳，大量的高技术人才外流。为了引进新技术，发展中国家还必须花费大量的资金去购买发达国家的知识产权，而发达国家是绝对不会把核心技术转让给发展中国家的。因此，知识产权制度保护的往往只是发达国家的经济优先地位，同时却是以发展中国家科技发展速度持续受到制约为代价。[①] 这导致世界技术和经济两极分化的现象愈加严重。

同时，西方主导的知识产权在国际化的同时，实现了对发展中国家本土文化的颠覆和替代，而不考虑发展中国家实际的文化需求。

3. 知识产权与人权

在此处谈知识产权与人权的关系不是要谈知识产权本身的"人权"问题，而是谈知识产权与他人的人权的关系问题，及知识产权过度保护对他人或他国基本的生存权、健康权和表达自由及发展权等人权的影响。

从长远来看，知识产权制度的实行有利于知识产品的规范生产和使用，

---

① 参见冯晓青主编：《知识产权前沿问题研究》，中国人民公安大学出版社2004年版，第45页。

并会成为技术创新的动力之一,但对不同发展阶段国家的作用却大相径庭。我们有理由相信知识产权制度有利于经济增长,正如《世界银行:2002年全球经济展望》所言:"只有进入中等收入国家行列中,这些收益才有可能实现。"

但是,知识产权所导致的利益分配的不均衡,从而导致的国家发展的不和谐,对一国的知识产权弱势群体和世界的知识产权弱势国家都产生巨大的影响。同时在不同的领域,是否要适用同一规范也是个问题:在关系到人权和公共利益的医药、水利和基础设施建设等领域,对知识产权的过度保护往往会引发不良后果、甚至社会性危机,对知识产权的保护不应越过保护基本人权的底线,至少是当知识产权侵犯了生存权、健康权、发展权等基本人权时,这种知识产权就理所应当予以让位。

(四)中国对西方主导知识产权模式的合理应对

在西方主导知识产权的模式下,发展中国家的利益遭到忽视和践踏。而近年来,发展中国家在知识产权保护问题上维护自身利益的呼声在不断增强,主动参与知识产权国际规则制定的意识明显提高。

在2004年举行的世界知识产权组织成员国大会上,巴西和阿根廷等14个发展中国家提出了"知识产权与发展议程"的提案,指出:现行知识产权制度对保护发展中国家的利益不够重视,导致富国与穷国之间的差距不是缩小而是扩大;知识产权制度的发展不应当无视各国发展水平的不同而设立更高的保护水准,应当保障所有国家建立知识产权制度所获得的利益大于付出的代价。该提案在国际社会上引起了强烈反响。

另外,TRIPS协议强制性地规定各成员均必须对药品授予专利权,给广大发展中国家的民众以能够支付得起的价格获得治疗各种流行疾病的药品带来了负面影响。在发展中国家的大力推动下,2001年在多哈召开的世界贸易组织部长级会议通过了《关于知识产权协议与公共健康的宣言》。该《宣言》承认许多发展中国家所面临公共健康问题的严重性,强调需要将《TRIPS协议》的相应修改作为国际社会解决公共健康问题举措中的一部分。依照该宣言的要求,世界贸易组织总理事会于2003年通过了落实多哈宣言的决议,并在2005年于香港召开世界贸易组织部长级会议之前通过了对《TRIPS协议》的相应修改方案。另外,发展中国家还在积极推动制定保护遗传资源、传统知识和民间文艺的国际规则,以抗衡发达国家在专利、商标、版权等知识产权方面的巨大优势,维护自己的利益。虽然是否将这些保护纳入知识产权法制度的框架还有争议,但应当给予保护是相当多国家(包括一些发达国家)的共识。①

世界上其他发展中国家都纷纷开始行动,在知识产权框架内寻找更加公平公正的模式,而中国在国际上尚未正式开始这样的行动。对于中国而言,对西方主导知识产权模式的合理应对是在接受知识产权履行国际公约的前提下,一方面进一步批判性研究并发展知识产权本身的理论,并寻求中国知识产权的自主性发展,实现知识产权的本土化;另一方面在国际上争取自己的话语权,将中国自己对知识产权的新诉求、新主张上升到国际层面而纳入新的国际知识产权体系。

二、知识产权的历史发展脉络及规律

关于知识产权制度诞生的时间,从现有资料看,初步只能被认定为1474年,以威尼斯共和国的《专利法》的出现为标志。自1474年至现在,刚好为530年。当然,也有人认为,知识产权制度可能诞生于更早的时间,例如13世纪的英国就给当时的工匠赐予过特许权。但这样的特许权只是个别特例,并未以法律形式存在,故不能当做制度诞生的标志,充其量只能算作是知识产权制度的萌芽。英国于1623年颁布《垄断法规》,1709年颁布《安娜女王法》,首创现代专利制度和版权制度;美国于1790年和1791年分别制定其专利法和版权法,法国于1791年制定其作者权法,分别建立了各自的知识产权制度。现在世界上有200多个国家。截止到2003年底,已经有170多个国家加入了WIPO,有140多个国家加入了WTO。根据WIPO公约和WTO公约,这些国家或者地区必须建立自己的知识产权制度,以履行WIPO或者WTO规定的义务。②

知识产权历史进程中的里程碑分别是:1474年《威尼斯专利法》(Vene-

---

① 参见郑成思:《国际知识产权保护和我国面临的挑战》,载《法制与社会发展》2006年第6期。
② 参见曹新明:《知识产权法哲学理论反思——以重构知识产权制度为视角》,载《法制与社会发展》2004年第6期,第60页。

tian Patent Act)、1642 年英国的《垄断法》（Statute of Monopolies）、1643 年英国出版商公会（Stationers' Company）向议会提出的请愿书、《安妮女王法》（Statute of Anne，即 1710 年英国著作权法）、1787 年《美国宪法》中的专利与著作权条款、1790 年美国的《专利法》和《著作权法》、1791 年《法国专利法》。

历史研究的价值在于表明知识产权现象的必然性和具体制度选择的偶然性。知识产权的现存规则并非当然如此，而是在其发展过程中存在着多种可能性。这就需要研究为什么知识产权制度会在西方首先发生？何种力量在推进知识产权制度的变革和发展？当今世界知识产权秩序的未来和发展趋势是什么？并展示人类的创造空间，分析知识产权法制度可以选择的未来。①

（一）知识产权的国内法发展历程

"知识产权"这个术语，最早在 18 世纪中叶出现在西方活字印刷术的诞生地德国。在当时，它主要指文化领域中作者的创作成果所享有的专有权，亦即我们称为"版权"或"著作权"的这种无形产权（现在仍有个别国家如西班牙、菲律宾等沿用"知识产权"仅表示版权）。18 世纪，法国也曾一度使用"工业产权"这一术语，它指的是除版权之外的智力成果专有权与商业标记专有权。在后来的发展中，尤其在 60 年代之后，"知识产权"逐渐被绝大多数国家及所有世界性国际条约、国际组织采用，它包含一切智力创作成果的产权。② 但知识产权制度却比"知识产权"术语的出现要早得多。

知识产权法一开始并不是作为一个统一的法律领域来发展的。从历史上看，专利、商标和著作权是各自独立发展的不同法律领域。

知识产权制度发源于欧洲，专利法最先问世，英国 1623 年的《垄断法规》是近代专利保护制度的起点。继英国之后，美国于 1790 年、法国于 1791 年、荷兰于 1817 年、德国于 1877 年、日本于 1885 年先后颁布了本国的专利法。虽然 1618 年英国首先处理了商标侵权纠纷，但最早的商标成文法应当被认为是法国 1809 年的《备案商标保护法令》。1875 年法国又颁布了确立全面

---

① 参见金海军：《知识产权私权论》，中国人民大学出版社 2004 年版，"序"，第 9 页。
② 参见郑成思：《知识产权法：新世纪初的若干研究重点》，法律出版社 2003 年版，绪论第 2 页。

注册商标保护制度的商标权法。以后，英国于 1862 年、美国于 1870 年、德国于 1874 年先后颁布了注册商标法。世界上第一部成文的版权法当推英国于 1710 年颁布的《保护已印刷成册之图书法》。法国在 18 世纪末颁布了《表演权法》和《作者权法》。以后的大陆法系国家，也都沿用法国作者权法的概念和思路。日本在 1875 年和 1887 年先后颁布了两个《版权条例》，于 1898 年颁布《版权法》。1899 年日本参加了《保护文学艺术作品伯尔尼公约》，当年还颁布了《著作权法》。

反不正当竞争的概念来源于 19 世纪 50 年代的法国，而世界上第一部反不正当竞争法一说为 1890 年美国的《谢尔曼法》，一说为 1896 年德国制定的《不正当竞争防止法》。一般认为是前者。美国是最早产生现代意义上竞争法的国家，其立法包括反垄断和反不正当竞争两个方面。英国的反不正当竞争的规范可追溯到 15 世纪，但较全面的反不正当竞争法则完成于 20 世纪的中叶，代表性的法律有《限制性贸易管理法》、《公平交易法》等。1905 年德国修订了《不正当竞争防止法》，1957 年又颁布了《反对限制竞争法》，相关法律体系更趋完善。日本主要有 1933 年的《不正当竞争防止法》。

这些都属于"进化型"知识产权国内法，而如中国这样的发展中国家则采用的是"建构型"知识产权国内法的模式。

（二）知识产权的国际化发展进路

知识产权国际保护制度，兴起于 19 世纪 80 年代，现已成为国际经济、文化、科技、贸易中的一种法律秩序。它以《保护工业产权的巴黎公约》（1883）、《保护文学艺术作品伯尔尼公约》（1886）、《与贸易有关的知识产权协定》（1994）等代表性的国际公约基本形式，以世界知识产权组织、世界贸易组织等相关国际组织为协调机构，对各国知识产权制度进行协调，从而在知识产权保护领域形成国际性的法律规则与秩序。知识产权国际保护制度的形成，标志着知识产权立法步入一个新的历史阶段，即各国独自产生的知识产权制度，在知识产权国际保护的框架下，逐渐走上一体化、国际化道路。[①]

[①] 参见吴汉东主编：《知识产权国际保护制度研究》，知识产权出版社 2007 年版，第 1 页。

当今世界上，除个别国家外，绝大多数国家已经建立了知识产权保护制度，并已参加了 WIPO 和签署了 TRIPS 协议。①

知识产权国际保护制度现在正处于知识经济的崭新时代。当代知识产权的国际保护，不仅凸显出现行制度的改革（如基因专利、网络版权、网络商标），而且面临着崭新制度的突破（如传统知识、遗传资源）。②

（三）知识产权制度变迁的模式

1. 内在动因

此前，我们已经讨论过人在知识产权制度选择过程中的作用问题，我们可以看到，知识产权制度是人的理性选择的结果，由于人自身理性能力、计算能力是有限的，信息是不充分和不对称的，有限理性和信息不确定性加重了人的机会主义倾向，为人的相互交往设置了障碍，而且由于知识产品的外部性效应的存在，使知识生产者的个人收益率低于社会收益率，大大降低了人们投入知识产品生产的积极性，所以人们在某些方面达成了共识，界定产权，从而形成了知识产权制度。知识产权制度一经产生，便成为影响人们的活动或行为的既定因素，发挥着如下的功能：（1）知识产权制度满足了人们的收益要求，法律确定地承认知识产权人在一定时期之内基于知识产品所享有的排他性权利。正是这样，知识产权人可以获得超额利润。（2）在复杂的知识产权（或知识产品）的交易中，为人们提供一种对付不完全市场、环境的不确定性、信息的不充分性和人的认识能力的有限性的手段和工具。与物之形态的产品不同的是，很多知识产品在转让之前人们无法得知它的具体内容，甚至无法评估它的真实价值，是知识产权制度保障了交易的安全，为人的行为提供了一种确定性的指引。（3）通过界定产权也大大地遏制了外部性效应和人的机会主义倾向（揩油者、搭便车的人），以协调和平衡知识生产者之间、生产者与传播者之间、生产者与消费者之间、个人与社会之间的利益冲突。

当知识产权制度发展到一定阶段，总是受既存的环境、文化、传统、信

---

① 参见郑成思：《知识产权法：新世纪初的若干研究重点》，法律出版社 2003 年版，绪论第 3 页。
② 参见吴汉东主编：《知识产权国际保护制度研究》，知识产权出版社 2007 年版，第 12 页。

仰体系等因素的制约。另外，也由于它可以稳定地提供获利的机会，使报酬递增，人（或一个社会）一旦被锁入这个均衡点中，就很难从中摆脱出来。这时候的知识产权制度就像科学哲学家库恩所描述的"常规科学时期"，共同体成员对"范式"坚信不疑，这也类似于马克思所描述的生产关系适应生产力发展的阶段，或者即使生产关系已经不适应生产力的发展了，却还没有达到变革生产关系的时期。经济学家，将这种状况称为制度变迁中的"路径依赖"（path dependence）。诺斯指出："人们过去做出的选择决定了他们现在可能的选择。"① 沿着一个既定路径走下去，既可能是一个良性的循环，也可能是一个错误。这也是为什么一些无效率的制度可能在一定历史时期存在的原因所在。

所谓制度变迁（Institutional Change）有两重含义：一是制度创新，即新的制度安排如何产生的问题；二是如何从旧制度安排过渡到新的制度安排，即新旧制度如何转轨的问题。简单地说，制度创新和变迁的动机是为了获得更大的利益，即更多的收益或减少成本。具体而言，（1）制度的创新改变了潜在的利润。通俗点说，制度创新在一些个人和社会的眼里是一件有利可图的事情。由于一些要素（变量）的变化促成了新的利润的生成，但是，外部性内在化的难度、风险、成本的存在、国家利益的考虑使潜在的利润无法在现有的制度安排中实现，因而，有人就会为了挖掘这种潜在利润而率先克服障碍，从而产生新的（或者改变旧的）制度。（2）试图改变（创新）一项制度的预期收益超过预期成本。只有这个条件也能够被满足的时候，我们才能寄希望于制度的变迁。（3）社会的发展与利益关系的变化。法律制度与经济的纯粹效率追求不同，它还要关注整个社会的秩序化发展和利益冲突的平衡问题。

2. 发生机制

下面我们将运用知识产权制度分析的诸变量对知识产权的制度变迁发生机制做一简单的分析。

首先，新的知识产权制度受国家的政治、法律、经济制度（制度环境）和国家利益的影响。一国的宪政体制、经济体制不仅规定着知识产权制度的

---

① 转引自卢现祥：《西方新制度经济学》，中国发展出版社1996年版，第83页。

选择空间和变迁模式，而且既存的利益格局也可能阻碍或延缓新的制度的创新。一旦这种利益格局被打破，或者，国家（政府）调整了经济政策，即使是迫于外来压力的调整都将影响着知识产权制度。如日本政府在1883年以后改变它以往不给予外国人商标、专利、著作权保护的做法，这其中的深层次原因就是它以此为条件要求欧美等国废除过去与日本签订的不平等条约，这有力地促进了日本自主的近代化过程。而中国并未能废除同样的不平等条约。此外，在两次大战期间，各国纷纷制定法律征用或者取消对敌对国国民的知识产权保护，这一方面也说明国家利益和政治局势对知识产权制度的影响，另一方面，也可以看出知识产权制度反映出的建构理性特征。

其次，知识产权制度主体的满足感影响着制度的变迁，具体指制度结构的均衡状态和路径依赖对变迁的影响。当主体的理性动机得到实现，且与其他主体行为协调一致的时候就产生了制度的均衡状态，即"现存制度安排的任何改变都不可能给经济中的任何个人或任何团体带来额外的收入"。[1] 此时，由于主体获得通过现存制度安排所可能的全部收益，所以，主体追求利益最大化的需求得到满足。另外，即使还有少量的潜在收益，但是改变现存制度的成本大于预期的收益，因此理性人会选择暂时放弃该利益。当获利机会增大，成本相对减少，理性主体会选择新的制度安排。

再次，技术的创新与进步对知识产权制度的影响。一项新技术的产生总要对法律产生影响，其中首当其冲的就是知识产权制度，在带来社会发展的同时，它也造成了利益格局的失衡，新技术总在一定时期带来混乱。以Napster诉讼案为例，Napster是一个多功能的工具软件，具有搜索、在线播放、在线通讯等功能。通过它网民可以实现音乐资源共享，受到了公众的欢迎；但是，这项技术却影响到各大唱片公司的销量，版权人的利益受到了损害。这就产生了利益的冲突。美国第九巡回法院的判决虽认定了Napster的侵权，但并没有要求它停止服务（停止服务意味软件本身是非法的），它并不想通过判决扼杀新技术的发展。因此，一方面，知识产权法律制度的变迁是适应科学技术发展要求而变迁的。按照马克思的观点，制度选择只有适应生产力的发展和科技的进步才是有效率的。另一方面，科技进步与创新所可能带来的

---

[1] 转引自柳新元：《利益冲突与制度变迁》，武汉大学出版社2002年版，第34页。

巨大收益也极大地诱惑着知识产权制度的创新和变迁。诺思认为，从短期看，技术变迁决定着制度的选择，但是，从长期看，制度变迁决定着技术变迁从而决定着经济增长。①

除上述的因素外，可能还会有市场规模的扩大，如形成全球化的大市场；相关社会科学知识的积累与学习速度等因素的影响，但这些并不是主导变量。

3. 变迁模式

一定社会、地区或国家的法律制度变迁，总有其自身特定的价值系统。随着承载着特定的核心价值和利益要求的文化的不断传播与影响，又会形成反映一定经济、文化特征的不同的法律制度变迁（发展）模式。

知识产权制度变迁的模式可以按照发起主体的不同分为诱致性制度变迁（或需求诱致型制度变迁）和强制性制度变迁（或供给主导型制度变迁）两种模式。前者是指有个人或自愿性组织为获得潜在的利润而自发倡导、组织和实现的对现行制度的变更、替代或新制度安排的创造。后者是指有国家强制力和政府命令发动和实现的制度变迁。这是新制度经济学的制度变迁理论模式。

关于诱致性制度变迁的产生首先是因为有潜在的获利机会的存在，是制度变迁的预期收益大于预期的成本。其次，诱致性变迁必须有一个自发的"发明者"或者"企业家"组织作为推动力量。再次，诱致性变迁是一个渐进式的，这一方面是由于路径依赖的存在，另一方面也是由于它要经过一系列的谈判以达到一致同意。这就增加了制度产生的成本。复次，由个人或者组织发起的制度变迁存在广泛的制度性"搭便车"的问题，毕竟知识产权制度一经实施是平等地面对所有人的，无论他是否曾经有变迁或者参与创新知识产权的动议。

强制性制度变迁的主导力量是国家（一般都是政府主导）。国家的基本功能就是提供法律、秩序和安全，界定和保护产权，保障契约自由和契约安全，降低整个社会的交易费用，并以这些来换取税收最大化、国家合法性最大化以及社会公众对统治者支持的最大化。②强制性变迁首先是因为国家出于自身

---

① 有关马克思和诺思理论的比较研究可参见柳新元：《利益冲突与制度变迁》，武汉大学出版社2002年版，第35—37页。

② 参见柳新元：《利益冲突与制度变迁》，武汉大学出版社2002年版，第42页。

政治、经济、文化等方面整体利益的考虑。我国宪法规定，国家发展自然科学和社会科学事业，普及科学和技术知识，奖励科学研究成果和技术发明创造。公民有进行科学研究、文学艺术创作和其他文化活动的自由。国家对于从事教育、科学、技术文学、艺术和其他文化事业的公民的有益于人民的创造性工作给予奖励和帮助。这就明确了制度变迁的指向和范围。其次，政府主导在某种程度上可能也意味着"权力主导"和"利益集团"的操纵，所以，强制性制度变迁不可避免地要承担着统治者的有限理性、官僚作风和既得利益集团设置的障碍等风险。此外，知识积累的不足也将延迟制度变迁的步伐。

按照动力源可以将知识产权的制度变迁模式分为内发型制度变迁和外源型制度变迁。前者是指主要依靠社会自身的力量推进的创新和变迁，是其内部条件成熟而从旧法律制度向新法律制度的转型过程。它意味着制度的自然演进，是制度自身建立健全的渐进过程。后者主要是指落后的法律制度受到较先进的法律制度的冲击而导致的进步转变过程。强大的外部冲击和外部压力是引起制度变迁的原动力。外源型制度变迁伴随着大量的法律移植，所以必然涉及移植法的本土化问题。

由人所构成的社会是多姿多彩的。不同国家、民族和地区的知识产权法律制度，在不同条件的作用下总是循着特定的路径发展。虽然我们在这里做了一个变迁模式的划分，但是就像任何的分类都是相对的、为了说明的便利一样，知识产权法律制度变迁的模式也不是绝对的，只是在指出变迁过程中的主导因素而已，并不意味着其他力量不重要，无论是主体、还是动力来源。因为任何的知识产权法律制度都是经由国家确认和保障实施的，也是适用于社会中的每一个人的，国家利益与个人利益往往是相互交织的。此外，随着国际交往的日益增多，那种绝对不受外来力量影响的状况基本是不可能的。所以，知识产权制度的变迁模式在各个国家和地区的选择是多元的。

（四）知识产权的规律性发展路径

知识产权产生、传播和发展的动力是什么，传播的方向是什么，传播的规律是什么？如果要寻找本国的知识产权发展路径，就必须分析知识产权本身的规律性发展路径。从知识产权的国内法和国际法发展来看，知识产权的

发展规律主要有几下几种:

1. 知识产权的产生基本都是自上而下的

为什么知识产权的产生都是自上而下的呢？这意味着什么？这可能意味着知识产权并不自然地是一种天赋权利，而更像是一种政策性的垄断特权。需要国家力量的介入。

2. 知识产权的基本上都是在工业化程度较高的国家中率先产生

知识产权是工业社会的产物，提前进入资本主义生产方式的国家最先具备知识产权诞生的土壤。

3. 每个国家在知识产权方面都有自己的独特优势

从知识产权国内法的发展历史来看，每种知识产权类型都是诞生在不同的国家，这是由本国的知识文化传统决定的。

4. 并不是每一个国家都对知识产权有着内在的需求

很多发展中国家知识产权国内法的建立是被迫的，因为其本国的社会结构不能自发地孕育出知识产权。而导致这种现象产生的原因是这些发展中国家由于发展较为落后，尚未达到知识产权衍生的工业化程度。

5. 知识产权必然会突破国内化而实现国际化

知识产权推动了知识经济的生成，而知识经济的发展必然会促使以知识产权为前锋的资本开发更大的市场，在资本扩张的同时，知识产权受到了地域性的影响，最终导致知识产权走向国际化道路。

6. 知识产权由"一家之言"逐步走向"多家之言"

发展中国家在参与到知识产权国际结构中后，就逐渐成为该结构的一部分，因此，原来由发达国家绝对控制的国际知识产权也逐渐加入了发展中国家的意见。

三、典型国家的发展模式的经验与借鉴

中国知识产权制度的发展离不开对其他国家的学习，只有学习和借鉴这些知识产权策略较好的国家的经验，才能使中国知识产权发展找到更适合自己的路径。

(一)作为知识产权强国的美国的知识产权策略

虽然美国建国只有二百多年的历史,但却是世界上最早建立知识产权法律和制度的国家之一。美国独立后即在其《宪法》中明文规定发明人、作者的创作成果应当享有知识产权,并于 1790 年颁布了《专利法》和《版权法》,时间早于绝大多数其他国家。这表明,美国建国之初就把知识产权保护作为其基本国策之一。

美国以专利为核心,以跨国公司为主体,跑马圈地,攘外安内,构筑知识产权防御壁垒。利用本国在国际社会上的经济和政治地位,强行发展中国家推行严格的知识产权保护制度体系,以确保其在海外市场利益和对国际贸易的绝对操控。①

值得指出的是,美国在其科技和文化创新能力低于欧洲发达国家的历史阶段,曾在知识产权制度上采取明显的本国保护主义。例如,美国早期的专利制度拒绝为外国申请人提供与本国申请人同等的待遇,尤其歧视当时世界首强英国的申请人;长期拒不参加当时欧洲国家发起制定的知识产权国际条约,例如直至 1988 年才参加了《保护文学艺术作品伯尔尼公约》。20 世纪中期之后,随着美国逐渐成为第一强国,其国内知识产权制度也不断完善。美国一方面注重为权利人提供有效的知识产权保护,例如大力促进其版权产业的形成和壮大,将能够获得专利保护的范围扩大到微生物、与计算机程序有关的商业方法等,规定大学和科研机构对利用国家投资完成的发明能够享有并自主处置专利权等;另一方面也注重知识产权权利人利益与公众利益之间的合理平衡,美国是世界上最早建立反垄断体系并将其用于规制知识产权权利滥用行为的国家,它还通过其最高法院近十年来的一系列重要判决,制止对专利权的保护范围作过宽的解释,以免其他人使用先进技术有随时"触雷"的危险。

自上世纪 80 年代以来,美国在其对外知识产权政策方面一直从维护本国利益出发,进攻性地参与和推动知识产权国际规则的制定和调整。美国在双边交往中也不断推行自己的"知识产权价值观",与相关国家签署双边协议,

---

① 参见李晓秋、宋宗宇、刘婧:《知识产权战略中的博弈》,载《电子知识产权》2006 年第 3 期。

使对方在知识产权保护上比世界贸易组织的《与贸易有关的知识产权协议》更严格、要求更高。例如，2005年开始的澳大利亚新一轮知识产权法修订，就是按照2005年1月的《澳美自由贸易协议》的要求进行的。并且到目前为止，美国已经与日本、新加坡、马来西亚、印度尼西亚、澳大利亚等十多个国家签订了这种"自由贸易协定"，而且还在继续推进这种协定。此外，早在上世纪八九十年代，美国就曾推动许多国家以版权法保护计算机软件，要求许多发展中国家为药品发明提供专利保护，并将这些主张体现在世界贸易组织的规则中；美国频频运用其《综合贸易法》的"特别301条款"和《关税法》的"337条款"，对其认为侵犯美国知识产权的国家和企业进行威胁和制裁。美国是对知识产权国际规则的形成和发展影响最大的国家。[①]

美国专利商标局在2002年也发布了一份《21世纪战略纲要》，尽管这份文件更多涉及的是专利商标局内部的工作计划和实施方案，但从始至终贯穿这样的思想：美国专利商标局要发展成一个以质量为核心，工作效率极高，对市场反应灵敏的组织，以支持市场驱动型知识产权制度。所以才有近年来美国在专利保护上采取极为扩张的趋势，从强化对计算机软件的专利保护到对商业方法，尤其是电子商务方法的保护，对基因技术、药品等对美国有优势的产品都给以极强的专利保护。美国政府从知识产权制度建立之初就是要为美国的市场经济服务的，一切都围绕着这个主题，政府极力保护企业的利益，尤其是美国大企业的，而大企业又推动政府立法，参与政府对外政策的制定。

知识产权战略是美国最为重要的长期发展的战略之一。20世纪70年代，随着欧洲发达国家和亚洲新兴工业国家和地区经济的崛起，美国感到了巨大的竞争压力，美国政府和产业界对此进行了深刻反思，认为美国在全球经济竞争中最大的资源和优势在于科技和人才，而由于知识产权保护不利，使得外国能够轻易模仿，并凭借劳动力和制造业的廉价成本优势实现了经济快速发展。为此，美国总统卡特在1979年提出"要采取独自的政策提高国家的竞争力，振奋企业精神"，并第一次将知识产权战略提升到了国家战略的层面。从此，美国利用长期积累的科技成果，巩固和加强知识产权优势，保持了在

---

① 参见郑成思：《国际知识产权保护和我国面临的挑战》，载《法制与社会发展》2006年第6期。

全球经济中的领先地位。

美国实施知识产权战略的主要内容：

（1）根据国家利益和企业的竞争需要，不断修改完善《专利法》、《版权法》、《商标法》等传统知识产权法律，扩大知识产权保护范围，加强保护力度，并随着生物、信息及网络技术的发展，将一些新兴的技术形式纳入知识产权的保护范围。通过判例法有效解决了知识产权保护中的新问题，不断创造和扩展了知识产权法律的内涵和外延，及时高效地推动了知识产权制度的发展。1996年，美国开始实施《美国联邦商标反淡化法》，联邦及州的商标法都给予著名商标更严格的保护，对商标淡化行为加以法律限制，同年还制定了《联邦商业间谍法》，加强对商业秘密的保护。1997年，通过了《千年数字版权法》，以加强互联网上的版权保护。1998年的技术转让商业化法、1999年的美国发明人保护法更是全面加强了专利保护。另外，美国还通过立法提高了刑事惩罚力度。以前对知识产权方面的侵权以经济处罚为主，而现在的版权法、电讯欺诈法、计算机欺诈及滥用法、反电子盗窃法等法律都有重罪处罚内容，即对严重侵权当事人同时进行经济和刑事处罚。其中，联邦商业间谍法对知识产权侵权的刑事处罚最为严重。

（2）通过制定各种法律，促进技术创新和技术转移，提高产业技术竞争能力。为加紧调整知识产权利益关系，美国政府加强鼓励转化创新成果方面的立法工作，先后出台了《拜杜法案》（1980）、《联邦技术转移法》（1986）、《技术转让商业化法》（1998）、《美国发明家保护法令》（1999）、《技术转移商业化法案》（2000）。《拜杜法案》，即1980年的《专利与商标法修正案》。该法案明确了一个重要原则：向私人企业进行技术转移是政府资助R&D活动所追求的一个重要目标，而允许企业拥有相应的专利权或独占性许可有时是达到这一目标的必要方式。因此，该法案允许大学、非赢利机构和小企业自动保留由政府资助的R&D活动所产生的相关知识产权，同时要求他们必须申请专利并加快专利技术的商业化。法案还允许政府实验室向私人企业发放政府专利的独占许可证。该法案的根本宗旨是明确政府资助的R&D活动成果的专利产权状态，确定大学和政府实验室的专利产权主体地位，从而加快技术转移，提高R&D活动的社会效益。该法案使大学、政府实验室、企业、政府在技术创新和技术转移领域的合作关系得到了极大的发展。以《拜杜法案》

为核心,新兴的政府资助研究专利管理制度已经建立起来,使美国大学、国家实验室在申请专利、加强产学研结合、技术转移及创办高新技术企业方面发挥更大的作用。

(3)在国际贸易中加强知识产权保护。将专利与贸易挂钩是美国专利政策的一个突出特点。专利贸易在美国的对外贸易中占有相当大的比重,而且在阻碍他国商品进入美国市场上发挥了重要作用。专利保护范围实际上是垄断市场的问题。美国贸易代表署负责知识产权方面的国际贸易谈判和"特别301条款"的执行,每年根据产业界要求公布"特别301条款"名单,确定美国知识产权方面有问题的国家,并有权采取有效的贸易报复措施。美国贸易委员会和海关负责对国外知识产权侵权产品的进口和销售的审查,并采取有效的边境措施。根据美国关税法"337条款",如国外企业进口商品侵害了美国知识产权人的利益,受害人可以向贸易委员会提出控告。国际贸易委员会经过调查核实后,可以发出强制排除令或禁止进口令,由海关采取相应措施扣押知识产权侵权产品。通过综合贸易法案的"特别301条款"以及"337条款"的实施,迫使竞争对手加强对美国知识产权的保护,同时,积极推动达成世贸组织的知识产权协议,形成有利于美国的国际贸易规则。

(4)重视知识产权行政机构的改革。为适应总体知识产权发展战略,以美国专利商标局为主体建立知识产权政策与贸易政策二者之间的相互衔接和协调机制。2002年,为了保持美国在世界上的头号强国地位,美国专利商标局发布了《21世纪专利战略发展纲要》,其战略目标是建立保持美国发明人在全球竞争优势所需要的专利商标制度,将专利商标局发展成一个以质量为核心,对市场变化反应灵敏的市场驱动型知识产权机构。为适应数字化版权保护的要求,美国版权办公室制订了《2002—2006年战略计划》。根据《战略计划》,版权办公室将积极推动管理程序的重组,减少有形出版物的交接,主要采取电子化方式进行版权登记和管理,以信息技术为基础,建立新型综合化版权办公室,及时准确地进行信息处理,为美国国会和政府部门提供版权管理数据和政策建议。另外,政府还在立法、司法、行政活动中为企业和知识产权组织的参与提供了重要的程序保障和充分表达机会,成为企业利益的忠实代言人和平衡协调者。

(5)重视知识产权战略特别是专利战略的研究工作。20世纪80年代,美国 CHI 公司（于 1968 年成立于美国，是国际公认的关于科技指标分析和科技引文分析的权威研究咨询公司）把科学论文引用分析技术应用到专利领域，用于分析企业竞争能力、技术跟踪和其他产业技术。其特点是运用文献计量分析方法，对科学论文和专利指标进行研究，享有很高的国际声誉。目前，CHI 首创的一套专利引用指标已被发达国家广泛采用。例如：美国国家科学基金会两年一度编写出版的《美国科学与工程指标》报告均采用这一研究成果作为专利分析的重要内容。自 2000 年起，《企业技术评论》杂志根据 CHI 的数据库和研究成果，每年发表一次《专利记分牌》的统计结果，用技术实力及专利数量、当前影响指数、科学联系、技术生命周期等 5 项指标分别为在美国专利申请最大的 150 家公司按 8 个高新技术领域排定名次，以此清晰地分析世界各大公司在美国知识产权市场的竞争态势。《专利记分牌》不仅注重专利数量，而且其指标设计还可满足对企业质量的分析。美国的专利战略研究具有长远的战略考虑和长期的基础性布局。CHI 多年来投入巨资建立了一套专利数据库，还收录和建立了 100 万条以上的非专利参考文献数据和几十万个企业的标准名录，在如此雄厚的数据资源基础上，CHI 不仅为国家的宏观政策分析和研究提供服务，更重要的是首次为面向企业的经济分析提供了一种独特的数据资源。CHI 在 1998 年与美国商务部技术政策办公室和美国竞争力委员会的一项合作研究，利用美国专利商标局的发明专利批准数量数据建立专利技术指标，对美国、欧洲、日本和包括中国在内的其他一些国家和地区在 5 个重要技术领域的技术研究开发的竞争力、技术实力和技术发展方面进行了比较，为支持美国政府和企业实施知识产权战略发挥了重要作用。[1]

（6）加强与其他强国的知识产权联盟。美国 1999 年开始与日本、欧洲专利局联合实行专利共同审查制度。其目的是相互交换专利审查所需要的信息，用统一的标准判断是否授予权利，提高审查速度，并可能由此而迈出走向专利制度一元化的重要一步。[2]

---

[1] 参见杨起全、吕力之:《美国知识产权战略及对中国的启示》，载《世界标准信息》2005 年第 3 期，转引自曹世华:《后 Trips 时代知识产权前沿问题研究》，中国科学技术大学出版社 2006 年版，第 350—354 页。

[2] 参加李力:《知识产权的保护与运作》，山东人民出版社 2001 年版，第 267—268 页，转引自曹世华:《后 Trips 时代知识产权前沿问题研究》，中国科学技术大学出版社 2006 版，第 354 页。

(7) 加强专利政策绝对服务于本国利益的单边霸权方针。如美国目前仍在执行的专利授权公开制度，使美国企业一切不可获得专利法律保护的技术都不对世界公开，而美国企业却可以从其他国家申请专利 18 个月公开的文件中获取新技术信息。又如美国的先发明制度实际上只适合于美国的申请人。此外，还采取各种措施保护本国利益，维护技术垄断。

(二) 欧盟国家的知识产权策略

欧盟各国的知识产权制度可以放在一起了解和把握，因为这一地区知识产权法律"一体化"的进程已经基本完成。早期的欧共体于 1973 年制定了《欧洲专利公约》，于 1978 年成立欧洲专利局，在很大程度上统一了欧共体各国专利权的授予；1991 年至 1996 年统一了欧共体国家的大部分版权法规；1993 年制定了《共同体商标条例》，后又制定了一系列的条例、指令等法律文件，进一步缩小欧盟国家在知识产权制度各个方面的差异。

世界上第一部版权法和专利法均出自英国，第一部注册商标法则出自法国。可以说，欧盟是知识产权制度的诞生地，又是当今世界上最大的发达国家群体，欧盟国家对知识产权保护十分重视，其知识产权法律和制度以及相配套法律和制度都较为完善。在知识产权保护的某些方面，欧盟的立场甚至比美国更为严格。例如，对仅有资金投入而无创造性劳动成果的数据库，欧盟自 1996 年起即予以知识产权保护，而美国至今未予保护。再如，欧盟将大小型卡拉 OK 厅使用音乐作品一律纳入版权法的规范范围；而美国在本世纪初欧盟把其告到世界贸易组织的争端解决委员会之前，一直认为小型卡拉 OK 厅使用音乐作品不应受版权法限制。在知识产权国际规则的形成和发展方面，欧盟国家与美国具有较多的共同利益，因而总体而言持基本一致的立场。但是，欧美之间也存在分歧。例如，美国从维持其计算机软件方面的巨大优势出发，极力主张其他国家也将与计算机程序有关的商业方法纳入可以受专利保护的范围；而欧盟则以授予专利权的方案必须具有技术属性为由予以抵制。再如，以法国为代表的欧盟国家极力主张扩大地理标志的范围，以保护其拥有的传统优势产品（如葡萄酒、奶酪、香水等）；而美国、澳大利亚等在这方面处于劣势地位的移民型国家坚决予以反对。关于地理标志是否保护、采取什么途径保护，曾经是世界贸易组织成立之前的谈判中，美欧争议的焦点，而是否扩大与加强对地理标志的保护，又成为多哈会议后多次世界贸易组织谈判中美欧争议的焦点。这些分歧的产生主要并不是在于法学理论方面的不同观点，而是出于维护各自经济利益的考虑。①

（三）知识产权立国的日本的知识产权策略

早在1885年，日本就参照法国和美国专利法的规则颁布实施了《专卖专利条例》，确定了近代专利制度的基础。时间与德国大致相同，在亚洲国家中是最早的。20世纪70年代以来，日本每年受理的专利申请数量长期高居世界各国之首。

第二次世界大战后，日本在废墟中重新站立，选择以实现国民经济现代化为中心的经济立国的复兴战略，博采世界各国先进技术，通过引进美国和欧洲的先进技术并对其进行消化和再创新，遵循"技术引进——消化——再改良——创新"的思路，建立了世界上最好的有形产品制造体制，被称为"日本模式"，创造了历时20年之久的经济高速增长期。在仅占世界面积不到0.3%的国土上生产出了占世界1/10的国民生产总值，一跃成为世界第二经济大国。日本的经济"奇迹"是多种因素综合作用的结果，起基础性作用的是选择了正确的国家复兴战略。然而，从20世纪90年代开始，当经济发展到一定程度，面临经济发展战略和经济体制的大转折时，知识经济成为各国在全球竞争中取胜的关键，改良型创新已经不能在竞争中获得优势。一些国家低价生产大批量产品的能力迅速接近甚至超过日本，结果是日本传统的以高质量生产产品的经济策略已经不再有效。日本没有抓住机遇，进行积极的战略调整，而只做了一些战术调整，结果使日本经济持续十多年萎靡不振。20世纪90年代却被称为日本"失落的十年"。据瑞士洛桑的一个国际性开发研究所（IMD）对世界竞争力进行评价的年报表明，1991年日本的综合竞争力为世界第1位，到2001年已降至26位，2002年更下降至第30位。与日本经济90年代长期萎靡形成鲜明对比的是，美国经济却迎来了增长的黄金时期。1994年美国经济增长势头很好，年底结算时，经济增长出人意料地达到了4%，远远超过人们预想的2.5%。20世纪90年代，美国经济连续增长，

---

① 参见郑成思：《国际知识产权保护和我国面临的挑战》，载《法制与社会发展》2006年第6期。

《时代》周刊大叫"好得难以置信",《财富》双月刊刊出了《美国经济增长势头比以往任何时候都强》的文章。① 日本人看到,创造美国新经济奇迹的一个重要因素,是大力推行富有远见的经济战略,包括知识产权战略。同时,日本人还看到,亚洲其他国家,特别是东南亚诸国不仅以其廉价的劳动力增强竞争力,而且正以其科技实力的不断增长奋力直追,逐步缩短与日本的差距。为了应对挑战,振兴经济,日本把知识产权战略正式提上了日程,由科学技术立国转变为知识产权立国。

所以,在这种背景下,日本下决心以开发技术支撑发展,提出了"信息创新时代,知识产权立国"的方针,以及建设"强大日本"的七种战略:推进基础研究;推进科学技术战略上的重点化;推进产业界、大学和政府研究机构的合作;进一步搞活地区的技术开发;推进项目方式的研究与开发,从而构筑下一代的产业基础;改革研究与开发税制;知识产权战略。2002年初,由小泉首相主持召开了"知识产权战略会议",并出台了"知识产权战略大纲",该战略大纲有四大内容,即知识产权创新战略、知识产权保护战略、知识产权应用战略以及知识产权人才战略,并于2002年11月通过了《知识产权基本法》,提出从创新、应用、保护以及人才等方面抢占市场竞争制高点。同年,日本内阁成立了"知识产权战略本部",由首相任本部长,并设立了"知识产权推进事务局",每年发布了一次"知识产权推进计划",对国家主管部门、教学科研单位,各类企业的相关任务与目标都做了规定。2005年,日本成立了"知识产权上诉法院",统一审理知识产权民事和行政上诉案件,以简化程序,优化司法审判资源配置,从而更有效地保护知识产权。通过法律形式将知识产权从部门主管的事务上升为国家性事务,尤其是以政府首脑为本部长的知识产权战略本部的成立,为知识产权战略的推行及相关措施的实施提供强有力的机制。②

日本政府保护国内企业的主要做法是推迟批准那些对工业发展有重大影响的基本专利,以使日本企业有足够的时间追赶该项技术。日本知识产权战略大纲出台的目的非常明确,在它的前言中,明确提出了亚洲国家特别是中

---

① 参见罗玉中主编:《知识经济与法律》,北京大学出版社2001年版,第2页,转引自曹世华:《后Trips时代知识产权前沿问题研究》,中国科学技术大学出版社2006年版,第354—355页。
② 参见郑成思:《国际知识产权保护和我国面临的挑战》,载《法制与社会发展》2006年第6期。

国在制造业的发展,威胁到了日本的经济地位,日本必须创造出具有高附加值的新资产,才能使经济获得再生。日本是最早在我国设立知识产权特派员的国家,目前和美国、欧盟一样采取各种方式在知识产权领域对我国施加压力。[①] 可以说,日本2002年出台的知识产权战略大纲及2003年成立的国家知识产权本部,很大程度上是针对我国的。

(四)韩国的知识产权发展策略

韩国是一个依托知识产权由贫穷落后的发展中国家迅速崛起的典型。2005年,韩国的发明专利和实用新型的申请量达到近20万件,专利权的授予量从1981年的1808件上升到2005年的73509件,增长了41倍。韩国发明专利和实用新型申请量的增长与其人均GDP的增长几乎完全吻合。这表明,知识产权与经济实力的增长之间存在紧密关联。

从20世纪后期开始,韩国的产业结构不断发生变化。从20世纪60年代到80年代初期,韩国工业主要集中在纺织品、胶合板、鞋子等轻工业家用产品方面;从80年代初期到1996年,韩国实现了向钢铁、造船、汽车、化学等领域的拓展;从1996年到现在,韩国又在移动电话、半导体器件、存储器、液晶显示器、计算机软件等高技术领域取得长足进步;据介绍,韩国近年来在生命科学和生物技术的研究与应用方面做出了巨大投入,很可能在不久的将来形成新的产业亮点。韩国十分重视学习、收集和研究中国传统知识(特别是中医药)方面的优秀成果,并将其产业化、迅速投入国际市场。值得注意的是:韩国使用中药方制成的药品,从来不标注"汉药"或"中药",而是标注"韩药"。

韩国像许多发达国家那样,开始制定自己的知识产权战略。它重视自己的知识产权在国外获得保护,它在发达国家申请专利的数量远远高于我国。韩国也十分注重在我国申请获得专利,从1999年起进入在我国申请专利最多的10个国家之列,到2005年已经位居第三。目前,随着我国成为韩国最大的贸易伙伴,韩国企业投诉我国企业侵犯其知识产权的案件正在增加。可以预计,涉外知识产权纠纷的压力不仅来自发达国家,也将会来自发展较快的

---

① 参见郑成思:《国际知识产权保护和我国面临的挑战》,载《法制与社会发展》2006年第6期。

发展中国家。对此，我们现在就必须开始重视。①

（五）作为发展中国家软件强国的印度的知识产权策略

印度与大多数"英联邦"国家一样，其知识产权制度的框架基本上源自英国。在20世纪40年代独立后的很长时间里，印度对知识产权制度否定多于肯定，认为"专利法对发展中国家的好处等于零"，印度在《保护工业产权巴黎公约》生效一百多年后才参加了该公约。但自从世贸组织成立，特别是在印度的涉外知识产权纠纷被诉诸世界贸易组织的争端解决委员会后，上述状况发生了重大变化。一方面，印度政府采取多方面措施完善其知识产权制度，遵从世界贸易组织规则，逐步减少在医药专利、作品版权方面与外国的纠纷，并不断加强知识产权保护，尤其是不断完善版权立法，加强版权执法，以保障自己信息产业的发展。印度的软件产业因此从20世纪90年代中期之后得到迅速发展，其软件产品及软件服务业进入国际市场，成为印度主要外汇来源之一。另一方面，印度十分注意在加强知识产权保护的同时维护其本国利益，积极立法保护自己的遗传资源、传统知识和民间文艺（主要是印度医药、瑜伽及印度民间文学艺术），并在国外监视侵害印度传统知识的任何活动。例如，到2005年末，印度在海外检测到：美国已批准150项与印度瑜珈功有关的专利；英国批准了至少10项与印度瑜珈功有关的商标；德国及日本也有类似情况。印度还组织了专门工作组开展对这些外国专利、商标的撤销与无效投诉，并建立起"印度传统知识图书馆"，将馆藏内容译成5种文字，与世界各国专利审批部门联网，以求外国在行政审批中驳回涉及印度传统知识的申请。同时，印度在许多国际谈判场合，积极推动制定传统知识、基因资源保护的国际规范，以最终使国际条约这一层面承认传统知识的特殊知识产权地位作为自己的目标。②

（六）总结与借鉴

综合这些发达国家及发展中国家的知识产权策略来看，它们在某些方面

---

① 参见郑成思：《国际知识产权保护和我国面临的挑战》，载《法制与社会发展》2006年第6期。
② 同上。

都存在着共同性，而且这些经验都值得我们借鉴。

首先，值得注意的是，随着知识经济代替工业经济在人类社会中的过渡，有形财产法律制度的重要地位已经逐渐被无形财产制度所取代。中国这样的发展中国家，尚未完成工业化的道路，但是时代已经催促其向知识经济时代过渡，如果仍旧把注意力盯在有形资产的积累上，反倒使有形资产的积累永远上不去，其经济实力也将永远赶不上发达国家。必须以自有知识产权的积累促进有形资产的积累，才可能紧跟时代的步伐甚至超过发达国家。

其次，要建立比较完善的知识产权配套制度。如，这些国家将知识产权的行政及司法管理集中，建立统一的知识产权行政管理机关统一管理，建立专门的知识产权法院将知识产权案件集中审理，这样能够减少和防止"矛盾执法"和"冲突判决"的产生，便利于权利人申请权利和维护权利，提高效率，节约资源，从而更有效地保护知识产权。

再次，在履行国际知识产权保护义务的同时，注意本国的经济利益，并努力使国际知识产权向着有利于自己本国的方向发展。这些国家几乎都在不同阶段采取强弱不同的知识产权保护策略。最不发达国家几乎没有什么创新能力，不存在知识产权的问题；当收入和技术能力达到中等水平以后，国家倾向于采用弱保护政策，但主要精力仍旧在于模仿；当收入和技术能力达到发达国家水平时，才开始重视知识产权的保护。

最后，积极开发本国潜在的知识产权资源，开创自己的知识产权优势领域，并为这种领域争得国际认可。

四、中国知识产权的出路

基于对中国知识产权发展困境及其原因的分析，在明确了知识产权发展对中国的意义后，在对知识产权理论基础进行重构的前提下，推进对中国知识产权发展出路的探寻。

当前，中国知识产权法学界对中国知识产权发展有两种极端的立场和研究的出发点：其一，高举《TRIPS协议》的大旗，迫切呼吁中国知识产权发展的步伐快一点，再快一点，以《TRIPS协议》有关规定马首是瞻，认为中国知识产权界当前的任务是迅速完善中国知识产权的立法及执法，加大知识产权法的实施力度；其二，在面对西方知识霸权对中国经济、尤其是中国以核心知识为基础的企业的影响和打击，提出反对知识产权的声音，认为中国不必需知识产权，知识产权纯粹是西方的东西，我们没有必要也搞这样一套东西出来麻烦自己。

当然，这两种观点都不适合中国，在当下的全球化背景之下，在中国发展知识经济和建设创新型国家的大战略下，中国不能一味附庸于西方任由欺凌，中国也不能在知识产权上耍无赖或重新退回到闭关锁国状态，中国必须要在借鉴其他国家知识产权发展经验的基础上，走一条属于中国自己的自主的知识产权道路。

（一）发挥知识产权司法保护的主导作用

开辟中国自主的知识产权道路，必须要面对中国知识经济与知识产权保护的发展实践，不仅关注知识经济立法与执法，同时也要关注知识产权的司法保护。目前，我国已建立了比较完善的知识产权法律体系，今后工作的重点是加强执法和司法，加大知识产权执法力度、司法保护力度，以此推进创新型国家建设。[①] 而随着经济社会的发展，知识产权审判工作的地位和作用越来越重要。为深入贯彻落实国家知识产权战略，有效应对国际金融危机的冲击，促进经济平稳较快发展的大局，加快实现经济发展方式转变的重大战略任务，全国各级法院应充分发挥司法保护知识产权的主导作用，高度重视知识产权审判工作，总结案件类型与特征，坚持能动司法，引导我国知识经济与知识产权的健康发展。

1. 知识产权司法保护需求强烈

近年来，我国人民法院审理知识产权案件数目大幅增加，反映出我国知识经济发展中对知识产权的保护产生了更多更强烈的司法新需求。据统计，2008 全国法院审结各类知识产权一审案件 27876 件，较 2007 年同比增长 32.58%；2009 年全国法院受理各类知识产权一审案件 36341 件，结案 36140 件，较 2008 年同比增长 29.65%；2010 年全国法院受理各类知识产权一审案

---

① 《胡锦涛：加强知识产权保护 推进创新型国家建设》，http://www.sipo.gov.cn/yw/2011/201111/t20111114_631031.html，2011-11-30。

件 49513 件,结案 48051 件,较 2009 年同比增长 32.96%。①另据《最高人民法院知识产权案件年度报告》统计：2008 年,最高人民法院知识产权审判庭共新收包括侵犯专利权纠纷、侵犯著作权纠纷、侵犯商标权纠纷、不正当竞争纠纷和各类知识产权合同纠纷以及专利、商标授权确权纠纷等知识产权案件 277 件,加上 2007 年旧存的各类案件 52 件,全年共审理各类案件 329 件,比 2007 年增长 103.9%；2009 年,最高人民法院知识产权审判庭共新收各类知识产权案件 297 件,加上 2008 年旧存的 143 件,共有各类在审案件 440 件,比 2008 年增长 33.7%；共审结各类知识产权案件 390 件,比 2008 年增长 111.96%。2010 年,最高人民法院知识产权审判庭全年共新收各类知识产权案件 313 件,比 2009 年增长 5%。另有 2009 年旧存案件 50 件,2010 全年共有各类在审案件 363 件,审结 317 件。②

迅速增长着的知识产权案件呈现以下几方面特点：第一,重大复杂疑难案件增多,裁判结果对当事人切身利益有重大影响的案件越来越多,其中涉及争夺市场的专利、技术秘密和商标案件显得尤为突出,因法律规定较为原则需要明确具体界限的疑难案件所占比重越来越大。第二,案件的专业技术性增强,专业技术事实认定困难的案件越来越多,其中涉及生物、化工、医药等高新技术领域的案件显得尤为突出。第三,涉外案件比重增大,涉外案件的裁判规则越来越受到国际社会的关注。第四,新类型知识产权纠纷和不正当竞争纠纷明显增多。第五,关联案件明显增多,从管辖到实体,从侵权到确权,从追究刑事责任到请求民事赔偿,从地方人民法院到最高人民法院,双方当事人均穷尽各种程序的攻防手段以维护自身权益,反映出市场主体之间竞争的激烈,增加了知识产权案件审理和协调的工作难度。这些新型、复杂、疑难案件不断冲击着法律的边界,拓展出需要法律调整的新领域,产生了知识产权司法保护的新需求。③强烈的司法需求要求全国各级法院充分发挥司法保护知识产权的主导作用,紧紧围绕加快转变经济发展方式这条主线,

---

① 相关数据来源于"中华人民共和国最高人民法院网",http://www.court.gov.cn/qwfb/sfsj/index.html,2011-11-30。

② 参见《最高人民法院知识产权案件年度报告》,http://www.court.gov.cn/xwzx/rdzt/zscq/,2011-11-30。

③ 同上。

进一步加大知识产权司法保护力度，为建设创新型国家和全面建设小康社会，为建设社会主义文化强国提供公正高效的知识产权司法保障。

2. 如何发挥知识产权司法保护的主导性

2011年11月，最高人民法院院长王胜俊在全国法院知识产权审判工作座谈会前夕，就知识产权审判工作作出重要批示，再次强调要求全国各级法院充分发挥知识产权司法保护的主导作用，为开创知识产权审判工作新局面做出更大贡献。早在2009年，最高人民法院印发的《关于当前经济形势下知识产权审判服务大局若干问题的意见》就系统提出了人民法院做好知识产权审判工作的具体意见，从"立足实际，突出重点，努力增强知识产权审判服务大局的针对性和有效性"、"加大专利权保护力度，着力培育科技创新能力和拓展创新空间，积极推进自主创新"、"加强商业标识保护，积极推动品牌经济发展，规范市场秩序和维护公平竞争"和"完善知识产权诉讼制度，着力改善贸易及投资环境，积极推动对外开放水平的提高"四大方面提出了二十项意见。[1] 2010年，为加快经济发展方式转变，充分发挥人民法院的审判职能作用，确保党中央关于加快经济发展方式转变、保持经济平稳较快发展的战略部署和政策措施的贯彻落实，最高人民法院制定了《关于为加快经济发展方式转变提供司法保障和服务的若干意见》。《意见》从加快经济发展方式转变的战略意义出发，强调了知识产权司法保护的工作重点和指导原则。

就目前我国知识产权司法保护的状况和问题而言，发挥知识产权司法保护的主导作用，应当立基于以下三个方面：

第一，坚持法制的统一性，维护法律的权威，在中国特色社会主义法律体系的背景中整体性地把握知识产权的立法精神、主旨、主要原则和具体内容。发挥知识产权司法保护的主导作用，应当以法律为准据，在法律的范围和框架内发挥主导性。

第二，坚持社会效果与法律效果相结合，在国家经济与文化发展的战略大局下积极发挥司法的能动性。知识产权的司法保护应当适应于我国知识经济的发展大局，满足国家知识产权战略要求，符合国家文化体制改革和文化

---

[1] 参见《最高人民法院印发〈关于当前经济形势下知识产权审判服务大局若干问题的意见〉的通知》（法发〔2009〕23号）。

繁荣发展的趋势，为我国知识经济的发展和社会主义文化的繁荣提供有力的司法保障。

第三，坚持国际交流与合作，提升知识产权司法保护的国际视野，以国际化和全球化为背景，借鉴其他国家的司法经验，发展中国特色社会主义知识产权司法保障体系，并积极主动参与国际合作，在知识产权司法保护的国际舞台上，争取应有的大国地位和话语权。

发挥知识产权司法保护主导性就是要在保持法律的稳定与变动的和谐、维护私人利益和公共利益的平衡、实现法律效果和社会效果的统一方面所做出的创造性努力。在这一过程中，不应仅仅强调人民法院的单方面作用，还应当联合人民检察院开展知识产权司法保护工作。事实上，最高人民检察院对知识产权保护工作也极为重视，在2008年底召开的全国检察长座谈会上，曹建明检察长要求全国各级检察机关要更加注重对知识产权的司法保护，加大对行政执法机关移送知识产权犯罪案件和司法机关受理知识产权犯罪案件的监督力度，依法惩治、积极预防侵犯知识产权的犯罪，加强对知识产权司法保护的调查研究，积极参加保护知识产权的专项行动，充分发挥司法保护知识产权的主导作用，努力营造有利于自主创新的法制环境。①

知识产权司法保护的最终目的并不仅仅在于保护知识产权，而更在于营造我国知识产权自主发展的空间。就此而论，知识产权司法保护应当包括两个层面内容：其一，从抽象和宏观层面而言，知识产权司法保护应当以促进知识经济与社会主义文化大发展大繁荣为目标，充分发挥知识产权司法保护对经济发展和文化建设的规范、引导、促进与保障作用，妥善处理保障民事权益与维护国家文化安全和公共道德的关系，维护我国社会主义主流文化，营造知识产权保护的文化氛围。其二，从具体和微观层面而言，知识产权司法保护应当从诸如专利权、商标权、著作权等具体制度建设入手，既保护个人利益，又确保社会公众利益，积极参与打击侵犯知识产权和制售假冒伪劣商品专项治理活动，维护商业诚信和公平竞争，创造公平有序、充满活力的市场环境。

---

① 《最高检：将在全国范围内推动建立知识产权信息共享平台》，http://ip.people.com.cn/GB/136672/136683/173930/173994/10401290.html，2011-11-30。

可以说，加强知识经济司法保护的主导作用就是要求关注我国知识产权的实践发展，唯有如此并以此为基础和过程，才有条件寻求我国知识产权发展的自主性。

（二）寻求中国知识产权发展的自主性

"我觉察到，所有主张自然法的学派都共有一个核心目标，即发现那些能够使人们获致一种令人满意的共同生活的社会秩序原则的目标。我也认同这一目标。"① 中国的法律理想图景是应当根据中国现实情势所建构起来的一种有关中国社会秩序之合法性的"中国自然法"。②

1. 保留国际对话接轨的"自主性"

寻求中国知识产权发展的自主性并不是说要中国彻底地抛弃国际化的知识产权，而是要求中国在保留国际对话接轨的基础上寻求"自主性"发展。

这里需要厘清两个认识：其一，正确对待国际化。很多人误以为国际化的知识产权彻底地打破了国际法和国内法的二元结构，国际知识产权已经代替国内知识产权，国内法除了与国际知识产权接轨，没有任何作为。这种认识是错误的，国际知识产权与国内知识产权仍然是互相独立的，只是由于国际条约的签订，缔约国有义务兑现自己按照国际知识产权有关规定修改国内法的承诺。很多人误以为国际化的知识产权已经相当完备，囊括了知识产权的方方面面，如果国内法依照国际法修改以后，同样没有任何作为。这种认识也是错误的。因为无论是 WIPO 管理的知识产权公约，还是 TRIPS 协议，都只是涉及知识产权的某些方面，如 TRIPS 协议只是与贸易有关的知识产权，而与贸易无关的知识产权，TRIPS 并不过问。因而，要建立完备的知识产权体系，国内法大有作为。其二，正确对待自主性。很多人误以为自主性就是要抛开国际化的知识产权，抛开全球化的大环境，闭门造车，自给自足。这种认识同样是错误的。自主性是合作基础上的自决，自主性是自信而不是任信，自主性是共同发展过程中的平等而非附和，自主性是思考上的独立而非依赖。

---

① Lon L. Fuller, A Rejoinder to Professor Nagel, *Natural Law Forum*, Vol. 3 (1958), p. 84. .
② 参见邓正来：《中国法学向何处去——建构"中国法律理想图景"时代的论纲》，商务印书馆 2006 年版，第 6 页。

正是在这种厘清错误认识的前提下，我们有必要提出中国知识产权发展应当是保留国际对话接轨的"自主性"。

2. 中国知识产权为何要寻求"自主发展"

这一点，不证自明。中国知识产权是舶来品，对于中国来说太陌生、太不习惯、太落后了。如果中国知识产权不寻求"自主发展"，只是一味地以"舶来品"为由去排斥或去承受，都只能让中国知识产权缺乏生命，成为一个没有思想、没有活力、没有斗志的傀儡，那么，在知识产权国际化的今天，在知识经济飞速发展的今天，整个中国都必然会萎靡不振，沦为西方发达国家欺辱的对象。

3. 中国知识产权的"自主"发展如何可能

关于这个问题，需要有两个前提假设：其一，中国人有创造能力，可以凭借知识产权刺激这种创造能力，从而创造出丰富的知识产品，拥有更多的自有知识产权[①]，成为支撑中国知识经济、抵御外国知识霸权的有利条件，这才使中国知识产权制度建设存在意义；其二，现有知识产权制度（包括国内和国际）存在着很多理论基础或技术实践上的问题，并不是中国知识产权发展可以全然照搬的理想模式，中国知识产权制度将之有完善的必要和空间，同时，作为国际法的重要成员国和人类社会的重要社会成员，中国和中国人民也有责任去探索和建立更加完善的知识产权制度，以制度造福人类。中国知识产权除根据 WTO 和 WIPO 与国际接轨之外，还应当为知识产权的发展做出自己的贡献，找出制度本身的合理性和时代适应性。

关于第一个前提假设，中国人在知识创新方面，并不比任何人差。中国自古就是文明古国，有着悠久的历史传统和深厚的文化底蕴，历史的发展已经证明了中国人民是勤劳和富有创造力的人民，而这种勤劳和创造力仍在继续延续着，中国经济的迅速崛起，用短短 30 年时间走完了西方国家上百年的发展道路，就是明证。为了发展我国的经济，我们不能拒绝引进他人的创新成果。但我们最终能够依靠的，还是我们人民自己的创新精神，给予创新成

---

① 关于"自有知识产权"一词，是笔者创设，即是中国知识产权理论中常说的"自主知识产权"。笔者之所以在此使用"自有知识产权"而非"自主知识产权"有两重含义：（1）区别本部分论题中的"自主性"；（2）笔者认为"自主知识产权"中"自主"一词并非法律上概念，而用"自有知识产权"来与从外国购买或许可使用的"他有知识产权"。

果以知识产权保护,是对发扬创新精神的最有效的鼓励。

除了西方知识霸权的压制外,中国知识产权发展之所以被动的另一个原因就是中国尚不能够及时地转变思维,寻找自己具有优势的领域,而是被西方国家影响形成思维定势,只是在其他国家已经很强的领域做文章、动脑筋,这必然会出现处处受制和次次不敌的情况。而横观知识产权战略比较好的国家都可以发现,每个国家都能开辟出一块自己具有独特优势的产业而大力发展,如美国的软件业、日本的电子业、韩国的小商品业、法国的服装业,而中国的优势产业在哪里?毋庸置疑,中国可以开辟出很多优势产业,但中国显然还没意识到这个问题,宁愿与别人抢地盘,而不愿意开发新地盘。我国其实已经有比较好的产业基础,例如西安的秦汉文化、景德镇的陶瓷、四川的酒文化、镇江的香醋、龙井茶、蒙山茶、黄岩蜜橘、库尔勒香梨、昌黎葡萄、荔浦芋头、涪陵榨菜、文山三七、孝感麻糖、高邮鸭蛋、蓝田玉器、天津的泥人张、安徽的徽墨及杨柳青年画、陕西的民间绣品、武汉的光谷、珠海的药谷、四川的电子产业等,在国内外都具有一定的优势,我们应当在这些优势特色项目上大做文章,在这些领域掌握知识产权的主控权,而不应该盲目地发展完全陌生和生疏的所谓热门产业。

因此,我们其实可以不必去考虑如何去要求降低国际上现有的知识产权高端的保护制度(因为实际上也不可能降下来),应当做的是一方面利用知识产权制度业已形成的高保护推动国民在高新技术与文化产品领域搞创作与创作这个"流",另一方面积极促成新的知识产权制度来保护我们目前可能处于优势的传统知识与生物多样化这个"源"。这样,才更有利于加快我们向"知识经济"发展的进程。[①]

关于第二个前提假设,在前面的部分中已有所论述,知识产权制度在理论上存在着动摇与危机,在实践中存在着缺陷与挑战,这势必给中国知识产权发展一个全新的机遇。

4. 中国知识产权的"自主发展"如何实现

在这里,笔者大胆提出一个理想模式,即以中国知识产权文化的发展为契机,大力发展现代知识产权和极力保护及利用传统知识,以这种"一头双

[①] 参见郑成思:《知识产权法:新世纪初的若干研究重点》,法律出版社 2003 年版,第 43 页。

翼"雄鹰模式实现中国知识产权"自主发展"的可行路径。

（三）中国知识产权发展与中国知识产权文化的发展

如前文所述，中国知识产权发展之所以陷入困境，其中最主要的一个原因就是知识产权是舶来品，在中国缺少知识产权的文化土壤。中国知识产权之所以没有良好的发展路径是因为中国缺少知识产权的精神和灵魂，只是一味被牵着鼻子走的躯壳，没有任何思想和话语权，当前最重要的任务不是完善知识产权的体系，而是建立知识产权的精神和灵魂。那就是中国知识产权文化的培养。

知识产权作为一个制度，必须有像财产权一样根深蒂固的文化，而且这种文化必须建立在公平、公正的基础之上，影响知识产权发展的根本因素不是制度，而是文化。应当强调知识产权的道德性，加强对知识的尊重与对人的尊重，并以此为基础建立人类共享性知识产权文化，建立历史传承性知识产权文化，建立人文性而非经济性知识产权文化，建立全民性而非精英性知识产权文化。

1. 制度与文化

文化是制度的基础。发达国家知识产权战略即首先是向发展中国家推行、渗透其文化，然后当这种文化被当地接受产生依赖后，再以文化当中所包含的知识产权为垄断手段，从而到达到赚取高额利润的目的。而相反，发展中国家的文化却被发达国家偷偷吸收，并转而作为向发展中国家收取费用。在这其中，善良的人被愚弄了。文化殖民，很类似于鸦片。

知识产权制度规范只有内化为社会公众的意识，并且在全社会范围内形成知识产权文化氛围，知识产权才能得到切实的保护，创新精神才会被社会普遍遵崇，良好的法律只有能让人产生敬畏，才能够顺利推行。建设具有中国品格的知识产权文化是知识产权事业不可或缺或者说至为关键的构成部分，也是实施知识产权战略的基础工程和先行工程。

2. 知识产权文化的释义

知识产权是技术发展或经济发展的产物，还是文化的产物？知识产权背后的文化基础是什么？回答这些问题，有必要对知识产权文化进行释义。

关于文化的含义，理论界有很多观点。

马林诺夫斯基认为,"文化是指那一群传统的器物、货品、技术、思想、习惯及价值而言的,这个概念包容及调节着一切社会科学"①。

英国文化人类学家泰勒也认为:"所谓文化或文明乃是包括知识、信仰、艺术道德、法律、习惯以及其他人类作为社会成员而获得的种种能力、习性在内的一种复合整体。"②

广义的文化观认为,文化是人类在社会历史过程中创造的物质和精神成果的总和。③ 按照文化的价值它基本可分为三类:即物态文化(如建筑、服饰、绘画、雕刻、器皿、度量衡、中西药等)、制度文化(如涉及政治、经济、科学、教育、艺术、哲学方面的各种制度等)、思想道德和意识等精神文化(如世界观、人生观、价值观、认识论、方法论、思维方式、道德观念和民族精神等)。

物态文化是文化主体把其制度文化和精神文化在科学探索、技术创新、文艺创作、经济发展和社会进步过程中不断发现、发展、创新、积累和物化的文化形态,因此最容易被不同的文化主体所认识、交流和吸收。

制度文化是文化主体把其精神文化规范化、制度化、政治化的表现形式,物态文化是制度文化的基础和工具,因此制度文化则常常处于不断变革、发展和提高的过程之中。

精神文化是物态文化和制度文化的基础、源泉和动力,具有鲜明的时代、区域和民族特色,也有较强的连续性、保守性和凝固性,因此精神文化最难被不同的文化主体所认识、交流和吸收。但是在全球科技经济一体化的大背景下,科学、哲学、技术、艺术、语言、知识、思想、道德、制度、规则等大文化观念已超越国界,精神文化的大规模相互碰撞、交流和融合已不可阻挡,并已成为物态文化和制度文化繁荣发展的基本保障。

三类不同层次的文化构成一个以精神文化为内核、物态文化为表象、制度文化为连接的文化同构体,三者密不可分,互为依托,具有鲜明的区域性、

---

① 参见〔英〕马林诺夫斯基:《文化论》,费孝通等译,中国民间文艺出版社1987年版。
② 〔英〕泰勒:《文化之定义》,顾晓鸣译,载庄锡昌等编:《多维视野中的文化理论》,浙江人民出版社1987年版,第98页。
③ 参见《现代汉语词典》(修订版),商务印书馆1996年,第1318页。

稳定性和内聚力。①

狭义文化观，即学界所理解的"观念的文化"，这种文化观认为文化就是指社会的意识形态或观念形态，文化本身是由某种知识、规范、行为准则、价值观等人们精神或观念中的存在所构成。对观念文化概念，著名的人类学家古迪纳夫早在20世纪50年代也曾明确地表述："一个社会的文化是由人们为了以社会成员所接受的方式行事及其信仰所构成。文化不是一个物质现象。它不是由事物、人、行为和情感所构成，而是它们的组合。文化是存在于人们头脑中的事物的形式，是人们洞察、联系以及解释这些事物的方式。"

"知识产权文化"的说法并没有太长的历史，虽然这种知识产权文化在各国都是存在的。因而，"知识产权文化"的理论还很稚嫩，只是一个雏形，对我国学界来说，仍然是十分陌生的，并没有形成广泛的讨论，也尚没有深刻的认识。

世界知识产权组织（WIPO）在其2003年9月召开的计划和预算委员会第七届会议上正式通过《经修订的2004—2005年计划和预算草案》，提出了"建立一种明达的知识产权文化"的新思路。总干事伊德里斯也在《WIPO计划活动的中期计划——WIPO构想与战略方向》中进一步明确，把创建知识产权文化作为现在2004至2009年期间WIPO构想与战略方向中的一项重点工作，其思路是促进和鼓励每个国家，发展一种适合其需要的知识产权文化，包括各有侧重的国家知识产权战略、最适宜的国家知识产权制度；并在全国范围内（既在政策规划层也在基层）提高对知识产权作为促进经济、社会和文化发展的强有力手段的认识。建立一种充满活力的知识产权文化是各国的共同需要，它可以让所有的利益相关者在一个相互联系的战略整体中发挥各自的作用，并能实现知识产权作为促进经济、社会和文化发展有力手段的功能。②

我国国务院颁布实施的《国家知识产权战略纲要》中也明确指出，要大力培育知识产权文化，形成尊重知识、崇尚创新、诚信守法的舆论氛围。纲

---

① 参见郭民生：《知识产权文化》，载中国文化网 http://www.iprculture.cn/html/iprculture/200807/07-8.html, 2008-7-10。

② WIPO, *Medium-Term Plan for WIPO Program Activities: Vision and Strategic Direction of WIPO*, http://www.wipo.int/about-wipo/en/dgo/pub487.htm, 2008-8-23。

要把知识产权文化建设列为实施国家知识产权战略的重要内容之一，培育良好的知识产权文化是实施知识产权战略的重要保障。日本也专门以知识产权文化为主题举办过大型国际学术研讨会，国家知识产权局更是把2007年定为"知识产权文化年"。

一时间，"知识产权文化"成了一个热门的词语。然而，至于知识产权文化的含义，尚未有明确的阐释。笔者认为，知识产权文化是知识产权赖以良好发展的社会意识和体制的总和。由于本书在构思和写作之初，中国学界尚未出现"知识产权文化"这一概念，至少是这一概念并没有在中国学界引起足够的重视，因而，本书对中国知识产权文化阐释和演绎的方式有不同于当下论界的路径。本书着重从抽象观念的角度阐释中国知识产权文化的内容，着眼于如何打造一种对于知识产权本身来说"至善"的文化。

3. 中国知识产权文化的内容

（1）知识产权的道德性：对知识的尊重与对人的尊重

知识产权的道德性是整个知识产权文化的基础。明确知识产权的道德性主要是提倡和彰显对知识的尊重与对人的尊重。

知识是人类社会发展的灵魂性符号，它引导人类的生存、发展，知识的积淀构成了传统，而正是这种"传统化的知识"在完成着文化传承的使命，在文化传承的过程中，形成民族和国家稳定的样态和结构，为在其中的人们提供着可以找寻和参照的某种稳定的"实在"，从而安抚人类的精神，给予人类一种确定性和安全感，为人类自身的发展提供一种基础和平台。从某种意义上说，知识恰恰构成了人的内在结构。

正是知识这种超脱和纯粹的特性决定了人必须尊重知识，因为人不尊重知识，就是不尊重人本身。

（2）建立人类共享性知识产权文化

当下，随着知识产权的扩张，知识产权的客体不断增多，知识产权的界域不断扩大，知识产权的期限不断延长。如今的知识产权是一个被"妖魔化"的知识产权，而造成知识产权疯狂的原因是资本扩张。资本具有扩张性、吞噬力、煽动力、改造力、驯服力、支配力。它要求所到之处，一切都要为它开道让行，为它服务。资本也是具有无限魔力的阿拉丁神灯，能为它的主人实现任何欲望，而不分善恶。资本的扩张性往往是无法自行遏制的。

发达国家忙着大力推行现代知识产权，在专利、商标、版权等知识产权传统领域以及与此相关的新领域不断攻城略地，为其开辟疆土；而发展中国家则在被动之余将目光投向"传统知识"、"生物多样化"这些尚未具有知识产权但有可能成为知识产权的救命稻草上，摩拳擦掌，跃跃欲试，誓与发达国家一比高低。如此看来，人类正有着瓜分知识世界的危险。每个国家都在划分自己的势力范围，恨不得将所有人类的知识都纳入知识产权体系，以有效地保护本国的知识，利用抢先优势，排斥其他国家对该知识领域主张权利，知识产权完全成了对抗和竞争的工具。然而，人类知识是浩渺无边的，难道要把所有的知识都纳入知识产权体系不成？这显然是一个吃力不讨好的方式，也必然会弄得世界各国剑拔弩张，不利于世界和谐，而即使发达国家也整天忧心于顾忌发展中国家会赶超。

人类可以将思维转向到建立一种人类共享性知识产权文化上来。而这种共享性知识产权文化本来也属于中国的知识产权文化传统。人类共享性知识产权文化要求世界各国尽可能少地在知识上设立知识产权，大家共同分享着各自创造的知识①，除非是创造需要很大的成本和牺牲而真正需要激励的领域才可以设立知识产权加以调整；而即使设立知识产权，也要尽可能地减少和限制知识产权给人类造成的影响，保障他人能够以较少代价接触和学习该知识，从而为更多更好的创造奠定更好的人才储备基础，推动整个人类的"知识"发展。一个"共赢"的世界才是一个"和谐"的世界。

(3) 建立历史传承性知识产权文化

当下，发展中国家在知识产权国际化和全球知识霸权的重压之下，纷纷开始建立和发展本国的知识产权制度，而在这个过程中，完全是按照西方的模式进行的。与此同时，毫不吝惜地痛斥和摒弃本国的文化传统。这是一个非常危险的举措，知识具有民族特性和历史传承性，我们不能把中国变得"非中国"，因此，建立历史传承性知识产权文化也是至关重要的。

---

① 这其实不存在着不公平，因为其实世界各国人民都是擅长创造的，每个国家都有自己特有的文化，而这些文化正是本国人民所创造的知识的集合体，之所以会区分知识产权发达国家和知识产权弱势国家是因为所定的指标不同，因为这种区分是按照西方国家对"知识"认定的标准而划分的。而在非技术知识领域，发展中国家甚至是贫穷落后的非洲国家都有着非常宝贵的特有"知识"，可以与世界其他国家分享。

(4) 建立人文性而非经济性知识产权文化

知识产权法完全市场化的制度导向致使着眼于短期利益的创新行为（渐进性创新）几乎取代根本性创新成为我国创新主体的主要追求；与知识产权相关的法律制度、经济制度和管理制度的完善中缺乏协调一致的系统配置；政府干预和企业的知识产权战略实践中不能有效吸取先进的理论、方法和技巧，这一切都构成了对知识产权制度运行绩效的消极影响。[①]

当知识"知识产权化"之后，"有直接经济利益"的知识产权和"无直接经济利益"的知识产权成了命运截然不同的两种知识产权。有经济利益的知识产权通常是紧跟市场脉动走短、平、快路线，在短期内赚取高额利润，然而这种知识产权的"知识"含金量非常有限，而且寿命极短，但却因能获得高额利润而受到创造者和资本的青睐；而无直接经济利益的知识产权往往是基础理论领域的研究，这种研究往往由于博大、深厚、重要而需要耗费巨大的成本尤其是时间成本，因而市场化的速度也相对很慢，不能给创造者和资本在较短时间内带来收益，因而往往属于"冷门"。知识创造由市场导向的好处是能够满足消费需求，而由市场导向的坏处却是市场失灵、发展畸形。因而，有必要对知识的发展采取一定的调控，可以在"市场推动"的基础上采取"政府导荐"制度，保证这两种知识产权协调发展，完善知识体系。

此外，知识的根本目的不是创造经济价值而是实现人文精神。但在知识产权的解构下，知识失却了本来的使命，变成资本积累和掠夺的工具，丧失了其人文本性，这将给人类带来人文精神丧失的危机。当思想和智慧被功力的目的所笼罩时，这种纯粹的美被消解了，创作应当保留创造本身的纯粹，才能真正发掘人类最伟大的智慧。知识产权保护在某种程度上造成了创作的机械化。

基于这两种理由，有必要倡导建立人文性而非经济性知识产权文化。这是超越法律的文化坚守：保留知识的灵魂与美，避免知识产权最高贵的部分不断削弱，沦为一种经济的而非"人文"的权利。

---

① 参见刘华：《知识产权制度的理性与绩效分析》，中国社会科学出版社 2004 年版，"内容摘要"第 1 页。

(5) 建立全民性而非精英性知识产权文化

我国社会公众参与创新的热情并不高，一方面是因为自知识与资本结合之后，"市场性"创新提高了创新的门槛，普通民众不具备创新的各种硬件设施；另一方面主要因为公众在理论上和实践上把自己排除在创新活动之外，认为那只是社会精英分子的责任。公众的创新兴趣和能力需要培养。应当建立全民性而非精英性知识产权文化。

创新平台属于提高全民知识产权意识的基础设施。创新的领域和形式极其广泛，不仅是发明创造，一种新的制度、方法、形式或创意都会为我们的工作和生活带来新的变化，故每个人都有可能成为创新的实践者。要激发一般公众的创新热情和挖掘创新潜力，国家以及各行业、各领域在制定知识产权战略时应当注重创新平台的多元化包括同心多元化、层级多元化、综合多元化；同心多元化平台指各个领域或行业针对自身特点和需求建立旨在促进自身发展的各种创新激励平台；层级多元化平台指针对不同创新主体设立不同层级、各有侧重的创新激励平台，这两个平台是原始创新和消化吸收再创新的主要平台；综合多元化平台是指以各种形式建立旨在连接和整合不同领域、不同层级的创新成果、促进相互间交流与借鉴的平台，它是集成创新的主要平台。多元创新平台有利于扩大创新群体基础，在不悖于高水平创新的政策思路的前提下让普通公众也融入到创新活动之中，体会创新的乐趣和艰辛，它不仅可以激发公众的创新兴趣和提高创新能力，还能够加深普通公众对知识产权人和知识产权制度的理解和尊重。[①]

4. 具有民族性特点的中国知识产权文化的发展

中国知识产权文化应当具有民族特点。文化本来就需要多样性，知识产权文化也是如此。因而，一方面，我们在同国际接轨，与西方知识产权文化融合；另一方面，我们要保留和开创中国知识产权文化的民族品格，促进具有民族性特点的中国知识产权文化的发展，同时，发扬和推广这种文化，保持世界知识产权文化的多元性和均衡性。

---

① 参见刘华、周莹、黄光辉：《我国公民知识产权意识调查报告》，载吴汉东主编：《中国知识产权蓝皮书》，北京大学出版社2007年版，第423页。

（四）中国知识产权发展与中国传统知识的重视和保护

当下，为西方世界的兴起做出了历史性贡献的现行知识产权制度却演为助推欧美国家生物殖民、技术殖民、损害发展中国家传统知识利益的合法性工具。传统知识是广泛存在于发展中国家的原住民等传统部族在其悠久漫长的精神生产和知识活动历史过程中由非西方的知识规则所孕育和传承的产物和结晶。由于制度和文化因素等影响，传统部族对其传统知识的知识产权利益未能得以实现，却可以为西方世界的生物海盗在现行知识产权制度下堂而皇之地截取。①

应当将中国知识产权发展与中国传统知识的重视和保护结合起来，用知识产权制度来保护传统知识，同时利用传统知识，扩大中国知识产权发展的空间和优势。

1. 传统知识的释义

传统知识的定义有广义与狭义之分。狭义上的传统知识仅指在传统的生产生活实践中创造出来的知识、技术、诀窍和经验，包括农业知识、生态知识、医药知识（包括有关的医药治疗方法）、与生物多样性有关的知识，如云南白药。广义上的传统知识包括三个方面：一是上述狭义的传统知识；二是以音乐、舞蹈、歌曲、手工艺品、设计、故事与艺术品形式表达的民间文学艺术，如白蛇传说；三是传统标志，如姓名、地理标志与符号。

一般来说，人们在讨论传统知识保护范围时，往往倾向于采用广义的传统知识概念。就此而言，传统知识是指世界范围内，土著或者本地社区的知识、发明与习惯做法，是经过数个世纪的演绎发展，并适用于本地文化和环境，以口头形式一代一代传承下来的，其所有者为一个集体或者区域，表现为故事、歌曲、民谣、谚语、文化理念、信仰、仪式、社区规则、方言土语，以及农家习俗，包括动植物品种的培育。所谓"传统的"、"基于传统"是指那些知识体系、创造、革新和文化表达，通常附属于特定的民族或地区、代代相传并且为适应环境的变化而不断发展。因为这些传统知识都属于智力劳动成果，是由劳动人民创造并世代相传的"传统"的成果。它们被现代知识

---

① 参见严永和：《论传统知识的知识产权保护》，法律出版社 2005 年版，"自序"第 2 页。

产权法律制度所忽视，无须取得许可就被他人做商业性使用，甚至被不正当使用，而那些基于传统知识完成的智力创造成果是知识产权的保护对象，使用人因此可以获得巨大的经济利益。因此，对上述广义上的传统知识需要给予知识产权保护。同时，也应当考虑到，广义上的传统知识内容庞杂，在共性之外还有个性，基于各种传统知识的不同而对其适用不同的法律。

传统知识主要是实用性的，在农业、渔业、医药和林业等领域尤其如此。传统知识不能成为知识产权客体，是因为它们基本不符合取得知识产权的实质条件；其次，传统知识的主体为某个土著民族、部落、区域或者某一部分不具有严密组织结构的土著人，不能满足知识产权的主体要求。但是，一旦有人对传统知识（例如传统医药等）加以利用，开发出符合知识产权条件的智慧创作物，该开发者却能够取得相应的知识产权，反过来禁止或者限制该传统知识所有者对其传统知识的正常利用。

2. 传统知识的国际保护

"传统知识"是在 WTO 成立时，印度等国提出应在 WTO 框架中保护的内容。近年来世界知识产权组织已召开多次国际会议讨论这一问题，并于 2000 年成立了专门委员会来研究这一问题。WTO 在 2001 年 11 月的多哈会议的"部长声明"第 18—19 条已列为多变谈判应考虑的议题。发展中国家安第斯组织在其 2000 年的《知识产权共同规范》中，已要求该组织成员在国内法中予以保护。

2000 年 10 月，经 WIPO 成员国大会决定，建立知识产权和传统知识、遗传资源和民间文化政府间委员会（以下简称委员会），该委员会对 WIPO 的所有成员开放。其他联合国成员，政府间组织和约 175 个有资格的非政府组织（NGO）可作为观察员参加。过去两年，该委员会已为传统知识、遗传资源和民间文化保护领域的工作打下了坚实基础。

2003 年 7 月 7 日—15 日在日内瓦召开的该组织的第五次会议上，与会代表就如何在现有基础上继续推进传统知识的保护进行了广泛、深入地探讨，会议提出，委员会在今后两年应该向具体的目标推进，应该把重心集中在国际层面的传统知识和民间文化保护上。一些代表团认为当务之急是在 2005 年之前建立一个有法律约束力的国际文件；另一些代表团则建议先在近期确定能加强国际共识的建议和原则，以后再谈是否建立一个有法律约束力的国际条约。一些非政府组织代表则强调应当加强和扩展对传统知识习惯法（例如土著社区适用的习惯法和议定书）的国际承认，建议委员会对本课题组织研究，保证土著和本土社区代表对所有国际进程的充分参与。

会议同时强调应使 WIPO 在本领域的知识产权工作与生物多样性公约（CBD）、世界粮农组织（FAO）和联合国教科文组织（UNESCO）的条约制定和实施及其他国际进程相协调。

会议讨论了传统知识的定义，把传统知识作为知识产权保护的政策问题，以及对传统知识用专门法保护的选择等。

对于盗用他国遗传资源和传统知识取得的专利权，委员会考虑了一些保护措施，包括对国际专利分类条约（IPC）和专利合作条约的国际检索和审查作了一定的完善和修改。国际植物遗传资源学会在会上简述了为国际社会提供信托遗传资源数据的"SINGER"数据库（遗传资源信息网络系统）的内容，为方便审查员在审批专利时能更多了解有关的传统知识和遗传资源的状况，该系统最近已链接到 WIPO 的 PORTAL 数据库上。应生物多样性公约成员国会议的要求，关于发明专利申请所涉及的传统知识和遗传资源的来源和法律状态如何在专利申请中表示的问题，委员会已准备了一个内容丰富的技术报告。

关于民间文化和创意表达保护问题，委员会对民间文化和创意表达的法律保护问题提出了一项综合报告。委员会对提出的民间文化保护新建议进行了辩论。例如，关于"公共领域"的定义，许多土著社区认为从土著人的角度，根据现有的知识产权法律已落入公共领域范围的民间文化材料，但根据习惯法和宗教对其使用的限制，实际上不能算落入公共领域。

委员会还对 WIPO 在本领域正在进行的工作进行了讨论，包括协助建立一个有效的国际和地区民间文化保护系统，以及制定"WIPO 民间文化表达法律保护实用指南"。

传统知识文献化也是会议的主要内容之一。许多国家的社区都在从事对其传统知识和有关生物资源文献化的活动。为了保存这些传统知识，对这些材料进行编纂即文献化很有必要。但文献化的进程也使传统知识持有人的利益从此被切除。这表明只有预先采取适当步骤，传统知识才能在不需征求同意，例如，不需受习惯法和习俗限制的情况下方便地被获取、传播和利用。

对此，委员会表示将为"传统知识和生物资源文献化对知识产权的影响"制定一个工具包（toolkit）。该工具包本身不鼓励或促进文献化，它只是防止传统知识文献化对相关社区利益造成损坏（例如传统知识在非故意情况下被视为进入公共领域）。该工具包旨在明确：当社区文化、宗教、法律或商业理由愿保留对文献化材料的控制时，这些材料的文献化并不意味着它们已经进入公共领域，只要土著社区不是有意识放弃权利，文献化不能导致土著社区对其传统知识权利的丧失和失去控制。但一些代表对土著和本土社区对传统知识文献化持怀疑态度，强调要保证土著和本土社区能全面参与该工具包的开发。

由此可见，由于近年来"传统知识"不断被"外国"盗用，而引发了"传统知识"国的重视，并通过不断努力寻求国际保护。而在国际保护中，WIPO正在进行一些实际性的努力，来切实保护"传统知识"，但这种努力仍处于探索起步阶段。如果要更好地保护本国的"传统知识"，则一方面加强传统知识的国际诉求寻求认同和保护，另一方面更要通过国内法的保护来尽快地建立起传统知识保护体系，以避免传统知识流失、消亡和被盗用、篡改。

3. 中国传统知识发展的危机

（1）中国传统知识的隐没与断层

在"现代化"进路中，西方文化充斥，中国文化没落，中国传统知识在这种充斥和没落中逐渐隐没和断层。年轻一代对于传统知识的轻视与排斥，以及后殖民主义时代西方发达国家对发展中国家传统知识的攻城略地，都在相当大的程度上将"传统知识"的存续推向悬崖峭壁之缘。毋庸置疑，传统知识如果没有代代相传的自愿继承者的存在和坚持，其体系发展最可怕的结果就是传统知识持有人死后整个传统知识大厦的土崩瓦解。

（2）中国传统知识被盗用和篡改

一些西方发达国家在对拥有优秀传统知识的国家蚕食鲸吞的过程中，不断利用手中掌握的现代技术，通过录音录像等方式记录甚至是根据他们自己的理解和好恶"改造"其他民族的文化内涵。在他们将其向公众传播而获得大量金钱的同时，传统文化发源地的人们不但没有获得任何回报，反而因使用者随意的改造和曲解而受到讽刺和嘲弄。如韩国在其教科书宣称"哺育黄河文明"，将"端午祭"申报世界文化遗产，将"中医"改为"韩医"进行申报世界文化遗产，号称"金属活字印刷"起源国，甚至宣称"汉字是古代韩国人的发明"，这些荒诞的行径如果中国不及时采取有力的措施去阻止和弥补，则这些歪曲的说辞可能会变成"事实"。

（3）中国传统知识利用意识的淡薄

国内当下还没有充分利用传统知识的意识，很多宝贵的传统知识要么深埋在山沟，要么只是在不起眼的小作坊低水平地制作。而发达国家对发展中国家传统知识的利用反而更加敏锐和积极，他们抢先占用、捷足先登，并获取高额利润的现象也就频繁发生。如本属于中国的著名人物符号"花木兰"被美国拍成大片，并获得超过20亿的全球票房；"三国"、"水浒传"等名号也被日本等国抢先注册为网络游戏的商标。今后中国若要使用以上商标，反而还需向那些国家支付高额费用。中国传统知识利用意识的淡薄，就使得缺乏保护和发展传统知识的动力和基础。

（4）中国传统知识法律保护的缺失

无论在国际，抑或国内，中国对传统知识的法制保护始终不够积极。例如，对"地方传统医药"的保护，亚、非一些发展中国家早就提出，在1998年印度学者发现了某些发达国家的医药、化工公司，把印度的传统药品拿去，几乎未加更多改进，就申请了专利这一事实后，在发展中国家引起更大关注。而中国对中药的流失却并没有做出太大的反应，而国内法对这一方面的问题还没有太多的规范。据世界卫生组织估计，世界市场上的草药产值已达到430亿美元，并且每年还在以5%到15%的速度增长。如今我国中药产品仅占全球年销售额的5%左右。

再如，对"生物多样化"给予知识产权保护，主要是保护基因资源。许多发展中国家，以及基因资源较丰富的发达国家（如澳大利亚），已经开始重视这方面的保护。我国仅仅在《种子法》等法律中开始了有限的行政管理。把基因资源作为一种民事权利，特别是作为知识产权来保护，我国与一些外国相比，还非常不够。

我国很多少数民族群众在自身文化创造中形成了具有一定文化内涵和独特风格的传统知识，比如贵州的蜡染、景德镇的陶瓷，由于缺乏相关知识产权保护，近些年民间违法小作坊遍地开花，对有市场前景的独创工艺和花样简单临摹、复制和加工。具有独立创新设计能力的生产者和民间艺术家切身利益屡屡受到损害。

由于缺乏相关商业活动的经验、法律保护制度的不明确、国家有关政策的缺位和对发达国家经济和技术的依赖，传统群体常常处于获利较小和可能丧失权利的明显劣势。因此，为维护传统群体的正当权益，建立规制传统知识的使用以及利益分享的法律制度十分有必要。

4. 中国传统知识保护的途径

中国传统知识保护应当走"法制化"和"产业化"结合、"国内保护"和"国际保护"结合的道路。

关于"产业化"就是大力开发和投资中国传统知识，使之走上商品化、产业化道路。大力发展工艺品制造业、发展古迹文化旅游业、发展民间文学出版业、发展民间艺术传播业等。以产业化发展道路，保存和弘扬中国传统知识和传统文化，同时，为中国知识经济发展提供出一条源源不断的智力支撑。同时，也为中国知识产权发展寻找新的发展契机。

关于"法制化"就是要利用知识产权法律制度和其他法律法规来给予中国传统知识有效的保护。传统知识身处"法治荒漠"。因此，中国传统知识保护最重要的就是要通过法律确定传统知识的性质，并制定相应的规范和政策来保护。在争取到国际保护之前，本国的立法与执法应当首先保护。

在为传统知识提供怎样的保护时常有两种代表性观点发生冲突：一种反对用任何形式的知识产权保护传统知识，建议通过公法权利来提供保护；另一种则认为，知识产权能在传统知识保护中发挥作用，或至少对进一步检验这种可能性抱有兴趣。

因为知识产权属于私权利，而传统知识是属于某一群体的。如果不改变现有知识产权框架，仅仅是将传统知识简单的纳入知识产权中是不合适的。因为知识产权的保护申请必须是要有一个具体的权利人，可以是某个人或是某个特定团体的法人。而几千年流传下来的传统知识，它的权利主体具有不确定性。所以，目前来看，只有公法[①]权利来予以保护是更恰当的。但公法权利不像知识产权那样具有国际化的广泛影响力，也不像知识产权法那样有广

---

① 这里的公法主要指《刑法》、《行政处罚法》等法律法规。比如说某一群体或个人侵犯了另一群体的传统知识，侵权行为就可以使用相应的法律法规予以制裁。

泛的认同度，更不像知识产权法那样有专门的解决机制可以迅速解决纠纷，则我们应该在利用公法权利来提供保护的同时，在现有知识产权框架内最大限度地保护自身权益不被侵犯。

关于知识产权法对传统知识的保护，我们一方面采取适当的方式重新构建知识产权的理论基础，使之能够更好地解释传统知识知识产权保护的正当性；另一方面先利用现有的知识产权框架给予传统知识以基本的保护。

如利用《商标法》中的相关条款对原产地名称实行商标与地理标志保护，目前我国已经设计了"地理标志"这样的商标注册制度，即排除传统群体之外的人注册与传统群体相关的民族词语、雕像和其他具有代表性的符号。而且，传统群体也正在试图登记集体商标和证明商标——该标志表明产品来源于传统群体或产品以传统群体所拥有的特殊方法和标准制造——以使贴有该商标的产品能够与其他一般商品相区别。

我国1997年就颁布了《传统工艺美术保护条例》；云南省2000年颁布了《云南省民族民间传统文化保护条例》；安徽淮南制定了《淮南市保护和发展花鼓灯艺术条例》……这些都是很好的实践。再有，《专利法》和《著作权法》也对传统知识的保护起到一定作用。就像老北京流传下来的"泥人张"这类师徒相传、父子相传的艺术。它有一个相对明确的传统知识拥有者，可以对生产工艺以及形象设计申请专利保护和著作权保护，因此，当这类传统知识遭遇侵权的时候，《商标法》、《专利法》、《著作权法》等法律法规就可以提供综合的保护，传统知识的权利人可以此获得更大的保障。

当前我们特别应当重视的是我国中医药的知识产权保护状况面临的挑战。中医药更是我国的瑰宝。对传统知识提供有效的知识产权保护，不仅符合我国的利益，而且有利于在世界范围内弘扬中华文化。而我们在国际竞争中面临的状况是：第一，我国作为中医药原创国的主体地位受到了一些外国的威胁。中医药作为我国具有原创性的自有知识产权，目前在国际上正面临被混淆来源的危险。其中一个重要迹象是将中医药名称"去中国化"。除了韩国已立法将"汉医学"更名为"韩医学"，将"汉药"改称"韩药"外，日本也正在酝酿更名问题。第二，真正体现中医药特色的中药复方，难以通过缘起于西方的专利制度获得有效保护，于是成为世界免费大餐。第三，中草药缺乏知识产权保护，使我国中药出口贸易的高附加值大多流向国外竞争对手。

我们必须积极主动地对中医药展开全方位的保护。首先，对于中医医疗中具有核心价值的中药复方进行特殊保护或技术秘密保护；其次，对于中草药采用地理标志保护；再次，对于中草药新品种提供植物新品种保护。这些保护将有利于促进中医药的健康发展。[①] 中医药具有廉价便民的优势，但是中医药的使用不太符合现代生活，应当进一步改进。

另外，民间文学艺术也是中国的又一大杀手锏。如果我们只是在发达国家推动下对它们的长项加强保护，对自己的长项则根本不保护，那么将是一个重大失误。在我们以现有的由发达国家早已决定好框架的"知识产权"为基础制定知识产权战略时，决不能忽视一大部分尚未列入国际知识产权保护框架内的信息财产。中国传统知识将成为21世纪影响中国知识产权发展的最有利、最珍贵、最自豪的王牌，但是，中国做好了充分的准备了吗？

---

① 参见郑成思：《国际知识产权保护和我国面临的挑战》，载《法制与社会发展》2006年第6期。

后　　记

本书是国家社会科学基金"十五"规划重点课题"知识经济与法律制度创新"的最终成果。书中的大部分内容在2004年前后已经完成。在即将最后集成统稿之际，我被中央确定为马克思主义理论研究与建设工程重点教材《法理学》课题组的首席专家（召集人）。随之，根据工程办的要求，我将主要精力投入到组织《法理学》教材的编写之中。《法理学》教材于2009年底通过中共中央政治局常委会审定，并于次年2月出版发行。在《法理学》教材通过审定之后，我立即启动本课题成果文稿的修改和统稿工作，课题组全体成员也都全力以赴。经过将近一年的努力工作，课题最终成果定稿结项。在延期结题的过程中，课题组不但丰富了对我国知识经济发展中法制创新问题的研究内容，扩大了研究范围，总结了实践中的制度经验，而且对西方知识经济的理论基础与实践经验也有了更为深入细致的研究成果，从而使得课题的最终研究成果更具理论上的创新性和实践上的实用性。

课题的阶段性研究成果丰富，内容涉及知识经济与法制创新的多个层面，其中包括《WTO与中国法律发展》、《制度创新是灵魂》、《理论创新是法学的第一要务》、《权利时代的理论景象》、《论中国法制现代化的现实关切与终极关怀》、《人体基因财产权研究——"人格性财产权"的证成与施用》、《信息权利——一种权利类型分析》、《知识产权与国际经济新秩序》、《知识产权与占有制度》、《智力成果、知识产权与占有制度》等。这些研究成果的部分内容和基本观点已经被学界所广泛接受、认可与采用，并对我国知识经济时代的法制发展起到了一定的理论推动作用。

在本课题最终成果即将正式出版之际，作为课题研究的主持人，在此：

我衷心感谢课题组主要成员刘红臻、李晓辉、邹彩霞、于宁、饶明辉、姚建宗、黄文艺、杜宴林、何志鹏、彭诚信、丰霏等,他们的创造性智慧和辛勤劳动,他们的团队精神和学术合力,是课题得以顺利进行并高质量完成的关键。

感谢国家社科基金规划办公室,他们对本课题研究所给予的关心、指导和帮助,使课题的研究方向和研究过程始终贴近国家经济社会发展大局,贴近知识经济发展现状与趋势,贴近反映、保障、推动知识经济发展的法制建设与改革实践。

感谢本课题最终成果的评审专家,虽然我们到现在并不知道他们是谁,但是他们对课题成果提出的修改与完善的意见和建议,真的是高屋建瓴,切中要害。在最近几个月的修改完善过程中,我们认真研究和吸纳了专家们的意见和建议。

张文显
2012 年 1 月 8 日于长春净月书屋

图书在版编目(CIP)数据

知识经济与法律制度创新/张文显等著. —北京:北京大学出版社,2012.5
(国家哲学社会科学成果文库)
ISBN 978-7-301-20538-9

Ⅰ.①知… Ⅱ.①张… Ⅲ.①知识经济-研究-中国 ②知识产权法-研究-中国 Ⅳ.①F124.3 ②D923.404

中国版本图书馆 CIP 数据核字(2012)第 067066 号

书　　　名：知识经济与法律制度创新
著作责任者：张文显　等著
责 任 编 辑：李燕芬
标 准 书 号：ISBN 978-7-301-20538-9/D·3089
出 版 发 行：北京大学出版社
地　　　址：北京市海淀区成府路 205 号　100871
网　　　址：http://www.pup.cn　电子邮箱:law@pup.pku.edu.cn
电　　　话：邮购部 62752015　发行部 62750672　编辑部 62752027
　　　　　　出版部 62754962
印 刷 者：北京中科印刷有限公司
经 销 者：新华书店
　　　　　　730 毫米×1020 毫米　16 开本　27.25 印张　432 千字
　　　　　　2012 年 5 月第 1 版　2012 年 5 月第 1 次印刷
定　　　价：49.00 元

未经许可,不得以任何方式复制或抄袭本书之部分或全部内容。
版权所有,侵权必究
举报电话：010-62752024　电子邮箱:fd@pup.pku.edu.cn